임동석중국사상100

설 원

說 苑

劉向 撰 / 林東錫 譯註

유향(劉向)

"상아, 물소 뿔, 진주, 옥. 진괴한 이런 물건들은 사람의 이목은 즐겁게 하지만 쓰임에는 적절하지 않다. 그런가 하면 금석이나 초목, 실, 삼베, 오곡, 육재는 쓰임에는 적절하나 이를 사용하면 닳아지고 취하면 고갈된다. 그렇다면 사람의 이목을 즐겁게 하면서 이를 사용하기에도 적절하며, 써도 닳지 아니하고 취하여도 고갈되지 않고, 똑똑한 자나 불초한 자라도 그를 통해 얻는 바가 각기 그 자신의 재능에 따라주고, 어진 사람이나 지혜로운 사람이나 그를 통해 보는 바가 각기 그 자신의 분수에 따라주되 무엇이든지 구하여 얻지 못할 것이 없는 것은 오직 책뿐이로다!"

《소동파전집》(34) 〈이씨산방장서기〉에서 구당(丘堂) 여원구(呂元九) 선생의 글씨

책머리에

"어진 스승과 훌륭한 친구가 곁에 있고, 시서예악과 같은 좋은 책이 그 앞에 펼쳐져 있는데도 이를 버리고 옳지 못한 짓을 할 자는 적으리라!"(賢師良友在 其側, 詩書禮樂陳於前, 棄而爲不善者, 鮮矣.)

바로 이 책 담총편(談叢篇. 497)에 실려 있는 경구이다.

집안에 어떠한 책을 소장하고 있는가에 따라 그 집안의 가풍을 알 수 있으며, 자녀에게 어떤 책을 마련해주는가를 보면 그 집 가정교육을 알 수 있다. 이처럼 스승과 친구, 그리고 고전의 훌륭한 책은 세상을 살아가는 가장 좋은 안내자이며 가장 훌륭한 나침반이다.

《설원說苑》은 정말 훌륭한 고전이다. 고대古代부터 한漢나라 때까지의 온갖 지혜와 고사, 격언이 총망라되어 있다. 이에 우리나라 중등학교의 한문 교재는 물론 많은 동양학 서책에 빠짐없이 이 《설원》 속의 이야기가 등장한다.

특히 송宋나라 때 잔권殘卷 5권이 오늘날의 20권으로 복원되는 과정에서 〈고려본高麗本〉이 결정적인 역할을 하였다고 하였는데 이로 보면 우리나라에서도 일찍부터 읽혀온 아주 친근한 책이었음을 알 수 있다.

더 나아가 지금의 우리 심성에도 맞고 그 내용이 오늘날의 심한 경쟁, 가치관의 혼란, 도덕 부재의 상황 속에 이처럼 훌륭한 교재를 찾기 힘든 때에 교양을 위해서는 물론 덕과 지혜를 쌓기에도 아주 적합한 고전이라고 여긴다.

여기에 실린 이야기는 불과 몇 글자의 격언, 속담부터 수백 자에 이르는 긴 줄거리를 다룬 것으로 그 내용은 지도자가 갖추어야 할 덕과 용인술用人術, 남을 받들어 모실 때의 태도와 임무, 근본과 절도를 세워 살아가는 방법, 덕을 귀히 여기고 은혜에 보답할 줄 아는 삶, 능력 있고 어진 이를 찾아내어 천하를 이롭게 해야 할 이유, 사물을 바로 보고 그에 대처할 줄 아는 지혜, 만물의 본질과 귀착, 나아가 검약과 질박質樸의 본질적인 의미는 물론 심지어 죽음이란 무엇인가에 이르기까지 실로 그 내용은 다양하고 그 깨우침의 방법은 촌철살인寸鐵殺人의 단막극 장편掌篇체이다.

무려 846장에 이르는 이 많은 이야기는 단순히 한문으로 기록된 전적典籍으로의 의미, 혹은 한문 문장 해석과 학습 교재로서의 가치를 넘어서 오늘날 우리가 적용하고 이를 통해 지혜를 얻는데 조금의 손색도 없으리라고 본다.

게다가 본《설원》이 원 출전인 고사성어故事成語는 지금도 널리 회자膾炙되고 있다. 바로 초楚 장왕莊王의 '절영絕纓', 진晉 문공文公의 '한식寒食'의 고사를 낳은 개자추介子推의 이야기, 춘추오패春秋五霸의 수많은 일화, 안자晏子의 번뜩이는 재치와 풍자, 곡돌사신曲埃徙薪의 가치관, 선인善人이 손해보는 것 같으나 끝내 복을 받는다는 확신을 심어주는 이야기들……. 사실 이런 내용은 어느 시대, 어느 상황에서나 당연한 척도가 되어야 할 근본의 문제이다. 그러나 글을 읽는 즐거움까지 함께 맛볼 수 있는 것은 바로 이런 고전이 가장 적합하다고 자신한다.

나는 이 책을 우리나라 각계 지도자들이 한 번 읽었으면 한다.

사회 각 분야에서 우리를 이끌고 나가는 노고에 지식을 넘어 더욱 지혜와 덕을 쌓고 어려운 판단은 그 덕과 인본人本이라는 열쇠로 풀 수 있는 해답이 이 책 속에 있기 때문이다.

나는 이《설원》을 완역상주完譯詳注하여 우리에게 조금이라도 보탬이 되었으면 하고 준비해온 지가 꽤 오래되었다. 그러나 분량이 적지않고 판본마다 문자文字의 이동異同이 있어 세밀히 하지 않으면 자칫 망문생의望文生義의 오류를 범할 것으로 염려되어 이제껏 미루어 올 수밖에 없었다.

이에 우선《전국책戰國策》을 완역상주한 다음 내친 김에 자료를 보충하여 작업을 시작하였다.

판본을 대조하고 문자를 확정지은 다음, 장을 나누고 다시 관련 참고 자료를 보충하기 위해 문사철文史哲의 전적典籍을 일일이 섭급涉及하는 일은 매우 고통스러운 일이기도 하였다.

그러나 결국 직역 위주일 수밖에 없고 그 때문에 문장의 어색함은 물론 의미의 통순通順면에서도 누소漏疎함을 면할 길이 없었다. 아무쪼록 읽는 이들이 주의하여 질정하고 고쳐주기를 빌 뿐이다.

줄포茁浦 임동석林東錫이 취벽헌醉碧軒에서 새판을 내면서.

일러두기

1. 이 책의 번역은 〈문연각文淵閣 사고전서본四庫全書本〉《설원說苑》, 그리고 〈사부비요본四部備要本〉《설원說苑》을 근간으로 하여 조선이趙善詒의《설원소증說苑疏證》, 왕영王鍈·왕천해王天海의《설원전역說苑全譯》, 노원준盧元駿의《설원금주금역說苑今註今譯》을 참고하였다.

2. 주注는 인명人名, 지명地名, 사건명事件名, 연대 등을 위주로 하되 문자의 이동異同도 다루었다. 특히 반복되는 인명, 지명 등 고유 명사는 장章이 바뀌는 곳에는 번거롭더라도 다시 다루었다.

3. 분장分章은 판본마다 학자마다 다름으로 인해《설원소증說苑疏證》을 기준으로 하되 일부는 역자가 조정하여 분리하거나 합친 것도 있다.

4. 총 846장으로 이를 일련번호로 쓰고 다시 괄호 속에 그 편(권)의 숫자와 그편 내의 일련번호를 붙여 찾아보기 쉽도록 하였다.

5. 매장 뒤의 참고 부분의 관련 기록은《설원소증說苑疏證》에 실린 것을 빠짐없이 싣고 다시《설원전역說苑全譯》에서 출처만 밝힌 것은 최대한 그 원전을 찾아 관련 문장을 전재轉載하였으며, 일부 미진한 것은 역자가 다시 찾아 넣거나 보충한 것도 있다.

6. 매장의 제목은 문장 시작의 한 어절語節, 혹은 일부를 택한 것으로 이 역시 역자가 편의를 위해 임의로 세시한 것이다.

7. 활자로 된《설원소증說苑疏證》,《설원금주금역說苑今註今譯》,《설원전역說苑全譯》에서의 탈자, 오자, 이체자 등은 〈사고본四庫本〉과 〈사부본四部本〉을 대조하여 바로 잡았다.

● 참고문헌

《說苑》文淵閣 四庫全書, 臺灣 商務印書館 印本
《說苑》四部備要本, 臺灣 中華書局 印本. 1969
《說苑疏證》趙善詒, 華東師範大學出版社. 1985. 上海
《說苑全譯》王 鍈·王天海, 貴州人民出版社. 1992. 貴陽
《說苑今註今譯》盧元駿, 臺灣 商務印書館. 1977. 臺北
《說苑補正》金嘉錫, 臺灣大學 中國文學研究所. 1960. 臺北
《新序說苑選譯》曹亦氷, 巴蜀書社. 1990. 成都
《周易正義》(十三經注疏本,藝文印書館)·《尙書正義》·《毛詩正傳》·《周禮注疏》·
《儀禮注疏》·《禮記注疏》·《春秋左傳正義》·《春秋公羊傳正義》·《春秋穀梁
傳注疏》·《論語注疏》·《孝經注疏》·《爾雅注疏》·《孟子注疏》·《四書集注》
(朱熹)·《戰國策》(拙譯)·《呂氏春秋》(四部刊要本)·《孔子家語》(諸子集成本)·
《荀子集解》·《新語》·《晏子春秋》·《老子道德經》·《莊子集解》·《列子注》·
《抱朴子》·《管子校正》·《韓非子集解》·《鄧析子》·《尹文子》·《公孫龍子》·
《墨子閒詁》·《淮南子》·《論衡》·《孫子校正》·《吳子》·《韓詩外傳》·《新序》·
《列女傳》·《吳越春秋》·《竹書紀年》·《史記》·《漢書》·《後漢書》·《資治
通鑑》·《國語》·《世說新語》·《帛書戰國策》·《荊楚歲時記》·《藝文類聚》·
《太平廣記》·《太平御覽》·《漢魏六朝百三家集題辭注》·《昭明文選》·《樂府
詩集》·《柳宗元集》·《崇文總目》·《郡齋讀書志》·《詩經詞典》·《四書索引》·
《中國歷史地圖集》·《中國歷史紀年表》·《康熙字典》·《中文大辭典》·《中國
大百科全書》·《簡明中國古籍辭典》·《中國古典文學辭典》·《辭海》·《四庫
全書總目》·《說文解字》.
기타 공구서, 참고서 등은 생략함.

해 제

(1) 《설원說苑》

《설원說苑》은 서한西漢 때에 유향(劉向; 대략 B.C.77~B.C.6)이 찬집撰輯한 필기류筆記類의 역사고사집歷史故事集이다.

〈사고전서四庫全書〉에는 이를 자부子部 유가류儒家類로 분류하였으나 〈사부비요四部備要〉에는 사부史部로 분류하고 있다.

책이 완성된 연대는 대체로 한漢 성제成帝 홍가鴻嘉 4년(B.C.17년)으로 보고 있으며 유향 자신의 서록書錄에 "凡二十篇, 七百八十四章, 號曰新苑"이라 한 것으로 보아 이미 있던 기록을 새로이 찬집하여 20권 784장으로 정리한 것이 아닌가 한다.

이 《설원》이 다루고 있는 내용은 고대부터 서주西周, 동주(東周; 春秋戰國)를 거쳐 진秦, 그리고 자신이 살아 있던 한대漢代까지의 유문일사遺聞逸事로써 《신서新序》의 나머지 재료를 모은 것이라 여기고 있다.

내용은 아주 다양하여 제자諸子의 언행은 물론 국가 흥망의 도리, 철리哲理, 격언格言을 적절히 배합하여 생동감 있게 당시의 살아 있는 백화어白話語로 찬집한 것이다.

자못 소설小說에 가깝고 풍유諷喩의 수사법이 두드러지며 풍격이 박실樸實하여 후대의 소설 및 민간 고사, 일사佚事, 필기筆記 문학에 지대한 영향을 미친 것으로 평가되고 있다.

특히 문장이 대화체로 되어 있는 것이 많아 당대의 백화어로 여겨지기 때문에 어휘, 문법 연구의 좋은 참고 자료가 되고 있다.

한편 이 《설원》 20권은 북송北宋 초에 잔권殘卷 5권만 남아 있었으나 증공(曾鞏; 1019~1083)의 집보輯補로 20권 639장으로 모습이 복원되었다. 그러나 육유(陸游; 1125~1210)의 《위남집渭南集》에는 이덕추李德芻의 말을 인용하여 중공이 얻은 것은 〈반질편反質篇〉이 빠진 것이어서 〈수문편修文篇〉을 상하上下로 나누어 20권으로 하였던 것이며, 뒤에 〈고려본高麗本〉이 들어와서야 비로소 책 전체의 면모가 갖추어졌다고 하였다.

李德芻云: 館中說苑二十卷, 而闕反質一卷, 曾鞏乃分修文爲上下, 以足二十卷. 後高麗進一卷, 遂足.(《渭南集》卷27)

그리고 말미末尾에 "淳熙乙巳十月六日務觀"이라 하였는데, 순희淳熙 을사 乙巳는 남송南宋 효종孝宗의 순희淳熙 12년으로 1185년에 해당하며, 무관務觀은 육유의 자字이다.

한편 우리의《고려사高麗史》에는 1091년(高麗 宣宗 8年, 宋 哲宗 元祐 6년)에 이자의李資義등이 송나라로부터 돌아와 송 철종의 요구에 의해 아주 많은 양의 도서를 보낸 기록이 있다.

"丙午李資義等還自宋奏云, 帝聞我國書籍多好本, 命館伴書所求書目錄授之, 乃曰雖有卷第不足者, 亦須傳寫附來. 百篇尚書, 荀爽周易十卷, 京房易十卷, 鄭康成周易九卷, ……新序三卷, 說苑二十卷, 劉向七錄二十卷 ……."

(《高麗史・世家》卷第十. 宣宗八年)

중국에서는 이들을 바탕으로 자신들의 책을 교정校正, 부사副寫하여 태청루 太淸樓 천장각天章閣에 보관하였다고 하였다.

따라서 《위남집》에 〈고려본〉이라 한 것은 이 때 들어간 것이 아닌가 한다. 다시 말해 증공이 복원할 때는 19권뿐인 상태에서 〈수문편〉을 상하로 나누어 20권으로 하였으나 증공 사후에 〈고려본〉이 들어옴으로써 〈수문편〉은 본래대로 한 권으로 되고 〈반질편〉이 제자리를 찾아 제 모습의 20권이 되었을 가능성이 크다.

그 뒤 청대淸代에 이르러 다시 보충과 분장分章을 거듭하여 663장으로 알려져 왔다. 그러나 현재의 《설원소증說苑疏證》(趙善詒, 華東師範大學出版社, 1985)은 고증을 거쳐 무려 845장으로 세분하였고, 《설원전역說苑全譯》(王鍈·王天海, 貴州人民出版社, 1992)에는 718장으로 나누어져 있는 등 그 분장은 책마다, 사람마다 그 견해가 다르다.

이는 〈담총편談叢篇〉의 문장이 대개 70~80장으로 분류되던 것을 격언 위주의 단문이 겹친 것으로 보아 더욱 세분화하였기 때문이다.

또 실제로 〈사고전서본〉과 〈사부비요본〉조차도 각기의 분장이 달라 확정적으로 어떻게 나누는 것이 표준인가 하는 것은 여러 가지 문제가 있다.(역자는 846장으로 나누었다.)

청대부터 현대에 이르기까지 이 《설원》에 대한 많은 연구서가 쏟아져 나왔다. 즉, 진전陳鱣·황요포黃堯圃의 《송본설원교정본宋本說苑校正本》, 주준성朱駿聲의 《송본설원교정본本說苑校正本》, 노문초(盧文弨; 1717~1796)의 《설원습보說苑拾補》, 유월(俞樾; 1821~1907)의 《독서여록讀書餘錄》, 손이양(孫詒讓; 1848~1908)의 《찰이札迻》, 소시학蘇時學의 《효산필화爻山筆話》, 문정식文廷式의 《순상자지어純常子枝語》, 유사백(劉師培; 1884~1919)의 《설원습보說苑拾補》, 조만리趙萬里의 《설원각보說苑斠補》, 그리고 일인日人 미장관가尾張關嘉의 《설원찬주說苑纂註》, 도원장桃源藏의 《설원고說苑考》 등이 있다.

이들의 연구를 모아 문자를 교정하고 분장을 나누고 표점을 찍어 활자로 출판한 것이 곧 조선이趙善詒의 《설원소증說苑疏證》(1985)이다.

그밖에 상종로向宗魯의 《설원교증說苑校證》(1987, 中華書局)이 이 방면 연구

정리의 집대성이며, 백화어로 번역된 것으로는《설원금주금역說苑今注今譯》(盧元駿, 臺灣商務印書館, 1977, 〈사부비요본〉을 대본으로 함),《설원전역說苑全譯》(王鍈·王天海, 貴州人民出版社, 1992) 및 일부 선역選譯, 초역抄譯한 것들도 있다.

그러나 이 역시 활자로 옮기는 도중 오기, 오식, 탈자가 있어 결국 〈사고본〉과 〈사부본〉을 일일이 대조해야 정확을 기할 수 있다.

그 중《설원소증》은 매장의 본문 끝에 관련 기록이 실려 있어 큰 참고가 되고 있다.(역자의 번역본에는 이를 모두 싣고 다시《설원전역》에 출처만 밝힌 것을 일일이 찾아 전재하였으며 일부 누락된 것은 더욱 보충하여 연구자의 편의와 대조 및 관련 자료의 활용에 도움이 되도록 하였다.)

한편 육유의《위남집》에 〈고려본〉에 대한 언급과《고려사》의 기록으로도 알 수 있듯이 우리나라에서도 일찍부터 이 책이 읽혀졌던 것으로 여겨진다.

그러나 구체적인 기록은 알 수 없고 지금 우리나라에 소장되어 고본으로 알려진 《설원》은 대개 명대明代 이후의 판본으로 그 내용을 살펴보면 다음과 같다.

1. 《說苑》漢, 劉向 撰, 影印本, 國立中央圖書館, 1冊, 69張, 24.2×17.0cm, 原本, 貴598, 일산 古3738-14. 國 일산 古3738-18

2. 《說苑》漢, 劉向 撰, 中國木版本, 光緖19(1893) 20권 4책. 序文은 宋 曾鞏, 國立圖書館, 古2526-24.

3. 《說苑》漢, 劉向 撰, 宋 曾鞏 編, 寫本. 返還文化財. 20권 5책. 29.7×20cm. 序; 嘉靖 丁未(1547) 何良俊 외 1人. 國立圖書館, 古2526-4.

4. 《說苑》권7~10. 漢 劉向 撰, 木版本 68張. 國立圖書館 貴598. 일산 貴 3738-14.

5.《說苑》漢, 劉向著, 明 程榮 校, 日本木版本, 20권 9책. 26.6×18cm. 序; 嘉靖 丁未(1547) 明 何良俊, 缺本. 圖2. 권3~4. 國立圖書館, 古052-8.

6.《說苑》권 3~4. 漢 劉向 撰. 日本木版本 1冊. 國立圖書館 古051-1.

(2) 유향劉向

유향은 서한의 학자이며 문학가이다. 생졸 연대는 대체로 B.C. 77년(漢昭帝 元鳳 4년부터 B.C. 6년 漢 哀帝 建平 元年), 혹은 B.C. 79년(元鳳 2년)부터 B.C. 8년(漢 成帝 綏和 元年)으로 보고 있다.

자는 자정子政이며 본명은 경생更生으로 그의 아들은 흠歆이다.

그는 한 고조 유방劉邦의 이복 동생 초원왕楚元王 유교劉交의 4세손이며, 선제宣帝 때에 왕포王褒 등과 부송賦頌을 바쳐 산기간대부급사중散騎諫大夫給事中에 올랐고 원제元帝 때에는 산기종정급사중散騎宗正給事中에 올랐다.

그러나 그는 여러 차례 환관과 외척을 탄핵하다가 죄를 얻어 하옥되기도 하였으며, 십여 년을 한거한 끝에 성제成帝가 즉위하자 다시 기용되어 마침내 광록대부光祿大夫에까지 올랐으며, 말년에는 중루교위中壘校尉라는 벼슬로 생을 마쳤다. 이 때문에 후세에 그를 유중루劉中壘라 칭하기도 한다.

유향은 마침 선제가 사부辭賦를 좋아하는 분위기에 힘입어 많은 작품을 남겼고 《한서漢書》 예문지에는 그의 사부가 33 편이라 기록되어 있다.

그러나 현재는 거의 없어지고 〈구탄九嘆〉이 《초사楚辭》 속에 남아 있으며 이는 그가 '추념굴원충신지절追念屈原忠信之節'을 위해 지은 것이라 한다. 그 외에 〈청우화산부請雨華山賦〉도 남아 있다.

한편 유향은 《초사》 16편도 교집校輯하였는데 여기에 동한東漢 왕일王逸이 주를 단 것이 《초사장구楚辭章句》로 현재 남아 있는 최초의 초사 전본이다.

유향은 고서古書에 대한 주소奏疏와 교수校讐에 뛰어난 업적을 남겼다.

그 중 유명한 것이 바로 《전국책서록戰國策敍錄》과 《간영창릉소諫營昌陵疏》이다. 그밖에도 그가 찬한 책으로는 《신서新序》, 《열녀전列女傳》, 《열선전列仙傳》(宋代 陳振孫이 僞託한 것으로도 봄), 그리고 본 《설원》이 있고 교집한 것으로는 《전국책》이 있다.

또 그는 문헌학文獻學, 목록학目錄學에도 큰 업적을 남겨《별록別錄》을 지었고 뒤에 그의 아들 유흠이 이를 바탕으로 완성한 것이《칠략七略》이며 이는 중국 최초의 목록학 저서이다.

이《칠략》의 원서는 이미 실전되었으나 반고班固의《한서》예문지는 바로 이를 바탕으로 한 것이기 때문에 대략의 경개는 지금도 알 수 있다.

한편 유향의 문집은《수서隋書》경적지經籍志에《유향집劉向集》6권이 실려 있으나 이미 없어졌고 명나라 때 장부(張溥; 1602~1641)가 집일輯佚한《유자정집劉子政集》이《한위육조백삼가집漢魏六朝百三家集》에 수록되어 있다. 유향의 전기傳記는《한서》권36〈초원왕전楚元王傳〉에 그 아들 유흠劉歆과 함께 자세히 실려 있다.

참고:《漢書》(권 36) 劉向傳

向字子政, 本名更生. 年十二, 以父德任爲輦郞. 旣冠, 以行修飭擢爲諫大夫. 是時, 宣帝循武帝故事, 招選名儒俊材置左右. 更生以通達能屬文辭, 與王襃·張子僑等並進對, 獻賦頌凡數十篇. 上復興神僊方術之事, 而淮南有枕中鴻寶苑祕書. 書言神僊使鬼物爲金之術, 及鄒衍重道延命方, 世人莫見, 而更生父德武帝時治淮南獄得其書. 更生幼而讀誦, 以爲奇, 獻之, 言黃金可成 上令典尙方鑄作事, 費甚多, 方不驗. 上乃下更生吏, 吏劾更生鑄僞黃金, 繫當死. 更生兄陽城侯安民上書, 入國戶半, 贖更生罪. 上亦奇其材, 得踰冬減死論. 會初立穀梁春秋, 徵更生受穀梁, 講論五經於石渠. 復拜爲郞中給事黃門, 遷散騎諫大夫給事中.

元帝初卽位, 太傅蕭望之爲前將軍, 少傅周堪爲諸吏光祿大夫, 皆領尙書事, 甚見尊任. 更生年少於望之·堪, 然二人重之, 薦更生宗室忠直, 明經有行, 擢爲散騎宗正給事中, 與侍中金敞拾遺於左右. 四人同心輔政, 患苦外戚許·史在位

放縱, 而中書宦官弘恭·石顯弄權. 望之·堪·更生議, 欲白罷退之. 未白而語泄, 遂爲許·史及恭·顯所譖愬, 堪·更生下獄, 及望之皆免官. 語在望之傳. 其春地震, 夏, 客星見昴·卷舌間. 上感悟, 下詔賜望之爵關內侯, 奉朝請. 秋, 徵堪·向, 欲以爲諫大夫, 恭·顯白皆爲中郎. 冬, 地復震. 時恭·顯·許·史子弟侍中諸曹, 皆側目於望之等, 更生懼焉, 乃使其外親上變事, 言:

竊聞故前將軍蕭望之等, 皆忠正無私, 欲致大治, 忤於貴戚尙書. 今道路人聞望之等復進, 以爲且復見毁讒, 必曰嘗有過之臣不宜復用, 是大不然. 臣聞春秋地震, 爲在位執政太盛也, 不爲三獨夫動, 亦已明矣. 且往者高皇帝時, 季布有罪, 至於夷滅, 後赦以爲將軍, 高后·孝文之間卒爲名臣. 孝武帝時, 兒寬有重罪繫. 按道侯韓說諫曰:「前吾丘壽王死, 陛下至今恨之; 今殺寬, 後將復大恨矣!」上感其言, 遂貰寬, 復用之, 位至御史大夫, 御史大夫未有及寬者也. 又董仲舒坐私爲災異書, 主父偃取奏之, 下吏, 罪至不道, 幸蒙不誅, 復爲太中大夫, 膠西相, 以老病免歸. 漢有所欲興, 常有詔問. 仲舒爲世儒宗, 定議有益天下. 孝宣皇帝時, 夏侯勝坐誹謗繫獄, 三年免爲庶人. 宣帝復用勝, 至長信少府, 太子太傅, 名敢直言, 天下美之. 若乃羣臣, 多此比類, 難一二記. 有過之臣, 無負國家, 有益天下, 此四臣者, 足以觀矣.

前弘恭奏望之等獄決, 三月, 地大震. 恭移病出, 後復視事, 天陰雨雪. 由是言之, 地動殆爲恭等.

臣愚以爲宜退恭·顯以章蔽善之罰, 進望之等以通賢者之路. 如此, 太平之門開, 災異之原塞矣.

書奏, 恭·顯疑其更生所爲, 白請考姦詐. 辭果服, 遂逮更生繫獄, 下太傅韋玄成·諫大夫貢禹, 與廷尉雜考. 劾更生前爲九卿, 坐與望之·堪謀排車騎將軍高·許·史氏侍中者, 毁離親戚, 欲退去之, 而獨專權. 爲臣不忠, 幸不伏誅, 復蒙恩徵用, 不悔前過, 而教令人言變事, 誣罔不道. 更生坐免爲庶人. 而望之亦

坐使子上書自冤前事, 恭・顯白令詣獄置對. 望之自殺. 天子甚悼恨之, 乃擢周堪爲光祿勳, 堪弟子張猛光祿大夫給事中, 大見信任. 恭・顯憚之, 數譖毀焉. 更生見堪・猛在位, 幾己得復進, 懼其傾危, 乃上封事諫曰:

「臣前幸得以骨肉備九卿, 奉法不謹, 乃復蒙恩. 竊見災異並起, 天地失常, 徵表爲國. 欲終不言, 念忠臣雖在畎畝, 猶不忘君, 惓惓之義也. 況重以骨肉之親, 又加以舊恩未報乎! 欲竭愚誠, 又恐越職, 然惟二恩未報, 忠臣之義, 一杼愚意, 退就農畝, 死無所恨.

臣聞舜命九官, 濟濟相讓, 和之至也. 衆賢和於朝, 則萬物和於野. 故簫韶九成, 而鳳皇來儀; 擊石拊石, 百獸率舞. 四海之內, 靡不和寧. 及至周文, 開基西郊, 雜遝衆賢, 罔不肅和, 崇推讓之風, 以銷分爭之訟. 文王既沒, 周公思慕, 歌詠文王之德, 其詩曰:『於穆清廟, 肅雍顯相; 濟濟多士, 秉文之德.』當此之時, 武王・周公繼政, 朝臣和於內, 萬國驩於外, 故盡得其驩心, 以事其先祖. 其詩曰:『有來雍雍, 至止肅肅, 相維辟公, 天子穆穆.』言四方皆以和來也. 諸侯和於下, 天應報於上, 故周頌曰『降福穰穰』, 又曰『飴我釐麰』. 釐麰, 麥也, 始自天降. 此皆以和致和, 獲天助也.

下至幽・厲之際, 朝廷不和, 轉相非怨, 詩人疾而憂之曰:『民之無良, 相怨一方.』衆小在位而從邪議, 歙歙相是而背君子, 故其詩曰:『歙歙訿訿, 亦孔之哀! 謀之其臧, 則具是違; 謀之不臧, 則具是依!』君子獨處守正, 不橈衆枉, 勉彊以從王事則反見憎毒讒愬, 故其詩曰:『密勿從事, 不敢告勞, 無罪無辜, 讒口嗸嗸!』當是之時, 日月薄蝕而無光, 其詩曰:『朔日辛卯, 日有蝕之, 亦孔之醜!』又曰:『彼月而微, 此日而微, 今此下民, 亦孔之哀!』又曰:『日月鞠凶, 不用其行; 四國無政, 不用其良!』天變見於上, 地變動於下, 水泉沸騰, 山谷易處. 其詩曰:『百川沸騰, 山冢卒崩, 高岸爲谷, 深谷爲陵. 哀今之人, 胡憯莫懲!』霜降失節, 不以其時, 其詩曰:『正月繁霜, 我心憂傷; 民之訛言, 亦孔之將!』言民以是爲非, 甚衆大也.

此皆不和, 賢不肖易位之所致也.

自此之後, 天下大亂, 簒殺殃禍並作, 厲王奔彘, 幽王見殺. 至乎平王末年, 魯隱之始卽位也, 周大夫祭伯乖離不和, 出奔於魯, 而春秋爲諱, 不言來奔, 傷其禍殃自此始也. 是後尹氏世卿而惠恣, 諸侯背畔而不朝, 周室卑微. 二百四十二年之間, 日食三十六, 地震五, 山陵崩阤二, 彗星三見, 夜常星不見, 夜中星隕如雨一, 火災十四. 長狄入三國, 五石隕墜, 六鷁退飛, 多麋, 有蜮蜚, 鸜鵒來巢者, 皆一見, 晝冥晦. 雨木冰. 李梅冬實. 七月霜降, 草木不死. 八月殺菽. 大雨雹. 雨雪雷霆失序相乘. 水·旱·饑·蝝·螽·螟蜂午並起. 當是時, 禍亂輒應. 弒君三十六, 亡國五十二, 諸侯奔走, 不得保其社稷者, 不可勝數也. 周室多禍: 晉敗其師於貿戎; 伐其郊; 鄭傷桓王; 戎執其使; 衛侯朔召不往, 齊逆命而助朔; 五大夫爭權, 三君更立, 莫能正理. 遂至陵夷不能復興.

由此觀之, 和氣致祥, 乖氣致異; 祥多者其國安, 異衆者其國危, 天地之常經, 古今之通義也. 今陛下開三代之業, 招文學之士, 優游寬容, 使得並進. 今賢不肖渾殽, 白黑不分, 邪正雜糅, 忠讒並進. 章交公車, 人滿北軍, 朝臣舛午, 膠戾乖刺, 更相讒愬, 轉相是非. 傳授增加, 文書紛糾, 前後錯繆, 毀譽渾亂. 所以營或耳目, 感移心意, 不可勝載. 分曹爲黨, 往往羣朋, 將同心以陷正臣. 正臣進者, 治之表也; 正臣陷者, 亂之機也. 乘治亂之機, 未知孰任, 而災異數見, 此臣所以寒心者也. 夫乘權藉勢之人, 子弟鱗集於朝, 羽翼陰附者衆, 輻湊於前, 毀譽將必用, 以終乖離之咎. 是以日月無光, 雪霜夏隕, 海水沸出, 陵谷易處, 列星失行, 皆怨氣之所致也. 夫遵衰周之軌迹, 循人之所刺, 而欲以成太平, 致雅頌, 猶卻行而求及前人也. 初元以來六年矣. 案春秋六年之中, 災異未有稠如今者也. 夫有春秋之異, 無孔子之救, 猶不能解紛, 況甚於春秋乎?

原其所以然者, 讒邪並進也. 讒邪之所以並進者, 由上多疑心, 旣已用賢人而行善政, 如或譖之, 則賢人退而善政還. 夫執狐疑之心者, 來讒賊之口; 持不斷之

意者, 開羣枉之門. 讒邪進則衆賢退, 羣枉盛則正士消. 故易有否泰. 小人道長,
君子道消, 君子道消, 則政日亂, 故爲否. 否者, 閉而亂也. 君子道長, 小人道消,
小人道消, 則政日治, 故爲泰. 泰者, 通而治也. 詩又云『雨雪麃麃, 見晛聿消』,
與易同義. 昔者鯀·共工·驩兜與舜·禹雜處堯朝, 周公與管·蔡並居周位, 當
是時, 迭進相毀, 流言相謗, 豈可勝道哉! 帝堯·成王能賢舜·禹·周公而消共工·
管·蔡, 故以大治, 榮華至今. 孔子與季·孟偕仕於魯, 李斯與叔孫俱宦於秦, 定公·
始皇賢季·孟·李斯而消孔子·叔孫, 故以大亂, 汚辱至今. 故治亂榮辱之端, 在所
信任; 信任旣賢, 在於堅固而不移. 詩云『我心匪石, 不可轉也』. 言守善篤也.
易曰『渙汗其大號』, 言號令如汗, 汗出而不反者也. 今出善令, 未能踰時而反,
是反汗也; 用賢未能三旬而退, 是轉石也. 論語曰:『見不善如探湯.』今二府奏佞
諂不當在位, 歷年而不去. 故出令則如反汗, 用賢則如轉石, 去佞則如拔山, 如此
望陰陽之調, 不亦難乎!

　是以羣小窺見間隙, 緣飾文字, 巧言醜詆, 流言飛文, 譁於民間. 故詩云:『憂心
悄悄, 慍于羣小.』小人成羣, 誠足慍也. 昔孔子與顏淵·子貢更相稱譽, 不爲朋黨;
禹·稷與皋陶傳相汲引, 不爲比周. 何則? 忠於爲國, 無邪心也. 故賢人在上位,
則引其類而聚之於朝, 易曰『飛龍在天, 大人聚也』; 在下位, 則思與其類俱進,
易曰『拔茅茹以其彙, 征吉』. 在上則引其類, 在下則推其類, 故湯用伊尹, 不仁者遠
而衆賢至, 類相致也. 今佞邪與賢臣並在交戟之內, 合黨共謀, 違善依惡, 歙歙訿訿,
數設危險之言, 欲以傾移主上. 如忽然用之, 此天地之所以先戒, 災異之所以重
至者也.

　自古明聖, 未有無誅而治者也, 故舜有四放之罰, 而孔子有兩觀之誅, 然後聖
化可得而行也. 今以陛下明知, 誠深思天地之心, 迹察兩觀之誅, 覽否泰之卦,
觀雨雪之詩, 歷周·唐之所進以爲法, 原秦·魯之所消以爲戒, 考祥應之福, 省災
異之禍, 以揆當世之變, 放遠佞邪之黨, 壞散險諓之聚, 杜閉羣枉之門, 廣開衆正

之路, 決斷狐疑, 分別猶豫, 使是非炳然可知, 則百異消滅, 而衆祥並至, 太平之基, 萬世之利也.

臣幸得託肺附, 誠見陰陽不調, 不敢不通所聞. 竊推春秋災異, 以(効)[救]今事一二, 條其所以, 不宜宣泄. 臣謹重封昧死上.」

恭·顯見其書, 愈與許·史比而怨更生等. 堪性公方, 自見孤立, 遂直道而不曲. 是歲夏寒, 日青無光, 恭·顯及許·史皆言堪·猛用事之咎. 上內重堪, 又患衆口之寖潤, 無所取信. 時長安令楊興以材能幸, 常稱譽堪, 上欲以爲助, 乃見問興:「朝臣齗齗不可光祿勳, 何(也)[邪?]」興者傾巧士, 謂上疑堪, 因順指曰:「堪非獨不可於朝廷, 自州里亦不可也. 臣見衆人聞堪前與劉更生等謀毁骨肉, 以爲當誅, 故臣前言堪不可誅傷, 爲國養恩也.」上曰:「然此何罪而誅? 今宜奈何?」興曰:「臣愚以爲可賜爵關內侯, 食邑三百戶, 勿令典事. 明主不失師傅之恩, 此最策之得者也.」上於是疑. 會城門校尉諸葛豐亦言堪·猛短, 上因發怒免豐. 語在其傳. 又曰:「豐言堪·猛貞信不立, 朕閔而不治, 又惜其材能未有所効, 其左遷堪爲河東太守, 猛槐里令.」

顯等專權日甚. 後三歲餘, 孝宣廟闕災, 其晦, 日有蝕之. 於是上召諸前言日變在堪·猛者責問, 皆稽首謝. 乃因下詔曰:「河東太守堪, 先帝賢之, 命而傅朕, 資質淑茂, 道術通明, 論議正直, 秉心有常, 發憤悃愊, 信有憂國之心. 以不能阿尊事貴, 孤特寡助, 抑厭遂退, 卒不克明. 往者衆臣見異, 不務自修, 深惟其故, 而反晻昧說天, 託咎此人. 朕不得已, 出而試之, 以彰其材. 堪出之後, 大變仍臻, 衆亦嘿然. 堪治未期年, 而三老官屬有識之士詠頌其美, 使者過郡, 靡人不稱. 此固足以彰先帝之知人, 而朕有以自明也. 俗人乃造端作基, 非議詆欺, 或引幽隱, 非所宜明, 意疑以類, 欲以陷之, 朕亦不取也. 朕迫于俗, 不得專心, 乃者天著大異, 朕甚懼焉. 今堪年衰歲暮, 恐不得自信, 排於異人, 將安究之哉? 其徵堪詣行在所.」拜爲光祿大夫, 秩中二千石, 領尙書事. 猛復爲太中大夫給事中. 顯幹尙書[事],

尙書五人, 皆其黨也. 堪希得見, 常因顯白事, 事決顯口. 會堪疾瘖, 不能言而卒. 顯誣譖猛, 令自殺於公車. 更生傷之, 乃著疾讒·摘要·救危及世頌, 凡八篇, 依興古事, 悼己及同類也. 遂廢十餘年.

成帝卽位, 顯等伏辜, 更生乃復進用, 更名向. 向以故九卿召拜爲中郞, 使領護三輔都水. 數奏封事, 遷光祿大夫. 是時帝元舅陽平侯王鳳爲大將軍秉政, 倚太后, 專國權, 兄弟七人皆封爲列侯. 時數有大異, 向以爲外戚貴盛, 鳳兄弟用事之咎. 而上方精於詩書, 觀古文, 詔向領校中五經祕書. 向見尙書洪範, 箕子爲武王陳五行陰陽休咎之應. 向乃集合上古以來歷春秋六國至秦漢符瑞災異之記, 推迹行事, 連傳禍福, 著其占驗, 比類相從, 各有條目, 凡十一篇, 號曰洪範五行傳論, 奏之. 天子心知向忠精, 故爲鳳兄弟起此論也, 然終不能奪王氏權.

久之, 營起昌陵, 數年不成, 復還歸延陵, 制度泰奢. 向上疏諫曰:

「臣聞易曰:『安不忘危, 存不忘亡, 是以身安而國家可保也.』故賢聖之君, 博觀終始, 窮極事情, 而是非分明. 王者必通三統, 明天命所授者博, 非獨一姓也. 孔子論詩, 至於『殷士膚敏, 祼將于京』, 喟然歎曰:『大哉天命! 善不可不傳于子孫, 是以富貴無常; 不如是, 則王公其何以戒愼, 民萌何以勸勉?』蓋傷微子之事周, 而痛殷之亡也. 雖有堯舜之聖, 不能化丹朱之子; 雖有禹湯之德, 不能訓末孫之桀紂. 自古及今, 未有不亡之國也. 昔高皇帝旣滅秦, 將都雒陽, 感寤劉敬之言, 自以德不及周, 而賢於秦, 遂徙都關中, 依周之德, 因秦之阻. 世之長短, 以德爲効, 故常戰栗, 不敢諱亡. 孔子所謂『富貴無常』, 蓋謂此也.

孝文皇帝居霸陵, 北臨廁, 意悽愴悲懷, 顧謂羣臣曰:『嗟乎! 以北山石爲槨, 用紵絮斮陳漆其間, 豈可動哉!』張釋之進曰:『使其中有可欲, 雖錮南山猶有隙; 使其中無可欲, 雖無石槨, 又何感焉?』夫死者無終極, 而國家有廢興, 故釋之之言, 爲無窮計也. 孝文寤焉, 遂薄葬, 不起山墳.

易曰:『古之葬者, 厚衣之以薪, 臧之中野, 不封不樹. 後世聖人易之以棺槨.』

棺槨之作, 自黃帝始. 黃帝葬於橋山, 堯葬濟陰, 丘壟皆小, 葬具甚微. 舜葬蒼梧, 二妃不從. 禹葬會稽, 不改其列. 殷湯無葬處. 文・武・周公葬於畢, 秦穆公葬於雍橐泉宮祈年館下, 樗里子葬於武庫, 皆無丘壟之處. 此聖帝明王賢君智士遠覽獨慮無窮之計也. 其賢臣孝子亦承命順意而薄葬之, 此誠奉安君父, 忠孝之至也.

夫周公, 武王弟也, 葬兄甚微. 孔子葬母於防, 稱古墓而不墳, 曰:『丘, 東西南北之人也, 不可不識也.』爲四尺墳, 遇雨而崩. 弟子修之, 以告孔子, 孔子流涕曰:『吾聞之, 古者不修墓.』蓋非之也. 延陵季子適齊而反, 其子死, 葬於嬴・博之間, 穿不及泉, 斂以時服, 封墳掩坎, 其高可隱, 而號曰:『骨肉歸復於土, 命也, 魂氣則無不之也.』夫嬴・博去吳千有餘里, 季子不歸葬. 孔子往觀曰:『延陵季子於禮合矣.』故仲尼孝子, 而延陵慈父, 舜禹忠臣, 周公弟弟, 其葬君親骨肉, 皆微薄矣; 非苟爲儉, 誠便於體也. 宋桓司馬爲石槨, 仲尼曰『不如速朽.』秦相呂不韋集知略之士而造春秋, 亦言薄葬之義, 皆明於事情者也.

逮至吳王闔閭, 違禮厚葬, 十有餘年, 越人發之. 及秦惠文・武・昭・嚴襄五王, 皆大作丘壟, 多其瘞臧, 咸盡發掘暴露, 甚足悲也. 秦始皇帝葬於驪山之阿, 下錮三泉, 上崇山墳, 其高五十餘丈, 周回五里有餘; 石槨爲游館, 人膏爲燈燭, 水銀爲江海, 黃金爲鳧雁. 珍寶之臧, 機械之變, 棺槨之麗, 宮館之盛, 不可勝原. 又多殺宮人, 生薶工匠, 計以萬數. 天下苦其役而反之, 驪山之作未成, 而周章百萬之師至其下矣. 項籍燔其宮室營宇, 往者咸見發掘. 其後牧兒亡羊, 羊入其鑿, 牧者持火照求羊, 失火燒其臧槨. 自古至今, 葬未有盛如始皇者也, 數年之間, 外被項籍之災, 內離牧豎之禍, 豈不哀哉!

是故德彌厚者葬彌薄, 知愈深者葬愈微. 無德寡知, 其葬愈厚, 丘壟彌高, 宮廟甚麗, 發掘必速. 由是觀之, 明暗之效, 葬之吉凶, 昭然可見矣. 周德既衰而奢侈, 宣王賢而中興, 更爲儉宮室, 小寢廟. 詩人美之, 斯干之詩是也, 上章道宮室之如制, 下章言子孫之眾多也. 及魯嚴公刻飾宗廟, 多築臺囿, 後嗣再絕, 春秋刺焉. 周宣

如彼而昌, 魯·秦如此而絶, 是則奢儉之得失也.

陛下卽位, 躬親節儉, 始營初陵, 其制約小, 天下莫不稱賢明. 及徙昌陵, 增埤爲高, 積土爲山, 發民墳墓, 積以萬數, 營起邑居, 期日迫卒, 功費大萬百餘. 死者恨於下, 生者愁於上, 怨氣感動陰陽, 因之以饑饉, 物故流離以十萬數, 臣甚惽焉. 以死者爲有知, 發人之墓, 其害多矣; 若其無知, 又安用大? 謀之賢知則不說, 以示衆庶則苦之; 若苟以說愚夫淫侈之人, 又何爲哉! 陛下慈仁篤美甚厚, 聰明疏達蓋世, 宜弘漢家之德, 崇劉氏之美, 光昭五帝·三王, 而顧與暴〈秦〉亂君競爲奢侈, 比方丘隴, 說愚夫之目, 隆一時之觀, 違賢知之心, 亡萬世之安, 臣竊爲陛下羞之. 唯陛下上覽明聖黃帝·堯·舜·禹·湯·文·武·周公·仲尼之制, 下觀賢知穆公·延陵·樗里·張釋之意. 孝文皇帝去墳薄葬, 以儉安神, 可以爲則; 秦昭·始皇增山厚臧, 以侈生害, 足以爲戒. 初陵之橅, 宜從公卿大臣之議, 以息衆庶.」

書奏, 上甚感向言, 而不能從其計.

向睹俗彌奢淫, 而趙·衛之屬起微賤, 踰禮制. 向以爲王教由內及外, 自近者始. 故採取詩書所載賢妃貞婦, 興國顯家可法則, 及孽嬖亂亡者, 序次爲列女傳, 凡八篇. 以戒天子. 及采傳記行事, 著新序, 說苑凡五十篇奏之. 數上疏言得失, 陳法戒. 書數十上, 以助觀覽, 補遺闕. 上雖不能盡用, 然內嘉其言, 常嗟歎之.

時上無繼嗣, 政由王氏出, 災異浸甚. 向雅奇陳湯智謀, 與相親友, 獨謂湯曰:「災異如此, 而外家日(甚)[盛], 其漸必危劉氏. 吾幸得同姓末屬, 絫世蒙漢厚恩, 身爲宗室遺老, 歷事三主. 上以我先帝舊臣, 每進見常加優禮, 吾而不言, 孰當言者?」向遂上封事極諫曰:

「臣聞人君莫不欲安, 然而常危, 莫不欲存, 然而常亡, 失御臣之術也. 夫大臣操權柄, 持國政, 未有不爲害者也, 昔晉有六卿, 齊有田·崔, 衛有孫·甯, 魯有季·孟, 常掌國事, 世執朝柄. 終後田氏取齊; 六卿分晉; 崔杼弒其君光; 孫林父·

甯殖出其君衎, 弑其君剽; 季氏八佾舞於庭, 三家者以雍徹, 並專國政, 卒逐昭公.
周大夫尹氏筦朝事, 濁亂王室, 子朝·子猛更立, 連年乃定. 故經曰『王室亂』,
又曰『尹氏殺王子克』, 甚之也. 春秋舉成敗, 錄禍福, 如此類甚衆, 皆陰盛而陽微,
下失臣道之所致也. 故書曰:『臣之有作威作福, 害于而家, 凶于而國.』孔子曰
『祿去公室, 政逮大夫』, 危亡之兆. 秦昭王舅穰侯及涇陽·葉陽君專國擅勢, 上假
太后之威, 三人者權重於昭王, 家富於秦國, 國甚危殆, 賴癰范雎之言, 而秦復存.
二世委任趙高, 專權自恣, 壅蔽大臣, 終有閻樂望夷之禍, 秦遂以亡. 近事不遠,
卽漢所代也.

漢興, 諸呂無道, 擅相尊王. 呂產·呂祿帝太后之寵, 據將相之位, 兼南北軍之衆,
擁梁·趙王之尊, 驕盈無厭, 欲危劉氏. 賴忠正大臣絳侯·朱虛侯等竭誠盡節以
誅滅之, 然後劉氏復安. 今王氏一姓乘朱輪華轂者二十三人, 青紫貂蟬充盈幄內,
魚鱗左右. 大將軍秉事用權, 五侯驕奢僭盛, 並作威福, 擊斷自恣, 行汙而寄治,
身私而託公, 依東宮之尊, 假甥男之親, 以爲威重. 尙書九卿州牧郡守皆出其門,
筦執樞機, 朋黨比周. 稱譽者登進, 忤恨者誅傷; 游談者助之說, 執政者爲之言.
排擯宗室, 孤弱公族, 其有智能者, 尤非毀而不進. 遠絶宗室之任, 不令得給事朝省,
恐其與己分權; 數稱燕王·蓋主以疑上心, 避諱呂·霍而弗肯稱. 內有管·蔡之萌,
外假周公之論, 兄弟據重, 宗族磐互. 歷上古至秦漢, 外戚僭貴未有如王氏者也.
雖周皇甫·秦穰侯·漢武安·呂·霍·上官之屬, 皆不及也.

物盛必有非常之變先見, 爲其人微象. 孝昭帝時, 冠石立於泰山, 仆柳起於上林.
而孝宣帝卽位, 今王氏先祖墳墓在濟南者, 其梓柱生枝葉, 扶疏上出屋, 根垂地中;
雖立石起柳, 無以過此之明也. 事勢不兩大, 王氏與劉氏亦且不並立, 如下有泰山
之安, 則上有累卵之危. 陛下爲人子孫, 守持宗廟, 而令國祚移於外親, 降爲皂隸,
縱不爲身, 奈宗廟何! 婦人內夫家, 外父母家, 此亦非皇太后之福也. 孝宣皇帝不
與舅平昌·樂昌侯權, 所以安全之也.

夫明者起福於無形, 銷患於未然. 宜發明詔, 吐德音, 援近宗室, 親而納信, 黜遠外戚, 毋授以政, 皆罷令就弟, 以則效先帝之所行, 厚安外戚, 全其宗族, 誠東宮之意, 外家之福也. 王氏永存, 保其爵祿, 劉氏長安, 不失社稷, 所以褒睦外內之姓, 子子孫孫無疆之計也. 如不行此策, 田氏復見於今, 六卿必起於漢, 爲後嗣憂, 昭昭甚明, 不可不深圖, 不可不蚤慮. 易曰: 『君不密, 則失臣; 臣不密, 則失身; 幾事不密, 則害成.』唯陛下深留聖思, 審固幾密, 覽往事之戒, 以折中取信, 居萬安之實, 用保宗廟, 久承皇太后, 天下幸甚.」

書奏, 天子召見向, 歎息悲傷其意, 謂曰: 『君且休矣, 吾將思之.』以向爲中壘校尉.

向爲人簡易無威儀, 廉靖樂道, 不交接世俗, 專積思於經術, 晝誦書傳, 夜觀星宿, 或不寐達旦. 元延中, 星孛東井, 蜀郡岷山崩雍江. 向惡此異, 語在五行志. 懷不能已, 復上奏, 其辭曰:

「臣聞帝舜戒伯禹, 毋若丹朱敖; 周公戒成王, 毋若殷王紂. 詩曰『殷監不遠, 在夏后之世』, 亦言湯以桀爲戒也. 聖帝明王常以敗亂自戒, 不諱廢興, 故臣敢極陳其愚, 唯陛下留神察焉.

謹案春秋二百四十二年, 日蝕三十六, 襄公尤數, 率三歲五月有奇而壹食. 漢興訖竟寧, 孝景帝尤數, 率三歲一月而一食. 臣向前數言日當食, 今連三年比食. 自建始以來, 二十歲間而八食, 率二歲六月而一發, 古今罕有. 異有小大希稠, 占有舒疾緩急, 而聖人所以斷疑也. 易曰: 『觀乎天文, 以察時變.』昔孔子對魯哀公, 並言夏桀·殷紂暴虐天下, 故曆失則攝提失方, 孟陬無紀, 此皆易姓之變也. 秦始皇之末至二世時, 日月薄食, 山陵淪亡, 辰星出於四孟, 太白經天而行, 無雲而雷, 枉矢夜光, 熒惑襲月, 孽火燒宮, 野禽戲廷, 都門內崩, 長人見臨洮, 石隕于東郡, 星孛大角, 大角以亡. 觀孔子之言, 考暴秦之異, 天命信可畏也. 及項籍之敗, 亦孛大角. 漢之入秦, 五星聚于東井, 得天下之象也. 孝惠時, 有雨血, 日食於衝,

滅光星見之異. 孝昭時, 有泰山臥石自立, 上林僵柳復起, 大星如月西行, 衆星隨之, 此爲特異. 孝宣興起之表, 天狗夾漢而西, 久陰不雨者二十餘日, 昌邑不終之異也. 皆著於漢紀. 觀秦·漢之易世, 覽惠·昭之無後, 察昌邑之不終, 視孝宣之紹起, 天之去就, 豈不昭昭然哉! 高宗·成王亦有雊雉拔木之變, 能思其故, 故高宗有百年之福, 成王有復風之報. 神明之應, 應若景嚮, 世所同聞也.

臣幸得託末屬, 誠見陛下有寬明之德, 冀銷大異, 而興高宗·成王之聲, 以崇劉氏, 故狠狠數奸死亡之誅. 今日食尤屢, 星孛東井, 攝提炎及紫宮, 有識長老莫不震動, 此變之大者也. 其事難一二記, 故易曰『書不盡言, 言不盡意』, 是以設卦指爻, 而復說義. 書曰『伻來以圖』, 天文難以相曉, 臣雖圖上, 猶須口說, 然後可知, 願賜清燕之閒, 指圖陳狀.」

上輒入之, 然終不能用也. 向每召見, 數言公族者國之枝葉, 枝葉落則本根無所庇廕; 方今同姓疏遠, 母黨專政, 祿去公室, 權在外家, 非所以彊漢宗, 卑私門, 保守社稷, 安固後嗣也.

向自見得信於上, 故常顯訟宗室, 譏刺王氏及在位大臣, 其言多痛切, 發於至誠. 上數欲用向爲九卿, 輒不爲王氏居位者及丞相御史所持, 故終不遷. 居列大夫官前後三十餘年, 年七十二卒. 卒後十三歲而王氏代漢. 向三子皆好學: 長子伋, 以易教授, 官至郡守; 中子賜, 九卿丞, 蚤卒; 少子歆, 最知名.

차 례

❧ 책머리에

❧ 일러두기

❧ 해제
  (1) 《설원說苑》
  (2) 유향劉向

說苑 _하

卷六 복은편復恩篇

卷七 정리편政理篇

卷八 존현편尊賢篇

卷九 정간편正諫篇

총차례

說苑

卷一 군도편君道篇

卷二 신술편臣術篇

卷四 입절편立節篇

卷五 귀덕편貴德篇

說苑 三

卷十 경신편敬愼篇

卷十一 선설편善說篇

卷十二 봉사편奉使篇

卷十三 권모편權謀篇

說苑 卷

卷十五 지무편指武篇

卷十六 담총편談叢篇

卷十七 잡언편雜言篇

說苑 下

卷十八 변물편辨物篇

卷十九 수문편脩文篇

卷二十 반질편反質篇

◉ 부록

卷六. 복은편復恩篇

"복은復恩"은 은혜는 반드시 갚아야 한다는 뜻이다. 보은報恩과 같다. 본권은 이에 관한 일화와 고사 등을 모은 것이다.

모두 29장(156~184)이다.

156(6-1) 孔子曰德不孤必有鄰
공공거허라는 짐승

공자孔子는 말하였다.

"덕이란 외롭지 않은 것이니 반드시 이웃이 있으리라."

무릇 덕을 베푼 자는 그에 대한 보상을 받지 않는 것을 귀히 여겨야 하고, 은혜를 입은 자는 오히려 반드시 갚아야 하는 것이다. 이 까닭으로 신하된 자는 힘쓰고 부지런히 하여 임금을 위하되 그 상賞을 요구하지 않으며, 임금 된 자는 은혜를 베풀어 아랫사람을 먹이고 길러 주되 이에 덕을 베풀었다고 여겨서는 안 된다.

그래서 《역易》에는 이렇게 말하였다.

"노고를 베풀되 원망하지 않고 공을 이루었으나 이를 덕이라 여기지 않는 것, 이것이 후덕의 지극함이다."

군신君臣은 서로 그 값에 따라 주고받는 시장의 이치처럼 맺어져 있다. 임금은 녹祿을 높이 달아 신하를 대해 주고, 신하는 이를 위해 힘을 다하여 보답하는 것이다. 그러다가 신하가 생각지 않았던 공을 세웠을 때에는 임금은 그에게 더욱 큰

"德不孤必有隣" 如初 金膺顯(현대)

상을 내려주어야 하고, 또 임금이 특별히 다른 은혜를 신하에게 베풀었을 때에는 신하는 죽음으로써 이를 갚아야 하는 것이다.

공자는 이런 예화를 든 적이 있다.

"북쪽 멀리 어떤 짐승이 있어 그 이름을 궐蹶이라 한다. 이 짐승은 앞발이 쥐와 같고 뒷발은 토끼 같아 잘 달아나지 못한다. 이 짐승은 공공거허蛩蛩巨虛라는 짐승을 아주 좋아하여 감초甘草를 만나면 반드시 이를 씹어 공공거허에게 먹여 준다. 한편 공공거허는 사람이 오는 것을 알게 되면 반드시 이 궐이라는 짐승을 업고 달아나 준다. 궐은 그 본성이 공공거허를 사랑하는 것이 아니라, 다만 그 공공거허의 잘 뛰는 다리를 빌리기 위함일 뿐이다. 또 공공거허도 역시 그 본성이 궐을 사랑할 이유가 없지만, 그가 감초를 얻어 자기에게 먹여 주기 때문에 가까이하게 되는 것이다.

무릇 이처럼 금수나 곤충도 서로 빌려 주고 그에 따른 보답을 할 줄 아는데, 하물며 선비나 군자 중에 천하에 그 명리名利를 얻고자 하는 자임에랴!"

무릇 신하로서 임금의 은혜에 보답하지 않고 자신의 사문私門을 위해 애쓴다면 이는 화禍의 근원이 되고, 임금으로서 신하의 공에 보답해 주지 않고 형벌과 상을 꺼린다면 이 역시 난亂의 기틀이 되고 만다. 대저 이처럼 화란禍亂의 근원은 바로 은혜를 갚지 않음으로써 생기는 것이다.

孔子曰:「德不孤, 必有鄰.」夫施德者貴不德, 受恩者尚必報; 是故臣勞勤以爲君而不求其賞, 君持施以牧下而無所德, 故易曰:『勞而不伐, 有功而不德, 厚之至也.』君臣相與以市道接, 君懸祿以待之, 臣竭力以報之; 逮臣有不測之功, 則主加之以重賞, 如主有超異之恩, 則臣必死以復之.

孔子曰:「北方有獸, 其名曰蹷, 前足鼠, 後足兎, 是獸也, 甚矣
其愛蛩蛩巨虛也, 食得甘草, 必齧以遺蛩蛩巨虛, 蛩蛩巨虛見
人將來, 必負蹷以走, 蹷非性之愛蛩蛩巨虛也, 爲其假足之故也,
二獸者亦非性之愛蹷也, 爲其得甘草而遺之故也. 夫禽獸昆蟲
猶知比假而相有報也, 況於士君子之欲興名利於天下者乎!」

夫臣不復君之恩而苟營其私門, 禍之原也; 君不能報臣之功
而憚刑賞者, 亦亂之基也. 夫禍亂之原基, 由不報恩生矣.

【德不孤, 必有鄰】《論語》里仁篇의 구절.
【易曰】《周易》繫辭(上)의 구절.
【蹷과 蛩蛩巨虛】구체적으로 어떤 동물인지 알 수 없으나 서로 共生關係를
지닌 짐승들일 것이다. 司馬相如의《子虛賦》李善 注에는 蛩蛩과 巨虛를 각각
다른 두 종류의 짐승으로 풀이하고 있다.

참고 및 관련 자료

1.《呂氏春秋》不廣篇
北方有獸, 名曰蹷, 鼠前而兎後, 趨則跲, 走則顚, 常爲蛩蛩·距虛取甘草以與之.
蹷有患害也, 蛩蛩·距虛必負而走. 此以其所能託其所不能.

2.《淮南子》道應訓
北方有獸, 其名曰蹷, 鼠前而兎後, 趨則頓, 走則顚, 常爲蛩蛩·距驉取甘草以與之.
蹷有患害, 蛩蛩·距驉必負而走. 此以其能託其所不能.

3.《韓詩外傳》卷5
藍有靑, 而絲假之, 靑於藍; 地有黃, 而絲假之, 黃於地. 藍靑地黃, 猶可假也. 仁義之事,
不可假乎哉? 東海之魚, 名曰鰈, 比目而行, 不相得, 不能達. 北方有獸, 名曰婁,
更食而更視, 不相得, 不能飽. 南方有鳥, 名曰鶼, 比翼而飛, 不相得, 不能擧. 西方有獸,
名曰蹷, 前足鼠, 後足兎, 得甘草, 必銜以遺蛩蛩距虛, 其性非能蛩蛩距虛, 將爲假之

故也. 夫鳥獸魚猶相假, 而況萬乘之主而獨不知假此天下英雄俊士, 與之爲伍, 則豈不病哉? 故曰: 以明扶明, 則昇于天; 以明扶闇, 則歸其人; 兩瞽相扶, 不傷牆木, 不陷井穽, 則其幸也. 詩曰:『惟彼不順, 征以中垢.』闇行也.

4. 기타 참고자료

《群書治要》

157(6-2) 趙襄子見圍於晉陽
최고 상

조양자趙襄子가 진양晉陽에서 포위당하였다가 나중에 그 포위를 풀고 살아나게 되었다. 그는 그때의 공에 맞추어 다섯 명에게 상을 내렸는데, 고혁高赫이라는 자는 아무런 공도 없이 최고상을 받았다. 다섯 사람은 모두가 불만을 품게 되었다.

이때 장맹담張孟談이 결국 양자에게 물었다.

"진양 사건 때에 고혁은 큰 공을 세운 게 없습니다. 그런데 지금 그에게 가장 높은 상을 내리시니 무슨 연고입니까?"

이에 양자는 이렇게 설명하였다.

"내가 곤액에 처해 있을 그때 신주臣主의 예를 잃지 않은 자는 오직 고혁뿐이다. 그대들은 비록 공이 있었지만 모두가 교만하였다. 내가 고혁에게 최고상을 내리는 것이 어찌 마땅치 않겠는가?"

중니仲尼가 이 말을 듣고 이렇게 평하였다.

"조양자는 선비에게 상을 옳게 줄 줄 아는 군주로다. 한 사람에게 상을 주어 천하의 신하된 자로 하여금 군신 간의 예를 감히 떨어뜨릴 수 없도록 하였으니!"

趙襄子見圍於晉陽, 罷圍, 賞有功之臣五人, 高赫無功而受
上賞, 五人皆怒.

張孟談謂襄子曰:「晉陽之中, 赫無大功, 今與之上賞, 何也?」

襄子曰:「吾在拘厄之中, 不失臣主之禮, 唯赫也. 子雖有功皆驕, 寡人與赫上賞, 不亦宜乎?」

仲尼聞之曰:「趙襄子可謂善賞士乎! 賞一人而天下之人臣, 莫敢失君臣之禮矣!」

【趙襄子】春秋 말기 晉의 六卿의 하나. 뒤에 趙나라를 이루었다.

【晉陽】지금의 山西省 太原. 智氏가 范氏·中行氏를 멸한 후 韓氏·魏氏와 함께 趙를 없애려 하였던 전쟁. 韓·魏가 智氏의 속셈을 알고 도리어 趙와 결합하여 智氏를 멸하였다. 《戰國策》 및 《史記》 참조.

【高赫】趙襄子의 신하.

【張孟談】趙襄子의 謀臣. 晉陽의 싸움에서 큰 공을 세웠다. 《戰國策》 趙策 참조.

【仲尼】孔子. 孔丘.

참고 및 관련 자료

1. 《韓非子》 難一

襄子圍於晉陽中, 出圍, 賞有功者五人, 高赫爲賞首. 張孟談曰:「晉陽之事, 赫無大功, 今爲賞首何也?」襄子曰:「晉陽之事, 寡人國家危, 社稷殆矣. 吾群臣無有不驕侮之意者, 惟赫子不失君臣之禮, 是以先之.」仲尼聞之曰:「善賞哉襄子! 賞一人而天下爲人臣者莫敢失禮矣.」

2. 《呂氏春秋》 義賞篇

趙襄子出圍, 賞有功者五人, 高赦爲首. 張孟談曰:「晉陽之中, 赦無大功, 賞而爲首何也?」襄子曰:「寡人之國危社稷殆, 身在憂約之中, 與寡人交而不失君臣之禮者, 惟赦, 吾是以先之.」仲尼聞之曰:「襄子可謂善賞矣, 賞一人, 而天下之爲人臣莫敢失禮.」

3.《淮南子》氾論訓

趙襄子圍於晉陽, 罷圍而賞有功者五人, 高赫爲賞首. 左右曰:「晉陽之難, 赫無大功, 今爲賞首何也?」襄子曰:「晉陽之圍, 寡人社稷危, 國家殆, 群臣無不有驕侮之心, 唯赫不失君臣之禮.」故賞一人而天下爲忠之臣者, 莫不願忠於其君, 此賞少而勸善者衆也.

4.《淮南子》人間訓

襄子乃賞有功者, 而高赫爲賞首. 群臣請曰:「晉陽之存, 張孟談之功也, 而赫爲賞首, 何也?」襄子曰:「晉陽之圍也, 寡人國家危, 社稷殆, 群臣無不有驕侮之心者, 唯赫不失君臣之禮, 吾是以先之.」

5.《史記》趙世家

於是襄子行賞, 高共爲上. 張孟同曰:「晉陽之難, 唯共無功.」襄子曰:「方晉陽急, 群臣皆懈, 惟共不敢失人臣禮, 是以先之.」

6.《戰國策》趙策

使張孟談見韓魏之君, ……而決水灌知伯軍, 知伯軍救水而亂, 韓魏翼而擊之. 襄子將卒犯其前, 大敗知伯軍而禽知伯.

158(6-3) 晉文公亡時
세 등급의 상

진晉 **문공**文公이 망명할 때에 도숙호陶叔狐도 동행하였었다. 문공이 귀환하여 세 등급의 상을 내릴 때 도숙호는 빠져 있었다. 서운함을 느낀 도숙호는 문공의 외삼촌인 구범咎犯을 보고 이렇게 심경을 털어 놓았다.

"내가 문공을 따라 망명한 지 13년, 그동안 고생으로 얼굴은 검을 대로 검어졌고 손발은 부르터 딱지가 떨어졌소. 그런데 임금이 귀환하여 세 등급의 상을 베풀면서 내게는 미치지 않으니, 이는 생각건대 임금이 나를 잊은 것은 아닐는지요? 그렇지 않으면 내게 큰 잘못이 있었거나. 그대는 시험삼아 나의 말을 임금에게 해 주실 수 없겠소?"

구범은 부탁대로 도숙호의 말을 임금에게 전하였다. 그랬더니 문공은 이렇게 설명하는 것이었다.

"아! 내 어찌 그를 잊겠소? 내가 상을 내린 기준은 이렇다오. 무릇 명석하고 어질며, 덕행이 있고 성실하며, 나를 도道에 빠지게 해 주며, 나를 인仁으로 설득하고, 나의 잘못을 드러내어 씻어 주며, 나의 이름을 밝혀 주어 나로 하여금 인간이 되게 만들어 준 자, 나는 이런 자에게 상상上賞을 준다오.

그리고 예禮로써 나의 잘못을 예방해 주며, 나를 마땅한 이치로 간諫해 주고, 나의 울타리가 되어 내가 죄를 짓지 않게 끌어 주며, 자주 나를 이끌고 어진 이의 문을 찾도록 하는 자, 나는 이런 자에게 차상次賞을 준다오.

또 용감하고 장대하여 나를 엄호하고 방어하되, 어려움이 앞에 있으면 먼저 앞으로 나가 그 어려움을 해결하고, 어려움이 뒤에 있으면 자신이 나서서 그 뒤에 막아서서 나를 환난으로부터 구해 주는 자, 나는 이런 자에게 그 다음의 상을 베푼다오. 그대는 홀로 듣지 못하였소? 죽은 사람은 아무리 귀하다 해도 있는 자만 못하고, 도망한 자는 아무리 똑똑하다 해도 남아 나라를 지킨 자만 못하다 하였소.

내가 세 등급의 상을 내릴 때, 힘쓰고 고통받은 선비가 가장 낮은 등급의 상을 받았지만, 그 노고勞苦를 다한 중에는 그 자가 가장 높았소. 내 어찌 감히 그자를 잊겠소?"

주내사周内史인 숙흥叔興이 이 말을 듣고 이렇게 말하였다.

"문공은 과연 패자가 될 만하다. 옛날 성왕聖王들은 덕을 앞세우고 힘은 뒤로 하였다. 문공이 바로 그런 것을 아는 인물이다."

《시詩》에 "일정한 규율대로 실천하여 그 궤도를 벗어남이 없도다"라 하였으니, 바로 이러한 것을 두고 한 말이다.

晉文公亡時, 陶叔狐從, 文公反國, 行三賞而不及陶叔狐.

陶叔狐見咎犯曰:「吾從君而亡十有三年, 顏色黧黑, 手足胼胝, 今君反國行三賞而不及我也, 意者, 君忘我與! 我有大故與? 子試爲我言之君.」

咎犯言之文公, 文公曰:「嘻, 我豈忘是子哉! 夫高明至賢, 德行全誠, 耽我以道, 說我以仁, 暴浣我行, 昭明我名, 使我爲成人者, 吾以爲上賞; 防我以禮, 諫我以誼, 蕃援我, 使我不得爲非; 數引我而請於賢人之門, 吾以爲次賞; 夫勇壯强禦, 難在前則居前, 難在後則居後, 免我於患難之中者, 吾又以爲之次. 且子獨不聞乎? 死人者不如存人之身; 亡人者不如存人之國; 三行賞之後, 而勞苦之士次之, 夫勞苦之士, 是子固爲首矣, 豈敢忘子哉!」

周內史叔興聞之曰:「文公其霸乎! 昔聖王先德而後力, 文公
其當之矣.」
　詩云:『率履不越.』此之謂也.

【晉文公】춘추시대 五霸의 하나. 이름은 重耳. 獻公의 아들. 아버지의 애첩인
　　驪姬의 亂에 의해 19년간 유랑생활을 하다가 돌아와 훌륭한 군주가 되었다.
　　재위는 9년(B.C.636~628). 《史記》晉世家에 자세히 기록되어 있다.
【陶叔狐】重耳를 따라 망명하였던 인물.
【咎犯】《左傳》喜公 24年에는 舅犯으로 되어 있다. 重耳의 외삼촌(舅). 狐偃
　　으로도 불린다. 그의 자가 子犯. 그 때문에 咎犯으로 불린 것.
【周內史 叔興】周內史는 벼슬 이름인 듯. 叔興은 人名.
【詩云】《詩經》商頌 長發의 구절. 〈四庫全書本〉에는 '率履不越'로 되어 있고
　　〈四部備要本〉에는 '率禮不越'로 되어 있다.

【 참고 및 관련 자료 】

1. 《呂氏春秋》當賞篇

晉文公反國, 賞從亡者, 而陶狐不與. 左右曰:「君反國家, 爵祿三出, 而陶狐不與,
敢問其說.」文公曰:「輔我以義, 導我以禮者, 吾以爲上賞; 敎我以善, 彊我以賢者,
吾以爲次賞; 拂吾所欲, 數擧吾過者, 吾以爲末賞. 三者, 所以賞有功之臣也. 若賞唐
國之勞徒, 則陶狐爲首矣.」周內史興聞之曰:「晉公其霸乎? 昔者聖王先德而後力,
晉公其當之矣.」

2. 《韓詩外傳》卷3

傳曰: 晉文公嘗出亡, 反國, 三行賞而不及陶叔狐. 陶叔狐謂咎犯曰:「吾從君而亡十有
一年, 顔色黯黑, 手足胼胝. 今反國三行賞而我不與焉. 君其忘我乎? 其有大過乎?
子試爲我言之.」咎犯言之文公, 文公曰:「噫! 我豈忘是子哉? 高明至賢, 志行全成,
湛我以道, 說我以仁, 變化我行, 昭明我名, 使我爲成人者, 吾以爲上賞. 恭我以禮,
防我以義, 蕃援我, 使我不爲非者, 吾以爲次. 勇猛强我, 氣勢自御, 難在前則處前,

難在後則處後, 免我於難之中者, 吾又以爲次. 然勞苦之士次之. 詩曰:『率禮不越, 遂視旣發.』今不內自訟過, 不悅百姓, 將何錫之哉?」

3.《史記》晉世家

從亡賤臣壺叔曰:「君三行賞, 賞不及臣, 敢請罪.」文公報曰:「夫導我以仁義, 防我以德惠, 此受上賞; 輔我以行, 卒以成立, 此受次賞; 矢石之難, 汗馬之勞, 此復受次賞; 若以力事我而無補吾缺者, 此受次賞. 三賞之後, 故且及子.」晉人聞之皆說.

4. 기타 참고자료

《群書治要》

159(6-4) 晉文公入國
망명 끝에 돌아와 왕이 된 문공

진晉 문공文公이 귀국하여 하수河水 가에 이르러 그동안 썼던 그릇과 자리들을 모두 버리라고 명하였다. 그리고는 안색이 검고 수족이 부르튼 사람은 모두 뒷줄에 서도록 하였다. 구범咎犯이 이를 듣고 밤중에 울었다. 문공이 이를 알고 구범에게 물었다.

"내 망명한 지 어느덧 19년째입니다. 지금 드디어 나라로 돌아가고 있는데 부자夫子께서는 기뻐하시기는커녕 울음을 터뜨리니 무슨 까닭입니까? 내가 귀국하지 않기를 바라는 것입니까?"

이에 구범이 대답하였다.

"그 그릇과 자리들은 바로 우리가 고생할 때를 상징하는 것입니다. 그런데 이를 버리셨습니다. 또 얼굴이 검고 손이 부르튼 자는 그대를 위해 고통을 당한 실질적인 일꾼들입니다. 그런데 모두 뒷자리에 밀려나 있습니다. 제가 듣자 하니 임금이 되어 선비들에게 가려지면 충신을 찾아낼 수 없고, 대부는 주위의 비위 맞추는 자에게 둘러싸이면 충실한 친구를 사귈 수 없다고 하였습니다. 그런데 지금 나라로 돌아가게 되면, 저는 여러 무리 속에 은폐될 수밖에 없습니다. 그 슬픔을 이겨내지 못하여 그래서 우는 것입니다."

그러자 문공은 이렇게 말하였다.

"화복이해禍福利害는 그대 구범과 함께 하지 않는 자는 저 흰 물과 같을 것입니다."

그리고는 이를 위해 기도를 드리고 벽璧이라는 구슬을 물에 던지며 맹세하였다.

晉文公入國, 至於河, 令棄籩豆茵席, 顏色黎黑, 手足胼胝者在後, 咎犯聞之, 中夜而哭.

文公曰:「吾亡也十有九年矣, 今將反國, 夫子不喜而哭, 何也? 其不欲吾反國乎?」

對曰:「籩豆茵席, 所以官者也, 而棄之; 顏色黎黑, 手足胼胝, 所以執勞苦, 而皆後之; 臣聞國君蔽士, 無所取忠臣; 大夫蔽遊, 無所取忠友; 今至於國, 臣在所蔽之中矣, 不勝其哀, 故哭也.」

文公曰:「禍福利害, 不與咎氏同之者, 有如白水.」

祝之, 乃沈璧而盟.

【文公】 진나라 임금 重耳. 춘추오패의 하나.

【咎犯】 文公(重耳)의 외삼촌. 夫子는 선생님의 뜻. 높여 부른 말.

【官】 館. 즉 '망명 중에 여관 역할을 하여 먹여 주고 깔고 앉게 해 주던 물건'이라는 뜻.

【有如白水】 "황하처럼 떠밀려 함께 있지 못할 것"이라는 뜻.

참고 및 관련 자료

1. 《韓非子》 外儲說左上

文公反國, 至河. 令籩豆捐之, 手足胼胝·面目黧黑者後之. 咎犯聞之而夜哭, 公曰:「寡人出亡二十年, 乃今得反國, 咎犯聞之不喜而哭, 意不欲寡人反國邪?」犯對曰:「籩豆所以食也, 席蓐所以臥也, 而君捐之; 手足胼胝, 面目黧黑, 勞有功者也, 而君後之. 今臣有與在後, 中不勝其哀, 故哭. 且臣爲君行詐僞以反國者衆矣, 臣尙自惡也, 而況於君?」再拜而辭, 文公止曰:「諺曰: 築社者, 攓撅而置之, 端冕而祀之. 今子與我取之, 而不與我治之; 與我置之, 而不與我祀之; 焉可?」解左驂而盟於河.

개자추와 한식의 유래

개자추介子推가 말하였다.

"헌공獻公께는 아홉 명의 아들이 있었는데 지금은 오직 그대만 남아 있습니다. 하늘이 이 진晉나라를 끊지 않으시려 한다면 반드시 장차 임금을 세워 주실 것입니다. 이 진나라의 제사를 이어받을 자, 그대가 아니면 곧 누가 있겠습니까? 그런데 오직 두세 사람은 그것이 자기의 힘이라고 여기고 있으니, 이 또한 엉뚱한 생각이 아니겠습니까?"

문공文公이 즉위하여 상을 내릴 때 개자추에게는 미치지 않았다. 그러자 개자추의 어머니가 물었다.

"어찌 문공에게 요구하지 않느냐?"

자추는 이렇게 대답하였다.

"그를 탓하면서 충성을 바치는 것은 죄만 늘어날 뿐입니다. 장차 원망의 말을 내뱉는다면, 그때는 그의 녹을 더 이상 먹지 않겠다는 각오가 섰을 때라야 가능합니다."

어머니가 다시 물었다.

"그러면 알게라도 해야 될 것이 아니냐?"

이에 자추는 이렇게 말하였다.

"말이라고 하는 것은 몸의 무늬와 같습니다. 몸을 장차 감추려고 하는데 무늬를 써서야 되겠습니까?"

그제야 어머니는 이렇게 허락하였다.

"그래 능히 그럴 수 있다면 나는 너와 함께 은거하겠다."

이리하여 누구도 죽을 때까지 개자추를 더 이상 볼 수가 없었다. 그를 따랐던 자가 이를 불쌍히 여겨 궁문宮門에 이런 글을 써 붙였다.

"한 마리의 어떤 훌륭한 용이 잠시 자기 자리를 잃자,
　다섯 마리 뱀이 따랐네.
　그리하여 천하를 두루 주유周游하다가
　그 용이 배고파 먹을 것이 없을 때,
　그 중 한 마리 뱀이 자기 허벅지의 살을 베어 주었네.
　그 용은 돌아와 자기 자리를 찾아 그 땅을 편안히 다스리면서
　네 마리 뱀에게는 굴을 마련해 주어
　모두가 자기 자리를 갖게 되었지만,
　그 한 마리는 굴이 없어 들에서 울고 있네!"

문공이 나가서 이 글을 보고 놀랐다.
"아! 이는 바로 개자추로다. 내가 방금 이 왕실의 일에 바빠 그의 공을 써 볼 기회를 얻지 못하였구나!"
그리고는 즉시 사람을 시켜 그를 찾아오게 하였지만, 그는 도망간 다음이었다.
드디어 그가 있는 곳을 찾아보니 면상綿上의 산 속이라 하였다. 이에 문공은 면상의 산중을 그에게 봉해 주어 개추전介推田을 삼고, 그 산을 개산介山이라 하였다.

介子推曰:「獻公之子九人, 唯君在耳, 天未絶晉, 必將有主, 主晉祀者非君而何? 唯二三子者, 以爲己力, 不亦誣乎?」
文公卽位, 賞不及推, 推母謂曰:「盍亦求之?」
推曰:「尤而效之, 罪又甚焉. 且出怨言, 不食其食.」
其母曰:「亦使知之.」
推曰:「言, 身之文也; 身將隱, 安用文?」

寒食의 고사를 남긴 綿山(介山)과 介子推 상. 지금의 山西省 介休市 남쪽에 있다.

其母曰:「能如是, 與若俱隱.」至死不復見推, 從者憐之.

乃懸書宮門曰:『有龍矯矯, 頃失其所, 五蛇從之, 周徧天下,
龍饑無食, 一蛇割股, 龍反其淵, 安其壤土, 四蛇入穴, 皆有處所,
一蛇無穴, 號於中野.』

文公出見書曰:「嗟! 此介子推也. 吾方憂王室, 未圖其功.」

使人召之則亡. 遂求其所在, 聞其入綿上山中.

於是文公表綿上山中而封之, 以爲介推田, 號曰介山.

【介子推】춘추시대 춘추오패의 하나인 晉 文公을 망명생활 때부터 모셨던 人物.
《左傳》에는 介之推로 되어 있다.《荊楚歲時記》에는 介子綏로도 되어 있다.
속설에 '寒食'의 고사를 남겼다.

【獻公】文公 重耳의 아버지. 武公의 아들로서, 驪姬로 인해 나라가 어지러워졌다.
《史記》晉世家 참조.

【以爲己力】晉文公의 망명시절을 도왔던 인물들이 자신의 공이라 여긴다는 뜻.
《史記》晉世家에 "晉文公重耳, 晉獻公之子也. 自少好士, 有賢士五人, 曰趙衰,
狐偃咎犯, 文公舅也, 賈佗, 先軫 魏武子 ……"라 하였다.

【文公】晉나라의 군주. 驪姬의 일로 19년 간 망명 끝에 귀국하여 임금이 되었다.

【懸書宮門】《史記》에는 이 글이 "龍欲上天, 五蛇爲輔, 龍已升雲, 四蛇各入其宇,
一蛇獨怨, 終不見處所"라 되어 있다. 흔히 '龍蛇之歌'라 한다.

【介山】綿上山中. 뒤에 '介山'이라 이름을 고쳤다. 지금의 山西省 介休縣 근처에
있으며 지금은 綿山이라 부른다.

> 참고 및 관련 자료

1. 介子推의 이야기는 오히려 '寒食'의 故事로 민간에 널리 알려져 있다. 그러나
《說苑》의 이 이야기는 《左傳》喜公 24年과 대동소이하고 《史記》晉世家에도
비슷하게 실려 있으며 흔히 "介子推之不言祿, 祿亦不及"으로 더 알려져 있다. 《左傳》
에는 끝에 "以志吾過, 此旌善人"이라 하였고 《史記》역시 '志'를 '記'자로 고쳤을
뿐이다.

2. 《荊楚歲時記》卷一

去冬節一百五日卽有疾風甚雨, 謂之寒食, 禁火三日, ……琴操曰: 晉文公與介子綏
俱亡, 子綏割股以啖文公, 文公復國, 子綏獨無所得, 子綏作龍蛇之歌而隱, 文公
求之, 不肯出, 乃燔左右木, 子綏抱木而死. 文公哀之, 令人五月五日不得擧火. ……
云寒食斷火起於子推, 琴操所云子綏, 卽推也, 又云五月五日與今有異, 皆因流俗傳,
據左傳及史記並無介子推被焚之事.

3. 《十八史略》(元代 曾先之) 卷一

後世至文公, 霸諸侯. 文公名重耳, 獻公之次子也. 獻公嬖於驪姬, 殺太子申生, 而伐重
耳於蒲. 重耳出奔, 十九年而後反國. 嘗餒於曹, 介子推割股以食之. 及歸賞從亡者,

孤偃・趙衰・顚頡・魏犨, 而不及子推. 子推之從者, 懸書宮門曰:『有龍矯矯, 頃失其所. 五蛇從之, 周流天下. 龍饑乏食, 一蛇刲股. 龍返於淵, 安其壤土. 四蛇入穴, 皆有處處. 一蛇無穴, 號于中野.』

公曰:「噫! 寡人之過也.」使人求之, 不得. 隱綿上山中, 焚其山, 子推死焉. 後人爲之寒食. 文公環綿上田封之, 號曰介山.

4.《左傳》僖公 24年

晉侯賞從亡者, 介子推不言祿. 祿亦弗及. 推曰:「獻公之子九人, 唯君在矣. 惠・懷無親, 外内棄之. 天未絶晉, 必將有主. 主晉祀者, 非君而誰. 天實置之, 而二三子以爲己力, 不亦誣乎? 竊人之財, 猶謂之盜, 況貪天之功, 以爲己力乎? 下義其罪, 上賞其奸, 上下相蒙, 難與處矣!」其母曰:「盍亦求之, 以死誰懟?」對曰:「尤而效之, 罪又甚焉, 且出怨言, 不食其食.」其母曰:「亦使知之若何?」對曰:「言, 身之文也, 身將隱, 焉用文之? 是求顯也.」其母曰:「能如是乎? 與女偕隱.」遂隱而死. 晉侯求之, 不獲, 以綿上爲之田, 曰:「以志吾過, 此旌善人.」

5.《呂氏春秋》介立篇

晉文公反國, 介子推不肯受賞, 自爲賦詩曰:『有龍于飛, 周徧天下, 五蛇從之, 爲之丞輔. 龍反其郷, 得其處所, 四蛇從之, 得其露雨, 一蛇羞之, 橋死於中野.』懸書公門而伏於山下. 文公聞之曰:「嘻! 此必介子推也.」避舍變服, 令士庶人曰:「有能得介子推者, 爵上卿, 田百萬.」或遇之山中, 負釜蓋簦, 問焉. 曰:「請問介子推安在?」應之曰:「夫介之推苟不欲見而欲隱, 吾獨焉知之.」遂肯而行, 終身不見.

6.《史記》晉世家

晉初定, 欲發兵, 恐他亂起, 是以賞從亡者未至隱者介子推. 介子推不言祿, 祿亦不及. 推曰:「獻公子九人, 唯君在矣. 惠・懷無親, 外内棄之, 天未絶晉, 必將有主, 主晉祀者, 非君而誰. 天實開之, 二三子以爲己力, 不亦誣乎? 竊人之財, 猶曰是盜, 況貪天之功以爲己力乎? 下冒其罪, 上賞其姦, 上下相蒙, 難與處矣!」其母曰:「盍亦求之, 以死誰懟?」對曰:「尤而效之, 罪有甚焉. 且出怨言, 不食其祿.」母曰:「亦使知之, 若何?」對曰:「言, 身之文也, 身將隱, 安用文之, 文之, 是求顯也.」其母曰:「能如此乎? 與汝偕隱.」至死不後見. 介子推從者憐之, 乃懸書宮門曰:「龍欲上天, 五蛇爲輔, 龍已升雲, 四蛇各入其宇, 一蛇獨怨, 終不見處所.」文公出, 見其書曰:「此介子推也, 吾方憂王室, 未圖其功.」使人召之, 則亡. 遂求所在, 聞其入緜上山中. 於是文公環緜上山中而封之, 以爲介推田, 號曰: 介山, 「以記吾過, 此旌善人.」

7.《新序》節士(上)

晉文公反國, 酌士大夫酒, 召咎犯而將之, 召艾陵而相之, 授田百萬. 介子推無爵齒
而就位, 觴三行, 介子推奉觴而起曰:「有龍矯矯, 將失其所, 有從之, 周流天下.
龍旣入深淵, 得其安所, 脂盡乾, 獨不得甘雨. 此何謂也?」文公曰:「嘻, 是寡人之過也!
吾爲子爵與, 待旦之朝也; 吾爲子田與, 河東陽之間.」介子推曰:「推聞君子之道,
謁而得位, 道士不居也, 爭而得財, 廉士不受也.」文公曰:「使我得反國者子也, 吾將
以成子之名.」介子推曰:「推聞君子之道, 爲人子而不能承其父者, 則不敢當其後;
爲人臣而不見察於其君者, 則不敢立於其朝. 然推亦無索於天下矣.」遂去而之介山
之上. 文公使人求之, 不得, 爲之避寢三月, 號呼朞年. 詩曰:『逝將去汝, 適彼樂郊,
適彼樂郊, 誰之永號.』此之謂也. 文公待之不肯出, 求之不能待, 以謂焚其山宜出.
及焚其山, 遂不出而焚死.

8. 그 외에 이 介子推에 대한 기록은《淮南子》說山訓,《潛夫論》遏利,《琅琊臺
醉篇》(7),《日知錄》(25) 등을 참조할 것.

161(6-6) 晉文公出亡
주지교의 노래

진晉 문공文公이 망명하여 천하를 주류周流할 때 주지교舟之僑라는 사람이 우虞나라를 떠나 그를 따랐다. 문공이 마침내 귀국하여 작위를 줄 자를 골라 작위를 주고 녹을 줄 자에게는 녹을 내려줄 때, 주지교는 홀로 이에 선택되지 못하였다. 문공이 여러 대부들과 술자리를 벌리면서 술이 어느 정도 오르자 이렇게 말하였다.

"여러분은 나를 위해 부賦를 지어 보겠는가?"

이에 주지교가 나서며 말하였다.

"군자는 부賦를 짓습니다만 소인은 청컨대 그냥 하고 싶은 바를 진술하겠나이다."

그리고는 이런 노래를 불렀다.

"어떤 용 한 마리 훌륭하되 잠깐 그 처소를 잃었네.
 한 마리 뱀이 따르면서 함께 천하를 두루 유랑하였지.
 용은 자기 못으로 돌아와 그 처소에서 편안해졌건만,
 따르던 그 한 마리 말라 죽도록 홀로 그 처소를 얻지 못하였네!"

문공이 이를 듣고 놀라 그에게 물었다.

"그대는 작위를 받고 싶은가? 그렇다면 내일 아침까지만 기다려라. 혹은 녹을 받고 싶은가? 그렇다면 창고 관리인에게 말해 주리라!"

이에 주지교는 이렇게 말하였다.

"요청하여 얻는 상이라면 청렴한 자는 이를 받지 않는 법이며, 말을 해야만 명분을 얻는다면 인자는 이를 하지 않습니다. 지금 하늘에 많은 구름이 몰려와서 한바탕 빗줄기가 온 천지에 내려준다면 어린 싹이나 풀이 좋아라 일어서는 것을 그 누구도 막지 못할 것입니다. 그러나 지금 한 사람이 말한다고 그 한 사람에게만 베푼다면, 이는 좁은 한 곳에만 비가 내리는 것과 같아 그 땅조차 홀로 식물을 자라게 할 수 없겠지요!"

그리고는 계단을 뛰어 넘어 떠나 버렸다. 문공이 이를 붙잡았으나 결국 어쩌지 못하자, 문공은 종신토록 보전甫田의 시를 외며 스스로의 경계를 삼았다.

晉文公出亡, 周流天下, 舟之僑去虞而從焉, 文公反國, 擇可爵而爵之, 擇可祿而祿之, 舟之僑獨不與焉, 文公酬諸大夫酒, 酒酣.

文公曰:「二三子盍爲寡人賦乎?」

舟之僑進曰:「君子爲賦, 小人請陳其辭.」

曰:「有龍矯矯, 頃失其所; 一蛇從之, 周流天下, 龍反其淵, 安寧其處, 一蛇耆乾, 獨不得其所.」

文公瞿然曰:「子欲爵耶? 請待旦日之期; 子欲祿耶? 請今命廩人.」

舟之僑曰:「請而得其賞, 廉者不受也; 言盡而名至, 仁者不爲也. 今天油然作雲, 沛然下雨, 則苗草興起, 莫之能禦. 今爲一人言施一人, 猶爲一塊土下雨也, 土亦不生之矣.」

遂歷階而去. 文公求之不得, 終身誦甫田之詩.

【晉文公】晉나라 文公. 重耳.

【周流天下】周遊天下와 같음. 천하를 두루 유랑함을 뜻한다.

【舟之僑】원래 虢나라 신하로 魯閔公 2年(B.C.660)에 晉으로 망명하였다.

【虞】춘추시대 나라 이름. 지금의 山西省 경내에 있었다. 《左傳》閔公 2年에는 虢나라를 떠난 것으로 되어 있다.

【賦】옛날 文學의 한 장르.

【有龍矯矯～獨不得其所】詩는 介子推의 '龍蛇之歌'와 비슷하다. 161장 참조.

【甫田】詩名. 《詩經》에 두 편이 있다. 齊風의 甫田은 襄公을 풍자한 것으로 "無田甫田, 維莠驕驕……"라 하였고, 小雅의 甫田은 幽王을 풍자한 것으로 "倬彼甫田, 歲取十千, 我取其陳, 自古有年……"이라 하였다. 여기서 齊風의 甫田을 말하는 것으로 여겨진다.

162(6-7) 邴吉有陰德於孝宣皇帝微時
음덕을 베푼 자

병길邴吉은 효선황제孝宣皇帝가 등극하기 전에 그에게 음덕陰德을
베푼 적이 있었다. 효선황제가 즉위하였으나 누구도 이를 몰랐고 병길
역시 입을 다물고 있었다.

병길이 대장군大將軍 장사長史를 따르다가 어사대부御史大夫로 천직遷職
되자, 선제가 이를 듣고는 그를 봉封하려고 하였다. 그러나 이때 마침
병길은 병이 심하여 임금 앞에 나올 수가 없게 되자, 임금이 사람을
시켜 그를 봉하는 띠를 주었다. 그가 겨우 살아나자 태자太子 태부太傅인
하후승夏侯勝이 이렇게 말하였다.

"이 병길이 죽지 않았으니 다행입니다. 제가 듣건대 음덕을 베푼
자는 반드시 그에 응당한 즐거움을 누려야 하며, 그것이 자손에게까지
미치게 된다고 합니다. 지금 그는 아직 그 영광을 누리지도 못한 채
병이 나기는 하였으나, 이는 결코 죽지 않을 것입니다."

뒤에 과연 병이 나아 그는 박양후博陽侯에 봉해져서 종신토록 그
영화를 누렸다.

邴吉有陰德於孝宣皇帝微時, 孝宣皇帝卽位; 衆莫知, 吉亦
不言, 吉從大將軍長史轉遷至御史大夫, 宣帝聞之, 將封之, 會吉
病甚, 將使人加紳而封之, 及其生也.

太子太傅夏侯勝曰:「此未死也, 臣聞之, 有陰德者必饗, 其樂
以及其子孫; 今此未獲其樂而病甚, 非其死病也.」

　後病果愈, 封爲博陽侯, 終饗其樂.

【邴吉】丙吉로도 쓰며 자는 少卿. 宣帝가 아기였을 때 태자의 일에 연루되어
　옥에 갇혔다. 이때 丙吉이 그를 구해 주어 뒤에 皇帝에 등극하였다. 宣帝가
　즉위하자 丙吉은 승상이 되었고, 뒤에 博陽侯에 봉해졌다.《漢書》권74 丙吉傳
　참조.

【孝宣皇帝】宣帝(劉詢). 재위 64년(B.C.113~50).

【太子太傅】태자의 스승.

【夏侯勝】太子의 太傅. 자는 長公. 西漢 때 尙書學의 대가. 宣帝 때 博士에 올랐다.
　《皇淸經解續編》참조.

【博陽侯】邴吉이 받은 封號.

참고 및 관련 자료

1.《漢書》丙吉傳

丙吉字少卿, 魯國人也. 治律令, 爲〈魯〉獄史. 積功勞, 稍遷至廷尉右監. 坐法失官,
歸爲州從事. 武帝末, 巫蠱事起, 吉以故廷尉監徵, 詔治巫蠱郡邸獄. 時宣帝生數月,
以皇曾孫坐衛太子事繫, 吉見而憐之. 又心知太子無事實, 重哀曾孫無辜, 吉擇謹厚
女徒, 令保養曾孫, 置閒燥處. 吉治巫蠱事, 連歲不決. 後元二年, 武帝疾, 往來長楊·
五柞宮, 望氣者言長安獄中有天子氣, 於是上遣使者分條中都官詔獄繫者, 亡輕重
一切皆殺之. 內謁者令郭穰夜到郡邸獄, 吉閉門拒使者不納, 曰:「皇曾孫在. 他人亡
辜死者猶不可, 況親曾孫乎!」相守至天明不得入, 穰還以聞, 因劾奏吉. 武帝亦寤,
曰:「天使之也.」因赦天下. 郡邸獄繫者獨賴吉得生, 恩及四海矣. 曾孫病, 幾不全者
數焉, 吉數敕保養乳母加致醫藥, 視遇甚有恩惠, 以私財物給其衣食.

後吉爲車騎將軍市令, 遷大將軍長史, 霍光甚重之, 入爲光祿大夫給事中. 昭帝崩,
亡嗣, 大將軍光遣吉迎昌邑王賀. 賀卽位, 以行淫亂廢, 光與車騎將軍張安世等諸大臣
議所立, 未定. 吉奏記光曰:「將軍事孝武皇帝, 受襁褓之屬, 任天下之寄, 孝昭皇

早崩亡嗣, 海內憂懼, 欲亟聞嗣主, 發喪之日以大誼立後, 所立非其人, 復以大誼廢之, 天下莫不服焉. 方今社稷宗廟羣生之命在將軍之壹舉. 竊伏聽於衆庶, 察其所言, 諸侯宗室在(列位)[位列]者, 未有所聞於民間也. 而遺詔所養武帝曾孫名病已在掖庭外家者, 吉前使居郡邸時見其幼少, 至今十八九矣, 通經術, 有美材, 行安而節和. 願將軍詳大議, 參以蓍龜, 豈宜褒顯, 先使入侍, 令天下昭然知之, 然後決定大策, 天下幸甚!」光覽其議, 遂尊立皇曾孫, 遣宗正劉德與吉迎曾孫於掖庭. 宣帝初卽位, 賜吉爵關內侯.

吉爲人深厚, 不伐善. 自曾孫遭遇, 吉絕口不道前恩, 故朝廷莫能明其功也. 地節三年, 立皇太子, 吉爲太子太傅, 數月, 遷御史大夫. 及霍氏誅, 上躬親政, 省尙書事. 是時, 掖庭宮婢則令民夫上書, 自陳嘗有阿保之功. 章下掖庭令考問, 則辭引使者丙吉知狀. 掖庭令將則詣御史府以視吉. 吉識, 謂則曰:「汝嘗坐養皇曾孫不謹督笞, 汝安得有功? 獨渭城胡組・淮陽郭徵卿有恩耳.」分別奏組等共養勞苦狀. 詔吉求組・徵卿, 已死, 有子孫, 皆受厚賞. 詔免則爲庶人, 賜錢十萬. 上親見問, 然後知吉有舊恩, 而終不言. 上大賢之, 制詔丞相:「朕微眇時, 御史大夫吉與朕有舊恩, 厥德茂焉. 詩不云虖? 『亡德不報.』其封吉爲博陽侯, 邑千三百戶.」臨當封, 吉疾病, 上將使人加紳而封之, 及其生存也. 上憂吉疾不起, 太子太傅夏侯勝曰:「此未死也. 臣聞有陰德者, 必饗其樂以及子孫. 今吉未獲報而疾甚, 非其死疾也.」後病果癒. 吉上書固辭, 自陳不宜以空名受賞. 上報曰:「朕之封君, 非空名也, 而君上書歸侯印, 是顯朕之不德也. 方今天下少事, 君其專精神, 省思慮, 近醫藥, 以自持.」後五歲, 代魏相爲丞相.

吉本起獄法小吏, 後學詩禮, 皆通大義. 及居相位, 上寬大, 好禮讓. 掾史有罪臧, 不稱職, 輒予長休告, 終無所案驗. 客或謂吉曰:「君侯爲漢相, 姦吏成其私, 然無所懲艾.」吉曰:「夫以三公之府有案吏之名, 吾竊陋焉.」後人代吉, 因以爲故事, 公府不案吏, 自吉始.

於官屬掾史, 務掩過揚善. 吉馭吏耆酒, 數逋蕩, 嘗從吉出, 醉歐丞相車上. 西曹主吏白欲斥之, 吉曰:「以醉飽之失去士, 使此人將復何所容? 西曹地忍之, 此不過汙丞相車茵耳.」遂不去也. 此馭吏邊郡人, 習知邊塞發犇命警備事, 嘗出, 適見驛騎持赤白囊, 邊郡發犇命書馳來至. 馭吏因隨驛騎至公車刺取, 知虜入雲中・代郡, 遽歸府見吉白狀, 因曰:「恐虜所入邊郡, 二千石長吏有老病不任兵馬者, 宜可豫視.」吉善其言, 召東曹案邊長吏, 瑣科條其人. 未已, 詔召丞相・御史・問以虜所入郡吏, 吉具對. 御史大夫卒遽不能詳知, 以得譴讓. 而吉見謂憂邊思職, 馭吏力也. 吉乃歎曰:「士亡不可容, 能各有所長. 嚮使丞相不先聞馭吏言, 何見勞勉之有?」掾史繇是益賢吉.

吉又嘗出, 逢清道羣鬪者, 死傷橫道, 吉過之不問, 掾史獨怪之. 吉前行, 逢人逐牛, 牛喘吐舌. 吉止駐, 使騎吏問:「逐牛行幾里矣?」掾史獨謂丞相前後失問, 或以譏吉, 吉曰:「民鬪相殺傷, 長安令·京兆尹職所當禁備逐捕, 歲竟丞相課其殿最, 奏行賞罰而已. 宰相不親小事, 非所當於道路問也. 方春少陽用事, 未可大熱, 恐牛近行用暑故喘, 此時氣失節, 恐有所傷害也. 三公典調和陰陽, 職(所)當憂, 是以問之.」掾史乃服, 以吉知大體.

五鳳三年春, 吉病篤. 上自臨問吉, 曰:「君卽有不諱, 誰可以自代者?」吉辭謝曰:「羣臣行能, 明主所知, 愚臣無所能識」上固問, 吉頓首曰:「西河太守杜延年明於法度, 曉國家故事, 前爲九卿十餘年, 今在郡治有能名. 廷尉于定國執憲詳平, 天下自以不冤. 太僕陳萬年事後母孝, 惇厚備於行止. 此三人能皆在臣右, 唯上察之.」上以吉言皆是而許焉. 及吉薨, 御史大夫黃霸爲丞相, 徵西河太守杜延年爲御史大夫, 會其年老, 乞骸骨, 病免. 以廷尉于定國代爲御史大夫. 黃霸薨, 而定國爲丞相, 太僕陳萬年代定國爲御史大夫, 居位皆稱職, 上稱吉爲知人.

吉薨, 謚曰定侯. 子顯嗣, 甘露中有罪削爵爲關內侯, 官至衛尉太僕. 始顯少爲諸曹, 嘗從祠高廟, 至夕牲日, 乃使出取齋衣. 丞相吉大怒, 謂其夫人曰:「宗廟至重, 而顯不敬慎, 亡吾爵者必顯也.」夫人爲言, 然後乃已. 吉中子禹爲水衡都尉, 少子高爲中壘校尉.

元帝時, 長安士伍尊上書, 言「臣少時爲郡邸小吏, 竊見孝宣皇帝以皇曾孫在郡邸獄. 是時治獄使者丙吉見皇曾孫遭離無辜, 吉仁心感動, 涕泣悽惻, 選擇復作胡組養視皇孫, 吉常從. 臣尊日再侍臥庭上. 後遭條獄之詔, 吉扞拒大難, 不避嚴刑峻法. 旣遭大赦, 吉謂守丞誰如, 皇孫不當在官, 使誰如移書京兆尹, 遣與胡組俱送京兆尹, 不受, 復還. 及組日滿當去, 皇孫思慕, 吉以私錢顧組, 令留與郭徵卿並養數月, 乃遣組去. 後少內嗇夫白吉曰:『食皇孫亡詔令.』時吉得食米肉, 月月以給皇孫. 吉卽時病, 輒使臣尊朝夕請問皇孫, 視省席蓐燥濕. 候伺組·徵卿, 不得令晨夜去皇孫放遝, 數奏甘毳食物. 所以擁全神靈, 成育聖躬, 功德已亡量矣. 時豈豫知天下之福, 而徼其報哉! 誠其仁恩內結於心也. 雖介之推割肌以存君, 不足(比也)[以比]. 孝宣皇帝時, 臣上書言狀, 幸得下吉謙讓不敢自伐, 刪去臣辭, 專歸美於組·徵卿. 組·徵卿皆以受田宅賜錢, 吉封爲博陽侯. 臣尊不得比組·徵卿. 臣年老居貧, 死在旦暮, 欲終不言, 恐使有功不著. 吉子顯坐微文奪爵爲關內侯, 臣愚以爲宜復其爵邑, 以報先人功德.」先是顯爲太僕十餘年, 與官屬大爲姦利, 臧千餘萬, 司隸校尉昌案劾, 罪至不道, 奏請逮捕. 上曰:「故丞相吉有舊恩, 朕不忍絕.」免顯官, 奪邑四百戶. 後復以爲城門校尉.

顯卒, 子昌嗣爵關內侯.

成帝時, 修廢功, 以吉舊恩尤重, 鴻嘉元年制詔丞相御史:「蓋聞褒功德, 繼絕統, 所以重宗廟, 廣賢聖之路也. 故博陽侯吉以舊恩有功而封, 今其祀絕, 朕甚憐之. 夫善善及子孫, 古今之通誼也, 其封吉孫中郎將關內侯昌爲博陽侯, 奉吉後.」國絕三十二歲復續云. 昌傳子至孫, 王莽時乃絕.

贊曰: 古之制名, 必繇象類, 遠取諸物, 近取諸身. 故經謂君爲元首, 臣爲股肱, 明其一體, 相待而成也. 是故君臣相配, 古今常道, 自然之勢也. 近觀漢相, 高祖開基, 蕭‧曹爲冠, 孝宣中興, 丙‧魏有聲. 是時黜陟有序, 衆職修理, 公卿多稱其位, 海內興於禮讓. 覽其行事, 豈虛虖哉!

163(6-8) 魏文侯攻中山
비방의 글이 궤짝에 가득

위魏 문후文侯가 중산中山을 공격하며 악양樂羊을 장수로 삼았다. 이미 중산을 정복하고 돌아와 문후에게 보고하면서, 악양은 자신의 공에 대해 득의만만한 모습이었다. 그러자 문후가 문서를 관리하는 자에게 명하였다.

"여러 신하와 빈객들이 올린 글들을 가지고 오라!"

이에 그 문서관리자가 두 광주리나 되는 글을 가지고 왔다. 이를 악양에게 보이자, 모두가 악양의 중산을 공격하지 못한 데 대한 비난의 글들이었다. 이를 본 악양은 멀리 내달아 북면北面하여 재배하며 이렇게 말하였다.

"중산을 정복한 것은 저의 힘이 아니라 모두 임금님의 공입니다."

魏文侯攻中山, 樂羊將, 已得中山, 還反報文侯, 有喜功之色.

文侯命主書曰:「羣臣賓客所獻書操以進.」

主書者擧兩篋以進, 令將軍視之, 盡難攻中山之事也, 將軍還走, 北面而再拜曰:「中山之擧也, 非臣之力, 君之功也.」

【魏文侯】 전국시대 魏나라의 영명한 군주.

【中山】 전국시대의 七雄에는 들지 못하였으나 명목을 유지한 작은 나라. 白狄이 세웠다. 《戰國策》 中山策 참조.

【樂羊】153장 참조. 자신의 아들을 삶은 국을 먹고 의심받은 인물.
【北面】신하의 예를 갖춤. 스스로 신하임을 자처함.

참고 및 관련 자료

1. 이 이야기는 본 《說苑》貴德篇 153장(5-28)의 연속이며 그 외에 여러 사서에
아주 널리 실려 있다.

2. 《呂氏春秋》樂成

魏攻中山, 樂羊將, 已得中山, 還反報文侯, 有貴功之色. 文侯知之, 命主書曰:「群臣
賓客所獻書者操以進之.」主書擧兩篋以進, 令將軍視之, 書盡難攻中山之事也. 將軍
還走, 北面而再拜曰:「中山之擧, 非臣之力, 君之功也.」

3. 《戰國策》秦策(二)

魏文侯令樂羊將, 攻中山, 三年而拔之. 樂羊反而語功, 文侯示之謗書一篋, 樂羊再
拜稽首曰:「此非臣之功, 主君之力也.」

4. 《新書》雜事(二)

魏文侯令樂羊將而攻中山, 三年而拔之, 樂羊反而語功, 文侯示之謗書一篋. 樂羊再
拜稽首曰:「此非臣之功也, 主君之力也.」

5. 《史記》甘茂列傳

魏文侯令樂羊將而攻中山, 三年而拔之. 樂羊返而論功, 文侯示之謗書一篋. 樂羊再
拜稽首曰:「此非臣之功也, 主君之力也.」

6. 《淮南子》人間訓

魏將樂羊攻中山, 其子執在城中. 城中縣其子以示樂羊, 樂羊曰:「君臣之義, 不得以子
爲私.」攻之愈急, 中山因烹其子, 而遺之鼎羹與其首. 樂羊循而泣之, 曰:「是吾子已.」
爲使者跪而啜三杯, 使者歸報. 中山曰:「是仗約死節者也. 不可忍也.」遂降之. 爲魏
文候大開地有功. 自此之後, 日以不信. 此所謂有功而見疑者也.

7. 《戰國策》中山策

樂羊爲魏將, 攻中山. 其子時在中山, 中山君烹之, 作羹致於樂羊. 樂羊食之. 古今稱之:
「樂羊食子以自信, (信)名害父以求法.」

164(6-9) 平原君既歸趙
비단옷을 치렁치렁 걸치고

평원군平原君이 이미 조趙나라로 돌아오자, 초楚나라에서는 춘신군春申君에게 군대를 이끌고 조나라를 구원하도록 하였고, 위魏나라 신릉군信陵君 역시 진비晉鄙의 군대를 빼앗아 조나라를 구원하려고 나섰다. 그들이 아직 도착하기 전에 진秦나라는 더욱 조나라의 한단邯鄲을 포위하여, 한단은 곧 항복해야 할 지경에 이르게 되었다. 평원군은 대단히 걱정이었다. 이때 한단의 전사리傳舍吏의 아들 이담李談이 평원군에게 이렇게 말하였다.

"귀하는 조나라가 망하는 것을 걱정하지 않습니까?"

이에 평원군이 대꾸하였다.

"조나라가 망하면 나 승勝은 곧 포로가 되는데 어찌 근심하지 않는단 말이냐?"

그러자 이담이 이렇게 말하였다.

"한단의 백성들은 뼈를 태워 밥을 지으며 서로 그 자식을 바꾸어 먹고 있습니다. 지극한 곤궁에 처해 있다는 뜻이지요. 그런데 귀하의 후궁에는 수백 명의 여인이 있고, 부첩婦妾들은 모두가 비단옷을 치렁치렁 걸치고 있으며, 부엌에는 식량과 고기가 남아돌고 있습니다. 병사와 백성들은 모두가 지쳐 심지어 무기가 모자라 나무를 깎아 창으로 만들어 쓰고 있습니다. 그런데도 귀하는 기물과 종경鐘磬의 풍요함을 방자하게 누리고 있습니다. 만약 진나라가 조나라를 깨뜨린다면 그것들이 어찌 귀하의 소유로 남아 있겠습니까? 그리고 또 이 조나라가 온전해진다면, 귀하는 무엇이 모자랄까 걱정할 게 있겠습니까? 그러니 귀하는 진실로 능히 부인夫人 이하 모두를 사졸士卒에 편입시켜, 그들로 하여금 똑같이 일거리를 나누어 맡도록 명하십시오. 또 집에 소유하고 있는 것을 모두 풀어 병사들에게 먹이십시오. 바야흐로 위험하고 고통스러울 때는 은혜를 베풀기도 쉬운 법입니다."

이 말에 평원군은 그의 계책대로 하였다. 그러자 용감한 병사 3천 명이 모두가 죽음을 무릅쓰고 나섰다. 이들이 이담을 따라서 진군秦軍에게 달려들자, 진나라 군대가 30리를 퇴각하였다. 이때 마침 초나라와 위나라 의 군대가 도착하자, 진나라 군대는 드디어 포위를 풀고 말았다. 이담이 죽자 그의 아버지에게 대신 효후孝侯라는 작위를 내렸다.

平原君旣歸趙, 楚使春申君將兵救趙, 魏信陵君亦矯奪晉鄙
軍往救趙, 未至, 秦急圍邯鄲, 邯鄲急且降, 平原君患之.

邯鄲傳舍吏子李談謂平原君曰:「君不憂趙亡乎?」

平原君曰;「趙亡卽勝虜, 何爲不憂?」

李談曰:「邯鄲之民, 炊骨易子而食之, 可謂至困; 而君之後宮
百數, 婦妾荷綺縠, 廚餘梁肉; 士民兵盡, 或剡木爲矛戟; 而君
之器物鍾磬自恣, 若使秦破趙, 君安得有此? 使趙而全, 君何患
無有? 君誠能令夫人以下, 編於士卒間, 分功而作之, 家所有盡
散以饗食士, 方其危苦時易爲惠耳.」

於是平原君如其計, 而勇敢之士三千人皆出死, 因從李談赴
秦軍, 秦軍爲却三十里, 亦會楚魏救至, 秦軍遂罷.

李談死, 封其父爲孝侯.

【平原君】戰國 四公子의 하나. 趙나라 武靈王의 아들로 이름은 趙勝. 三千食客을 거느렸으며, 많은 고사를 남겼다.《史記》平原君列傳 참조. 秦나라가 趙나라 邯鄲을 포위하자 楚나라에 구원병을 청하러 갔다. 이때의 故事가 "毛遂自薦"(《史記》平原君列傳)이며 그 후 다시 돌아왔다.

【春申君】역시 戰國 사공자의 하나. 黃歇.《史記》春申君列傳 참조.

【信陵君】역시 戰國 사공자의 하나. 魏 無忌.《史記》魏公子列傳 참조. 信陵君이 趙나라를 구하려 하였지만, 왕이 거부하자 侯生의 계책에 의해 당시 장군이었던 晉鄙의 병부를 빼앗아 趙나라를 도우러 갔다.《史記》魏公子列傳 참조.

【邯鄲】趙나라의 도읍.

【傳舍吏子】벼슬 이름. 子는 그의 아들.

【李談】平原君 趙勝에게 계책을 일러 준 인물.

【勝】平原君의 이름.

【孝侯】李談의 아버지가 아들 대신 받은 爵號.《史記》에는 李侯로 되어 있다.

참고 및 관련 자료

1.《史記》平原君列傳

平原君既返趙, 楚使春申君將兵赴救趙, 魏信陵君亦矯奪晉鄙軍往救趙, 皆未至. 秦急圍邯鄲, 邯鄲急, 且降, 平原君甚患之. 邯鄲傳舍吏子李同說平原君曰:「君不憂趙亡乎?」平原君曰;「趙亡則勝虜, 何爲不憂乎?」李同曰:「邯鄲之民, 炊骨易子而食, 可謂急矣, 而君之後宮以百數, 婢妾被綺縠, 餘粱肉, 而民褐衣不完, 糟糠不厭. 民困兵盡, 或剡木爲矛矢, 而君器物鍾磬自若. 使秦破趙, 君安得有此? 使趙而全, 君何患無有? 今君誠能令夫人以下, 編於士卒閒, 分功而作; 家之所有盡散以饗士, 士方其危苦之時, 易德耳.」於是平原君從之, 得敢死之士三千人. 李同遂與三千人赴秦軍, 秦軍爲之卻三十里. 亦會楚・魏救至, 秦軍遂罷, 邯鄲後存. 李同戰死, 封其父爲李侯.

165(6-10) 秦繆公嘗出而亡其駿馬
임금의 말을 잡아먹은 사람들

진秦 목공繆公, 穆公이 한 번은 밖에 나갔다가 그만 자신이 아끼는 준마駿馬가 도망쳐 버리는 일을 당하고 말았다. 스스로 나서서 그 말이 도망간 곳을 찾아가 보았더니, 사람들이 그 말을 잡아 이제 막 나누어 먹고 있었다. 목공이 이를 보고 말하였다.

"이것이 바로 내가 잃었던 그 준마로다."

모두가 놀라 두려워하며 일어서자 목공이 말을 이었다.

"내 듣자 하니 준마의 고기를 먹은 자는 술을 함께 먹지 않으면 사람을 죽이게 된다더라."

그리고는 즉시 뒤따라 술을 마시도록 해 주었다. 말을 죽인 자들은 모두가 부끄러워하며 떠났다.

그로부터 3년이 흐른 후, 진晉나라가 이 진秦 목공繆公을 공격하여 그를 에워싸서 포위당하게 되었다. 이때 지난날 말을 잡아먹었던 사람들이 서로 상의하였다.

"가히 말을 잡아먹었을 때 술까지 내려주었던 그 은혜에 죽음으로써 보답하러 나설 기회로다!"

그리고는 나서서 그 진晉나라의 포위를 무너뜨려 주었다. 목공은 마침내 그 어려움을 풀었음은 물론, 오히려 진晉 혜공惠公을 사로잡아 귀국하게 되었다. 이는 바로 덕을 베풀어 복이 되돌아온 예이다.

秦繆公嘗出而亡其駿馬, 自往求之, 見人已殺其馬, 方共食其肉.

繆公謂曰:「是吾駿馬也.」

諸人皆懼而起,

繆公曰:「吾聞食駿馬肉, 不飲酒者殺人.」

卽以次飲之酒, 殺馬者, 皆慙而去.

居三年, 晉攻秦繆公, 圍之, 往時食馬肉者, 相謂曰:「可以出死報食馬得酒之恩矣.」

遂潰圍. 繆公卒得以解難, 勝晉獲惠公以歸, 此德出而福反也.

【秦繆公】秦穆公. 춘추오패의 하나. 이 일은 穆公(繆公) 15年(B.C.645)의 일.
【晉惠公】이름은 夷吾. 晉獻公의 庶子. 晉文公 重耳의 異母弟.

> 참고 및 관련 자료

1.《史記》秦本紀

十五年, 與晉惠公夷吾, 合戰於韓地……, 繆公與麾下馳追之, 不能得晉君, 反爲晉君所圍, 晉擊繆公, 繆公傷. 於是岐下食善馬者三百人. 馳昌晉軍, 晉軍解圍, 遂脫繆公, 而反生得晉君. 初, 繆公亡善馬岐下, 野人共得而食之者三百餘人. 吏逐得, 欲法之, 繆公曰君子不以畜產害人, 吾聞食善馬肉, 不飲酒, 傷人, 乃皆賜酒而赦之. 三百人者聞秦擊晉, 皆求從, 從而見繆公窘, 亦皆推鋒爭死, 以報食馬之德. 於是繆公虜晉君以歸.」

2.《呂氏春秋》愛士篇

昔者, 秦繆公乘馬而車爲敗, 右服失而野人取之. 繆公自往求之, 見野人方將食之於岐山之陽. 繆公嘆曰:「食駿馬之肉而不還飲酒, 余恐其傷女也.」於是偏飲而去. 處一年, 爲韓原之戰, 晉人已還繆公之車矣, 晉梁由靡已扣繆公之左驂矣, 晉惠公之右

路石奮投而擊繆公之甲, 中之者已六札矣. 野人之嘗食馬肉於岐山之陽者三百有餘人, 畢力爲繆公疾鬥於車下, 遂大克晉, 反獲惠公以歸.

3.《淮南子》氾論訓

秦穆公出遊而車敗, 右服失馬, 野人得之, 穆公追而及之岐山之陽, 野人方屠而食之. 穆公曰:「夫食駿馬之肉, 而不還飲酒者, 傷人, 吾恐其傷汝等.」徧飲而去之. 處一年, 與晉惠公爲韓之戰. 晉師圍穆公之車, 梁由靡扣穆公之驂, 獲之. 食馬肉者三百餘人, 皆出死爲穆公戰於車下, 遂克晉, 虜惠公以歸.

4.《韓詩外傳》卷10

秦繆公將田而喪其馬, 求三日而得之於莖山之陽, 有鄙夫乃相與食之. 繆公曰:「此駿馬之肉, 不得酒者死.」繆公乃求酒, 徧飲之, 然後去. 明年, 晉師與繆公戰, 晉之右路石乃圍繆公而擊之, 甲己墮者六札矣. 食馬者三百餘人, 皆曰:「吾君仁而愛人, 不可不死.」還擊晉之右路石, 免繆公之死.

166(6-11) 楚莊王賜羣臣酒
모두 갓끈을 끊으시오

　초楚 장왕莊王이 여러 신하들에게 술을 내려 잔치를 벌이고 있었다. 날이 저물어 술이 거나하게 올랐을 때 마침 등불이 꺼지고 말았다. 이때 어떤 사람이 같이 참가한 후궁의 한 미녀의 옷을 끌어 잡아당기며 수작을 부리려 하였다. 그 여자가 이를 붙잡고 그의 갓끈을 잡아당겨 끊어 버리고 나서는, 왕에게 이렇게 말하였다.

　"지금 불이 꺼진 틈에 어떤 자가 첩의 옷을 잡아당겼습니다. 첩이 그의 갓끈을 끊어 가지고 있으니, 불을 밝히시거든 그 갓끈 끊어진 자를 살펴 주시옵소서!"

　이 말이 떨어지자 왕은 좌우에게 이렇게 명하였다.

　"오늘 나와 더불어 술을 마시면서 갓끈을 끊지 않은 자는 즐겁지 않다는 표시를 하는 자로다!"

　그러자 1백여 명이 넘는 신하 모두가 자신의 갓끈을 끊고 나서야 불을 밝혔다. 이리하여 끝까지 그 즐거운 분위기를 다한 채 잔치를 마치게 되었다. 그로부터 3년이 지난 후, 진晉나라와 초楚나라 사이에 싸움이 벌어졌다. 그때 어떤 한 신하가 제일 선봉에 나서서 다섯 번 싸움에 다섯 번 분격奮擊하며 첫 머리에서 적을 격퇴시키는 것이었다. 이리하여 결국 그 싸움은 승리로 끝낼 수 있었다. 장왕이 이상하게 여겨 그에게 물었다.

　"과인은 덕이 박하여 일찍이 그대를 특이한 자라고 보지 않았었는데, 그대는 무슨 연고로 죽음을 두려워하지 않고 그렇게 나섰는가?"

그 신하는 이렇게 대답하였다.

"저는 마땅히 죽을 몸이었습니다. 지난날 술에 취해 예를 잃었지요. 그때 왕께서는 감추고 참아 주셔서 제게 주벌誅罰을 내리지 않으셨습니다. 저는 끝내 그 덕을 숨긴 채로 왕께 감히 보답을 하지 않고 지낸다는 것은 있을 수 없는 일입니다. 늘 나의 간과 뇌를 땅에 드러내어 죽는 것과 목의 피를 적군에게 뿌려 그 은혜 갚기를 원해 온 지 오래입니다. 신이 바로 그 잔치에서 갓끈이 끊겼던 자 올시다."

이리하여 드디어 진군晉軍을 물리치고 초나라를 강하게 해 주었으니 이는 음덕陰德에는 반드시 양보陽報가 있음을 말한 것이다.

楚莊王賜羣臣酒, 日暮酒酣, 燈燭滅, 乃有人引美人之衣者, 美人援絶其冠纓, 告王曰:「今者燭滅, 有引妾衣者, 妾援得其冠纓持之, 趣火來, 上視絶纓者.」

王曰:「賜人酒, 使醉失禮, 奈何欲顯婦人之節而辱士乎?」

乃命左右曰:「今日與寡人飮, 不絶冠纓者, 不懽.」

羣臣百有餘人, 皆節去其冠纓而上火, 卒盡懽而罷.

居三年, 晉與楚戰, 有一臣常在前, 五合五奮, 首却敵, 卒得勝之.

莊王怪而問曰:「寡人德薄, 又未嘗異子, 子何故出死不疑如是?」

對曰:「臣當死, 往者醉失禮, 王隱忍不加誅也; 臣終不敢以蔭蔽之德而不顯報王也, 常願肝腦塗地, 用頸血濺敵久矣, 臣乃夜絶纓者也.」

遂敗晉軍, 楚得以强, 此有陰德者, 必有陽報也.

【楚莊王】 춘추오패의 하나. 이름은 旅. 혹은 侶. 穆王의 아들로 雄才가 있었다. 재위 23년(B.C.613~591). '問九鼎之輕重', '三年不飛' 등의 고사를 남겼다.

【肝腦塗地】 죽어서 간과 뇌가 다 드러나 땅에 쏟아지는 의기와 처참함을 말한다. 그렇게 해서 은혜를 갚기를 원하였다는 뜻.

참고 및 관련 자료

1. 이것이 유명한 '絶纓'의 고사이다. 그러나 《史記》에는 실려 있지 않다.

2. 《韓詩外傳》 卷7

楚莊王賜其群臣酒. 日暮酒酣, 左右皆醉. 殿上燭滅, 有牽王后衣者. 后挖冠纓而絶之, 言於王曰:「今燭滅, 有牽妾衣者, 妾挖其纓而絶之. 願趣火視絶纓者.」 王曰:「止!」 立出令曰:「與寡人飲, 不絶冠纓者不爲樂也.」 於是冠纓無完者, 不知王后所絶冠纓者誰. 於是王遂與群臣歡飲, 乃罷. 後吳興師攻楚, 有人常爲應行合戰者, 五陷陣却敵, 遂取大軍之首而獻之. 王怪而問之曰:「寡人未嘗有異於子, 子何爲於寡人厚也?」 對曰:「臣先殿上絶纓者也. 當時宜以肝膽塗地, 負日久矣, 未有所效. 今幸得用於臣之義, 尚可爲王破吳而强楚.」 詩曰:『有淮者淵, 雚葦渒渒.』 言大者無不容也.

3. 《古類書》(敦煌寫本) 報恩篇

楚莊王夜與群臣飲酒, 火滅, 有人引美人, 美人絶其冠纓, 告王曰:「燭滅, 引妾衣, 斷得其纓. 促上火而照之.」 王曰:「賜人酒使醉, 失禮, 奈何欲顯婦人之意而辱士乎?」 王曰:「今與寡人飲者, 盡絶其纓, 不絶者不歡.」 居二年, 晉與楚戰, 有一臣常在王前, 五合五獲, 却敵, 卒得勝之, 王怪而問之. 曰:「臣往者醉而失禮, 王隱忍不暴而誅. 臣常願肝腦塗地, 以報大王. 臣乃夜絶纓者是也.」

4. 《初學記》 25 (司馬彪《戰略》)

楚莊王賜群臣酒, 日暮, 燭滅, 有人引美人者, 美人援絶其冠纓, 告王. 王曰:「人醉失禮, 奈何欲顯婦人之節而辱士乎?」 乃命曰:「群臣皆絶去冠纓, 然後上燭.」

5. 기타 참고자료

《太平御覽》(479)

167(6-12) 趙宣孟將上之絳
밥 한 그릇의 보답

조선맹趙宣孟이 장차 강絳 땅으로 가다가 뽕나무 그늘 아래에 어떤 사람이 배가 고파 누운 채 움직이지도 못하는 것을 보게 되었다. 선맹은 수레를 멈추고 내려서 스스로 밥을 씹어 그에게 먹여 주었다. 그 굶주린 사람은 두 번째까지 먹여 주자, 비로소 힘을 얻어 스스로 먹을 수 있었다. 선맹이 물었다.

"어찌하여 이렇게까지 굶주렸는가?"

그는 이렇게 대답하였다.

"저는 강絳 땅에 사는 사람으로 돌아가는 길에 식량이 모두 떨어졌으나, 걸식을 부끄럽게 여기고 내 스스로 이렇게 된 것을 미워하여, 이곳에 이르러 이와 같이 하고 있는 것입니다."

선맹은 그에게 국과 밥, 그리고 두 가닥의 포脯를 주었다. 그러자 그는 두 번 절하고 고개를 숙여 받더니 감히 먹지를 못하는 것이었다. 선맹이 다시 그 이유를 묻자, 그는 이렇게 대답하였다.

"이전에 저는 항상 맛있는 음식을 만나면 늙은 어머니가 계시기 때문에 이를 가져다 드렸지요!"

이에 선맹이 말하였다.

"그대는 지금 이것을 드시오. 내 다시 더 드릴 테니."

그리고는 다시 도시락과 포脯 두 묶음, 그리고 돈 백 전錢까지 주었다.

그 선맹이 강絳 땅에 이르러 3년이 지난 후, 진晉나라 영공靈公이 이 선맹을 죽이려고 그의 집안에 복병伏兵을 숨겨 놓은 채 선맹을 불러 술을 권하였다. 선맹은 이를 알아차리고 술을 먹는 도중에 도망쳐 나오고 말았다.

영공은 숨겨두었던 복병을 시켜 급히 그를 추격하여 죽여 버리도록 명하였다. 그런데 한 사람이 급히 따라와 선맹에게 다가와서는 선맹의 얼굴을 자세히 들여다보더니 이렇게 말하는 것이었다.

"과연 진실로 귀하가 틀림없군요. 청컨대 그대를 위해 죽음으로 은혜를 갚아 드리겠습니다."

선맹이 놀라 물었다.

"그대 이름은 무엇이오?"

이에 그는 이렇게 말하였다.

"이름이 무엇이 있겠소. 저는 바로 옛날 그 뽕나무 밑에 굶주렸던 사람입니다."

그리고는 드디어 추격해 오는 병사들과 싸우다가 죽었다.

이로써 선맹은 살아날 수가 있게 되었다. 이것이 소위 덕을 베푼 혜택이다. 그러므로 군자에게 은혜를 베풀면 군자는 그 복을 얻게 되고, 소인에게 은혜를 베풀면 소인은 그 힘을 다하여 갚게 된다.

무릇 한 사람에게 겨우 덕을 베풀어도 자신의 몸을 살리는데, 하물며 만인에게 은혜를 베풀어 놓고 사는 사람에게 있어서랴! 그래서 덕이란 미세하다고 그만둘 일이 아니며, 원한이란 작다고 해도 마구 저질러서는 아니 된다.

어찌 덕을 세우지도 원한을 제거하지도 않으면서 남에게 이로움을 줄 수 있겠는가? 이로움을 베푼 자는 복으로써 보답을 받고 원망으로 남을 대한 자는 화가 찾아오게 마련이니, 안으로 몰래 한 것들은 그 밖으로 응하게 될 수밖에 없는 것이다. 그러니 삼가지 않으면 안 될 것이다. 이것이 바로 기록된 바의, 덕이란 작다고 그만 둘 수 없음[德無小] 을 말한 것이다.

《詩》에 "씩씩한 저 무사는 나라의 방패로다"라 하였고, 다시 역시 《詩》에 "훌륭하고 뛰어난 많은 인재들, 문왕이 이로써 평안

하시리!"라 하였다.

그러니 사람의 군주가 되어 어찌 선비를 사랑하는 일에 힘을 쓰지
않을 수 있겠는가!

趙宣孟將上之絳, 見翳桑下有臥餓人不能動, 宣孟止車爲之下,
飡自含而餔之, 餓人再咽而能視.

宣孟問: 「爾何爲饑若此?」

對曰: 「臣居於絳, 歸而糧絶, 羞行乞而憎自致, 以故至若此.」

宣孟與之壺飡, 脯二胊, 再拜頓首受之, 不敢食, 問其故, 對曰:
「向者食之而美, 臣有老母, 將以貢之.」

宣孟曰: 「子斯食之, 吾更與汝.」

乃復爲簞食, 以脯二束與錢百. 去之絳, 居三年, 晉靈公欲殺
宣孟, 置伏士於房中, 召宣孟而飮之酒, 宣孟知之, 中飮而出,
靈公命房中士疾追殺之, 一人追疾, 旣及宣孟, 向宣孟之面曰:
「今固是君耶! 請爲君反死.」

宣孟曰: 「子名爲誰?」

及是且對曰: 「何以名爲? 臣是翳桑下之餓人也.」

遂鬪而死, 宣孟得以活, 此所謂德惠也. 故惠君子, 君子得其福;
惠小人, 小人盡其力; 夫德一人活其身, 而況置惠於萬人乎? 故曰
德無細, 怨無小, 豈可無樹德而除怨, 務利於人哉! 利施者福報,
怨往者禍來, 形於內者應於外, 不可不愼也, 此書之所謂德無
小者也.

詩云: 『赳赳武夫, 公侯干城.』『濟濟多士, 文王以寧.』

人君胡可不務愛士乎!

【趙宣孟】춘추시대 晉나라 여섯 대부의 하나. 靈公 때의 趙盾.

【絳】地名. 당시 晉나라의 수도. 지금의 山西省 翼城縣 동남쪽.

【晉 靈公】춘추시대 晉나라의 군주. 재위 14년(B.C.620~607).

【詩云】앞의 구절은《詩經》國風 周南 兎罝篇의 구절이며, 뒤의 인용문은 大雅 文王篇의 구절이다.

참고 및 관련 자료

1.《左傳》宣公 2년

秋九月, 晉侯飮趙盾酒, 伏甲將攻之. 其右提彌明知之, 趨登曰:「臣侍君宴, 過三爵, 非禮也.」遂扶以下, 公嗾夫獒焉. 明搏而殺之. 盾曰:「棄人用犬, 雖猛何爲.」鬥且出, 提彌明死之. 初, 宣子田於首山, 舍於翳桑, 見靈輒餓, 問其病. 曰:「不食三日矣.」食之, 舍其半, 問之, 曰:「宦三年矣, 未知母之存否, 今近焉, 請以遺之.」使盡之, 而爲之簞食, 與肉, 寘諸橐以與之. 旣而與爲公介, 倒戟以禦公徒, 而免之. 問何故. 對曰:「翳桑之餓人也.」問其名居, 不告而退, 遂自亡也.

2.《呂氏春秋》報更篇

昔趙宣孟將上之絳, 見骫桑之下, 有餓人臥不能起者. 宣孟止車, 爲之下食蠲而餔之, 再嚥而後能視. 宣孟問之曰:「女何爲而餓若是?」對曰:「臣宦於絳, 歸而糧絶, 羞行乞而憎自取, 故至若此.」宣孟與脯二胸, 拜受而弗敢食也. 問其故. 對曰:「臣有老母, 將以遺之.」宣孟曰:「斯食之, 吾更與女.」乃復賜之脯二束與錢百, 而遂去之. 處二年, 晉靈公欲殺宣孟, 伏士於房中以待之. 因發酒於宣孟, 宣孟知之, 中飮而出. 靈公令房中之士疾追而殺之. 一人追疾, 先及宣孟之面, 曰:「嘻! 君輿, 吾請爲君反死.」宣孟曰:「而名爲誰?」反走對曰:「何以名爲, 臣骫桑下之餓人也!」還鬥而死, 宣孟遂活, 此書之所謂「德幾無小」者也. 宣孟德一士, 猶活其身, 而況德萬人乎! 故詩曰:『赳赳武夫, 公侯干城.』『濟濟多士, 文王以寧.』人主胡可以不務哀士!

3.《史記》晉世家

初, 盾常田首山, 見桑下有餓人, 餓人, 示眯明也. 盾與之食, 食其半, 問其故, 曰:「宦三年, 未知母之存不, 願遺母.」盾義之, 益與之飯·肉. 已而爲晉宰夫, 趙盾弗復知也. 九月, 晉靈公飮趙盾酒, 伏甲將攻盾, 公宰示眯明知之, 恐盾醉不能起而進曰:「君賜臣, 觴三行, 可以罷.」欲以去趙盾, 令先, 毋及難. 盾旣去, 靈公伏士未會,

先縱齧狗名敖, 明爲盾搏殺狗. 盾曰:「棄人用狗, 雖猛何爲.」然不知明之爲陰德也. 已而靈公縱伏士出逐趙盾, 示眯明反擊靈公之伏士, 伏士不能進而竟脫盾, 盾問其故, 曰:「我桑下餓人.」問其名, 弗告. 明亦因亡去.

4.《公羊傳》宣公 6年

靈公聞之怒, 滋欲殺之甚. 衆莫可使往者, 於是伏甲于宮中, 召趙盾而食之, 趙盾之車右祁彌明者, 國之力士也. 仡然從乎趙盾而入. 放乎堂下而立. 趙盾已食, 靈公謂盾曰:「吾聞子之劍, 蓋利劍也. 子以示我, 吾將觀焉.」趙盾起將進劍, 祁彌明自下呼之, 曰:「盾食飽則出, 何故拔劍於君所?」趙盾知之. 躇階而走. 靈公有周狗. 謂之獒. 呼獒而屬之, 獒亦躇階而從之, 祁彌明逆而踆之. 絕其頷. 趙盾顧曰:「君之獒, 不若臣之獒也.」然而宮中甲鼓而起. 有起干甲中者, 抱趙盾而乘之. 趙盾顧曰:「吾何以得此于子?」曰:「子某時所食活我于暴桑下者也.」趙盾曰:「子名爲誰?」曰:「吾君孰爲介, 子之乘矣. 何問吾名?」趙盾驅而出, 衆無留之者. 趙穿緣民衆不說, 起弑靈公, 然後迎趙盾而入, 與之立于朝. 而立成公黑臀.

시녀와 사통한 부하

효경황제孝景皇帝 때에 오吳·초楚가 반란을 일으키자 원앙袁盎이
태상太常의 신분으로 오나라를 가게 되었다. 오왕吳王이 그를 오히려
자신의 장군으로 삼으려 하였으나, 거부하자 죽여 없애려고 한 도위都尉
를 시켜 군사 5백 명을 풀어 그를 포위하게 하였다.

그런데 일찍이 원앙이 오나라 재상이었을 때, 자신의 부하인 종사從史
하나가 원앙의 시녀와 사통을 하고 있었다. 원앙은 이를 알고 있었지만
이를 내색하지 않고 전과 같이 대해 주었다. 그런데 어떤 이가 이를
원앙이 알고 있다고 그 종사에게 알려 주자, 종사는 두려움을 느끼고
도망쳐 버렸다. 원앙은 이를 뒤쫓아 가서 드디어 자신의 시녀를 그에게
주고, 종사 직위를 복직시켰던 일이 있었다.

다시 원앙이 오나라에 의해 포위되었을 때, 그 종사는 바로 이 원앙을
포위하고 있던 병사들의 교사마校司馬가 되어 있었다. 그가 밤에 원앙
에게 다가와 도피시키고자 하였다.

"귀하는 도망치셔야 합니다. 오왕이 내일 아침 귀하를 잡아 목을
베려 합니다."

그러나 원앙은 믿지 않았다.

"그대는 누구요?"

그가 대답하였다.

"저는 바로 귀하의 종사 벼슬을 할 때에 시녀를 훔친 자입니다."

원앙은 이에 공경의 빛을 보이면서도 이렇게 거절하였다.

"그대에게는 어버이가 계시니 나는 그대에게 누를 끼치고 싶지 않소!"

그러자 그 사마는 이렇게 말하였다.

"그대는 우선 피하고 보십시오. 저도 장차 귀하를 따라 피할 것입니다. 제가 귀하를 어버이처럼 여기는데 무슨 걱정이십니까?"

그리고는 칼로 장막을 찢어 버리고, 자신의 부하들에게 모두 열라고 하며 모두 떠나도록 명하였다. 이리하여 원앙은 돌아와 임금에게 보고할 수 있었다.

孝景時, 吳楚反, 袁盎以太常使吳, 吳王欲使將, 不肯, 欲殺之, 使一都尉以五百人圍守盎; 盎爲吳相時, 從史與盎侍兒私通, 盎知之不泄, 遇之如故, 人有告從史, 從史懼亡歸, 盎自追, 遂以乍兒賄之, 復爲從史.

及盎使吳見圍守, 從史適爲守盎校司馬, 夜引盎起曰:「君可以去矣, 吳王期旦日斬君.」

盎不信, 曰:「公何爲者也?」

司馬曰:「臣故爲君從史, 盜侍兒者也.」

盎乃敬對曰:「公有親, 吾不足以累公.」

司馬曰:「君去, 臣亦且亡避, 吾親君, 何患?」

乃以刀決帳, 率徒卒道出令皆去, 盎遂歸報.

【孝景】 漢(西漢)의 景帝. 이름은 劉啓. 재위 16년(B.C.156~141).

【吳·楚】 漢나라의 諸侯國.

【袁盎】 爰盎으로도 표기하며, 漢나라 景帝 때의 인물. 鼂錯과 불화를 겪고 있을 때 七國叛亂이 일어나자 鼂錯을 죽일 것을 청하였다.

【太常】漢나라 때의 벼슬 이름.

【從史】漢나라 때 지방 諸侯國의 하급직.

【校司馬】군사업무를 맡은 낮은 직급.

【盎遂歸報】다른 기록에는 이내 가족을 피신시켰다고 되어 있다.

참고 및 관련 자료

1.《史記》袁盎列傳

及鼂錯己誅, 袁盎以太常使吳. 吳王欲使將, 不肯. 欲殺之, 使一都尉以五百人圍守
盎軍中. 袁盎自其爲吳相時, 有從史嘗盜愛盎侍兒, 盎知之, 弗泄, 遇之如故. 人有告
從史, 言「君知爾與侍者通」, 乃亡歸. 袁盎驅自追之, 遂以侍者賜之, 復爲從史. 及袁
盎使吳見守, 從史適爲守盎校尉司馬, 乃悉以其裝齎置二石醇醪, 會天寒, 士卒飢渴,
飮酒醉, 西南陬卒皆臥, 司馬夜引袁盎起, 曰:「君可以去矣, 吳王期旦日斬君」. 盎弗信,
曰:「公何爲者?」司馬曰:「臣故爲從史盜君侍兒者」. 盎乃驚謝曰:「公幸有親, 吾不
足以累公」. 司馬曰:「君弟去, 臣亦且亡, 避吾親, 君何患!」乃以刀決張, 道從醉卒隧
直出. 司馬與分背, 袁盎解節毛懷之, 杖, 步行七八里, 明, 見梁騎, 騎馳去. 遂歸報.

2.《漢書》爰盎傳

爰盎字絲. 其父楚人也, 故爲羣盜, 徙安陵. 高后時, 盎爲呂祿舍人. 孝文卽位, 盎兄
噲任盎爲郎中. 絳侯爲丞相, 朝罷趨出, 意得甚. 上禮之恭, 常目送之. 盎進曰:「丞相
何如人也?」上曰:「社稷臣」. 盎曰:「絳侯所謂功臣, 非社稷臣. 社稷臣主在與在,
主亡與亡. 方呂后時, 諸呂用事, 擅相王, 劉氏不絶如帶. 是時絳侯爲太尉, 本兵柄,
弗能正. 呂后崩, 大臣相與共誅諸呂, 太尉主兵, 適會其成功, 所謂功臣, 非社稷臣.
丞相如有驕主色, 陛下謙讓, 臣主失禮, 竊爲陛下弗取也」. 後朝, 上益莊, 丞相益畏.
已而絳侯望盎曰:「吾與汝兄善, 今兒乃毀我!」盎遂不謝. 及絳侯就國, 人上書告以
爲反, 徵繫請室, 諸公莫敢爲言, 唯盎明絳侯無罪. 絳侯得釋, 盎頗有力. 絳侯乃大與
盎結交. 淮南厲王朝, 殺辟陽侯, 居處驕甚. 盎諫曰:「諸侯太驕必生患, 可適削地」.
上弗許. 淮南王益橫. 謀反發覺, 上徵淮南王, 遷之蜀, 檻車傳送. 盎時爲中郎將,
諫曰:「陛下素驕之, 弗稍禁, 以至此, 今又暴摧折之. 淮南王爲人剛, 有如遇霜露行
道死, 陛下竟爲以天下大弗能容, 有殺弟名, 柰何?」上不聽, 遂行之. 淮南王至雍,
病死, 聞, 上輟食, 哭甚哀. 盎入, 頓首請罪. 上曰:「以不用公言至此」盎曰:「上自寬,

此往事, 豈可悔哉! 且陛下有高世行三, 此不足以毀名.」上曰:「吾高世三者何事?」盎曰:「陛下居代時, 太后嘗病, 三年, 陛下不交睫解衣, 湯藥非陛下口所嘗弗進. 夫曾參以布衣猶難之, 今陛下親以王者修之, 過曾參遠矣. 諸呂用事, 大臣顓制, 然陛下從代乘六乘傳, 馳不測淵, 雖賁育之勇不及陛下. 陛下至代邸, 西鄉讓天子者三, 南鄉讓天子者再. 夫許由一讓, 陛下五以天下讓, 過許由四矣. 且陛下遷淮南王, 欲以苦其志, 使改過, 有司宿衛不謹, 故病死.」於是上乃解, 盎繇此名重朝廷. 盎常引大體忼慨. 宦者趙談以數幸, 常害盎, 盎患之. 盎兄子種爲常侍騎, 諫盎曰:「君眾辱之, 後雖惡君, 上不復信.」於是上朝東宮, 趙談驂乘, 盎伏車前曰:「臣聞天子所與共六尺輿者, 皆天下豪英. 今漢雖乏人, 陛下獨奈何與刀鋸之餘共載!」於是上笑, 下趙談. 談泣下車. 上從霸陵上, 欲西馳下峻阪, 盎攬轡. 上曰:「將軍怯邪?」盎言曰:「臣聞千金之子不垂堂. 百金之子不騎衡, 聖主不乘危, 不徼幸. 今陛下騁六飛, 馳不測山, 有如馬驚車敗, 陛下縱自輕, 奈高廟·太后何?」上乃止. 上幸上林, 皇后·慎夫人從. 其在禁中, 常同坐. 及坐, 郎署長布席, 盎引卻慎夫人坐. 慎夫人怒, 不肯坐. 上亦怒, 起. 盎因前說曰:「臣聞尊卑有序則上下和, 今陛下既以立后, 慎夫人乃妾, 妾主豈可以同坐哉! 且陛下幸之, 則厚賜之. 陛下所以爲慎夫人, 適所以禍之也. 獨不見人彘乎?」於是上乃說, 入語慎夫人. 慎夫人賜盎金五十斤. 然盎亦以數直諫, 不得久居中. 調爲隴西都尉, 仁愛士卒, 士卒皆爭爲死. 遷齊相, 徙爲吳相. 辭行, 種謂盎曰:「吳王驕日久, 國多姦, 今絲欲刻治, 彼不上書告君, 則利劍刺君矣. 南方卑濕, 絲能日飲, 亡何, 說王毋反而已. 如此幸得脫.」盎用種之計, 吳王厚遇盎. 盎告歸, 道逢丞相申屠嘉, 下車拜謁, 丞相從車上謝. 盎還, 愧其吏, 乃之丞相舍上謁, 求見丞相. 丞相良久乃見. 因跪曰:「願請間.」丞相曰:「使君所言公事, 之曹與長史掾議之, 吾且奏之; 則私, 吾不受私語.」盎即起說曰:「君爲相, 自度孰與陳平·絳侯?」丞相曰:「不如.」盎曰:「善, 君自謂弗如. 夫陳平·絳侯輔翼高帝, 定天下, 爲將相, 而誅諸呂, 存劉氏; 君乃爲材官蹶張, 遷爲隊帥, 積功至淮陽守, 非有奇計攻城野戰之功. 且陛下從代來, 每朝, 郎官者上書疏, 未嘗不止輦受. 其言不可用, 置之; 言可采, 未嘗不稱善. 何也? 欲以致天下賢英士大夫, 日聞所不聞. 以益聖. 而君自閉箝天下之口, 而日益愚. 夫以聖主責愚相, 君受禍不久矣.」丞相乃再拜曰:「嘉鄙人, 乃不知, 將軍幸教.」引與入坐, 爲上客. 盎素不好鼂錯, 錯所居坐, 盎輒避; 盎所居坐, 錯亦避: 兩人未嘗同堂語. 及孝景即位, 鼂錯爲御史大夫, 使吏案盎受吳王財物, 抵罪, 詔赦以爲庶人. 吳楚反閩, 錯謂丞史曰:「爰盎多受吳王金錢, 專爲蔽匿, 言不反. 今果反, 欲請治盎, 宜知其計謀.」丞史曰:「事未發, 治之有絕. 今兵西向, 治之何益! 且盎不宜有謀.」錯猶與未決.

人有告盎, 盎恐, 夜見竇嬰, 爲言吳所以反, 願(致)[至]前, 口對狀. 嬰入言, 上乃召盎. 盎入見, 竟言吳所以反, 獨急斬錯以謝吳, 吳可罷. 上拜盎爲泰常, 竇嬰爲大將軍. 兩人素相善. 是時, 諸陵長安中賢大夫爭附兩人, 車騎隨者日數百乘. 及鼂錯已誅, 盎以泰常使吳. 吳王欲使將, 不肯. 欲殺之, 使一都尉以五百人圍守盎軍中. 初, 盎爲吳相時, 從史盜私盎侍兒. 盎知之, 弗泄, 遇之如故. 人有告從史, 「君知女與侍者通」, 乃亡去. 盎驅自追之, 遂以侍者賜之, 復爲從史. 及盎使吳見守, 從史適在守盎校爲司馬, 乃悉以其裝齎買二石醇醪, 會天寒, 士卒飢渴, 飲醉西南陬卒, 卒皆臥. 司馬夜引盎起, 曰: 「君可以去矣, 吳王期旦日斬君」 盎弗信, 曰: 「何爲者?」 司馬曰: 「臣故爲君從史盜侍兒者也.」 盎乃驚, 謝曰: 「公幸有親, 吾不足累公.」 司馬曰: 「君弟去, 臣亦且亡, 辟吾親, 君何患!」 乃以刀決帳, 道從醉卒直出. 司馬與分背, 盎解節旄懷之, 屐步行七十里, 明, 見梁騎, 馳去, 遂歸報. 吳楚已破, 上更以元王子平陸侯禮爲楚王, 以盎爲楚相. 嘗上書, 不用. 盎病免家居, 與閭里浮湛, 相隨行鬪雞走狗. 雒陽劇孟嘗過盎, 盎善待之. 安陵富人有謂盎曰: 「吾聞劇孟博徒, 將軍何自通之?」 盎曰: 「劇孟雖博徒, 然母死, 客送喪車千餘乘, 此亦有過人者. 且緩急人所有. 夫一旦叩門, 不以親爲解, 不以在亡爲辭, 天下所望者, 獨季心・劇孟. 今公陽從數騎, 一旦有緩急, 寧足恃乎?」 遂罵富人, 弗與通. 諸公聞之, 皆多盎. 盎雖居家, 景帝時時使人問籌策. 梁王欲求爲嗣, 盎進說, 其後語塞. 梁王以此怨盎, 使人刺盎. 刺者至關中, 問盎, 稱之皆不容口. 乃見盎曰: 「臣受梁王金刺君. 君長者, 不忍刺君. 然後刺者十餘曹, 備之!」 盎心不樂, 家多怪, 乃之棓生所問占. 還, 梁刺客後曹果遮刺殺盎安陵郭門外.

169(6-14) 智伯與趙襄子戰於晉陽下而死
예양의 끈질긴 복수극

지백智伯이 진양晉陽 전투에서 조양자趙襄子에게 패하여 죽고 말았다. 지백의 신하 중에 예양豫讓이란 자가 있었는데, 이 일에 노하여 그 정기精氣로써 능히 조양자의 마음을 불안케 하였다. 이에 예양은 몸에 옻칠을 하여 창병이 나도록 하였고, 벌겋게 타는 뜨거운 숯을 먹어 목소리까지 바꾸어 버렸다.

조양자가 외출을 하자, 예양은 거짓으로 죽은 체하며 다리 밑에 숨어 있었다. 양자를 태운 마차의 말이 놀라 앞으로 나가지 않자, 양자가 이상한 예감이 들어 신하를 시켜 다리 밑을 조사해 보도록 하였더니, 과연 예양을 찾아내어 그 화를 면하였다.

양자는 그 의를 높이 사서 그를 죽이지는 않았다. 그러다가 예양이 다시 도둑질로 거짓 죄인이 되어 죄수복을 입고 궁중수리하는 일을 하면서 기회를 엿보았다.

양자에게 역시 이상한 생각이 들었다.

"그는 틀림없이 예양이리라."

그리하여 잡아서 물어 보니 과연 예양이었다.

"그대는 처음에 중항씨中行氏를 섬겼지 않은가? 지백이 그 중항을 죽였을 때에는 그를 위해 원수를 갚겠다고 나서지 않고, 도리어 지백에게 달려가 그를 섬겼지. 그런데 지금 내가 지백을 죽이자, 그대는 옻독을 묻혀 몸을 망그러뜨리고 벌건 숯을 먹어 목소리까지 바꾸면서 나를 죽이려 덤비니 앞서의 행동과는 다르지 않은가?"

양자의 이 질문에 예양은 이렇게 대답하였다.

"중항씨는 보통 사람으로 나를 대하며 먹여 주었소. 그 때문에 나역시 그를 보통 사람처럼 섬겼지요. 그러나 지백은 조정의 선비로나를 대우해 주었소. 그래서 나 역시 조정의 선비 자격으로 그에게쓰이는 것이오!"

양자는 감탄하였다.

"이것이 바로 의義가 아니겠는가? 그대는 장사로다."

그리고는 스스로 수레 곳간에 들어가 물이나 음식을 사흘 동안 입에대지 않은 채 예양의 의로움에 예를 표하였다. 예양이 이를 알고 드디어자결하고 말았다.

智伯與趙襄子戰於晉陽下而死, 智伯之臣豫讓者怒, 以其精氣能使襄子動心, 乃漆身變形, 吞炭更聲, 襄子將出, 豫讓僞爲死人, 處於梁下, 駟馬驚不進, 襄子動心, 使使視梁下, 得豫讓, 襄子重其義不殺也. 又盜, 爲抵罪, 被刑人赭衣, 入繕宮.

襄子動心, 則曰:「必豫讓也.」

襄子執而問之曰:「子始事中行君, 智伯殺中行君, 子不能死,還反事之; 今吾殺智伯, 乃漆身爲癩, 吞炭爲啞, 欲殺寡人, 何與先行異也?」

豫讓曰:「中行君衆人畜臣, 臣亦衆人事之; 智伯朝士待臣,臣亦朝士爲之用.」

襄子曰:「非義也? 子壯士也!」

乃自置車庫中, 水漿毋入口者三日, 以禮豫讓, 讓自知, 遂自殺也.

【智伯】春秋末 晉나라 六卿의 하나. 知伯으로도 쓴다. 가장 세력이 강하였으나 교만으로 결국 망하였다.

【晉陽】지금의 山西 太原縣. 원래 周나라 때의 唐. 周 戊王의 아우 叔虞가 봉해졌던 땅. 뒤에 晉으로 개칭됨. 春秋 말기에 六卿 중 范氏·中行氏가 智氏에게 망한 후 趙를 없애기 위해 韓氏·魏氏와 연합하였으나, 韓·魏가 智氏의 교만을 미워하여 도리어 趙와 결합, 智伯을 멸망시켰다.

【趙襄子】春秋 말기 智氏를 멸하고 邯鄲에 나라를 세웠다. 이것이 곧 戰國 七雄의 趙나라가 되었다.

【豫讓】처음에는 范氏와 中行氏를 차례로 섬기다가 다시 智氏를 섬겼다. 이 智氏가 趙襄子에게 패하여 죽자, 그 원수를 대신 갚겠노라고 소위 '呑炭漆身'의 자학을 거쳐 뒤에 襄子에게 죽음을 당하였다. '士爲知己者死, 女爲悅己者容'의 명언을 남겼다.

【中行氏】晉나라 六卿의 하나.

┌─────────────────────┐
│ 참고 및 관련 자료 │
└─────────────────────┘

1. 본 장의 이야기는 '呑炭漆身'으로 널리 알려진 고사이다. 그러나 내용은 《戰國策》 趙策, 《史記》 刺客列傳과 매우 차이가 있다.

2. 《戰國策》 趙策(一)

晉畢陽之孫豫讓, 始事范·中行氏而不說, 去而就知伯, 知伯寵之. 及三晉分知氏, 趙襄子最怨知伯, 而將其頭以爲飮器. 豫讓遁逃山中, 曰:「嗟乎! 士爲知己者死, 女爲悅己者容. 吾其報知氏之讎矣.」乃變姓名, 爲刑人, 入宮塗廁, 欲以刺襄子. 襄子如廁, 心動, 執問塗者, 則豫讓也. 刃其扞, 曰:「欲爲知伯報讎!」左右欲殺之. 趙襄子曰:「彼義士也, 吾謹避之耳. 且知伯已死, 無後, 而其臣至爲報讎, 此天下之賢人也.」卒釋之. 豫讓又漆身爲厲, 滅鬚去眉, 自刑以變其容, 爲乞人而往乞, 其妻不識, 曰:「狀貌不似吾夫, 其音何類吾夫之甚也.」又呑炭爲啞, 變其音. 其友謂之曰:「子之道甚難而無功; 謂子有志則然矣, 謂子智則否. 以子之才, 而善事襄子, 襄子必近幸子; 子之得近而行所欲, 此甚易而功必成.」豫讓乃笑而應之曰:「是爲先知報後知, 爲故君賊新君, 大亂君臣之義者無此矣. 凡吾所謂爲此者, 以明君臣之義, 非從易也. 且夫委質而事人, 而求弑之, 是懷二心以事君也. 吾所爲難, 亦將以愧天下後世人臣懷二

心者.」居頃之, 襄子當出, 豫讓伏所當過橋下. 襄子至橋而馬驚. 襄子曰:「此必豫讓也.」使人問之, 果豫讓. 於是趙襄子面數豫讓曰:「子不嘗事范・中行氏乎? 知伯滅范・中行氏, 而子不爲報讎, 反委質事知伯, 知伯已死, 子獨何爲報讎之深乎?」豫讓曰:「臣事范・中行氏, 范・中行氏以衆人遇臣, 臣故衆人報之; 知伯以國士遇臣, 臣故國士報之.」襄子乃喟然嘆泣曰:「嗟乎, 豫子! 豫子之爲知伯, 名旣成矣, 寡人舍子, 亦以足矣. 子自爲計, 寡人不舍子.」使兵環之. 豫讓曰:「臣聞明主不掩人之義, 忠臣不愛死以成名. 君前已寬舍臣, 天下莫不稱君之賢. 今日之事, 臣故伏誅, 然願請君之衣而擊之, 雖死不恨. 非所望也, 敢布腹心.」於是襄子義之, 乃使使者持衣與豫讓, 豫讓拔劍三躍, 呼天擊之曰:「而可以報知伯矣.」遂伏劍而死. 死之日, 趙國之士聞之, 皆爲涕泣.

3. 《史記》刺客列傳

趙襄子最怨智伯, 漆其頭以爲飲器. 豫讓遁逃山中曰:「嗟乎! 士爲知己者死, 女爲悅己者容. 今智伯知我, 我必爲報讎而死, 以報智伯, 則吾魂魄不愧矣.」乃變名姓爲刑人, 入宮塗廁, 中挾匕首, 欲以刺襄子. 襄子如廁, 心動, 執問塗廁之刑人, 則豫讓, 內持刀兵, 曰:「欲爲知伯報讎.」左右欲誅之. 襄子曰:「彼義人也, 吾謹避之耳. 且知伯亡, 無後, 而其臣欲爲報讎, 此天下之賢人也.」卒釋去之. 居頃之, 豫讓又漆身爲厲, 吞炭爲啞, 使形狀不可知, 行乞於市, 其妻不識也. 行見其友, 其友識之, 曰:「汝非豫讓邪?」曰:「我是也.」其友爲泣曰:「以子之才, 委質而臣事襄子, 襄子必近幸子, 近幸子乃爲所欲, 顧不易邪? 何必殘身苦形, 欲以求報襄子, 不亦難乎!」不爲報讎, 反委質事知伯, 知伯已死, 子獨何爲報讎之深也?」豫讓曰:「旣已委質臣事人而求殺之, 是懷二心以事其君也. 且吾所爲者極難耳! 然所以爲此者, 將以愧天下後世之爲人臣懷二心以事其君者也.」旣去, 頃之, 襄子當出, 豫讓伏於所當過之橋下. 襄子至橋, 馬驚, 襄子曰:「此必是豫讓也.」使人問之, 果豫讓也. 於是襄子乃數豫讓曰:「子不嘗事范・中行氏乎? 智伯盡滅之而子不爲報讎, 而反委質臣於智伯, 智伯亦已死矣, 而子獨何以爲之報讎之深也?」豫讓曰:「臣事范・中行氏, 范・中行氏皆衆人遇我, 我故衆人報之, 至於智伯, 國士遇我, 我故國士報之.」襄子喟然嘆息而泣曰:「嗟乎! 豫子! 子之爲智伯, 名旣成矣, 而寡人赦子亦已足矣. 子其自爲計, 寡人不復釋子.」使兵圍之. 豫讓曰:「臣聞明主不掩人之美而忠臣有死名之義. 前君已寬赦臣, 天下莫不稱君之賢. 今日之事, 臣故伏誅, 然願請君之衣而擊之焉, 以致報讎之意, 則雖死不恨. 非所敢望也, 敢布腹心.」於是襄子大義之, 乃使持衣與豫讓, 豫讓拔劍三躍而擊之, 曰:「吾可以下報智伯矣!」遂伏劍自殺. 死之日, 趙國志士聞之, 皆爲涕泣.

4.《呂氏春秋》不侵篇

豫讓之友謂豫讓曰:「子之行何其惑也? 子嘗事范氏中行氏, 諸侯盡滅之, 而子不爲報, 至於智氏, 而子必爲之報, 何故?」豫讓曰:「我將告子其故. 范氏, 中行氏, 我寒而不我衣, 我饑而不我食, 而時使我與千人共其養, 是衆人畜我也. 夫衆人畜我者, 我亦衆人事之. 至於智氏則不然, 出則乘我以車, 入則足我以養, 衆人廣朝, 而必加禮於吾所, 是國士畜我也. 夫國士畜我者, 我亦國士事之. 豫讓, 國士也, 而猶以人之於己也爲念, 又況於中人乎?」

5.《淮南子》主術訓

昔者, 豫讓中行文子之臣, 智伯伐中行氏, 并吞其地. 豫讓背其主, 而臣智伯. 智伯與趙襄子, 戰於晉陽之下, 身死爲戮. 國分爲三, 豫讓欲報趙襄子, 漆身爲厲, 吞炭變音, 摘齒易貌. 夫以一人之心, 而事兩主, 或背而去, 或欲身狗之. 豈其趨捨厚薄之勢異哉! 人之恩澤, 使之然也.

170(6-15) 晉逐欒盈之族
남의 가신으로 삼대를 지낸 자

진晉나라가 난영欒盈의 가족을 모두 축출하면서 그의 가신家臣들에게 조차 누구든 감히 그를 따르는 자는 모두 죽이겠노라고 명하였다.

그러자 그 가신 중의 하나가 나섰다.

"저 신유辛兪는 그래도 따르겠습니다."

관리가 이를 잡아다가 장차 죽이려 하자 임금이 먼저 물었다.

"너에게 따르지 말라고 하였는데 감히 따르겠다고 하는 이유가 무엇인가?"

신유는 이렇게 대답하였다.

"제가 들건대 삼대三代에 걸쳐 어느 집의 가신이 된 자는 그 주인을 임금처럼 모시게 되고, 이대二代에 걸쳐 모신 자는 그를 참 주인으로 받들게 된다고 하였습니다. 그리하여 임금처럼 모신다는 것은 죽음도 불사한다는 뜻이요, 참 주인으로 모신다는 것은 온갖 근면을 다한다는 뜻입니다. 그러므로 하사받은 것도 그만큼 많게 되겠지요. 지금 저는 난씨를 삼대째 모시고 있고, 그로부터 받은 것도 많습니다. 그런데 제가 죽음이 두렵다고 삼대의 은혜를 잊어서야 되겠습니까?"

진군晉君은 그를 석방해 주었다.

晉逐欒盈之族, 命其家臣有敢從者死, 其臣曰:「辛兪從之.」
吏得而將殺之, 君曰:「命汝無得從, 敢從何也?」

辛兪對曰:「臣聞三世仕於家者君之, 二世者主之; 事君以死, 事主以勤, 爲其賜之多也. 今臣三世於欒氏, 受其賜多矣, 臣敢畏死而忘三世之恩哉?」

晉君釋之.

【欒盈】춘추시대 晉나라의 大夫. 欒懷子라고도 부른다.
【辛兪】欒盈의 家臣.

참고 및 관련 자료

1.《國語》晉語(八)

欒懷子之出, 執政使欒氏之臣勿從, 從欒氏者爲大戮施. 欒氏之臣辛兪行, 吏執之, 獻諸公. 公曰:「國有大令, 何故犯之?」對曰:「臣順之也, 豈敢犯之? 執政曰:『無從欒氏而從君』, 是明令必從君也. 臣聞之曰:『三世事家, 君之; 再世以下, 主之.』事君以死, 事主以勤, 君之明令也. 自臣二祖, 以無大援於晉國, 世隸於欒氏, 於今三世矣, 臣故不敢不君. 今執政曰:『不從君者爲大戮』, 臣敢忘其死而叛其君, 以煩司寇.」公說, 固止之, 不可, 厚賂之. 辭曰:「臣嘗陳辭矣, 心以守志, 辭以行之, 所以事君也. 若受君賜, 是墮其前言. 君問而陳辭, 未退而逆之, 何以事君?」君知其不可得也, 乃遣之.

171(6-16) 留侯張良之大父開地
장량의 애국심

유후留侯 **장량**張良의 할아버지 개지張開地는 한韓나라의 소후
昭侯·선혜왕宣惠王·양애왕襄哀王을 섬겼으며, 장량의 아버지 평張平은
이왕釐王·도혜왕悼惠王을 섬겼다. 도혜왕 23년에 장량의 아버지 장평이
죽고, 그가 20세 때에 한나라는 그만 진秦나라에게 멸망당하고 말았다.
그때 장량은 어려서 한나라에 벼슬을 살지 않았을 때였다.

장량의 집에는 노복이 3백여 명이나 되었는데, 한나라가 망하자
장량은 노복들을 풀어 주고, 죽은 동생의 장례도 치르지 않은 채,
가재家財를 털어 자객을 구해 진왕
秦王을 찔러 죽이고자 하였다. 이
는 물론 한나라의 원수를 갚기 위함
이었고, 자신의 할아버지·아버지
등 오대 동안 한나라를 섬긴 데
대한 보답이기도 하였다.

장량은 드디어 회양淮陽으로 예학
禮學을 공부하러 갔다가 창해군滄
海君을 만나게 되었고, 1백 20근이
나 되는 쇠망치를 휘두르는 힘 있는
역사力士를 얻게 되었다. 마침 진
시황秦始皇이 동방을 순유巡游하게
되자, 장량은 그 자객과 함께 박랑사

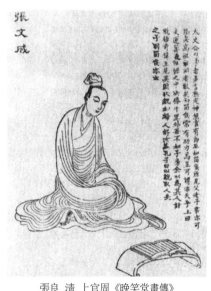

張良 清 上官周 《晚笑堂畫傳》

博浪沙라는 곳에서 그를 저격하였다. 그러나 명중하지 못해 시황의 부거副車에 맞고 말았다.

　진시황은 크게 노하여 천하에 이 자를 찾으려 상금까지 내걸고 매우 급하게 서둘렀다. 장량은 성명을 바꾸고 깊이 숨어 버렸다. 그러나 뒤에 마침내 한漢 고조高祖, 劉邦를 따라 진나라를 멸하게 되었다.

　留侯張良之大父開地, 相韓昭侯·宣惠王·襄哀王. 父平, 相釐王·悼惠王. 悼惠王二十三年, 平卒, 二十歲, 秦滅韓, 良年少, 未官事韓. 韓破, 良家童三百人, 弟死不葬, 良悉以家財求刺客, 刺秦王, 爲韓報仇, 以大父·父·五世相韓故, 遂學禮淮陽; 東見滄海君, 得力士, 爲鐵椎重百二十斤, 秦皇帝東游, 良與客, 狙擊秦皇帝於博浪沙, 誤中副車, 秦皇帝大怒, 大索天下, 求購甚急, 良更易姓名, 深亡匿, 後卒隨漢報秦.

【留侯張良】자는 子房. 뒤에 下邳로 도망하여 黃石公의 《太公兵法》을 얻어 秦末 천하동란 때에 劉邦을 도와 漢을 세우는 데 지대한 공을 세웠다. 留侯에 封해졌다. 《史記》留侯世家 참조. 留는 地名. 지금의 彭城. 張良이 이곳에서 劉邦을 처음 만나 연고가 있다고 여겨 봉해진 것.(韋昭의 《史記》注)

【大父開地】長開地. 인명. 장량의 할아버지. 《史記》集解에 "大父, 祖父. 開地, 名"이라 하였다.

【淮陽】地名. 지금의 河南省 淮陽縣 서쪽. 《史記》에는 "良嘗學禮淮陽"으로 되어 있다.

【滄海君】《史記》集解에 "秦郡縣無倉海, 或曰東夷君長"이라 함.

【秦皇帝】秦始皇 嬴政.

【博浪沙】地名. 지금의 河南省 陽武縣.

【深亡匿】《史記》에는 下邳로 숨었다고 되어 있다.

【漢高祖】劉邦. 項羽를 물리치고 漢을 세운 임금.

1.《史記》留侯世家

留侯張良者, 其先韓人也. 大父開地相韓昭侯·宣惠王·襄哀王. 父平相釐王·悼惠王. 悼惠王二十三年平卒, 卒二十歲秦滅韓. 良年少未宦事韓, 韓破, 良家僮三百人, 弟死不葬, 悉以家財求客刺秦王, 爲韓報仇, 以大父·父五世相韓故. 良嘗學禮淮陽, 東見倉海君, 得力士, 爲鐵椎重百二十斤. 秦皇帝東游, 良與客狙擊秦皇帝博浪沙中, 誤中副車, 秦皇帝大怒, 大索天下, 求賊甚急, 爲張良故也. 良乃更名姓亡匿下邳.

2.《漢書》張良傳

張良字子房, 其先韓人也. 大父開地, 相韓昭侯·宣惠王·襄哀王. 父平, 相釐王·悼惠王. 悼惠王二十三年, 平卒. 卒二十歲, 秦滅韓. 良(年)少, 未宦事韓. 韓破, 良家僮三百人, 弟死不葬, 悉以家財求客刺秦王, 爲韓報仇, 以五世相韓故. 良嘗學禮淮陽, 東見倉海君, 得力士, 爲鐵椎重百二十斤. 秦皇帝東游, 至博狼沙中, 良與客狙擊秦皇帝, 誤中副車. 秦皇帝大怒, 大索天下, 求賊急甚. 良乃更名姓, 亡匿下邳. 良嘗閒從容步游下邳圯上, 有一老父, 衣褐, 至良所, 直墮其履圯下, 顧謂良曰:「孺子下取履!」良愕然, 欲歐之. 爲其老, 乃彊忍, 下取履, 因跪進. 父以足受之, 笑去. 良殊大驚. 父去里所, 復還, 曰:「孺子可敎矣. 後五日平明, 與我期此.」良因怪(之), 跪曰:「諾.」五日平明, 良往. 父已先在, 怒曰:「與老人期, 後, 何也? 去, 後五日蚤會.」五日, 雞鳴往. 父又先在, 復怒曰:「後, 何也? 去, 後五日復蚤來.」五日, 良夜半往. 有頃, 父亦來, 喜曰:「當如是.」出一編書, 曰:「讀是則爲王者師. 後十年興. 十三年, 孺子見我. 濟北穀城山下黃石卽我已.」遂去不見. 旦日視其書, 乃太公兵法. 良因異之, 常習[讀]誦.

172(6-17) 鮑叔死管仲擧上袵而哭之
관포지교

포숙鮑叔이 죽자 관중管仲은 옷을 걷어 올리고 슬피 울었다. 그 눈물이 마치 비 오듯하였다. 이에 그의 시종侍從이 물었다.

"임금도, 아버지도, 아들도 아닌데 그렇게 우시니 이 역시 무슨 연유가 있어서입니까?"

그러자 관중이 이렇게 말하였다.

"그대는 알지 못한다. 내 일찍이 포숙과 함께 남양南陽에서 봇짐장사를 할 때, 내가 세 번이나 그 시장에서 모욕을 당하였지만, 포숙은 나를 나약한 놈이라 여기지 않았다. 이는 내게 떳떳하고자 하는 명분이 있는 것을 알고 있었기 때문이었다. 또 일찍이 포숙과 나는 세 번이나 임금에게 유세를 하였지만, 세 번 모두 용납되지 못하였다. 이때에도 포숙은 나를 불초한 녀석이라고 욕하기는커녕 오히려 명석한 군주를 만나지 못하였기 때문이라고 위로하였다. 그런가 하면 포숙은 일찍이 나와 재산을 나눌 때에 내가 그보다 세 배나 더 많이 집었건만, 그는 나를 탐욕을 부린다고 여기지 않고 오히려 내게 재물이 부족하였기 때문이라고 이해하였다.

나를 낳아 준 이는 부모이지만 나를 알아 주는 이는 바로 포숙이었다. 선비는 자기를 알아 주는 이를 위해 목숨을 바친다고 하였는데, 하물며 그를 위해 슬피 우는 일이야 못하겠느냐?"

《管子》

鮑叔死, 管仲擧上袵而哭之, 泣下如雨, 從者曰:「非君父子也, 此亦有說乎?」

管仲曰:「非夫子所知也, 吾嘗與鮑子負販於南陽, 吾三辱於市, 鮑子不以我爲怯, 知我之欲有所明也; 鮑子嘗與我有所說王者, 而三不見聽, 鮑子不以我爲不肖, 知我之不遇明君也; 鮑子嘗與我臨財分貨, 吾自取多者三, 鮑子不以我爲貪, 知我之不足於財也. 生我者父母, 知我者鮑子也. 士爲知己者死, 而況爲之哀乎!」

【鮑叔】 叔牙. 춘추시대 齊 桓公 때의 인물. 管鮑之交의 고사를 남겼다.
【管仲】 齊 桓公의 謀臣.《史記》齊桓公世家 및 管晏列傳 참조.
【士爲知己者死】 豫讓(169장)이 한 말. 그 對는 '女爲悅己者容'이다.《戰國策》趙策 및《史記》刺客列傳 참조.

1. 《史記》管晏列傳

管仲曰:「吾始困時, 嘗與鮑叔賈, 分財利, 多者與, 鮑叔不以我爲貪, 知我貧也.
吾嘗爲鮑叔謀事而更窮困, 鮑叔不以我爲愚, 知時有利不利也. 吾嘗三仕, 三見逐於君,
鮑叔不以我爲不肖, 知我不遭時也. 吾嘗三戰三走, 鮑菽不以我爲怯, 知我有老母也.
公子糾敗, 召忽死之, 吾幽囚受辱, 鮑叔不以峨爲無恥, 知我不羞小絶而恥功名不顯
於天下也. 生我者父母, 知我者鮑子也.」

2. 《列子》力命篇

管夷吾鮑叔牙二人相友甚戚, 同處於齊. 管夷吾事公子糾, 鮑叔牙事公子小白. 齊公
族多寵, 嫡庶並行; 國人懼亂. 管仲與召忽奉公子糾奔魯, 鮑叔奉公子小白奔莒. 旣而
公孫無知作亂, 齊無君, 二公子爭入, 管夷吾與小白戰於莒, 道射中小白帶鉤. 小白
旣立, 脅魯殺子糾, 召忽死之, 管夷吾被囚. 鮑叔牙謂桓公曰:「管夷吾能, 可以治國.」
桓公曰:「我讐也, 願殺之.」鮑叔牙曰:「吾聞賢君無私怨, 且人能爲其主, 亦必能爲
人君. 如欲霸王, 非夷吾其弗可, 君必舍之!」遂召管仲. 魯歸之, 齊鮑叔牙郊迎,
釋其囚, 桓公禮之, 而位於高國之上, 鮑叔牙以身下之, 任以國政, 號曰仲父. 桓公遂霸.
管仲嘗歎曰:「吾少窮固時, 嘗與鮑叔賈, 分財多自與; 鮑叔不以我爲貪, 知我貧也.
吾嘗爲鮑叔謀事而大窮困, 鮑叔不以我爲愚, 知時有利不利也. 吾嘗三仕, 三見逐於君,
鮑叔不以我爲不肖, 知我不遭時也. 吾嘗三戰三北, 鮑叔不以我爲怯, 知我有老母也.
公子糾敗, 召忽死之, 吾幽囚受辱; 鮑叔不以我爲無恥, 知我不羞小節而恥名不顯於
天下也. 生我者父母, 知我者鮑叔也!」

3. 《十八史略》卷一

鮑叔牙薦管仲爲政, 公置怨而用之.

仲字夷吾, 嘗與鮑叔賈, 分利多自與, 鮑叔不以爲貪, 知仲貧也. 嘗謀事窮困, 鮑叔不
以爲愚, 知時有利不利也. 嘗三戰三走, 鮑叔不以爲怯, 知仲有老母也. 仲曰:「生我
者父母, 知我者鮑子也.」桓公九合諸侯, 一匡天下, 皆仲之謀, 一則仲父, 二則仲父.

173(6-18) 晉趙盾擧韓厥
조씨의 대를 이어준 사나이들

진晉나라 조돈趙盾이 한궐韓厥을 천거하자, 진나라 임금이 그를
중군위中軍尉로 삼았다.

한편 조돈이 죽자 그의 아들 조삭趙朔이 그의 경卿 벼슬을 이어받았다.
그러다가 경공景公 3년에 조삭은 진나라 장수가 되었고, 그는 성공成公의
누이를 아내로 맞이하였다. 이때 대부인 도안가屠岸賈가 조씨를 죽이려
하였다. 처음에 일찍이 조돈은 꿈 속에 숙대叔帶가 거북의 허리를 잡고
매우 슬피 울다가 다시 손뼉을 치며 웃고, 다시 노래를 부르는 등
이상한 모습을 하는 것을 보게 되었다. 조돈이 이상하여 점을 쳐 한
괘卦를 얻었는데, 그 뜻은 집안이 끊겼다가 다시 좋아진다는 내용이었다.
그러자 조나라 태사가 그 점괘를 보고 이렇게 말하였다.

"이 점괘는 심히 나쁩니다. 군君의 신상에 화가 미치는 게 아니라
그 자손에게 미치게 되어 있으니! 그러나 이는 또한 군君의 잘못에서
시작된 것입니다."

이런 일이 있은 후 조삭趙朔에 이르러 조씨는 더욱 쇠약해졌다.

한편 도안가는 처음에 영공靈公의 총애를 입었다가, 뒤에 경공景公
때에 이르러서는 사구司寇에까지 올라 있었다. 그는 장차 난을 일으키려
하면서 그 명분을 영공을 죽인 무리를 소탕하되, 그 후손인 조돈에게까지
이를 덮어씌울 셈이었다. 그리하여 도안가는 두루 여러 장군들에게
이렇게 포고하였다.

"조천趙穿이 영공을 죽일 때 조돈은 비록 그것이 큰 죄인 줄 몰랐다고 하나, 그가 오히려 우두머리였다. 신하가 그 임금을 죽였는데도 그 자손이 벼슬을 하고 있으니, 과연 어떤 징벌을 받아야겠는가? 청컨대 그를 주살해야 할 것이다."

이를 들은 한궐이 만류하였다.

"영공이 피살될 때 조돈은 밖에 있었다. 선군께서도 이 때문에 그를 무죄라 여기고 주살하지 않은 것이다. 그런데 지금 여러 사람들이 그 후손을 죽이는 것은, 선군의 뜻을 어기고 제멋대로 그 후손을 죽이는 셈이 된다. 마구 사람을 죽이는 것을 난신亂臣이라 한다. 또 그런 큰 일에 임금의 의견을 듣지 않는 것은, 바로 임금 없는 무군無君의 불법 천지이다."

그러나 도안가는 이 한궐의 의견을 들으려 하지 않았다. 할 수 없이 한궐은 조삭에게 급히 도망가도록 권하였다. 조삭은 이를 거부하며 이렇게 말하였다.

"그대가 정말로 이 조씨의 후사를 끊지만 않으신다면, 나는 죽어도 한이 없겠습니다."

한궐이 힘써 주겠다고 하며 병을 핑계로 조정에 나가지 않았다. 도안가는 더 이상 한궐에게 어떤 요청도 없이 여러 장수들과 권력을 농단하여 하궁下宮에서 조씨를 공격, 조삭·조괄趙括·조영제趙嬰齊를 죽여 그 씨족을 멸살해 버렸다. 그런데 조삭의 아내인 성공의 누이는 마침 임신 중이었는데, 이때 궁중으로 들어가 숨어 있다가 뒤에 아들을 낳게 되었다. 조삭의 식객이었던 정영程嬰이라는 자가 이를 알고, 그 아이를 몰래 거두어 산 속으로 숨어 버렸다.

그로부터 15년이 흘렀다. 궁중의 경공이 병들어 점을 쳐 보았더니 그 점괘가 이러하였다.

"대업大業의 후손으로 대가 끊어진 자가 있어 그 뒤를 잘 처리하지 않은 것이 빌미로다."

경공은 한궐을 불러 급히 물었다. 한궐은 조씨의 후손이 살아 있음을 아는 터라 짐짓 이렇게 일러 주었다.

"대업의 후손 중에 이 진나라에서 제사가 끊어진 집이라면 이는 바로 조씨 가문입니다. 무릇 중연中衍은 모두가 영씨嬴氏 성을 얻었고, 그는 얼굴이 까마귀 부리처럼 생겼으나, 옛 은殷나라의 태무太戊로부터 주周나라 천자에 이르기까지 모두가 영명한 덕을 밝혔습니다. 그 뒤에 주나라가 쇠하여 유왕幽王·여왕厲王에 이르러 무도無道

조괄의 어머니 《列女傳》 삽화

하게 되자, 숙대叔帶는 그 주나라를 버리고 우리 진나라에 와서 선군 문후文侯를 섬기셨습니다. 그리고 성공成公에 이르도록 대대로 공을 세워 그 후사가 한 번도 끊어진 적이 없습니다. 그런데 지금 당대에 이르러 홀로 그 조씨 집안만 멸족되어 나라 사람들이 모두 슬퍼하고 있습니다. 그래서 거북의 그 점괘에 나타나 보인 것이니 오직 임금 하시기에 달렸습니다."

경공이 다시 물었다.

"지금 조씨 가문에 후손이 살아 있소?"

그제야 한궐은 사실을 모두 털어 놓았다. 이에 경공은 한궐과 더불어 그 후손을 세울 방법을 찾아 먼저 그 아이를 데려다가 궁중에 숨겨 놓았다. 여러 장수들이 경공의 병 문안을 위해 들어오자, 경공은 한궐의 무리를 이용하여 여러 장수들을 위협, 그 어린아이를 보여 주었다. 그 아이의 이름은 무武, 趙武였다. 이에 장수들은 어쩔 수 없이 그 아이를 만나 보고 이렇게 말하였다.

"옛 하궁下宮의 난難은 도안가의 짓입니다. 임금의 명령이라고 거짓으로 나서서 여러 군신群臣을 부추겨 저지른 것입니다. 그렇지 않았다면 누가 감히 그런 난을 일으켰겠습니까? 임금께서 병이 나지 않으셨다면, 마침 모두들 조씨의 후손을 세워 주자고 청하였을 것입니다. 그런데 지금 마침 임금께서 먼저 명령을 하시니, 이는 바로 여러 신하들의 소원이었습니다."

이에 임금은 조무趙武와 정영程嬰을 불러 여러 장군들에게 두루 인사를 시켰다. 여러 장군들은 드디어 정영·조무와 더불어 도안가를 공격하여 그 일족을 멸살하고 조무에게 옛 조씨 전읍田邑을 회복시켜 주었다.

그러므로 사람으로서 어찌 남에게 은혜를 베풀지 않을 수 있으리오?

무릇 은혜란 베풀기는 이곳에서 해도, 그 보답은 다른 곳에서 나타날 수 있다. 즉 정영이 아니었더라면 조씨의 후손은 결국 끊어지고 말았을 것이며, 한궐이 아니었더라면 조씨의 후손은 다시 일어설 수 없었을 것이다. 한궐은 가히 은혜를 잊지 않은 자라 할 수 있겠다.

晉趙盾擧韓厥, 晉君以爲中軍尉; 趙盾死, 子朔嗣爲卿. 至景公三年, 趙朔爲晉將, 朔取成公姊爲夫人, 大夫屠岸賈, 欲誅趙氏, 初趙盾在夢見叔帶持龜要而哭甚悲, 已而笑拊手且歌, 盾卜之占, 兆絶而後好, 趙史援占曰:「此甚惡, 非君之身, 及君之子, 然亦君之咎也.」至子趙朔, 世益衰, 屠岸賈者, 始有寵於靈公, 及至於晉景公, 而賈爲司寇, 將作難, 乃治靈公之賊, 以致趙盾, 遍告諸將曰:「趙穿弑靈公, 盾雖不知, 猶爲首賊, 臣殺君, 子孫在朝, 何以懲罪, 請誅之!」

韓厥曰:「靈公遇賊, 趙盾在外, 吾先君以爲無罪, 故不誅; 今諸君將誅其後, 是非先君之意而後妄誅; 妄誅謂之亂臣, 有大事而君不聞, 是無君也.」

屠岸賈不聽, 厥告趙朔趣亡, 趙朔不肯, 曰:「子必不絕趙祀, 朔死且不恨.」

韓厥許諾, 稱疾不出, 賈不請而擅與諸將攻趙氏於下宮, 殺趙朔・趙括・趙嬰齊, 皆滅其族; 朔妻成公姊有遺腹, 走公宮匿, 後生男乳, 朔客程嬰持亡匿山中, 居十五年, 晉景公疾, 卜之曰: 「大業之後, 不遂者爲崇.」

景公疾問韓厥, 韓厥知趙孤在.

乃曰:「大業之後, 在晉絕祀者, 其趙氏乎! 夫自中衍皆嬴姓也, 中衍人面鳥喙, 降佐殷帝大戊及周天子, 皆有明德, 下及幽屬無道, 而叔帶去周適晉, 事先君文侯, 至于成公, 世有立功, 未嘗有絕祀; 今及吾君獨滅趙宗, 國人哀之, 故見龜策, 唯君圖之.」

景公問云:「趙尚有後子孫乎?」

韓厥具以實對. 於是景公乃與韓厥謀立趙孤兒, 召而匿之宮中, 諸將入問疾, 景公因韓厥之眾, 以脅諸將而見趙孤, 孤名曰武.

諸將不得已乃曰:「昔下宮之難, 屠岸賈爲之, 矯以君令, 并命群臣, 非然, 孰敢作難, 微君之疾, 羣臣固且請立趙後, 今君有令, 羣臣之願也.」

於是召趙武・程嬰, 偏拜諸將軍, 將軍遂返與程嬰・趙武攻屠岸賈, 滅其族, 復與趙武田邑如故. 故人安可以無恩? 夫有恩於此, 攻復於彼; 非程嬰則趙孤不全, 非韓厥則趙後不復. 韓厥可謂不忘恩矣.

【趙盾】 춘추시대 晉나라 六卿의 하나. 趙宣子. 盾은 '돈'으로 읽는다.

【韓厥】 韓獻子라고도 부르며, 韓萬의 玄孫.《左傳》宣公 12年 및 成公 2年 참조.

【趙朔】 趙盾의 아들. 趙莊子로도 불림. 趙武의 아버지.

【景公】 춘추시대 晉나라 군주. 재위 19년(B.C.599∼581).

【成公】 역시 춘추시대 晉나라의 군주. 재위 7년(B.C.606∼600).

【屠岸賈】 晉나라의 대부. 趙氏를 멸하였다가 뒤에 오히려 죽음을 당함. '도안고'로도 읽는다.

【叔帶】 趙氏의 선대. 周나라에서 晉나라로 옮겨왔다.

【靈公】 춘추시대 晉나라의 군주. 재위 14년(B.C.620∼607).

【司寇】 재판을 맡는 관리.

【趙穿】 趙夙의 庶孫.

【趙括】 趙氏의 일족. 趙屏括.

【趙嬰齊】 역시 조씨의 일족. 趙樓.

【程嬰】 趙朔의 門客. 食客.

【大業】 人名. 秦(嬴氏)과 趙氏의 시조. 高陽氏의 손녀인 女婿가 玄鳥의 알을 먹고 大業을 낳았다 한다.

【中衍】 大業의 후손으로 秦나라 嬴氏의 선조가 되었다.

【嬴氏】 姓氏. 원래 秦나라의 성씨가 嬴이다. 大業의 후손.

【太戊】 商나라 때 임금 이름. 雍己의 아들. 10대 임금. 伊陟·巫咸 등 어진 이를 써서 殷나라를 부흥시켰다. 재위는 75년.

【幽王】 西周 때의 어리석은 임금. 이름은 姬宮湟. 재위 11년(B.C.781∼771).

【厲王】 역시 西周 때의 어리석은 임금. 姬胡.

【晉文侯】 춘추시대 晉나라 군주. 재위 35년(B.C.780∼746).

【趙武】 趙朔의 아들.

1.《左傳》宣公 2年 傳

乙丑, 趙穿攻靈公於桃園. 宣子未出山而復. 大史書曰:「趙盾弑其君」, 以示於朝.
宣子曰:「不然.」對曰:「子爲正卿, 亡不越竟, 反不討賊, 非子而誰?」宣子曰:「烏呼!
詩曰『我之懷矣, 自詒伊慼.』其我之謂矣.」孔子曰:「董狐, 古之良史也, 書法不隱.
趙宣子, 古之良大夫也, 爲法受惡. 惜也, 越竟乃免.」宣子使趙穿逆公子黑臀于周而
立之. 壬申, 朝于武宮. 初, 麗姬之亂, 詛無畜群公子, 自是晉無公族. 及成公卽位,
乃宦卿之適而爲之田, 以爲公族. 又宦其餘子, 亦爲餘子; 其庶子爲公行. 晉於是有
公族, 餘子, 公行. 趙盾請以括爲公族, 曰:「君姬氏之愛子也. 微君姬氏, 則臣狄人也.」
公許之. 冬, 趙盾爲旄車之族, 使屛季以其故族爲公族大夫.

2.《史記》趙世家

趙朔, 晉景公之三年, 朔爲晉將下軍救鄭, 與楚莊王戰河上. 朔娶晉成公姊爲夫人.
晉景公之三年, 大夫屠岸賈欲誅趙氏. 初, 趙盾在時, 夢見叔帶持要而哭, 甚悲; 已而笑,
拊手且歌. 盾卜之, 兆絶而後好. 趙史援占之, 曰:「此夢甚惡, 非君之身, 及君之子,
然亦君之咎. 至孫, 趙將世益衰.」屠岸賈者, 始有寵於靈公, 及至於晉景公而賈爲司寇,
將作難, 乃治靈公之賊以致趙盾, 徧告諸將曰:「盾雖不知, 猶爲賊首. 以臣弑君,
子孫在朝, 何以懲辠? 請誅之.」韓厥曰:「靈公遇賊, 趙盾在外, 吾先君以爲無罪,
故不誅. 今諸君將誅其後, 是非先君之意而後妄誅. 妄誅謂之亂. 臣有大事而君不聞,
是無君也.」屠岸賈不聽. 韓厥告趙朔趣亡. 朔不肯, 曰:「子必不絶趙祀, 朔死不恨.」
韓厥許諾, 稱疾不出. 賈不請而擅與諸將攻趙氏於下宮, 殺趙朔·趙同·趙括·趙嬰齊,
皆滅其族. 趙朔妻成公姊, 有遺腹, 走公宮匿. 趙朔客曰公孫杵臼, 杵謂朔友人程
嬰曰:「胡不死?」程嬰曰:「朔之婦有遺腹, 若幸而男, 吾奉之; 卽女也, 吾徐死耳.」
居無何, 而朔婦免身, 生男. 屠岸賈聞之, 索於宮中. 夫人置兒絝中, 祝曰:「趙宗滅乎,
若號; 卽不滅, 若無聲.」及索, 兒竟無聲. 已脫, 程嬰謂公孫杵臼曰:「今一索不得,
後必且復索之, 奈何?」公孫杵臼曰:「立孤與死孰難?」程嬰曰:「死易, 立孤難耳.」
公孫杵臼曰:「趙氏先君遇子厚, 子彊爲其難者, 吾爲其易者, 請先死.」乃二人謀取
他人嬰兒負之, 衣以文葆, 匿山中. 程嬰出, 謬謂諸將軍:「嬰不肖, 不能立趙孤.
誰能與我千金, 吾告趙氏孤處.」諸將皆喜, 許之, 發師隨程嬰攻公孫杵臼. 杵臼謬曰:
「小人哉程嬰! 昔下宮之難不能死, 與我謀匿趙氏孤兒, 今又賣我. 縱不能立, 而忍賣
之乎!」抱兒呼曰:「千乎天乎! 趙氏孤兒何罪? 請活之, 獨殺杵臼可也.」諸將不許,

遂殺杵臼與孤兒. 諸將以爲趙氏孤兒良已死, 皆喜. 然趙氏眞孤乃反在, 程嬰卒與俱匿山中. 居十五年, 晉景公疾, 卜之, 大業之後不遂者爲祟. 景公問韓厥, 厥知趙孤在, 乃曰:「大業之後在晉絶祀者, 其趙氏乎? 夫自中衍皆嬴姓也. 中衍人面鳥噣, 降佐殷帝大戊, 及周天子, 皆有明德. 下及幽厲無道, 而叔帶去周適晉, 事先君文侯, 至於成公, 世有立功, 未嘗絶祀. 今吾君獨滅趙宗, 國人哀之, 故見龜策. 唯君圖之.」景公問:「趙尙有後子孫乎?」韓厥具以實告. 於是景公乃與韓厥謀立趙孤兒, 召而匿之宮中. 諸將入問疾, 景公因韓厥之衆以脅諸將而見趙孤. 趙孤名曰武, 諸將不得已, 乃曰:「昔下宮之難, 屠岸賈爲之, 矯以君令, 並命群臣. 非然, 孰敢作難! 微君之疾, 群臣固且請立趙後. 今君有命, 群臣之願也.」於是召趙武‧程嬰徧拜諸將, 遂返與程嬰趙武攻屠岸賈, 滅其族. 復與趙武田邑如故.

3. 《史記》韓世家

韓厥, 晉景公之三年, 晉司寇屠岸賈將作亂, 誅靈公之賊趙盾. 趙盾已死矣, 欲誅其子趙朔. 韓厥止賈, 賈不聽. 厥告趙朔令亡. 朔曰:「子必能不絶趙祀, 死不恨矣.」韓厥許之. 及賈誅趙氏, 厥稱疾不出. 程嬰‧公孫杵臼之藏趙孤趙武也, 厥知之.

4. 《新序》節士篇

公孫杵臼‧程嬰者, 晉大夫趙朔客也. 晉趙穿弑靈公, 趙盾時爲貴大夫, 亡不出境, 還不討賊, 故春秋責之以盾爲弑君. 屠岸賈者, 幸於靈公. 晉景公時, 賈爲司寇, 欲討靈公之賊, 盾已死, 欲誅盾之子趙朔, 徧告諸將曰:「盾雖不知, 猶爲首賊, 賊臣弑君, 子孫在朝, 何以懲罪? 請誅之!」韓厥曰:「靈公遇賊, 趙盾在外, 吾先君以爲無罪, 故不誅. 今諸君將妄誅, 妄誅謂之亂, 臣有大事, 君不聞, 是無君也.」屠岸賈不聽, 韓厥告趙朔趣亡, 趙朔不肯, 曰:「子必不絶趙祀, 予死不恨.」韓厥許諾, 稱疾不出. 賈不請而擅與諸將攻趙氏於下宮, 殺趙朔‧趙同‧趙括‧趙嬰齊, 皆滅其族. 趙朔妻, 成公姊有遺腹, 走公宮匿. 公孫杵臼謂程嬰胡不死. 嬰曰:「朔之妻, 有遺腹, 若幸而男, 吾奉之; 卽女也, 吾徐死耳.」無何, 而朔婦免, 生男. 屠岸賈聞之, 索於宮. 朔妻置兒袴中, 祝曰:「趙宗滅乎若號, 卽不滅乎若無聲.」及索兒, 竟無聲, 已脫. 程嬰謂公孫杵臼曰:「今一索不得, 後必且復之, 奈何?」杵臼曰:「立孤與死孰難?」程嬰曰:「立孤亦難耳!」杵臼曰:「趙氏先君遇子厚, 子彊爲其難者, 吾爲其易者, 吾請先死.」而二人謀取他人嬰兒, 負以文褓, 匿山中. 嬰謂諸將曰:「嬰不肖, 不能立孤, 誰能與吾千金, 吾告趙氏孤處.」諸將皆喜, 許之, 發師隨嬰攻杵臼, 杵臼曰:「小人哉程嬰! 下宮之難, 不能死, 與我謀, 匿趙氏孤兒, 今又賣之, 縱不能立孤兒, 忍賣之乎!」

抱而呼「千乎! 趙氏孤兒何罪, 請活之, 獨殺杵臼曰也!」諸將不許, 遂並殺杵臼與兒. 諸將以爲趙氏孤兒已死, 皆喜. 然趙氏眞孤兒乃在, 程嬰卒與俱匿山中. 居十五年, 晉景公病, 卜之, 大業之胄者爲祟. 景公問韓厥, 韓厥知趙孤存, 乃曰: 「大業之後, 在晉絶祀者, 其趙氏乎! 夫自中衍皆嬴姓也. 中行衍人面鳥喝, 降佐帝大戊及周天子, 皆有明德. 下及幽厲無道, 而叔帶去周適晉, 事先君繆侯, 至於成公, 世有立功, 未嘗絶祀. 今及吾君獨滅之趙宗, 國人哀之, 故見龜策, 唯君圖之.」景公問: 「趙尙有後子孫乎?」韓厥具以實告. 景公乃與韓厥謀立趙孤兒, 召匿之宮中. 諸將入問病, 景公因韓厥之衆以脅諸將而見趙孤兒. 孤兒名武, 諸將不得已, 乃曰: 「昔下宮之難, 屠岸賈爲之, 矯以君命並命群臣, 非然, 孰敢作難. 微君之病, 群臣固將請立趙後. 今君有命, 群臣願之.」於是召趙武・程嬰偏拜諸將, 遂俱與程嬰・趙氏攻屠岸賈, 滅其族. 復與趙氏田邑如故. 趙武冠, 爲成人. 程嬰乃辭大夫謂趙武曰: 「昔下宮之難, 皆能死, 我非不能死, 思立趙氏後. 今子旣立, 爲成人, 趙宗復故, 我將下報趙孟與公孫杵臼.」趙武號泣, 固請曰: 「武願苦筋骨以報子至死, 而子忍棄我死乎!」程嬰曰: 「不可. 彼以我爲能成事, 故皆先我死, 今我不下報, 是以我事爲不成也.」遂自殺. 趙武服衰三年, 爲祭邑, 春秋祠之, 世不絶. 君子曰: 程嬰・公孫杵臼可謂信交厚士矣, 嬰之自殺下報, 亦過矣.

5. 《論衡》吉驗篇

晉屠岸賈作難, 誅趙盾之子. 朔死, 其妻有遺腹子. 及岸賈聞之, 索於宮. 母置兒於袴中, 祝曰: 「趙氏宗滅乎? 若當啼; 卽不滅, 若無聲」及索之, 而終不啼, 遂脫得活. 程嬰齊負之, 匿於山中. 至景公時, 韓厥言於景公, 景公乃與韓厥共立趙孤, 續趙氏祀, 是爲文子. 當趙孤之無聲, 若有掩其口者矣. 由此言之, 趙文子立, 命也.

6. 《後漢書》馮衍傳 注

趙盾, 眞卿, 生趙朔, 朔娶晉成公姊爲夫人. 晉景公三年, 大夫屠岸賈誅趙氏, 殺趙朔, 滅其族. 朔妻有遺腹, 走公宮. 趙朔客程嬰・公孫杵臼. 杵臼謂程嬰曰: 「胡不死?」程嬰曰: 「朔之婦有遺腹, 若幸而生男, 吾奉之; 卽女也, 吾徐死耳.」居無何, 朔妻生男, 屠岸賈聞之, 乃索於宮中. 夫人置兒於袴中, 祝曰: 「趙宗滅乎, 若嘷. 卽不滅, 若無聲.」及索兒, 竟無聲. 程嬰曰: 「今一索不得, 後必復索之.」杵臼乃取它嬰兒負之匿山中. 諸將共攻殺杵臼并孤兒, 然趙氏眞孤乃在程嬰所, 卽趙武也. 居十五年, 晉景公乃立趙武爲卿, 而復其田邑.

7. 기타 참고자료

《公羊傳》宣公 6年・《左傳》成公 8年

174(6-19) 蘧伯玉得罪於衛君
거백옥과 목문자고

거백옥蘧伯玉이 위군衛君에게 죄를 짓고 진晉나라로 도망갔다. 이 진나라 대부 중에 목문자고木門子高라는 자가 있어 거백옥은 그 집에 머물게 되었다. 2년이 지난 후 위군衛君이 그의 죄를 용서해 주어 돌아가게 되었을 때 목문자고가 자기 아들을 시켜 거백옥을 모시고 가도록 하였다. 국경에 이르자 거백옥이 말하였다.

"내 스스로 가겠다. 너는 돌아가려무나!"

그리고는 헤어졌다. 그런데 뒤에 목문자고가 진군晉君에게 죄를 지어 거백옥에게 돌아가 의탁하게 되었다. 거백옥은 이에 위군衛君에게 이렇게 말하였다.

"진나라의 어진 대부인 목문자고가 진나라 임금에게 죄를 지었습니다. 원컨대 임금께서는 이를 예禮로 맞이해 주시기 바랍니다."

위군衛君은 교외에까지 나가 그를 맞이하여 마침내 경卿으로 삼았다.

蘧伯玉得罪於衛君, 走而之晉, 晉大夫有木門子高者, 蘧伯玉舍其家, 居二年, 衛君赦其罪而反之. 木門子高使其子送之, 至於境, 蘧伯玉曰:「鄙夫之, 子反矣.」

木門子高後得罪於晉君, 歸蘧伯玉, 伯玉言之衛君曰:「晉之賢大夫木門子高, 得罪於晉君, 願君禮之.」

於是衛君郊迎之, 竟以爲卿.

【蘧伯玉】이름은 瑗, 자는 伯玉. 衛나라 靈公 때의 賢大夫. 孔子가 衛나라에
갔을 때 그의 집에 머물렀다 한다. 《論語》憲問篇에 "蘧伯玉使人於孔子. 孔子與
之坐而問焉, 曰: '夫子何爲?' 對曰: '夫子欲寡其過而未能也.' 使者出, 子曰: '使乎
使乎!'"라 하였다.
【衛君】衛나라 靈公. 재위 42년(B.C.543~493).
【木門子高】晉나라의 賢大夫. 뒤에 衛나라의 卿이 되었다.
【鄙夫之, 子反矣】拾補에는 그 다음이 탈간된 것으로 보고 있다. "拾補云, 鄙夫之子,
下尙有脫文"이라 하였다(《說苑疏證》). 그러나 《說苑全譯》에는 "鄙夫之, 子反矣"
로 하여 鄙夫는 '자기 자신', 之는 '가다'의 뜻으로 풀이하였다.

참고 및 관련 자료

1. 본 장은 〈四庫全書〉(文淵閣本)에는 빠져 있다. 다만 中華書局本, 즉 〈四部備要本〉
(明刻本)에는 들어 있다. 〈四部備要本〉과 〈四部叢刊本〉(上海書店 1926 복간본)을
근거로 이에 수록하여 번역하였다.

175(6-20) 北郭騷踵見晏子
안자의 은혜를 갚은 북곽소

북곽소北郭騷가 자주 안자晏子를 찾아왔다.

"저는 선생님의 의義를 늘 기뻐해 왔습니다. 원컨대 저의 어머니를 봉양할 수 있게 해 주셨으면 합니다."

안자는 사람을 시켜 창고의 곡식과 곳간의 금을 그에게 나누어 주도록 하였다. 그는 금은 사양하고 곡식만 받아갔다.

그로부터 얼마 후, 안자는 경공景公에게 의심을 받아 국외로 떠나지 않으면 안 되게 되었다. 북곽소는 이 소식을 듣고 그의 친구들을 불러 놓고 이렇게 말하였다.

"내가 안자의 의를 좋아하여 일찍이 그를 찾아가 어머니를 봉양할 수 있게 도와 달라고 요청을 한 적이 있다. 내 듣기로는 어버이를 모실 수 있게 해 준 자에게는 자신의 몸으로 그의 재난을 갚아 주어야 한다고 하였다. 지금 안자가 왕에게 의심을 받고 있다 하니 장차 내 몸으로써 그의 결백을 밝혀 주리라!"

그리고는 드디어 경공을 찾아가 그의 궁정에서 임금에게 거듭 청하여 이렇게 말하였다.

"안자는 천하의 현자입니다. 지금 우리 제나라를 버리고 떠나 버리면 제나라는 반드시 침략을 받을 것입니다. 바야흐로 침략이 다가옴을 보면서 맞이하느니 차라리 먼저 죽는 것만 못합니다. 청컨대 제 목숨을 끊어 안자의 결백을 밝히겠나이다."

그는 머뭇거리다가 물러서서는 자살하고 말았다. 경공이 이를 듣고
크게 놀라 스스로 말을 몰아 안자를 뒤쫓았다. 국경에 이르러 겨우
그를 찾을 수 있었다. 경공이 그에게 다시 돌아갈 것을 청하자, 안자는
할 수 없이 되돌아올 수밖에 없었다. 그런데 북곽소가 죽음으로써
자기의 결백을 밝혀 주었다는 소식을 듣고 안자는 크게 한숨을 쉬며
한탄하였다.

"내가 불초하였다. 죄라면 오직 그것이 죄다. 그런데 선비로서 몸을
바쳐 이를 밝혀 주었다. 아! 애통한 일이로다."

北郭騷踵見晏子曰:「竊悅先生之義, 願乞所以養母者.」

晏子使人分倉粟府金而遺之, 辭金而受粟.

有間, 晏子見疑於景公, 出奔, 北郭子召其友而告之曰:「吾悅
晏子之義, 而嘗乞所以養母者. 吾聞之曰: 養及親者, 身更其難;
今晏子見疑, 吾將以身白之.」

遂造公庭, 求復者曰:「晏子天下之賢者也, 今去齊國, 齊國必
侵矣, 方必見國之侵也, 不若先死, 請絶頸以白晏子.」

逡巡而退, 因自殺也.

公聞之大駭, 乘馳而自追晏子, 及之國郊, 請而反之, 晏子不
得已而反之, 聞北郭子之以死白己也.

太息而歎曰:「嬰不肖, 罪過固其所也, 而士以身明之, 哀哉!」

【北郭騷】人名. 北郭이 姓氏. 齊나라 北郭子車의 후예.
【晏子】景公 때의 재상.《史記》管晏列傳 참조.
【景公】춘추시대 齊나라의 군주. 재위 58년(B.C.547～490).

1.《晏子春秋》雜上

齊有北郭騷者, 結罘罔, 捆蒲葦, 織履, 以養其母, 猶不足, 踵門見晏子曰:「竊說先生之義, 願乞所以養母者.」晏子使人分倉粟府金而遺之, 辭金受粟. 有間, 晏子見疑於景公, 出犇, 過北郭騷之門而辭. 北郭騷沐浴而見晏子曰:「夫子將焉適?」晏子曰:「見疑於齊君, 將出犇.」北郭騷曰:「夫子勉之矣!」晏子上車太息而嘆曰:「嬰之亡豈不宜哉! 亦不知士甚矣.」晏子行, 北郭子召其友而告之曰:「吾說晏子之義, 而嘗乞所以養母者焉. 吾聞之, 養其親者, 身伉其難. 今晏子見疑, 吾將以身死白之.」著衣冠, 令其友操劍, 奉笥而從, 造於君庭, 求復者曰:「晏子, 天下之賢者也; 今去齊國, 齊必侵矣. 方見國之必侵, 不若死, 請以頭託白晏子也.」因謂其友曰:「盛吾頭於笥中, 奉以託.」退而自刎. 其友因奉託而謂復者曰:「此北郭子爲國故死, 吾將爲北郭子死.」又退而自刎. 景公聞之, 大駭, 乘馹而自追晏子, 及之國郊, 請而反之. 晏子不得已而反, 聞北郭子之以死白己也, 太息而嘆曰:「嬰之亡, 豈不宜哉! 亦愈不知士甚矣.」

2.《呂氏春秋》士節篇

齊有北郭騷者, 結罘罔, 捆蒲葦, 織萉履, 以養其母, 猶不足, 踵門見晏子曰:「願乞所以養母.」晏子之僕謂晏子曰:「此齊國之賢者也, 其義不臣乎天子, 不友乎諸侯, 於利不苟取, 於害不苟免. 今乞所以養母, 是說夫子之義也, 必與之.」晏子使人分倉粟·分府金而遺之. 辭金而受粟. 有間, 晏子見疑於齊君, 出奔, 過北郭騷之門而辭, 北郭騷沐浴而出見晏子曰:「夫子將焉適?」晏子曰:「見疑於齊君, 將出奔.」北郭子曰:「夫子勉之矣.」晏子上車太息而嘆曰:「嬰之亡, 豈不宜哉! 亦不知士甚矣.」晏子行, 北郭子召其友而告之曰:「說晏子之義, 而嘗乞所以養母焉. 吾聞之曰:『養及親者, 身伉其難.』今晏子見疑, 吾將以身死白之.」著衣冠, 令其友操劍奉笥而從. 造於君庭, 求復者曰:「晏子, 天下之賢者也. 去則齊國必侵矣, 必見國之侵也, 不若先死, 請以頭託白晏子也.」因謂其友曰:「盛吾頭於笥中, 奉以託.」退而自刎也, 其友因奉以託. 其友謂觀者曰:「北郭子爲國故死, 吾將爲北郭子死也.」又退而自刎. 齊君聞之大駭, 乘馹而自追晏子, 及之國郊, 請而反之, 晏子不得已而反. 聞北郭騷之以死白己也, 曰:「嬰之亡, 豈不宜哉! 亦愈不知士甚矣.」

176(6-21) 吳赤市使於智氏
예물까지 주면서 모시다니

오吳나라 사람 적시赤市가 진晉나라 지씨智氏 땅에 사신으로 가면서 위衛나라 땅을 통과하게 되었다. 이에 위나라 영문자寗文子는 좋은 모시로 3백 벌의 옷을 지어 그에게 선물로 주었다. 이때 위나라 대부 표豹가 불평하였다.

"오나라가 비록 대국大國이기는 하지만, 땅을 서로 할양하지 아니한 채 길을 빌려 주는 것만으로도 역시 공경을 한 셈이오. 그런데 무슨 예물까지 주면서 모신다는 말입니까?"

그러나 영문자는 듣지 않고 그대로 적시를 잘 대접하여 지씨 땅으로 보냈다. 적시가 지씨 땅에 이르러 일을 잘 처리하고 다시 오나라로 돌아가려 할 때, 지백智伯은 그에게 배를 엮어 다리를 만들어 물을 건너게 하였다. 적시는 이상하게 여기며 이렇게 말하였다.

"내 듣기에 천자가 물을 건널 때라야 배를 엮어 다리를 만들고, 제후라면 배를 나란히 하여 다리처럼 건너게 하며, 대부는 그저 배 두 척을 띄워 옆에 나란히 가면서 건너게 해 준다고 하였다. 곁에 나란히 가면서 건너는 것이 바로 신하의 직책일 텐데 이렇게 공경이 심한 것은 반드시 무슨 이유가 있을 것이다."

그리고는 수행원을 시켜 지백의 행동을 살피도록 하였다. 과연 지백은 그 뒤에 많은 군사를 따르게 하여 장차 위나라를 공격하려던 참이었다. 적시는 이를 보고 이렇게 말하였다.

"위나라는 나에게 길을 터 주었을 뿐 아니라 많은 선물까지 주었다. 내가 이 지백의 흉계를 알고 위나라에게 알려 주지 않는다면, 이는 내가 지백과 공모한 것과 같은 것이 된다."

그리하여 병을 핑계로 머물면서 사람을 위나라에 보내어 알려 주었다.

위나라에서는 당연히 더욱 경계를 하게 되었고, 그 소식을 들은 지백도 계획을 중지할 수밖에 없었다.

吳赤市使於智氏, 假道於衛, 甯文子具絢絺三百製, 將以送之, 大夫豹曰:「吳雖大國也, 不壞交假之道, 則亦敬矣, 又何禮焉!」

甯文子不聽, 遂致之吳赤市.

至於智氏, 旣得事, 將歸吳, 智伯命造舟爲梁, 吳赤市曰:「吾聞之: 天子濟於水, 造舟爲梁, 諸侯維舟爲梁, 大夫方舟. 方舟, 臣之職也. 且敬太甚, 必有故.」

使人視之, 視則用兵在後矣, 將以襲衛.

吳赤市曰:「衛假吾道而厚贈我, 我見難而不告, 是與爲謀也.」

稱疾而留, 使人告衛, 衛人警戒, 智伯聞之, 乃止.

【赤市】 人名. 吳나라의 사신.
【智氏】 春秋 때 晉나라 六卿의 하나. 智伯. 원래 이름은 荀瑤. 智 땅에 봉해져서 智氏라 불렸다. 六卿 중에 세력이 가장 강하였다. 뒤에 韓·魏·趙에게 망하였다.
【甯文子】 衛나라의 大夫.
【豹】 역시 衛나라 어떤 大夫의 이름.

177(6-22) 楚魏會於晉陽
붕어 한 마리만 올려놓고

초楚나라와 위魏나라가 진양晉陽에 모여 장차 제齊나라를 칠 준비를 서두르고 있었다. 제나라 왕은 매우 겁을 먹고 사람을 시켜 우선 순우곤淳于髡을 불러들였다.

"초나라 위나라가 우리 제나라를 치려고 공모하고 있소. 원컨대 선생께서도 저와 함께 이 근심을 같이 해 주십시오!"

그러나 순우곤은 크게 웃을 뿐 대답을 하지 않는 것이었다. 다시 왕이 순우곤에게 물었지만, 역시 웃기만 할 뿐 대답이 없었다. 다시 세 번째에도 대답을 하지 않자, 왕은 크게 화를 내고 얼굴을 붉히며 소리쳤다.

"선생은 이 과인의 나라를 희롱거리로 삼고 있소?"

그러자 순우곤이 이렇게 말하였다.

"제가 어찌 감히 왕의 나라를 희롱거리로 삼겠습니까? 제가 웃은 것은, 저의 이웃에 농사가 잘 되기를 빌던 어떤 제사지내는 것을 보고 그런 것입니다. 그는 제사상에 밥 한 그릇과 붕어 한 마리만 올려놓고는 '저 아래 있는 논이 더욱 기름져 1백 수레의 곡식을 얻게 해 주시고, 저 언덕 위의 땅은 벼심기에 알맞도록 해 주십시오'라 빌더이다. 제가 웃은 것은 차려 놓은 것은 적은 데 바라는 것은 많았기 때문입니다."

이에 왕은 수긍하였다.

"훌륭하오!"

그리고는 그에게 돈 1천 금과 수레 1백 승을 주며 그 자리에서 그를 상경上卿으로 삼았다.

楚魏會於晉陽, 將以伐齊, 齊王患之, 使人召淳于髡曰:「楚魏謀欲伐齊. 願先生與寡人共憂之.」

淳于髡大笑而不應, 王復問之, 又復大笑而不應, 三問而不應, 王怫然作色曰:「先生以寡人國爲戲乎?」

淳于髡對曰:「臣不敢以王國爲戲也, 臣笑臣隣之祠田也, 以一盍飯與一鮒魚. 其祝曰:『下田洿邪, 得穀百車, 蟹堁者宜禾.』臣笑其所以祠者少而所求者多.」

王曰:「善!」

賜之千今, 革車百乘, 立爲上卿.

【晉陽】地名. 지금의 山西省 太原縣.
【淳于髡】전국시대 최고의 滑稽家.《史記》滑稽列傳 및《戰國策》등 참조.
【上卿】벼슬이름.

> ### 참고 및 관련 사료

1. 이 이야기는 같은《說苑》尊賢篇(266)과 내용이 비슷하다. 또한《史記》滑稽列傳에도 비슷한 내용이 실려 있다.

2.《史記》滑稽列傳

威王八年, 楚大發兵加齊. 齊王使淳于髡之趙請救兵, 齎金百斤, 車馬十駟. 淳于髡仰天大笑, 冠纓索絶. 王曰:「先生少之乎?」髡曰:「何敢?」王曰:「笑豈有說乎?」髡曰:「今者臣從東方來, 見道傍有禳田者, 操一豚蹄, 酒一盂, 祝曰:『甌窶滿篝, 汚邪滿車, 五穀蕃熟, 穰穰滿家.』臣見其所持者狹而所欲者奢, 故笑之.」於是齊威

王乃益齎黃金千鎰, 白璧十雙, 車馬百駟, 髡辭而行. 至趙, 趙王與之精兵十萬, 革車千乘. 楚聞之, 夜引兵而去.

3. 《說苑》尊賢篇

十三年, 諸侯舉兵以伐齊, 齊王聞之, 惕然而恐, 召其羣臣大夫告曰:「有智爲寡人用之.」於是博士淳于髡仰天大笑而不應, 王復問之, 又大笑不應, 三笑不應, 王艴然作色不悅曰:「先生以寡人語爲戲乎?」對曰:「臣非敢以大王語爲戲也, 臣笑臣鄰之祠田也, 以一奩飯, 一壺酒, 三鮒魚, 祝曰:『蟹堁者宜禾, 洿邪者百車, 傳之後世, 洋洋有餘.』臣笑其賜鬼薄而請之厚也.」於是王乃立淳于髡爲上卿, 賜之千金, 革車百乘, 與平諸侯之事; 諸侯聞之, 立罷其兵, 休其士卒, 遂不敢攻齊, 此非淳于髡之力乎?

178(6-23) 陽虎得罪於衛
찔레를 심으면

양호陽虎가 위衛나라에 죄를 짓고, 북쪽으로 가서 조간자趙簡子를 만나 이렇게 한탄하였다.

"이제부터 다시는 사람을 심어 놓지 않겠소!"

간자가 물었다.

"무슨 뜻이오?"

양호는 이렇게 대답하였다.

"무릇 당상堂上의 벼슬을 하는 자는 그 중 과반수가 내가 심어 준 자들입니다. 또 조정의 관리 중에도 제가 심어 놓은 자가 역시 과반수가 넘으며, 변경의 군사도 반 이상이 제가 심어 놓은 자들입니다. 그런데 지금 보니 그 중 당상 벼슬은 오히려 나서서 임금에게 나를 물러나도록 하고, 조정의 관리는 스스로 나서서 많은 무리 앞에 나를 위험스럽게 하며, 변경의 군인들은 스스로 나서서 무력으로 나를 위협하고 있소이다."

이에 간자는 이렇게 비유를 들어 설명하였다.

"오직 어진 자라야 능히 은혜를 갚을 줄 압니다. 불초한 자는 은혜를 갚을 줄 모르는 것입니다. 비유컨대 무릇 도리桃李를 심으면, 여름에는 그 그늘에서 쉴 수 있을 뿐만 아니라 가을에는 그 과일까지 먹을 수 있게 되지요. 그러나 찔레를 심으면 여름에 그 그늘에 쉴 수도 없을 뿐 아니라, 가을에는 오히려 그 가시밖에 얻을 게 더 있겠습니까? 지금 그대가 심었다는 것은 모두 찔레일 뿐입니다. 지금부터는 사람을 골라 심을 것이지, 이미 심어 놓고 이를 선택하겠다는 생각을 버리십시오!"

陽虎得罪於衛, 北見簡子曰:「自今以來, 不復樹人矣.」

簡子曰:「何哉?」

陽虎對曰:「夫堂上之人, 臣所樹者, 過半矣; 朝廷之吏, 臣所立者, 亦過半矣; 邊境之士, 臣所立者, 亦過半矣. 今乃夫堂上之人, 親却臣於君; 朝廷之吏, 親危臣於衆; 邊境之士, 親劫臣於兵.」

簡子曰:「唯賢者爲能報恩, 不肖者不能. 夫樹桃李者, 夏得休息, 秋得食焉. 樹蒺藜者, 夏不得休息, 秋得其刺焉. 今子之所樹者, 蒺藜也, 自今以來, 擇人而樹, 毋已樹而擇之.」

【陽虎】《論語》에 보이는 陽貨. 朱子 注에 "陽貨, 季氏家臣. 名, 虎"라 하였다.

【趙簡子】春秋 말기 晉나라의 六卿의 하나.

【蒺藜】찔레를 뜻한다.

참고 및 관련 자료

1.《韓非子》外儲說左下

陽虎去齊走趙. 簡主問曰:「吾聞子善樹人.」虎曰:「臣居魯, 樹三人, 皆爲令尹, 及虎抵罪於魯, 皆搜索於虎也. 臣居齊, 薦三人, 一人得近王, 一人爲縣令, 一人爲侯吏; 及臣得罪, 近王者不見臣, 縣令者迎臣執縛, 侯吏者追臣至境上, 不及而止. 虎不善樹人.」主俛而笑曰:「夫樹橘柚者, 食之則甘, 嗅之則香; 樹枳棘者, 成而刺人; 故君子愼所樹.」

2.《韓詩外傳》卷7

魏文侯之時, 子質仕而獲罪焉, 去而北游, 謂簡主曰:「從今已後, 吾不復樹德於人矣.」簡主曰:「何以也?」質曰:「吾所樹堂上之士半, 吾所樹朝廷之大夫半, 吾所樹邊境之人亦半. 今堂上之士惡我於君, 朝廷之大夫恐我以法, 邊境之人, 劫我以兵, 是以不復樹德於人也.」簡主曰:「噫! 子之言過矣. 夫春樹桃李, 夏得陰其下, 秋得食其實.

春樹蒺藜, 夏不可採其葉, 秋得其刺焉. 由此觀之, 在所樹也, 今子之所樹, 非其人也. 故君子先擇而後種也.」詩曰:『無將大車, 惟塵冥冥.』

3. 《藝文類聚》(86)

子質事魏文侯, 獲罪而北遊, 謂簡主曰:「吾所樹堂上之士半, 朝廷之大夫半, 邊境之人亦半. 今堂上之士惡我於君. 朝廷之士危我於法, 邊境之人劫我矣.」簡主曰:「夫春樹桃李, 夏得陰其下, 秋得食其實. 春樹蒺藜, 夏不得採其葉, 秋得其刺焉. 今子所樹, 非其人也.」

4. 기타 참고자료

《古類書》(敦煌寫本) 第1·《繹史》(87)·《齊民要術》(4)·《太平御覽》(632)

179(6-24) 東閭子嘗富貴而後乞
하루아침에 망한 부자

동려자東閭子가 일찍이 큰 부자였으나, 뒤에 망하여 밥을 빌어먹게 되었다. 사람이 그에게 까닭을 물었다.

"그대는 어찌하여 이렇게 되었는가?"

이에 그는 이렇게 대답하였다.

"내 스스로 알고 있다오. 내 일찍이 6, 7년이나 재상의 지위에 있으면서 단 한 사람 추천하지 못하였고, 또 일찍이 3천만 석을 두 번이나 하면서도 누구 하나 부자로 만들어 주지 못하였소. 이처럼 내가 선비란 그 몸을 어디에 희생하는지를 잘 몰랐기 때문에 이런 일이 생긴 거라오. 공자孔子는 이렇게 말하였지요. '재물이란 참으로 다루기 어려운 것이다. 크고 작고 많고 적음이 모두가 그에 따른 원망과 증오가 생기게 마련이니, 이것이 수數의 이치가 아닌가 한다. 사람이 이를 터득하기만 하면 그 재물 밖의 어떤 것에 가탁假托할 텐데'라고 말입니다."

東閭子嘗富貴而後乞, 人問之, 曰:「公何爲如是?」

曰:「吾自知, 吾嘗相六七年, 未嘗薦一人也; 吾嘗富三千萬者再, 未嘗富一人也; 不知士出身之呇然也. 孔子曰:『物之難矣, 小大多少, 各有怨惡, 數之理也, 人而得之, 在於外假之也.』」

【東閭子】東閭(複姓) 성을 가진 어떤 인물.
【孔子曰】孔子의 이 말은 어디에 전하는지 자세히 알 수 없다.

참고 및 관련 자료

1. 文淵閣 〈四庫全書本〉에는 이 구절이 "吳起爲魏將"(즉 본책 181장) 다음에 실려 있다. 여기서의 순서는 〈四部備要本〉을 따라 179번째의 문장으로 순서를 삼았다.

전쟁으로 고아가 된 아이들

위魏 **문후**文侯가 전자방田子方과 이야기를 주고받고 있을 때, 푸른 옷과 흰 옷을 입은 어린이 한 명씩이 임금 앞에서 시중을 들고 있었다. 자방이 이상하게 여겨 물었다.

"임금께서 사랑하는 아들입니까?"

그러자 문후는 이렇게 대답하였다.

"아니오! 그 아버지가 전쟁에 나가 죽어 고아가 된 아이들이오. 그래서 내가 거두어 기르고 있소!"

자방은 이렇게 말하였다.

"제 생각으로는 임금께서 그 정도 남을 해코지하였으면 마음속에 충분하다고 여깁니다. 그런데 지금 보니 더욱 심하시군요. 임금께서 아이들을 총애하신다면 장차 또 누구의 아버지를 죽이려 하십니까?"

이에 문후는 부끄러운 얼굴로 말하였다.

"내 그대의 명령을 따르겠소."

이로부터 문후는 무기를 사용하지 않았다.

魏文侯與田子方語, 有兩僮子衣靑白衣, 而侍於君前.

子方曰:「此君之寵子乎!」

文侯曰:「非也, 其父死於戰, 此其幼孤也, 寡人收之.」

子方曰:「臣以君之賊心爲足矣, 今滋甚, 君之寵此子也, 又且
以誰之父殺之乎?」

文侯愍然曰:「寡人受令矣.」

自是以後, 兵革不用.

【魏文侯】戰國 초기 魏나라의 영명한 군주. 재위 50년(B.C.445~396).
【田子方】魏文侯의 신하.

참고 및 관련 자료

1. 본문의 내용도 文淵閣 〈四庫全書本〉에는 "陽虎得罪於衛"(본책 178장) 다음에
실려 있다.

181(6-26) 吳起爲魏將攻中山
부하의 종기를 빨아 준 오기

오기吳起가 위魏나라 장수가 되어 중산中山을 공격할 때의 일이다. 자기 부하 중의 하나가 종기를 앓는 자가 있었다. 오기는 이를 보고 스스로 그의 고름을 빨아 주었다. 이 소식을 들은 그 병사의 어머니가 엉엉 울었다. 이를 본 옆 사람이 그 어머니에게 물었다.

"장군께서 그대의 아들에게 그처럼 따뜻이 대해 주는데 무슨 이유로 도리어 우는 것입니까?"

이에 그 어머니는 이렇게 대답하였다.

"오기가 이 아들의 아버지에게도 똑같이 상처를 핥아 주었는데, 그는 주수注水의 싸움에서 뒤꿈치 돌릴 틈도 없이 전사하고 말았소. 그렇게 하더니 이 녀석이 또 어느 전투에서 죽을지 알 수 있겠소? 그래서 내가 우는 것이라오!"

병사의 종기를 빨아주는 吳起 명말 청초
《東周列國志》 석인본 삽화

吳起爲魏將, 攻中山, 軍人有病疽者, 吳子自吮其膿.

其母泣之, 旁人曰:「將軍於而子如是, 尚何爲泣?」

對曰:「吳子吮此子父之創而殺之於注水之戰, 戰不旋踵而死, 今又吮之, 安知是子何戰而死, 是以哭之矣!」

【吳起】 전국시대 뛰어난 兵法家. 당시 魏나라 장수였다. 《史記》 孫子吳起
列傳 참조. 《吳子》 六篇이 전함.

【注水】 地名. 涇水로 실린 판본도 있다.

참고 및 관련 자료

1. 이 이야기는 《史記》 孫吳傳 吳起 부분에도 실려 있다. 한편 文淵閣 〈四庫全書本〉
에는 '魏文侯與田子方語'(본책 180장) 다음에 실려 있다. 관련기록은 다음과
같다.

2. 《韓非子》 外儲說左上

吳起爲魏將而攻中山. 軍人有病疽者, 吳子跪而自吮其膿. 傷者之母立泣. 人問曰:
「將軍於若子如是, 尚何爲而泣?」 對曰:「吳起吮其父之創而父死, 今是子又將死也,
今吾是以泣.」

3. 《史記》 孫子吳起列傳

卒有病疽者, 起爲吮之, 卒母聞而哭之. 人曰:「子, 卒也, 而將軍自吮其疽, 何哭爲?」
母曰:「非然也, 往年吳公吮其父, 其父戰不旋踵, 遂死於敵. 吳公今又吮其子, 妾不
知其所矣, 是以哭之.」

4. 《十八史略》 卷一

起與士卒同衣食, 卒有病疽, 起吮之. 卒母聞而哭曰:「往年吳公吮其父, 不旋踵死敵.
今又吮其子, 妾不知其死所矣.」

182(6-27) 齊懿公之爲公子也
아내를 빼앗기고도 화를 낼 줄 모르는 녀석

　제齊 의공懿公이 공자公子였을 때에 병촉邴歜의 아버지와 사냥감을 다투었으나 이기지 못한 적이 있었다. 그가 즉위하자 옛 분풀이로 그의 묘를 파서 시신의 양다리를 잘라 버리고 병촉을 종으로 삼아 버렸다. 또 의공은 포악하여 용직庸織이라는 사람의 아내가 예쁜 것을 보고 이를 빼앗고는 용직도 마부馬夫의 시중으로 삼아 버렸다.

　그러던 어느 날 이 의공이 신지申池라 하는 곳에 놀러 갔을 때 마침 병촉과 용직도 같은 못에서 목욕을 하게 되었다. 이때 병촉이 채찍으로 용직을 때리자 용직이 화를 내었다. 그러자 병촉이 이렇게 화를 돋구었다.

　"아내를 빼앗기고도 감히 화낼 줄 모르는 녀석이, 채찍 한 대 맞았다고 그게 너에게 무슨 상심거리가 되겠는가?"

　이에 용직은 기다렸다는 듯이 이렇게 말하였다.

　"흥! 그래? 자기 아버지 다리가 잘리고도 한을 품지 않은 것과 어느 것이 더 심할까?"

　이에 두 사람은 모의하여 의공을 죽여 그 시신을 대나무밭에 던져 버렸다.

齊懿公之爲公子也, 與邴歜之父爭田, 不勝. 及卽位, 乃掘而刖之, 而使歜爲僕; 奪庸織之妻, 而使織爲參乘; 公游于申池, 二人浴於池, 歜以鞭扶織, 織怒.

歜曰:「人奪女妻而不敢怒, 一扶女庸何傷!」

織曰:「孰與刖其父而不病, 奚苦?」

乃謀殺公, 納之竹中.

【懿公】 춘추시대 齊나라 군주. 재위 4년(B.C.612~609) 만에 죽음을 당하였다. 뒤에 桓公의 아들 公子 元이 이었다. 이가 齊의 惠公.

【邴歜】 춘추시대 齊나라의 신하.《左傳》文公 18年 참조.

【庸織】 閻職으로도 쓰며, 그 아내를 懿公에게 빼앗겼다.《左傳》文公 18年 및 《史記》齊太公世家 참조.

【申池】 地名. 齊나라 수도인 臨淄의 서문, 즉 申門 좌우에 있던 연못.

【田】 사냥감으로 풀이하였다.(《史記》에 의함)

참고 및 관련 자료

1. 이 이야기는《左傳》文公 18년과《史記》齊太公世家에도 실려 있다. 한편 文淵閣本〈四庫全書〉에는 '東閭子嘗富貴而後乞'(본책 179장) 다음에 실려 있다.

2.《左傳》文公 18년

齊懿公之爲公子也, 與邴歜之父爭田, 弗勝. 及卽位, 乃掘而刖之, 而使歜僕. 納閻職之妻, 而使職驂乘. 夏五月, 公游於申池. 二人浴於池, 歜以扑扶職. 職怒. 歜曰: 「人奪女妻而不敢怒, 一扶女, 庸何傷!」 職曰: 「與刖其父而弗能病者何如?」 乃謀弒懿公, 納諸竹中.

3.《史記》齊太公世家

懿公四年春, 初, 懿公爲公子時, 與丙戎之父獵, 爭獲不勝, 及即位, 斷丙戎父足, 而使丙戎僕. 庸職之妻好, 公内之宮, 使庸職驂乘. 五月, 懿公游於申池, 二人浴, 戲. 職曰:「斷足子!」戎曰:「奪妻者!」二人俱病此言, 乃怨. 謀礪公游竹中, 二人弑懿公車上, 棄竹中而亡去.

183(6-28) 楚人獻黿於鄭靈公
식지로 신호를 보내다

초楚나라 사람이 정鄭나라 영공靈公에게 원黿이라는 큰 자라 한 마리를 보내 왔다. 이때 공자公子 가家가 같은 공자 송宋이 식지食指를 움직이는 신호를 보게 되었다.

그리고는 공자 가에게 이렇게 말하는 것이었다.

"내가 이렇게 하는 것은 반드시 특이한 요리를 맛본다는 뜻이오!"

왕이 여러 대부들과 자라 요리를 먹으면서 공자 송을 불러 놓고는 그에게는 자라 요리를 나누어 주지 않는 것이었다.

공자 송은 노하여 그 자리에 가서 먼저 손가락을 솥에 넣어 맛을 보고는 나가 버렸다. 영공이 노하여 이를 죽이려 하자, 공자 송은 공자 가와 더불어 먼저 선수를 쳐 영공을 죽여 버리고 말았다.

楚人獻黿於鄭靈公, 公子家見公子宋之食指動.

謂公子家曰:「我如是必嘗異味.」

及食大夫黿, 召公子宋而不與, 公子宋怒, 染指於鼎, 嘗之而出.

公怒欲殺之. 公子宋與公子家謀先, 遂弑靈公.

【鄭 靈公】 춘추시대 鄭나라 군주. 재위 1년(B.C.605). 穆公의 아들. 이름은 夷. 《左傳》 宣公 4年에 "夏之月乙酉, 鄭公子歸生弑其君夷"라 하였다.

【公子 家】鄭나라 公子. 이름은 歸生.
【公子 宋】鄭나라 大夫. 자는 子公.
【食指】둘째손가락.

1. 이 이야기는 《左傳》宣公 4년에도 실려 있으나 그 내용에 출입이 있다.
한편 〈四庫全書本〉에는 다음 장인 184장과 연결된 것으로 되어 있다.

2. 《左傳》宣公 4년

楚人獻黿於鄭靈公. 公子宋與子家將見. 子公之食指動, 以示子家, 曰:「他日我如此,
必嘗異味.」及入, 宰夫將解黿, 相視而笑. 公問之, 子家以告. 及食大夫黿, 召子公而
弗與也. 子公怒, 染指於鼎, 嘗之而出. 公怒, 欲殺子公. 子公與子家謀先. 子家曰:
「畜老, 猶憚殺之, 而況君乎?」反譖子家, 子家懼而從之. 夏, 弑靈公.

3. 《史記》鄭世家

靈公元年, 春. 楚獻黿於靈公. 子家·子公將朝靈公, 子公之食指動, 謂子家曰:「他日
指動, 必食異物.」及人, 見靈公進黿羹, 子公笑曰:「果然.」靈公問其笑故, 具告靈公.
靈公召之, 獨弗予羹. 子公怒, 染其指, 嘗之而出. 公怒, 欲殺子公. 子公與子家謀先.
夏, 弑靈公.

임금이 임금답지 못하면

자하子夏가 말하였다.

"《춘추春秋》라는 책은 임금이 임금답지 못하고 신하가 신하답지 못하며, 아버지가 아버지답지 못하고, 아들이 아들답지 못한 일을 적어 놓았다. 그러나 이런 일들은 하루아침에 일어난 것이 아니라 점차 그렇게 되어 그런 지경에 이른 것이다."

子夏曰:「春秋者, 記君不君, 臣不臣, 父不父, 子不子者也; 此非一日之事也, 有漸以至焉.」

【子夏】孔子의 제자. 卜商. 子游와 더불어 문학에 뛰어났던 인물.
【春秋】十三經의 하나. 孔子 엮음. 左丘明이 傳을 썼다. 그 외에《穀梁傳》과 《公羊傳》이 있다.

참고 및 관련 자료

1. 〈四庫全書〉에는 이 장이 바로 앞의 183장과 연결된 것으로 되어 있다.

2.《韓非子》外儲說右上

子夏曰:「春秋之記臣殺君, 子殺父者, 以十數矣, 皆非一日之積也, 有漸而以至矣.」

卷七. 정리편政理篇

"정리政理"는 정치의 바른 도리라는 뜻이다. 본권은 이에 관한 일화와 고사 등을 모은 것이다.

모두 50장(185～234)이다.

정치의 세 가지 품

정치에는 세 가지 품品이 있다. 왕도 정치의 교화시킴[化]을 들 수 있고, 패도 정치의 위세[威]를 들 수 있으며, 강압정치의 협박[脅]이 그것이다.

무릇 이 세 가지는 각각 그 시행하는 바가 있기는 하나 교화가 가장 훌륭한 것이다. 무릇 교화시켜도 어떤 변화가 일어나지 않을 때에는 그 다음에 위세를 써야 한다. 또 위세로도 변화가 없을 때에는 협박을 써야 하며, 협박으로도 변화가 없는 후라야 형벌을 가하게 되는 것이다.

무릇 형벌까지 이르게 된다면 이는 왕도정치로서는 할 일이 못되는 것이다.

그래서 성왕聖王은 먼저 덕과 교화를 베푼 후에 형벌을 가하되, 명예와 치욕이 무엇이라는 것을 세워 놓고 나서 방지하고 금지하며, 예의의 절도를 높여 이를 보여 주어야 한다.

또 재물과 이익의 폐단이 천함을 알려 주고 이로써 변화시킨다.

그런가 하면 왕 자신의 내정內政과 문안에서의 예를 잘 닦아 비妃·필匹의 서열을 하나같이 바르게 해 놓으면, 그 누구도 의례儀禮의 명예를 사모하고 탐란貪亂의 치욕을 미워하지 아니하는 자가 없게 된다. 그렇게 되도록 하는 것은 다름 아닌 바로 교화가 시키는 것이어야 하는 것이다.

政有三品: 王者之政化之, 霸者之政威之, 彊者之政脅之, 夫此三者各有所施, 而化之爲貴矣. 夫化之不變而後威之, 威之不變而後脅之, 脅之不變而後刑之; 夫至於刑者, 則非王者之所得已也. 是以聖王先德敎而後刑罰, 立榮恥而明防禁; 崇禮義之節以示之, 賤貨利之弊以變之; 修道理內政橛機之禮, 壹妃匹之際; 則莫不慕義禮之榮, 而惡貪亂之恥. 其所由致之者, 化使然也.

【品】종류·상황·품덕.
【脅】脇과 같음. 협박함, 위협함.
【橛機】門梱. 즉 문안·집안·궁궐 내.

정치에 죽이는 방법을 쓰시다니요

계손季孫이 공자孔子에게 물었다.

"무도한 자를 죽여 도 있는 곳으로 나아가게 하면 어떻습니까?"

이에 공자는 이렇게 대답하였다.

"그대는 정치를 하면서 어찌 죽이는 방법을 쓰고자 합니까? 그대가 선善을 행하고자 하면 백성들도 선해지는 법입니다. 군자의 덕이 바람이라면 소인의 덕은 풀! 풀 위로 바람이 불면 풀은 눕게 되어 있소!"

이 말은 오직 교화로써 해야 함을 밝힌 것이다.

季孫問於孔子曰:「如殺無道, 以就有道, 何如?」

孔子曰:「子爲政, 焉用殺, 子欲善而民善矣. 君子之德, 風也; 小人之德, 草也; 草上之風, 必偃!」

言明其化而已也.

【季孫】季孫氏. 魯나라의 大夫.《論語》의 季氏. 季孫氏 참조.
【君子之德~必偃】《論語》顔淵篇의 구절.

참고 및 관련 자료

1. 본 장은 〈四庫本〉·〈四部本〉에 모두 다음 장(187)과 연결된 것으로 되어 있다.

2. 《論語》顏淵篇

季康子問於孔子曰:「如殺無道, 以就有道, 何如?」孔子對曰:「子爲政; 焉用殺. 子欲善而民善矣. 君子之德風, 小人之德草, 草上之風必偃.」

나라 다스림의 두 가지 기틀

나라를 다스림에는 두 가지 기틀이 있으니 바로 형벌[刑]과 덕德이다. 왕도정치는 그 덕을 숭상하고 나서 그 형을 베풀며, 패도정치는 그 형과 덕을 함께 베풀고, 강압정치를 하는 나라는 먼저 형을 쓰고 나중에 덕을 쓴다.

무릇 형과 덕이라는 것은 교화[化]가 이로부터 흥하게 되는 것이다. 그 중에 덕은 선善을 길러 그 빈자리로 나아감을 말하는 것이요, 형이란 악한 것을 징벌하여 더 이상 그러한 일이 없도록 뒤를 막는 것이다.

따라서 덕화德化를 숭상시키면 상賞에 이르고, 형벌이 심해지면 사형[誅]에 이르게 된다. 무릇 주誅와 상賞에는 오류가 있어서는 안 된다. 주상誅賞에 오류가 생기면 선악善惡에 혼란이 온다. 공 있는 자에게 상을 내리지 않으면 선善이 권장되지 못하고, 잘못 있는 자에게 주誅가 가해지지 않으면 악을 짓고도 두려움을 모르게 된다.

선이 권장되지 않고 악의 두려움을 깨우쳐 주지 않으면서 능히 천하를 잘 교화시켰다는 말은 아직 들어보지 못하였다.

그래서 《서書》에는 "있는 힘을 다해 상벌에 표준을 세울 것"이라 하였으니 바로 이를 두고 한 말이다.

治國有二機, 刑德是也; 王者尙其德而希其刑, 霸者刑德並湊, 强國先其刑而後德. 夫刑德者, 化之所由興也. 德者, 養善而進

闕者也; 刑者, 懲惡而禁後者也; 故德化之崇者至於賞, 刑罰之甚者至於誅; 夫誅賞者, 所以別賢不肖, 而列有功與無功也. 故誅賞不可以繆, 誅賞繆則善惡亂矣. 夫有功而不賞, 則善不勸, 有過而不誅, 則惡不懼, 善不勸惡不懼而能以行化乎天下者, 未嘗聞也.

書曰:『畢協賞罰.』

此之謂也.

【惡不懼】《說苑疏證》에는 "惡不懼" 3자가 누락되었다 하여 "惡不懼三字原脫. 從拾補及朱駿聲校記補"라 하였으나 〈四庫全書本〉에는 오류 없이 실려 있다.
【書曰】《書經》康王之誥의 구절. 〈四部備要本〉에는 '畢力賞罰'로 되어 있다.

參考 및 關聯 資料

1. 〈四庫本〉·〈四部本〉에는 본 장이 앞장(186)과 연결되어 하나로 묶여 있다.

188(7-4) 水濁則魚困
물이 탁하면 물고기가 고통을 당하고

물이 탁하면 물고기가 고통을 당하고, 법령이 가혹하면 백성이 어지러워지며, 성이 높기만 하면 무너지게 마련이며, 축대가 성글면 허물어지게 마련이다.

따라서 무릇 나라를 다스리는 일은, 비유컨대 거문고 줄을 잡아당기는 것과 같아, 큰 줄을 급히 당기면 작은 줄은 끊어지고 만다.

그러므로 급히 수레를 모는 자는 1천 리를 몰 수 있는 자가 못 된다.

水濁則魚困, 令苛則民亂, 城峭則必崩, 岸竦則必陁. 故夫治國, 譬若張琴, 大絃急則小絃節矣, 故曰急轡銜者非千里御也.

【岸竦】언덕이나 제방 등이 튼튼하지 못함을 뜻한다.
【陁】'무너지다·허물어지다'의 뜻.

> **참고 및 관련 자료**

1. 본 장은 〈四庫本〉·〈四部本〉에는 모두 다음 장(189)과 연결된 것으로 묶여 있다.

2. 《韓詩外傳》 卷1

傳曰: 水濁則魚噞, 令苛則民亂, 城峭則崩, 岸峭則陂. 故吳起削刑而車裂, 商鞅峻法
而支解. 治國者譬若乎張琴然, 大絃急, 則小絃絶矣. 故急轡御者, 非千里之御也.
有聲之聲, 不過百里, 無聲之聲, 延及四海. 故祿過其功者削, 名過其實者損, 情行合名,
禍福不虛至矣. 詩云: 『何其處也? 必有與也. 何其久也? 必有以也.』故惟其無爲,
能長生久視, 而無累於物矣.

3. 《淮南子》 繆稱訓

水濁者魚噞, 令苛者民亂, 城峭者必崩, 岸崝者必陀. 故商鞅立法而支解, 吳起刻削
而車裂. 治國譬若張琴, 大絃急則小絃節矣. 故急轡數策者, 非千里之御也.

4. 《文子》 精誠篇

夫水濁者魚噞, 政苛者民亂.

5. 《鄧析子》 無厚篇

夫水濁則無掉尾之魚, 政苛則無逸樂之士. 故令煩則民詐, 政擾則民不定. 不治其本,
而務其末, 譬如拯溺錘之以石, 救火投之以薪.

6. 기타 참고자료

《文選》 長笛賦注

소리가 있는 소리는

소리가 있는 소리는 1백 리를 못 가지만, 소리가 없는 소리는 널리 사해四海에 퍼져 나간다. 그래서 녹祿이 그 공功보다 많은 자는 끝내 손해를 보게 되며, 명분이 그 실질보다 지나친 자는 깎이게 마련이다.

사정과 행동이 합일하면 백성이 저절로 따르게 되나니, 화禍와 복福이란 잘못 찾아오는 경우란 없다.

《시詩》에는 "무슨 일로 그곳에 머무시는지 반드시 누구와 함께 오려는 뜻이겠지. 무슨 일로 그리도 오래 머무시는지 반드시 이유가 있을 테지요!"라 하였으니 바로 이를 두고 한 말이다.

有聲之聲, 不過百里, 無聲之聲, 延及四海; 故祿過其功者損, 名過其實者削, 情行合而民副之, 禍福不虛至矣.

詩云:『何其處也, 必有與也; 何其久也, 必有以也.』

此之謂也.

【四海】 海內 · 天下.
【詩云】《詩經》 邶風 旄丘의 구절.

1. 〈四庫本〉·〈四部本〉에는 본 장의 앞장(188)과 연결되어 있다.

2. 《韓詩外傳》卷1

有聲之聲, 不過百里, 無聲之聲, 延及四海. 故祿過其功者削, 名過其實者損, 情行合而名副之, 禍福不虛至矣. 詩云: 『何其處也, 必有與也, 何其久也, 必有以也.』故惟其無爲, 能長生久視而無累於物矣.

3. 《淮南子》繆稱訓

有聲之聲, 不過百里; 無聲之聲, 施於四海. 是故祿過其功者損, 名過其實者蔽, 情行合而名副之, 禍福不虛至矣.

190(7-6) 公叔文子爲楚令尹三年
조정이 너무 엄하면

공문숙자公叔文子가 초楚나라 영윤令尹이 된 지 3년이 지나도록 백성들이 감히 조정에 발을 들여놓지 못하였다. 이때 공숙자公叔子가 문자를 만나 이렇게 말하였다.

"너무 엄합니다."

이에 문자는 이렇게 말하였다.

"조정이 엄한 것이 어찌 나라를 다스리는 데 방해가 된다고 말할 수 있겠습니까?"

공숙자는 이렇게 설명하였다.

"엄하면 아랫사람이 입을 다물게 됩니다. 아래가 입을 다물면 윗사람은 귀머거리가 되지요. 귀머거리와 벙어리는 서로 뜻이 통하지 못합니다. 이것이 어찌 나라를 다스리는 일이란 말이오. 제가 듣건대, 순서대로 바늘을 넣어 옷감을 짜는 자는 끝내 큰 장막을 만들어 낼 수 있고, 한 되 한 말씩이라도 차분히 모으는 자라야 창고를 채울 수 있다고 하였습니다. 마찬가지로 작은 냇물도 서로 어우러져야 강이나 바다를 이루는 것입니다. 훌륭한 임금이란 명을 받아 이를 실행하지 못하는 경우는 있지만, 아예 그 어떤 의견도 듣지 않는 경우는 일찍이 없었습니다."

公叔文子爲楚令尹三年, 民無敢入朝.

公叔子見曰:「嚴矣.」

文子曰:「朝廷之嚴也, 寧云妨國家之治哉?」

公叔子曰:「嚴則下喑, 下喑則上聾, 聾喑不能相通, 何國之治也? 蓋聞之也, 順針縷者成惟幕, 合升斗者實倉廩, 幷小流而成江海; 明主者有所受命而不行, 未嘗有所不受也.」

【公叔文子】楚나라의 令尹. 《左傳》 定公 6年 및 13年 참조.

【令尹】楚나라의 특이한 직위. 다른 나라의 相國·丞相·宰相에 해당한다.

【公叔子】楚나라의 신하. 혹은 公叔文子의 아들이 아닌가 한다.

참고 및 관련 자료

1. 본 장의 내용은 본 《說苑》 卷9 正諫篇(10-26)과 비슷하다.

2. 《晏子春秋》 諫下

晏子朝, 復於景公曰:「朝居嚴乎?」 公曰:「嚴居朝, 則曷害於治國家哉?」 晏子對曰: 「朝居嚴則下無言, 下無言則上無聞矣. 下無言吾謂之瘖, 上無聞則吾謂之聾. 聾瘖, 非害國家而如何也! 且合升鼓之微以滿倉廩, 合疏縷之綈以成幃幕. 大山之高, 非一石也, 累卑然後高. 天下者, 非用一士之言也, 固有受而不用, 惡有拒而不受者哉!」

191(7-7) 衛靈公謂孔子
사방이 막힌 담장 안에서도

위衛**나라 영공**靈公이 공자孔子에게 물었다.

"어떤 사람이 제게 정치를 하는 데에는 조정에서만 조심하고 근신하면 곧 나라가 잘 다스려질 것이라 하던데 그것이 가능합니까?"

이에 공자는 이렇게 대답하였다.

"가능하지요. 남을 사랑하면 그 사람 또한 그를 사랑하게 되고, 남을 미워하면 그 사람 역시 그를 미워하게 됩니다. 자기를 어떻게 할 것인가를 알면, 역시 남에게 어떻게 해 주어야 하는지를 알게 되지요. 소위 사방이 막힌 담장 안에 있으면서 나와 보지도 않고 천하를 아는 것은, 바로 스스로에게 반성하여 알 수 있기 때문이라는 것입니다."

衛靈公謂孔子曰:「有語寡人爲國家者, 謹之於廟堂之上而國家治矣, 其可乎?」

孔子曰:「可. 愛人者則人愛之, 惡人者則人惡之; 知得之己者, 亦知得之人; 所謂不出於環堵之室而知天下者, 知反之己者也.」

【衛 靈公】春秋 말기 衛나라 군주.《論語》衛靈公篇 및《左傳》定公 13年, 昭公 7年 참조.
【環堵】사방이 담으로 둘러싸인 집 또는 지극히 빈궁한 경우를 말한다.

1.《呂氏春秋》先己篇

孔子見魯哀公, 哀公曰:「有語寡人曰:『爲國家者爲之堂上而已矣.』寡人以爲迂言也.」
孔子曰:「此非迂言也, 丘聞之, 得之於身者得之人, 失之於身者失之人, 不出於門戶
而天下治者, 其惟知反於己身者乎?」

2.《孔子家語》賢君篇

衛靈公問於孔子曰:「有語寡人, 有國家者, 計之於廟堂之上, 則政治矣, 何如?」
孔子曰:「其可也, 愛人者則人愛之, 惡人者則人惡之, 知得之己者則知得之人, 所謂
不出環堵之室而知天下者, 則反己之謂也.」

192(7-8) 子貢問治民於孔子
썩은 고삐로 내닫는 말 다루듯

자공子貢이 공자孔子에게 백성을 다스리는 법을 여쭙자 공자가
이렇게 일러 주었다.

"조심조심하여 썩은 고삐로 내닫는 말 다루듯 하려무나!"

자공은 다시 여쭈었다.

"어찌 그렇게 두려운 말씀을 하십니까!"

공자는 이렇게 설명하였다.

"사통팔달의 나라에는 가는 곳마다 사람이 있다. 그들을 도道로써
인도하면 모두가 나의 가축처럼 말을 듣지만, 도로써 이들을 인도하지
않으면 모두가 나의 원수나 마찬가지이다. 그러니 어찌 두려워하지
않을 수 있겠는가?"

子貢問治民於孔子, 孔子曰:「懍懍焉, 如以腐索御奔馬.」

子貢曰:「何其畏也!」

孔子曰:「夫通達之國, 皆人也, 以道導之, 則吾畜也; 不以道
導之, 則吾讐也, 若何而毋畏?」

【子貢】孔子의 제자. 子賜.

【懍懍】매우 두려워하고 조심하는 모습.

참고 및 관련 자료

1. 《孔子家語》致思篇

子貢問治民於孔子, 子曰: 「懍懍焉若持腐索之扞馬.」 子貢曰: 「何其畏也?」 孔子曰: 「夫通達之國皆人也, 以道導之則吾畜也, 不以道導之則吾讎也, 如之何其無畏也.」

193(7-9) 齊桓公謂管仲
짧은 두레박줄로는 깊은 우물을

제齊 **환공**桓公이 관중管仲에게 물었다.

"나는 나라에서 하는 일들을 해나 달처럼 모두 밝게 하여, 우부우부愚夫愚婦할 것 없이 누구라도 '잘한다!'는 말이 나오도록 하고 싶은데 그것이 가능하겠소?"

관중이 대답하였다.

"가능하지요. 그러나 성인의 도는 아닌 것 같습니다."

환공이 다시 물었다.

"무슨 뜻입니까?"

관중은 이렇게 대답하였다.

"무릇 짧은 두레박줄을 가지고는 깊은 우물물을 길어 올릴 수 없습니다. 지혜가 모자란 자는 성인의 말대로 할 수가 없습니다. 지혜로운 선비는 더불어 물건을 변별할 줄 알고, 역시 지혜 있는 선비는 방법이 없는 일도 구별해 낼 수 있으며, 성인은 가히 더불어 신명神明을 판별할 줄 알지요. 무릇 성인이 하는 일에 중인衆人은 미치지 못합니다.

백성이란 자기 지식이 열 곱절이 되면 오히려 서로 다투면서 서로가 자기만 못하다고 떠듭니다. 그러나 1백 곱절이 되면 남의 과실을 흠잡고, 1천 곱절이 되면 대답만 할 뿐 그 누구도 믿지 않게 됩니다.

그래서 백성은 조금씩 풀어 놓았다가 잡을 수는 없으며, 모두 묶어 길러 주어야 합니다. 마찬가지로 폭력을 써서 죽여서도 안 되며, 오히려

지휘하여 따르게 해야 합니다. 무리가 떠들 때는 집집마다 찾아다니며 설득시킬 수 없으며, 오히려 크게 들어 한꺼번에 보여 주어야 하는 것입니다."

齊桓公謂管仲曰:「吾欲舉事於國, 昭然如日月, 無愚夫愚婦皆曰:『善!』可乎?」

仲曰:「可. 然非聖人之道.」

桓公曰:「何也?」

對曰:「夫短綆不可以汲深井, 知鮮不可以與聖人之言, 慧士可與辨物, 智士可與辨無方, 聖人可與辨神明; 夫聖人之所爲, 非衆人之所及也. 民知十己, 則尚與之爭, 曰不如吾也, 百己則疵其過, 千己則誰而不信. 是故民不可稍而掌也, 可幷而牧也; 不可暴而殺也, 可麾而致也; 衆不可戶說也, 可舉而示也.」

【齊桓公】춘추시대 五霸 중의 首長.

【管仲】齊桓公의 재상.

194(7-10) 衛靈公問於史鰍
교화만큼 중요한 것은 없다

位衛 **영공**靈公이 사추史鰍, 史鰌에게 물었다.

"정치에서 무엇을 가장 힘써야 합니까?"

사추는 이렇게 대답하였다.

"재판 문제가 가장 중요합니다. 재판이 정확하지 않으면 죽은 자는 다시 살릴 수 없고, 팔다리가 잘린 형벌이면 그 사람을 다시 원상태로 돌릴 수 없습니다. 그래서 재판 판결이 가장 중요한 문제라 할 수 있습니다."

잠시 후 자로子路가 영공을 뵙겠다고 나타났다. 영공은 사추와 나누었던 말을 자로에게 들려 주었다. 그러자 자로는 다른 의견을 내놓았다.

"군사 문제가 가장 중요합니다. 두 나라 사이에 전쟁이 일어나 서로 대치하고 있을 때, 집행자가 북채를 쥐고 진격 명령을 내리면서 이를 잘못 판단하였다면, 한 번 싸움에 수만 명이 죽습니다. 사람을 죽이는 것이 잘못된 일이라면, 이는 바로 수많은 군중을 죽이는 것인데, 이것이야말로 중요한 일이 아니겠습니까?"

또 잠시 후 이번에는 자공子貢이 들어왔다. 영공은 역시 앞서 두 사람과 나누었던 말을 자공에게 들려 주었다. 자공은 이렇게 말하였다.

"둘 모두 식견이 모자라는군요. 옛날 우禹임금이 유호씨有扈氏와 싸울 때 세 번이나 달렸지만 복종하지 않았습니다. 우임금은 이에 1년 동안 그들을 잘 교화시켰더니 그 유호씨가 복종을 청해 왔습니다. 그러므로 백성들의 송사를 없앴는데 무슨 재판이 필요하겠으며, 전쟁이 사라졌는데 무슨 북소리가 필요하겠습니까? 따라서 가장 힘써야 할 것은 바로 교화敎化입니다."

衛靈公問於史鰍曰:「政孰爲務?」

對曰:「大理爲務, 聽獄不中, 死者不可生也, 斷者不可屬也, 故曰: 大理爲務.」

少焉, 子路見公, 公以史鰍言告之.

子路曰:「司馬爲務, 兩國有難, 兩軍相當, 司馬執枹以行之, 一鬪不當, 死者數萬, 以殺人爲非也, 此其爲殺人亦衆矣, 故曰: 司馬爲務.」

少焉, 子貢入見, 公以二子言告之.

子貢曰:「不識哉! 昔禹與有扈氏戰, 三陳而不服, 禹於是脩教一年而有扈氏請服, 故曰: 去民之所事, 奚獄之所聽? 兵革之不陳, 奚鼓之所鳴? 故曰: 教爲務也.」

【衛靈公】春秋 말기 衛나라 군주.《論語》의 衛靈公을 말한다. 재위 42년 (B.C.534~493).

【史鰍】衛나라의 太史. 자는 子魚. 衛靈公에게 '尸諫'한 것으로 유명한 인물이며 공자도 칭찬한 인물. '史鰌'로도 표기함.

【子路】孔子의 제자. 仲由. 孔門四桀 중에 政事에 뛰어났던 인물.

【子貢】孔子의 제자. 端木賜. 衛나라 사람.

【有扈氏】고대 부락국가 이름. 지금의 陝西省 근처에 있었으며, 뒤에 啓에게 망하였다.

195(7-11) 齊桓公出獵
어리숙한 노인

제齊 환공桓公이 사냥을 나가서 사슴을 쫓느라 그만 깊은 산 속으로 들고 말았다. 그곳에서 한 노인을 만났다.

"여기가 무슨 골짜기요?"

노인은 대답하였다.

"우공지곡愚公之谷입니다."

환공이 다시 물었다.

"어찌하여 그런 이름이 붙었습니까?"

노인은 이렇게 설명하였다.

"저 때문에 그런 이름이 되었습니다."

이에 환공은 의아히 여겼다.

"지금 그대의 모습을 보니 전혀 어리석은 노인(우공) 같지 않은데 무슨 연고로 그렇게 되었습니까?"

노인은 이렇게 대답하였다.

"제가 설명해 올리겠습니다. 제가 소를 한 마리 길렀는데, 그 소가 암송아지를 낳았습니다. 그 새끼가 어느 정도 자랐기에 저는 그 송아지를 팔아 망아지 한 마리를 샀지요. 그랬더니 어떤 젊은이가 나타나 소는 망아지를 낳지 못하는데 그 망아지가 어찌 당신의 것이느냐고 따지더니, 그만 가지고 가 버렸습니다. 이웃사람들이 제가 망아지 빼앗긴 것을 보고서 저를 어리석게 여겨, 제가 사는 이 골짜기를 우공지곡이라 부르게 된 것입니다."

환공이 물었다.

"노인장은 과연 어리석구려. 어찌 그 망아지를 주었소?"

그리고는 궁중으로 돌아와 버렸다.

이튿날 아침 조회 때에 환공이 이 이야기를 관중管仲에게 털어 놓았다. 그랬더니 관중은 옷깃을 여미고 두 번 절하며 이렇게 말하였다.

"이는 바로 나 관이오管夷吾가 어리석었기 때문에 생긴 일입니다. 요堯임금 같은 분이 윗자리에 계시고, 다시 고요皐陶 같은 분이 그 아래에서 법을 다스렸다면, 어찌 남의 망아지를 엉뚱한 논리로 빼앗아 가는 일이 벌어졌겠습니까? 또 설령 그러한 사기를 치는 이가 이와 같은 노인네 앞에 나타난다 해도 그 망아지를 주지는 않았을 것입니다. 그 노인네는 법에 호소해 보아도 바른 판결이 있을 수 없다는 것을 알기 때문에 그에게 망아지를 주고 만 것입니다. 청컨대 물러나서 정치에 대한 수양을 쌓겠습니다."

이를 두고 공자孔子가 이렇게 말하였다.

"제자여! 기록하라. 환공은 패군霸君이며 관중은 훌륭한 보좌였다고! 오히려 지혜로우면서도 스스로 어리석다고 하였는데, 하물며 그 환공이나 관중만 못한 자라면 그 태도가 어떠해야 되겠는가?"

齊桓公出獵, 逐鹿而走入山谷之中, 見一老公而問之曰:「是爲何谷?」

對曰:「爲愚公之谷.」

桓公曰:「何故?」

對曰:「以臣名之.」

桓公曰:「今視公之儀狀, 非愚人也, 何爲以公名?」

對曰:「臣請陳之, 臣故畜牸牛生子而大, 賣之而買駒, 少年曰:『牛不能生馬.』遂持駒去, 傍隣聞之, 以臣爲愚, 故名此谷

爲愚公之谷.」

桓公曰:「公誠愚矣, 夫何爲而與之?」

桓公遂歸.

明日朝, 以告管仲, 管仲正衿再拜曰:「此夷吾之愚也, 使堯在上, 咎繇爲理, 安有取人之駒者乎? 若有見暴如是叟者, 又必不與也, 公知獄訟之不正, 故與之耳, 請退而脩政.」

孔子曰:「弟子記之, 桓公, 霸君也; 管仲, 賢佐也; 猶有以智爲愚者也, 況不及桓公管仲者也.」

【齊桓公】춘추오패의 하나.
【牸牛】암송아지.
【管夷吾】管仲.
【咎繇】고요(皐陶)를 말함. 음이 비슷하여 표기가 달라진 것.

196(7-12) 魯有父子訟者
능지陵遲의 본 뜻

노魯나라의 어떤 부자父子 사이에 소송이 벌어졌다. 그러자 강자康子가 말하였다.

"죽여 버려라."

공자孔子가 이를 듣고 말렸다.

"아직 죽일 일이 아닙니다. 무릇 백성들이, 부자 사이의 소송이 옳지 못한 일인 줄을 잊은 지가 이미 오래 됩니다. 이는 바로 윗사람의 잘못입니다. 위에서 도道를 행하였다면 이런 사람들이 생겨나지 않았을 것입니다."

그러자 강자가 물었다.

"무릇 백성을 다스림에는 효孝를 근본으로 하는 것입니다. 지금 지극히 불효한 한 사람 죽이는 것이 어찌 가하지 않다는 것입니까?"

공자가 이렇게 설명하였다.

"불효하다고 해서 이를 죽이는 것은 무고한 사람을 학살하는 행위입니다. 삼군三軍이 대패하였다고 해서 그들을 다시 죽일 수 없고, 재판은 공정히 하지 않으면서 형벌만 내리는 일은 있을 수 없습니다. 위에서 교육을 잘 베풀어 먼저 복종시키면, 그 백성들은 바람에 풀이 눕듯이 따릅니다. 또 윗사람이 몸소 실천하였는데도 따르지 않기 때문에 할 수 없이 형벌을 쓴다는 것을 알리면, 백성도 그 죄가 무엇인지 알게 됩니다.

무릇 한 길[仞] 정도의 담이라면 보통 사람이 넘을 수 없으나, 1백 길이나 되는 높은 산은 오히려 어린아이들도 올라가 노닐 수 있는 것은 무슨 이유에서이겠습니까? 이는 산은 비스듬하여 조금씩 오를 수 있기 때문입니다.

그런데 지금 인의仁義라는 산이 이처럼 완만하게 몰락해 가고 있는지가 오래 됩니다. 그러니 능히 백성에게 그를 넘지 말라 할 수 있겠습니까?《시詩》에 '백성들로 하여금 미혹에 빠지지 말게 할 것이로다'라 하였습니다. 옛날의 군자는 백성들이 미혹한 쪽으로 빠지지 않게 인도하였습니다. 그래서 아무리 위협해도 나쁜 쪽으로 가지 않았으며, 그들에게 형벌도 사용할 필요가 없었던 것입니다."

이를 들은 부자父子는, 그만 소송을 거두어 주기를 요청해 왔다.

魯有父子訟者, 康子曰:「殺之.」

孔子曰:「未可殺也. 夫民不知子父訟之不善者, 久矣, 是則上過也; 上有道, 是人亡矣.」

康子曰;「夫治民以孝爲本, 今殺一人以戮不孝, 不亦可乎?」

孔子曰:「不孝而誅之, 是虐殺不辜也. 三軍大敗, 不可誅也; 獄訟不治, 不可刑也; 上陳之教而先服之, 則百姓從風矣, 躬行不從而後俟之以刑, 則民知罪矣; 夫一仞之牆, 民不能踰, 百仞之山, 童子升而遊焉, 陵遲故也! 今是仁義之陵遲, 久矣, 能謂民弗踰乎? 詩曰:『俾民不迷.』昔者, 君子導其百姓不使迷, 是以威厲而不至, 刑錯而不用也.」

於是訟者聞之, 乃請無訟.

【魯】지금의 山東省에 있던 나라. 周公이 시조이며, 뒤에 孔子가 태어났다.
【康子】魯나라의 大夫.《論語》에 보이는 季康子.
【八尺】一仞을 八尺으로 봄.
【陵遲】비스듬한 언덕이나 구릉이라면 아무리 높아도 오를 수 있다는 뜻.
【詩曰】《詩經》小雅 節南山의 구절.

참고 및 관련 자료

1.《荀子》宥坐篇

孔子爲魯司寇, 有父子訟者, 孔子拘之, 三月不別. 其父請止, 孔子舍之. 季孫聞之, 不說, 曰:「是老也欺予, 語予曰: 爲國家必以孝. 今殺一人以戮不孝, 又舍之.」冉子以告. 孔子慨然嘆曰:「嗚呼! 上失之, 下殺之, 其可乎! 不教其民而聽其獄, 殺不辜也. 三軍大敗, 不可斬也; 獄犴不治, 不可刑也, 罪不在民故也. 嫚令謹誅, 賊也; 今生也有時, 斂也無時, 暴也, 不教而責成功, 虐也. 已此三者, 然後刑可卽也. 書曰:『義刑義殺, 勿庸以卽, 予維曰未有順事.』言先敎也. 故先王旣陳之以道, 上先服之. 若不可, 尙賢以綦之, 若不可, 廢不能以單之. 綦三年而百姓從風矣. 邪民不從, 然後俟之以刑, 則民知罪矣. 詩曰:『尹氏大師, 維周之氐, 秉國之均, 四方是維, 天子是庳, 卑民不迷.』是以威厲而不試, 刑錯而不用, 此之謂也. 今之世則不然, 亂其敎, 繁其刑, 其民迷惑而墮焉, 則從而制之, 是以刑彌繁而邪不勝. 三尺之岸而虛車不能登也, 百仞之山任負車登焉, 何則? 陵遲故也. 數仞之墙而民不踰也, 百仞之山而豎子馮而游焉, 陵遲故也. 今夫世之陵遲亦久矣, 而能使民勿踰乎! 詩曰:『周道如砥, 其直如矢. 君子所履, 小人所視. 眷焉顧之, 潸焉出涕.』豈不哀哉!」

2.《韓詩外傳》卷3

傳曰: 魯有父子訟者, 康子欲殺之. 孔子曰:「未可殺也, 夫民不知父子訟之爲不義久矣, 是則上失其道. 上有道, 是人亡矣.」訟者聞之, 請無訟. 康子曰:「治民以孝, 殺一人, 以僇不孝, 不亦可乎?」孔子曰:「否, 不敎而聽其獄, 殺不辜也. 三軍大敗, 不可誅也, 獄讞不治, 不可刑也. 上陳之敎而先服之, 則百姓從風矣. 躬行不從, 然後俟之以刑, 則民知罪矣. 夫一仞之牆, 民不能踰, 百仞之山, 童子登遊焉, 凌遲故也. 今世仁義之陵遲久矣, 能謂民無踰乎? 詩曰:『俾民不迷.』昔之君子, 道其百姓不使迷, 是以威厲而不試, 刑措而不用也. 故形其仁義, 謹其敎導, 使民目晰焉而見之, 使民耳晰焉

而聞之, 使民心晰焉而知之, 則道不迷, 而民志不惑矣. 詩曰:『示我顯德行』, 故道義不易, 民不由也, 禮樂不明, 民不見也. 詩曰:『周道如砥, 其直如矢.』, 言其易也. 『君子所履, 小人所視.』, 言其明也. 『睠言顧之, 潸焉出涕.』, 哀其不聞禮教而就刑誅也. 夫散其本教而待之刑辟, 猶決其牢而發以毒矢也, 亦不哀乎! 故曰, 未可殺也. 昔者先王使民以禮, 譬之如御也, 刑者, 鞭策. 今猶無轡銜而鞭策以御也, 欲馬之進, 則策其後, 欲馬之退, 則策其前, 御者以勞而馬亦多傷矣. 今猶此也. 上憂勞而民多罹刑. 詩曰:『人而無禮, 胡不遄死!』, 爲上無禮, 則不免乎患. 爲下無禮, 則不免乎刑. 上下無禮, 胡不遄死!」康子避席再拜曰:「僕雖不敏, 請承此語矣.」

3.《孔子家語》始誅篇

孔子爲魯司寇, 有父子訟者, 夫子同狴執之, 三月不別, 其父請止, 夫子赦之焉. 季孫聞之, 不悅, 曰:「司寇欺餘, 曩告余曰, 國家必先以孝, 余今戮一不孝, 不亦可乎, 而又赦何哉?」冉有以告孔子, 孔子喟然嘆曰:「嗚呼! 上失其道而殺其下, 非理也. 不教以孝而聽其獄, 是殺不辜. 三軍大敗, 不可斬也; 獄犴不治, 不可刑也. 何者, 上教之不行, 罪不在民故也. 夫慢令謹誅, 賊也; 徵斂無時, 暴也; 不試責成, 虐也. 政無此三者, 然後刑可卽也. 書云:『義刑義殺, 勿庸以卽汝心, 惟曰未有愼事.』言必教而後刑也. 旣陳道德以先服之而猶不可, 尚賢以勸之, 又不可, 卽廢之, 又不可, 而後以威憚之. 若是三年, 而百姓正矣, 其有邪民不從化者, 然後待之以刑, 則民咸知罪矣. 詩云:『天子是毗, 俾民不迷.』是以威厲而不試, 刑錯而不用. 今世則不然, 亂其教, 繁其刑, 使民迷惑而陷焉, 又從而制之, 故刑彌繁而盜不勝也. 夫三尺之限, 空車不能登者何哉? 峻故也; 百仞之山, 重載陟焉, 何哉? 陵遲故也. 今世俗之陵遲久矣, 雖有刑法, 民能勿踰乎?」

4.《論語》顏淵篇

季康子問政於孔子曰:「如殺無道, 以就有道, 何如?」孔子對曰:「子爲政, 焉用殺? 子欲善而民善矣. 君子之德風, 小人之德草. 草上之風, 必偃.」

5.《論語》堯曰篇

子張曰:「何謂四惡?」子曰:「不教而殺謂之虐; 不戒視成謂之暴; 慢令致期謂之賊: 猶之與人也, 出納之吝謂之有司.」

6.《長短經》政體篇

孔子曰:「上失其道而殺其下, 非禮也.」故三軍大敗, 不可斬獄, 狂不知不可刑, 何也? 上教之不行, 罪不在人故也. 夫慢令謹誅, 賊也; 徵斂不時, 暴也; 不誡責成, 虐也;

政無此三者, 然後刑卽可也. 陳道德以先服之, 猶不可則尙賢以勸之, 又不可則廢不能以憚之, 而猶有邪人不從化者, 然後待之以刑矣.」

7. 《孔子集語》論政篇

傳曰: 魯有父子訟者, 康子欲殺之. 孔子曰:「未可殺也. 夫民父子訟之爲不義久矣, 是則上失其道, 上有道, 是人亡矣.」訟者聞之, 請無訟. 康子曰:「治民而孝, 殺一不義, 以儆不孝, 不亦可乎?」孔子曰:「否. 不教而聽其獄, 殺不辜也; 三軍大敗, 不可誅也; 獄讞不治, 不可刑也. 上陳之教, 而先服之, 則百姓從風矣; 邪行不從, 然後俟之以刑, 則民知罪矣. 夫一仞之墻, 民不能踰, 百仞之山, 童子登遊焉, 凌遲故也. 今其仁義之陵遲久矣, 能謂民無踰乎? 詩曰:『俾民不迷.』昔之君子道其百姓不使迷, 是以威厲而刑措不用也. 故形其仁義, 謹其教道, 使民目晰焉而見之, 使民耳晰焉而聞之, 使民心晰焉而知之, 則道不迷, 而民志不惑矣. 詩曰:『示我顯德行.』故道義不易, 民不由也; 禮樂不明, 民不見也. 詩曰:『周道如砥, 其直如矢.』言其易也.『君子所履, 小人所視』言其明也.『睠言顧之, 潸焉出涕.』哀其不聞禮教而就刑誅也. 夫散其本教, 而施之刑辟, 猶決其牢, 而發之督矢也, 亦不哀乎! 故曰: 未可殺也. 昔者, 先王使民以禮, 譬之如御也, 刑者, 鞭策也, 今猶無轡銜而鞭策以御也, 欲馬之進, 則策其後, 欲馬之退, 則策其前, 御者以勞, 而馬亦多傷矣. 今猶此也, 上憂勞而民多罹刑. 詩曰:『人而無禮, 胡不遄死! 爲上無禮, 則不免乎患; 爲下無禮, 則不免乎刑; 上下無禮, 胡不遄死!』康子避席再拜曰:「僕雖不敏, 請承此語矣.」孔子退朝, 門人子路難曰:「父子訟, 道邪?」孔子曰:「非也.」子路曰:「然則夫子胡爲君子而免之也?」孔子曰:「不戒責成, 害也, 慢令致期, 暴也, 不教而誅, 賊也. 君子爲政, 避此三者. 且詩曰:『載色載笑, 匪怒伊教.』」

부유하고 오래 살게 하는 법

노魯 애공哀公이 공자孔子에게 정치에 대하여 묻자 공자가 대답하였다.

"정치는 백성들로 하여금 부유하게 하고 오래 살게 하는 것이 가장 중요합니다!"

애공이 다시 물었다.

"무엇을 두고 하신 말씀입니까?"

공자는 이렇게 대답하였다.

"세금을 줄여 주면 백성이 부유해질 것이요, 일을 벌이지 않으면 백성이 죄로부터 멀어지고, 죄로부터 멀어지면 오래 살게 되지요."

애공이 난색을 표하였다.

"그렇게 하면 제가 가난해지는데요!"

이에 공자는 다시 이렇게 말하였다.

"《시詩》에 '훌륭하신 임금님, 백성의 부모라네!'라 하였습니다. 그 아들이 부유한데 그 부모가 가난한 경우는 아직 보지 못하였습니다."

魯哀公問政於孔子, 對曰:「政有使民富且壽.」

哀公曰:「何謂也?」

孔子曰:「薄賦斂則民富, 無事則遠罪, 遠罪則民壽.」

公曰:「若是則寡人貧矣.」

孔子曰:「詩云:『凱悌君子, 民之父母.』未見其子富而父母貧者也.」

【魯 哀公】春秋 말기의 魯나라 군주. 재위 27년(B.C.494~468).
【詩云】《詩經》大雅 泂酌의 구절. '凱悌'는 '豈弟'로 되어 있다.

참고 및 관련 자료

1.《孔子家語》賢君篇

哀公問政於孔子, 孔子對曰:「政之急者, 莫大乎使民富且壽也.」公曰:「爲之奈何?」
孔子曰:「省力役, 薄賦斂, 則民富矣; 敦禮教, 遠罪戾, 則民壽矣.」公曰:「寡人欲行
夫子之言, 恐吾國貧矣.」孔子曰:「詩云:『愷悌君子, 民之父母.』未有子富而父母貧
者也.」

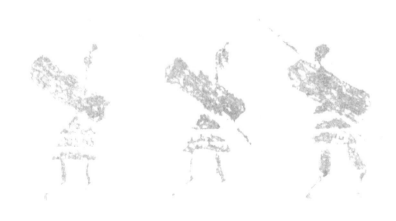

창고를 열어 베푸십시오

문왕文王이 여망呂望(태공)에게 물었다.

"천하를 위해서는 어떻게 해야 합니까?"

태공이 대답하였다.

"왕도정치로 다스리는 나라는 백성을 부유하게 하고, 패도정치로 다스리는 나라는 선비를 부유하게 하며, 겨우 존재하는 나라는 대부大夫가 부유해지며, 망해 가는 나라는 창고만 부유해집니다. 이를 일컬어 위는 넘치는데 아래는 샌다고 하는 것입니다."

呂望(姜太公)

문왕이 수긍하였다.

"옳습니다."

그러자 태공이 대답하였다.

"착한 일도 너무 오래 꿈꾸기만 하면 상서롭지 못합니다. 오늘 바로 창고를 열어 홀아비·과부·고아·의지할 데 없는 늙은이들에게 베푸십시오!"

文王問於呂望曰:「爲天下若何?」

對曰:「王國富民, 霸國富士; 僅存之國, 富大夫; 亡道之國, 富倉府; 是謂上溢而下漏.」

文王曰:「善.」

對曰:「宿善不詳. 是日也, 發其倉府, 以賑鰥寡孤獨.」

【文王】周나라의 文王. 西伯昌. 武王 發과 周公 旦, 召公奭의 아버지.
【呂望】姜子牙, 姜太公望, 呂尙. 文王·武王을 도와 殷의 紂를 멸하고, 周를 세우는데 큰 공을 세웠다. 齊에 封을 받았다.

참고 및 관련 자료

1. 《荀子》 王制篇

故王者富民, 霸者富士, 僅存之國富大夫, 亡國富筐篋·實府庫, 筐篋已富, 府庫已實, 而百姓貧, 夫是之謂上溢而下漏; 入不可以守, 出不可以戰, 則傾覆滅亡可立而待也.

나라 다스림을 오직 사랑으로

무왕武王이 태공太公에게 물었다.

"나라 다스리는 도는 어떠해야 합니까?"

"나라 다스림의 도란 오직 백성을 사랑하는 일일뿐입니다."

무왕이 다시 물었다.

"어떻게 백성을 사랑하는 것입니까?"

태공은 이렇게 설명하였다.

"이롭게 해 주되 방해하지 말며, 성공시켜 주되 그르치게 하지 말며, 잘 생육生育하게 도와 주되 죽이지 말며, 베풀어 주되 빼앗지 말며, 즐거움을 주되 고통을 주지 말며, 기쁘게 해 주되 노하게 하지 말 것입니다. 이것이 나라를 다스리는 도리로서, 백성을 마땅하게 부리면서 그저 사랑해 주기만 하면 될 것입니다. 백성이 그 힘쓰는 바를 잃게 하면 이것이 곧 해害를 입히는 것이요, 농사철에 그 때를 잃게 하는 것, 이것이 곧 실패하도록 하는 것이며, 죄가 있다고 해서 무거운 벌을 내리는 것, 이것이 그들을 죽이는 것이며, 세금을 무겁게 하여 거두어들이는 것, 이것이 빼앗는 것이며, 요역徭役을 자주 일으켜 백성의 힘을 피폐케 하는 것, 이것이 고통을 주는 것이며, 피로에 지쳤는데도 자꾸 흔들어 시키는 것, 이것이 노하게 하는 것입니다. 따라서 나라를 잘 다스리는 자는, 그 백성을 대하기를 마치 부모가 자식 사랑하듯 하고 형이 아우 아끼듯 하는 것입니다. 추위와 배고픔에 떠는 소식을 들으면 슬퍼하고, 힘들고 피곤해하는 모습을 보면 슬퍼해 주어야 하는 것입니다."

武王問於太公曰:「治國之道若何?」

太公對曰:「治國之道, 愛民而已.」

曰:「愛民若何?」

曰:「利之而勿害, 成之勿敗, 生之勿殺, 與之勿奪, 樂之勿苦, 喜之勿怒, 此治國之道, 使民之誼也, 愛之而已矣. 民失其所務, 則害之也; 農失其時, 則敗之也; 有罪者重其罰, 則殺之也; 重賦斂者, 則奪之也; 多徭役以罷民力, 則苦之也; 勞而擾之, 則怒之也. 故善爲國者遇民, 如父母之愛子, 兄之愛弟, 聞其飢寒爲之哀, 見其勞苦爲之悲.」

【武王】周나라 文王의 아들. 姬發. 殷을 멸하고 周를 세웠다.

【太公】太公望. 원래 文王이 할아버지인 古公亶父(추존하여 太公, 太王이라 함)가 기다리던 현인, 즉 '太公이 渴望하던 인물'이라는 뜻으로 姜子牙(呂尙)를 높이 부른 것.

참고 및 관련 자료

1.《六韜》文韜 國務篇

武王問太公曰:「願聞爲國之大務, 欲使主尊人安, 爲之奈何?」太公曰:「愛民而已.」文王曰:「愛民奈何?」太公曰:「利而勿害, 成而勿敗, 生而勿殺, 與而勿奪, 樂而勿苦, 喜而勿怒.」文王曰:「敢請釋其故.」太公曰:「民不失務, 則利之; 農不失時, 則成之; 省刑罰, 則生之; 薄賦斂, 則與之; 儉宮室臺榭, 則樂之; 吏淸不苛擾, 則喜之. 民失其務, 則害之; 農失其時, 則敗之; 無罪而罰, 則殺之; 重賦斂, 則奪之; 多營宮室臺榭以疲民力, 則苦之; 吏濁苛擾, 則怒之. 故善爲國者, 馭民如父母之愛子, 如兄之愛弟. 見其飢寒, 則爲之憂; 見其勞苦, 則爲之悲; 賞罰如加于身, 賦斂如取己物, 此愛民之道也.」

어진 임금의 통치 방법

무왕武王이 태공太公에게 물었다.

"어진 임금은 나라를 어떻게 다스려야 합니까?"

태공이 대답하였다.

"어진 임금이 나라를 다스림에는 그 정치를 공평하게 해야 하며, 그 관리가 가혹하게 굴지 못하게 해야 하며, 그 세금은 줄여 주어야 하고, 자기 자신을 받들어 주는 것은 줄여야 합니다. 또 사사로운 선을 이유로 공법公法을 해害하여서는 안 되며, 공 없는 자에게 상을 내린다든지 죄 없는 자에게 형벌을 가하는 일이 없어야 합니다. 더구나 즐겁다고 상을 내리거나, 화가 난다고 남을 죽이는 일도 없어야 합니다. 백성을 해친 자에게는 죄를 내리고, 어진 이를 추천하고 과실을 밝혀 주는 자에게는 상을 내려야 합니다.

후궁이 황음에 빠져서도 안 되고 여자를 통한 청탁을 배제해야 하며, 윗사람은 음특婬慝함에 빠지지 않도록 조심하고, 아랫사람은 음해陰害를 저지르지 않으며, 궁실을 화려하게 꾸미기 위해 재물을 낭비하는 일이나 놀이를 위한 대지臺池를 짓느라 백성을 피폐케 하는 일, 이목을 즐겁게 하기 위해 조각이나 문식·공예품을 만드는 일에 빠지는 등의 일은 없어야 합니다. 궁궐에 재물이 좀이 슬도록 묵히는 일이 없어야 하고, 나라에 유랑자나 굶주린 자가 없어야 합니다. 이것이 바로 현군賢君이 나라 다스림에 주의하고 힘써야 할 일들입니다."

무왕이 말하였다.

"훌륭하오!"

武王問於太公曰:「賢君治國何如?」

對曰:「賢君之治國, 其政平, 其吏不苛, 其賦斂節, 其自奉薄, 不以私善害公法, 賞賜不加於無功, 刑罰不施於無罪, 不因喜以賞, 不因怒以誅, 害民者有罪, 進賢擧過者有賞, 後宮不荒, 女謁不聽, 上無淫慝, 下不陰害, 不華宮室以費財, 不多觀游臺池以罷民, 不彫文刻鏤以逞耳目, 官無腐蠹之藏, 國無流餓之民, 此賢君之治國也.」

武王曰:「善哉!」

【武王】周 武王. 姬發.

【太公】太公望. 呂尙. 姜子牙.

참고 및 관련 자료

1.《群書治要》에《六韜》文韜에서 인용하였다고 하였으나 지금의 판본에는 이 내용이 실려 있지 않음.

법을 너무 자주 바꾸면

무왕武王이 태공太公에게 물었다.

"나라를 위하느라 법령을 자주 바꾸는 일에 대해서 어떻게 생각하십니까?"

태공이 말하였다.

"나라를 위한다고 법령을 자주 바꾸게 되면, 법을 법으로 여기지 않게 됩니다. 이는 자기가 잘하는 것을 곧 법인 줄 여기기 때문에 생기는 현상입니다. 그렇게 되면 새로운 법이 나올 때마다 혼란이 일어나고, 혼란이 일어나면 다시 법을 바꿔야 됩니다. 이래서 그 법은 끝없이 고쳐져야만 합니다."

武王問於太公曰:「爲國而數更法令者何也?」

太公曰:「爲國而數更法令者, 不法法, 以其所善爲法者也; 故令出而亂, 亂則更爲法, 是以其法令數更也.」

【武王】周의 武王.
【太公】太公望.

202(7-18) 成王問政於尹逸
식언하지 말라

성왕成王이 윤일尹逸에게 정치에 대해 물었다.

"내가 무슨 덕을 베풀어야 백성들이 그 윗사람을 잘 따르겠습니까?"

윤일이 대답하였다.

"백성을 부리되 때를 맞추어 부리면 그들이 공경하며 순순히 따를 것이며, 그들을 충심으로 사랑하여 법령을 내리되 믿도록 하고 식언食言을 하지 말아야 할 것입니다."

왕이 다시 물었다.

"그 정도는 어디까지 이르러야 합니까?"

윤일이 대답하였다.

"깊은 연못 가에 이른 듯, 얇은 얼음을 밟는 듯 해야 합니다."

이 말에 왕은 무서워하였다.

"너무 두렵소!"

윤일은 다시 이렇게 설명을 덧붙였다.

"온 천지간에, 그리고 이 사해四海 내에 잘 이끌어 주면 이들은 가축같이 따르지만, 잘해 주지 않으면 원수가 되고 마는 것입니다. 하夏·은殷의 신하들은 자기 임금인 걸桀·주紂를 버리고 탕湯과 무왕武王에게 신복하였습니다. 그런가 하면 숙사夙沙의 백성들은 자기 임금을 공격하여 오히려 신농씨神農氏에게 귀의하였습니다. 이는 임금께서도 잘 아시는 일일 것입니다. 그러니 어찌 두려워하지 않을 수 있겠습니까?"

成王問政於尹逸曰:「吾何德之行而民親其上?」

對曰:「使之以時而敬順之, 忠而愛之, 布令信而不食言.」

王曰:「其度安至?」

對曰:「如臨深淵, 如履薄氷.」

王曰:「懼哉!」

對曰:「天地之間, 四海之內, 善之則畜也, 不善則讎也; 夏殷之臣, 反讎桀紂而臣湯武, 夙沙之民, 自攻其主而歸神農氏. 此君之所明知也, 若何其無懼也?」

【成王】武王의 아들. 周公 旦의 섭정을 받았다. 이름은 姬誦.

【尹逸】成王의 師傅. 尹佚로도 쓴다.

【桀】夏나라의 마지막 왕. 湯(商)에게 망하였다.

【紂】商[殷]의 마지막 왕. 周武王에게 망하였다.

【湯】桀을 멸하고 商나라를 세웠다.

【武王】紂를 멸하고 周나라를 세웠다.

【夙沙】옛날의 나라 이름. 지금의 山東省 경내에 있었음.

【神農氏】古代 聖人의 하나. 黃帝 軒轅氏의 前代.

참고 및 관련 자료

1.《淮南子》道應訓

成王問政於尹佚曰:「吾何德之行而民親其上?」對曰:「使之時而敬順之.」王曰:「其度安至?」對曰:「如臨深淵, 如履薄氷.」王曰:「懼哉! 王人乎?」尹佚曰:「天地之間, 四海之內, 善之則吾畜也, 不善則吾讎也. 昔夏殷之臣, 反讎桀紂而臣湯武, 宿沙之民, 自攻其君而歸神農, 此世之所明知也, 如何其無懼也?」

2.《尹文子》上仁篇에도 같은 내용이 실려 있으나 老子가 말한 것으로 되어 있다.

203(7-19) 仲尼見梁君
이런 질문은 처음입니다

중니仲尼가 양梁나라 임금을 만나자 양군梁君이 물었다.

"나는 이 나라를 길이 보존하며 많은 도움을 얻고, 백성들로 하여금 편안하고 미혹됨이 없도록 하며, 선비들로 하여금 자기가 가진 능력을 모두 발휘토록 하며, 사시사철이 고르고 변화 없으며, 성인이 스스로 찾아오게 하며, 관리와 부서가 고루 자기 임무를 다할 수 있게 하고 싶습니다. 어떻게 하면 될까요?"

이에 공자는 이렇게 일러 주었다.

"천승千乘의 군주이건 만승萬乘의 군주이건 저에게 질문을 많이들 해 오지요. 그런데 임금처럼 그런 질문을 하였던 자는 아직 없었습니다. 그러나 모두가 가능한 일들입니다. 제가 들으니 두 임금이 서로 친하게 지내면 나라가 길이 보존되고, 임금이 은혜를 베풀고 신하가 충성을 다하면 많은 도시들을 얻을 수 있으며, 무고한 백성을 죽이지 않고 죄인을 마구 풀어 주지 않으면 백성이 미혹한 데에 빠져들지 않으며, 훌륭한 선비에게 상과 녹을 베풀면 그들이 자신의 능력을 다 쏟아내며, 하늘을 높이 받들고 귀신을 공경하면 해와 달에 엉뚱한 일이 일어나지 않고, 형벌을 잘 처리하면 성인이 스스로 찾아오게 되고, 어진 이를 숭상하고 능력 있는 자를 등용하면 관부官府가 잘 다스려진다고 하더이다."

양군이 이 말을 듣고 감탄하였다.

"이 어찌 그렇지 않으리오!"

仲尼見梁君, 梁宋君問仲尼曰:「吾欲長有國, 吾欲列都之得, 吾欲使民安不惑, 吾欲使士竭其力, 吾欲使日月當時, 吾欲使聖人自來, 吾欲使官府治, 爲之奈何?」

仲尼對曰:「千乘之君, 萬乘之主, 問於丘者多矣, 未嘗有如主君問丘之術也, 然而盡可得也. 丘聞之, 兩君相親, 則長有國; 君惠臣忠, 則列都之得; 毋殺不辜, 毋釋罪人, 則民不惑; 益士祿賞, 則竭其力; 尊天敬鬼, 則日月當時; 善爲刑罰, 則聖人自來; 尚賢使能, 則官府治.」

梁君曰:「豈有不然哉!」

【仲尼】孔子. 孔丘.

【梁君】梁나라 임금. 梁나라는 원래 魏(大梁이 도읍이었음)나라를 일컫는 말. 그러나 孔子時代에 이 魏나라는 아직 없었으므로 晉나라 六卿의 하나인 魏를 소급해서 불러 준 것으로 보인다. 魏 文侯가 정식 諸侯 반열에 선 것은 B.C.445년의 일임. 그러나《說苑疏證》에는 宋君으로 고증하고 있다. "從拾補及朱駿聲校記改, 下同".

참고 및 관련 자료

1.《孔子家語》賢君篇

孔子見宋君, 君問孔子曰:「吾欲長有國而列都得之; 吾欲使民無惑; 吾欲使士竭力; 吾欲使日月當時; 吾欲使聖人自來; 吾欲使官府治理. 爲之奈何?」孔子對曰:「千乘之君, 問丘者多矣, 而未有若主君之問, 問之悉也, 然主君所欲者盡可得也. 某聞之: 鄰國相親則長有國; 君惠臣忠則列都得之; 不殺無辜, 無釋罪人, 則民不惑; 士益之祿則皆竭力; 尊天敬鬼則日月當時; 崇道貴德則聖人自來; 任能黜否則官府治理.」宋君曰:「善哉! 豈不然乎. 寡人不佞, 不足以致之也.」孔子曰:「此事非難, 唯欲行之云耳.」

204(7-20) 子貢曰葉公問政
정치의 귀결은 같은 것

자공子貢이 공자孔子에게 여쭈었다.

"섭공葉公이 선생님께 정치를 물었을 때에는 '정치란 가까운 사람에게는 친해 오기를, 먼데 사람에게는 찾아오도록 하는 것'이라 하였습니다. 그런데 노魯 애공哀公이 선생님께 똑같이 정치에 대해서 물었을 때에는 '정치란 신하를 잘 아는 것'이라 하였습니다. 또 제齊나라 경공景公이 정치에 대해 선생님께 묻자 '정치는 절약이 우선이다'라 하였습니다. 이처럼 세 사람이 똑같이 정치에 대해서 물었는데 선생님의 대답은 셋 다 다르니 그러면 정치란 각각 다른 것입니까?"

이에 공자는 이렇게 설명해 주었다.

"무릇 형荊은 땅은 넓으나 도시는 협소하다. 그래서 백성들의 뜻이 흩어져 있다. 이 때문에 가까운 사람은 잘 친해 오게 하고, 먼데 사람은 모아들이도록 한 것이다. 또 애공哀公에게는 세 명의 신하가 있다. 안으로는 작당作黨, 比하여 임금을 둘러싸고 그 임금을 미혹하게 하며, 밖으로는 제후와 빈객을 막아 그 명석함을 은폐시키고 있다. 그래서 신하에 대해서 잘 알고 있어야 한다고 한 것이다.

다음으로 제나라 경공景公은 대사臺榭를 사치스럽게 꾸미고 원유苑囿에서 질탕하게 노닐며, 자신의 오관五官을 즐겁게 하기를 그치지 않으며, 하루아침에 1백 승乘의 관작을 받는 자가 셋이나 될 정도로 즉흥적이다. 그래서 절약에 힘쓰도록 한 것이다.

이처럼 세 가지는 그 상황에 따라 다른 것이다. 《시詩》에 이런 말이 있지 않으냐? '어지러운 세상, 이 몸이 지쳐 내 갈 곳 그 어디인가 한숨만 지네!'라 한 것은, 흩어져 난을 일으키게 되는 상황을 슬퍼한 것이다. 또 '이 못된 자를 자기 직분 다하지 않아 모두가 끝내 왕의 재앙 되었네'라 한 것은, 바로 간신이 그 임금을 가려 생기는 혼란을 슬퍼한 것이다.

그런가 하면 '상란에 물자조차 없는데 백성을 가엾게 여기지도 않는구나'라 하였으니 이는 사치스러워 절약하지 않으므로 해서 생기는 혼란을 슬퍼한 것이다. 이상 세 가지의 욕망을 잘 살피는 것이니 그 정치는 결국 같지 않겠느냐?"

子貢曰:「葉公問政於夫子, 夫子曰:『政在附近而來遠』, 魯哀公問政於夫子, 夫子曰:『政在於諭臣』. 齊景公問政於夫子, 夫子曰:『政在於節用』. 三君問政於夫子, 夫子應之不同, 然則政有異乎?」

孔子曰:「夫荊之地廣而都狹, 民有離志焉, 故曰在於附近而來遠. 哀公有臣三人, 內比周公以惑其君, 外障距諸侯賓客以蔽其明, 故曰政在諭臣. 齊景公奢於臺榭, 淫於苑囿, 五官之樂不解, 一旦而賜人百乘之家者三, 故曰政在於節用, 此三者, 政也, 詩不云乎?『亂離斯瘼, 爰其適歸』, 此傷離散以爲亂者也, 『匪其止共, 惟王之邛』, 此傷姦臣蔽主以爲亂者也, 『相亂蔑資, 曾莫惠我師』, 此傷奢侈不節以爲亂者也, 察此三者之所欲, 政其同乎哉?」

【子貢】孔子의 제자. 端木賜. 衛나라 사람.
【葉公】葉땅의 군주. 葉은 古代 邑 이름으로 춘추시대 楚나라 땅. 전국시대 秦 昭襄王 15年(B.C.292)에 이를 빼앗은 다음 葉陽으로 고쳤다. 지금의 河南省

葉縣 남쪽.《論語》述而篇, 子路篇 등에 孔子와의 대화가 보인다. 특히 子路篇에는 "父爲子隱, 子爲父隱"의 고사가 실려 있다. 그리고《論語》子路篇에 "葉公問政, 子曰: 近者說, 遠者來"라 하였다.

【魯哀公】魯나라 哀公. 재위 27년(B.C.494~468).《論語》爲政, 八佾, 雍也, 顔淵, 憲問篇 등에 그 이름이 보인다.

【景公】齊나라 景公. 재위 58년(B.C.547~490).《論語》顔淵·季氏·微子篇에 그 이름이 보인다. 顔淵篇에 "齊景公問政於孔子, 孔子對曰 君君·臣臣·父父·子子"라 하였다.

【荊】楚나라 땅을 말함. 葉이 楚나라 땅이므로 한 말.

【比周】《論語》爲政篇에 "君子周而不比, 小人比而不周"라 하였다.

【臺榭】樓臺와 榭閣. 놀이와 관람을 위해 지은 것.

【苑囿】담장을 치고 짐승과 나무를 길러 놀이를 위해 만든 동산. 식물원·동물원.

【五官】사람의 다섯 가지 감각기관.

【詩云】차례대로《詩經》小雅 四月의 구절이며 다음은 小雅 巧言의 구절. 그리고 뒤의 인용 부분은 大雅 板의 구절이다. 단 끝 구절은 '喪亂蔑資'로 되어 있다.

참고 및 관련 자료

1.《尙書大傳》略說

子贛曰:「葉公問政於夫子, 子曰:『政在附近而來遠.』魯哀公問政, 子曰:『政在於論臣.』齊景公問政, 子曰:『政在於節用.』三君問政, 夫子應之不同, 然則政有異乎?」子曰:「荊之地廣而都狹, 民有離志焉, 故曰: 在於附近而來遠. 哀公有臣三人, 內比周以惑其君, 外障距諸侯賓客, 以蔽其明, 故曰: 政在論臣. 齊景公奢於臺榭, 滛於苑囿, 五官之樂不解, 一旦而賜人百乘之家者三, 故曰: 政在於節用.」

2.《韓非子》難三

葉公子高問政於仲尼, 仲尼曰:「政在悅近而來遠.」哀公問政於仲尼, 仲尼曰:「政在選賢.」齊景公問政於仲尼, 仲尼曰:「政在節用.」三公出, 子貢問曰:「三公問夫子政一也, 夫子對之不同, 何也?」仲尼曰:「葉都大而國小, 民有背心, 故曰, 政在悅近而來遠. 魯哀公有大臣三人, 外障距諸侯四鄰之士, 內比周以愚其君, 使宗廟不掃除,

社稷不血食者, 必是三臣也, 故曰: 政在選賢. 齊景公築雍門, 爲路寢, 一朝而以三百乘之家賜者三, 故曰: 政在節用.」

3. 《孔子家語》辨政篇

子貢問於孔子曰:「昔者, 齊君問政於夫子, 夫子曰:『政在節財.』魯君問政於夫子, 子曰:『政在於論臣.』葉公問政於夫子, 子曰:『政在悅近而來遠.』三者之問一也, 而夫子應之不同, 然政在異端乎?」孔子曰:「各因其事也. 齊君爲國, 奢乎臺榭, 滛於苑囿, 五官伎樂不解於時, 一旦而賜人以千乘之家者三, 故曰, 政在節財. 魯君有臣三人, 內比周以愚其君, 外距諸侯之賓以蔽其明, 故曰, 政在論臣. 夫荊之地廣而都狹, 民有離心, 莫安其居, 故曰: 政在悅近而來遠. 此三者所以爲政殊矣. 詩云: 『喪亂蔑資, 曾不惠我師.』此傷奢侈不節以爲亂者也. 又曰:『匪其止共, 惟王之邛』, 此傷姦臣蔽主以爲亂也. 又曰:『亂離瘼矣, 爰其適歸.』此傷離散以爲亂者也. 察此三者, 政之所欲, 豈同乎哉?」

4. 《史記》孔子世家

明年, 孔子自蔡如葉. 葉公問政, 孔子曰:「政在來遠附邇.」他日, 葉公問孔子於子路, 子路不對. 孔子聞之, 曰:「由, 爾何不對曰'其爲人也, 學道不倦, 誨人不厭, 發憤忘食, 樂以忘憂, 不知老之將至'云爾.」

5. 《漢書》武帝紀

蓋孔子對定公以徠遠, 哀公以論臣, 景公以節用, 非其不同, 所急異務也.

205(7-21) 公儀休相魯
가혹한 법령을 내린 적이 없다

공의휴公儀休가 노魯나라 재상으로 있을 때 마침 노나라 임금이 죽었다. 좌우의 신하들이 궁문을 모두 잠그기를 청하자 공의휴가 이렇게 만류하였다.

"닫지 마시오! 궁문 밖의 연못에 나는 세금을 부과하지 않았고, 몽산蒙山에도 역시 세금을 부과하지 않았소. 가혹한 법령을 내린 적이 없소. 내가 이미 마음 속으로 아무것도 옳지 않은 짓을 하지 않고 살아왔는데, 무엇 때문에 궁궐 문을 닫는단 말이오!"

公儀休相魯, 魯君死, 左右請閉門.

公儀休曰:「止, 池淵吾不稅, 蒙山吾不賦, 苛令吾不布, 吾已閉心矣, 何閉於門哉!」

【公儀休】 人名. 魯나라 재상을 지냈다. 공자가 칭찬한 인물이다.

【蒙山】 산 이름. 지금의 山東省 費縣 서북쪽에 있다.

【閉心】 '마음속으로 훌륭히 하여 거리낄 것 없이 닫혀 있다'는 뜻. 閉門에 대응해서 쓴 말이다. 혹은 '마음을 닫고 욕심을 끊고 살아왔다'는 뜻으로도 볼 수 있다.

206(7-22) 子産相鄭
자산의 능력

자산子産이 정鄭나라 재상으로 있을 때였다. 간공簡公이 자산에게 이렇게 말하였다.

"궁궐 내의 정치는 밖에까지 영향을 주지 않도록 하며, 바깥의 정치는 궁궐 안에까지 영향이 미치지 않도록 합시다. 무릇 옷을 깨끗이 입지 않는다든지, 수레를 잘 꾸미지 않는 것, 또 자녀들이 정절을 지키지 않는 것, 이것은 나의 책임으로 여기겠소. 그러나 국가가 잘 다스려지지 않는다든지, 영토가 온전히 지켜지지 못한다든지 하는 일은 선생께서 책임을 지셔야 합니다."

자산은 정나라 재상으로 있는 동안 간공이 죽을 때까지 국내에는 소요나 혼란이 없었고, 밖으로는 제후들의 침입에 대한 걱정이 없었다. 자산은 정치를 베풀면서 능력 있는 자를 택하여 알맞은 일을 맡겼다.

풍간자馮簡子는 일에 결단력이 있었고, 자태숙子太叔은 판결에 뛰어났고 재화才華도 있었다.

게다가 공손휘公孫揮는 이웃 네 나라가 무엇을 하는지를 잘 알뿐더러 그 대부들의 족성族姓까지도 판별하고 있었으며, 그들의 지위가 능력에 맞는지조차 알고 있을 정도였다. 게다가 외교술에도 뛰어난 인물이었다.

또 비침裨諶이라는 자는 모책謀策을 세우는 데 뛰어났는데, 그는 특히 조용한 야외에 나가서는 뛰어났으나, 복잡한 도시 안에서는 계책이

정나라 子産 《三才圖會》

떠오르지 않는 특징이 있어, 무슨 일이 있으면 그 비심을 태우고 야외로 나가 계책을 세워 오곤 하였다. 이처럼 정책의 가부可否는 풍간자에게 고하면 결단을 내려주었고, 외교의 일이라면 공손휘의 도움을 받았으며, 일이 결정되면 자태숙에게 실천토록 하여 빈객을 응대시켰다. 이 까닭으로 하여 자산은 일에 그르침을 없도록 하였던 것이다.

子産相鄭, 簡公謂子産曰:「內政毋出, 外政毋入. 夫衣裘之不美, 車馬之不飾, 子女之不潔, 寡人之醜也; 國家之不治, 封疆之不正, 夫子之醜也.」

子産相鄭, 終簡公之身, 內無國中之亂, 外無諸侯之患也; 子産之從政也, 擇能而使之: 馮簡子善斷事, 子太叔善決而文, 公孫揮知四國之爲而辨於其大夫之族姓, 班位能否.

又善爲辭令, 裨諶善謀, 於野則獲, 於邑則否, 有事乃載裨諶與之適野, 使謀可否, 而告馮簡子斷之, 使公孫揮爲之辭令, 成乃受子太叔行之, 以應對賓客, 是以鮮有敗事也.

【子產】鄭나라의 大夫. 재상으로 鄭나라를 아주 잘 다스린 인물.

【簡公】鄭나라 군주. 재위 36년(B.C.565~530).

【馮簡子】鄭나라 大夫. 畢公의 후손.

【子太叔】鄭나라 大夫. 《左傳》襄公 31年에 '子太叔美秀而文'이라 하였다. 《左傳》에는 子大叔으로 되어 있다.

【公孫揮】鄭나라의 行人之官, 즉 오늘날의 外交官.

【裨諶】鄭나라 大夫. 모책에 뛰어났던 인물. '비침'으로 읽는다. 《論語》참조.

> [!NOTE] 참고 및 관련 자료

1. 본 장의 이야기는 《左傳》襄公 31年 12月 傳에도 실려 있으나 앞부분은 子產의 政治에 대한 도입부분에 해당한다고 볼 수 있다.

2. 《左傳》襄公 31年

子產之從政也, 擇能而使之. 馮簡子能斷大事. 子大叔美秀而文. 公孫揮能知四國之爲, 而辨於其大夫之族姓·班位·貴賤·能否, 而又善爲辭令. 裨諶能謀, 謀於野則獲, 謀於邑則否. 鄭國將有諸侯之事, 子產乃問四國之爲於子羽, 且使多爲辭令. 與裨諶乘以適野, 使謀可否. 而告馮簡子, 使斷之. 事成, 乃受子太叔使行之, 以應對賓客. 是以鮮有敗事. 北宮文子所謂有禮也.

3. 《論語》憲問篇

子曰:「爲命, 裨諶草創之, 世叔討論之, 行人子羽脩飾之, 東里子產潤色之.」

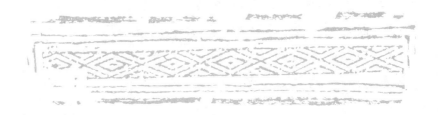

207(7-23) 董安于治晉陽
정치의 세 가지 요체

동안우董安于가 진양晉陽을 다스리면서 다리를 저는 늙은이에게 정치에 대해 묻자 그 노인은 이렇게 일러 주었다.

"충忠과 신信, 그리고 감敢이면 됩니다."

동안우가 다시 물었다.

"어찌 하는 것이 충忠입니까?"

"임금에게 충성하는 것입니다."

"그러면 신信이란 어떤 것입니까?"

"법령에 믿음을 심는 것입니다."

"그럼 감敢이라는 것은 무엇입니까?"

"옳지 못한 사람에게는 용감하라는 것입니다."

이에 동안우는 이렇게 말하였다.

"이 세 가지면 충분하겠습니다."

董安于治晉陽, 問政於蹇老, 蹇老曰:「曰忠・曰信・曰敢.」

董安于曰:「安忠乎?」

曰:「忠於主.」

曰:「安信乎?」

曰:「信於令.」

曰:「安敢乎?」

曰:「敢於不善人.」

董安于曰:「此三者足矣.」

【董安于】춘추시대 趙氏의 家臣.《左傳》定公 13년(B.C.495) 冬의 傳 참조.

【晉陽】지금의 山西省 太原縣.

【蹇老】다리를 저는 노인.《說苑全譯》에서는 人名으로 보았다.

귀로 듣는 것은 눈으로 보느니만 못하다

위魏**의 문후**文侯가 서문표西門豹에게 업鄴 땅을 다스리도록 보내면서 이렇게 일러 주었다.

"반드시 그 공을 온전히 이루고, 이름을 성취시키며, 의를 널리 베풀도록 하시오!"

서문표가 물었다.

"감히 여쭙건대 어떻게 하여야 공을 온전히 하고, 이름을 이루며, 의를 퍼뜨릴 수 있습니까?"

이에 문후는 이렇게 방법을 일러 주었다.

"그대는 직접 가보시오! 어느 곳이건 어진 이와 호걸, 똑똑한 인물, 박식한 자가 없는 마을이란 없소. 또 어느 곳이나 남의 잘못을 들추어 내기 좋아하고, 남의 착한 일은 덮어두고자 하는 자도 없는 곳이 없소. 그러니 그곳에 가거든 반드시 호걸준사에게 스스로 찾아가 묻고 그로 인해 친해 두며, 말 잘하고 박식한 자는 스승으로 모시고, 또 남의 잘못을 들추어 내기 좋아하는 자, 남의 선을 덮어두고자 하는 자는 잘 보아 관찰해야 하오. 특출한 소문만 듣고 일을 처리해서는 안 되오.

무릇 귀로 듣는다는 것은 눈으로 직접 보느니만 못하고, 눈으로 보는 것은 발로 직접 밟아 보는 것만 못하며, 발로 밟아 보는 것은 손으로 직접 판별해 보는 것만 못한 법입니다. 사람이 처음 벼슬길에 나서는 것은 마치 캄캄한 방에 들어가는 것과 같아 한참을 지나야

방 안의 물건이 보이기 시작하는 법, 그 다음에 눈이 밝아지면 다스림은 행해지게 마련입니다."

魏文侯使西門豹往治於鄴, 告之曰:「必全功成名布義.」

豹曰:「敢問全功成名布義, 爲之奈何?」

文侯曰:「子往矣! 是無邑不有賢豪辯博者也, 無邑不有好揚人之惡, 蔽人之善者也. 往必問豪俊者, 因而親之; 其辯博者, 因而師之; 問其好揚人之惡, 蔽人之善者, 因而察之, 不可以特聞從事. 夫耳聞之不如目見之, 目見之不如足踐之, 足踐之不如手辨之; 人始入官, 如入晦室, 久而愈明, 明乃治, 治乃行.」

【魏 文侯】 戰國 초기 魏나라의 영명한 군주. 재위 50년(B.C.445~396).

【西門豹】 魏나라의 개혁정치에 큰 공을 세웠다. 河神을 물리친 이야기로 유명하다. 《史記》 滑稽列傳 참조.

【鄴】 지금의 河南省 臨漳縣 서쪽.

참고 및 관련 자료

1. 《戰國策》 魏策(一)

西門豹爲鄴令, 而辭乎魏文侯. 文侯曰:「子往矣, 必就子之功, 而成子之名.」西門豹曰: 「敢問就功成名, 亦有術乎?」文侯曰:「有之. 夫鄉邑老者而先受坐之士, 子入而問其賢良之士而師事之, 求其好掩人之美而揚人之醜者而參驗之. 夫物多相類而非也, 幽莠之幼也似禾, 驪牛之黃也似虎. 白骨疑象, 武夫類玉, 此皆似之而非者也.」

209(7-25) 宓子賤治單父
복자천과 무마기의 차이

복자천宓子賤이 선보單父 땅을 다스리면서, 그저 거문고만 탈 뿐 직접 당堂 아래에 내려오지도 않았건만 그 지역은 다스려졌다.

한편 무마기巫馬期가 역시 선보 땅을 다스릴 때에는, 별이 지지 않은 새벽에 일어나 다시 별이 떠야 들어와 쉬면서 밤낮으로 몸소 나서서 선보를 다스렸을 때에도 역시 다스려졌다. 무마기가 복자천에게 그 이유를 물었다.

복자천은 이렇게 대답하였다.

"나는 사람에게 일을 맡겼고, 그대는 힘에 일을 맡겼기 때문이오. 힘에게 맡기면 노고스럽지만 사람에게 일을 맡기면 편안하지요!"

이 말을 들은 사람들이 복자천을 군자라 하였다.

사지四肢를 편안히 하고 눈과 귀를 온전히 하며 심기心氣를 평안히 하고도 백관이 다스려졌으니, 이는 그 수數에 맡겼기 때문일 뿐이다.

그러나 무마기는 그렇지 못하였다. 성정性情을 피폐하게 하고 교조 敎詔를 노고롭게 하였으니, 비록 다스려지기는 하였으나 지극히 잘하는 데에는 이르지 못한 것이다.

宓子賤治單父, 彈鳴琴, 身不下堂而單父治. 巫馬期亦治單父, 以星出, 以星入, 日夜不處, 以身親之, 而單父亦治.

巫馬期問其故於宓子賤, 宓子賤曰:「我之謂任人, 子之謂任力;

任力者固勞, 任人者固佚.」

人曰宓子賤, 則君子矣, 佚四肢, 全耳目, 平心氣, 而百官治, 任其數而已矣. 巫馬期則不然, 弊性事情, 勞煩教詔, 雖治猶未至也.

【宓子賤】孔子의 제자. 子賤, 宓不齊라고도 쓴다.
【單父】地名. 지금의 山東省 單縣 남쪽.
【巫馬期】이름은 施, 字는 期. 孔子의 제자.

참고 및 관련 자료

1. 《呂氏春秋》察賢篇

宓子賤治單父, 彈鳴琴, 身不下堂, 而單父治. 巫馬期以星出, 以星入, 日夜不居, 以身親之, 而單父亦治. 巫馬期問其故於宓子. 宓子曰:「我之謂任人, 子之謂任力. 任力者故勞, 任人者故佚.」宓子則君子矣, 逸四肢, 全耳目, 平心氣, 而百官以治義矣, 任其數而已矣. 巫馬期則不然, 弊生事精, 勞手足, 煩教詔, 雖治猶未也.

2. 《韓詩外傳》卷2

子賤治單父, 彈鳴琴, 身不下堂而單父治. 巫馬期以星出, 以星入, 日夜不處, 以身親之而單父亦治. 巫馬期問其故於子賤. 子賤曰:「我任人, 子任力, 任人者佚, 任力者勞.」人謂子賤則君子矣, 佚四肢, 全耳目, 平心氣而百官理, 任其數而已. 巫馬期則不然, 弊性事情, 勞力教詔, 雖治猶未至也.

3. 《韓非子》外儲說左上

宓子賤治單父. 有若見之曰:「子何臞也?」宓子曰:「君不知不齊不肖, 使治單父, 官事急, 心憂之, 故臞也.」有若曰:「昔者, 舜鼓五絃歌南風之詩而天下治. 今以單父之細也, 治之而憂, 治天下將奈何乎? 故有術而御之, 身坐於廟堂之上, 有處女子之色, 無害於治; 無術而御之, 身雖瘁臞, 猶未有益.」

4. 기타 참고자료

《史記》仲尼弟子列傳・《太平御覽》(269)

210(7-26) 孔子謂宓子賤
요순의 뒤를 이을 만하다

공자孔子가 복자천宓子賤에게 말하였다.

"네가 선보單父를 다스리고 나서 그곳 사람들이 모두 즐거워한다는데 나丘에게 어떻게 해서 그렇게 되었는지 들려다오!"

이에 복자천은 이렇게 대답하였다.

"저[宓不齊]는 그저 아버지를 아버지로 모시게 하고, 아들은 아들 도리를 다하게 하며, 여러 고아를 긍휼히 여기고, 상사喪事나 제사를 슬피 여겼을 뿐입니다."

그러자 공자가 말하였다.

"이는 작은 선행善行에 불과하다. 그러면 낮은 사람들이나 따를 뿐이지. 그것으로는 부족할 텐데."

이에 복자천은 이렇게 말하였다.

"저에게는 아버지처럼 섬기는 이가 세 분이나 되고, 형으로 받들어 모시는 분이 다섯이며, 친구처럼 사귀는 자가 열한 명이나 됩니다."

공자가 다시 말을 받았다.

"아버지처럼 섬기는 분이 셋이라면 이는 효를 가르칠 수 있고, 형처럼 모시는 자가 다섯이라면 이는 우애를 가르칠 수 있지. 그리고 친구가 열하나라면 이는 서로 배움을 가르칠 수 있겠지. 그러나 이는 중간 정도의 절도일 뿐으로 중간 백성이 따르게 된다. 이것만으로는 부족하다."

그러자 복자천이 말하였다.

"그곳의 백성 중에는 저보다 어진 이가 다섯 분이 있어 제가 모시고 있습니다. 이들은 모두가 저에게 정치의 방법을 가르쳐 주고 있습니다."

이에 공자는 이렇게 말하였다.

"큰일을 하려면 바로 그렇게 해야 되느니라. 옛날 요堯·순舜은 자기 몸을 낮추어 천하의 일을 듣고 보았다. 그래서 어진 이를 모셔 오기에 힘썼다. 그 어진 이를 등용하는 것이 곧 백복百福의 근본이며, 세상을 밝게 볼 수 있는 기틀이다. 너 부제不齊가 다스리는 땅은 너무 좁구나. 그 다스리는 땅이 넓었더라면 요·순의 뒤를 이을 수 있을 텐데."

孔子謂宓子賤曰:「子治單父而衆說, 語丘所以爲之者.」

曰:「不齊父其父, 子其子, 恤諸孤而哀喪紀.」

孔子曰:「善小節也小民附矣, 猶未足也.」

曰:「不齊也所父事者三人, 所兄事者五人, 所友者十一人.」

孔子曰:「父事三人, 可以教孝矣; 兄事五人, 可以教弟矣; 友十一人, 可以教學矣. 中節也, 中民附矣, 猶未足也.」

曰:「此地民有賢於不齊者五人, 不齊事之, 皆教不齊所以治之術.」

孔子曰:「欲其大者, 乃於此在矣. 昔者, 堯舜淸微其身, 以聽觀天下, 務來賢人, 夫擧賢者, 百福之宗也, 而神明之主也, 不齊之所治者小也, 不齊所治者大, 其與堯舜繼矣.」

【宓子賤】孔子 제자. 子賤. 宓不齊.
【單父】地名.
【丘】孔子. 仲尼.
【宓不齊】宓子賤의 이름.

1.《韓詩外傳》卷8

子賤治單父, 其民附. 孔子曰:「告丘之所以治之者.」對曰:「不齊時發倉廩, 振困窮, 補不足.」孔子曰:「是小人附耳, 未也.」對曰:「賞有能, 招賢才, 退不肖.」孔子曰: 「是士附耳, 未也.」對曰:「所父事者三人, 所兄事者五人, 所友者十有二人, 所師者 一人.」孔子曰:「所父事者三人, 足以敎孝矣. 所兄事者五人, 足以敎弟矣. 所友者十有 二人, 足以袪壅蔽矣. 所師者一人, 足以慮無失策, 擧無敗功矣. 昔者堯舜淸微其身, 以聽觀天下, 務來賢人. 夫擧賢者, 百福之宗也, 而神明之主也. 惜乎不齊之所爲者 小也, 爲之大, 功乃與堯舜參矣. 詩曰:『愷悌君子, 民之父母.』子賤其似之矣.」

2.《孔子家語》辨政篇

孔子謂宓子賤曰:「子治單父, 衆悅, 子何施而得之也, 子語丘所以爲之者.」對曰: 「不齊之治也, 父其父, 子其子, 恤諸孤而哀喪紀.」孔子曰:「善, 小節也, 小民附矣, 猶未足也.」曰:「不齊所父事者三人, 所兄事者五人, 所友者十一人.」孔子曰:「父事 三人, 可以敎孝矣; 兄事五人, 可以敎弟矣; 友事十一人, 可以擧善矣. 中節也, 中民 附矣, 猶未足也.」曰:「此地民有賢於不齊者五人, 不齊事之而稟度焉, 皆敎不齊之道.」 孔子嘆曰:「其大者乃於此乎有矣! 昔堯·舜聽天下, 務求賢以自輔. 夫賢者, 百福之 宗也, 神明之主也, 惜乎不齊之所治者小也.」

3.《史記》仲尼弟子列傳

子賤爲單父宰, 反命於孔子, 曰:「此國有賢不齊者五人, 敎不齊所以治者.」孔子曰: 「惜哉! 不齊所治者小, 所治者大, 則庶幾矣.」

4.《孔子集語》論政篇

子賤治單父, 其民附. 孔子曰:「告丘之所以治之者.」對曰:「不齊時發倉廩, 振困窮, 補不足.」孔子曰:「是小人附耳, 未也.」對曰:「賞有能, 招賢才, 退不肖.」孔子曰: 「是士附耳, 未也.」對曰:「所父事者三人, 所兄事者五人, 所友者十有二人, 所師者 一人.」孔子曰:「所父事者三人, 所兄事者五人, 足以敎弟矣. 所友者十有二人, 足以 袪壅蔽矣; 所師者一人, 足以慮無失策, 擧無敗功矣. 惜乎! 不齊爲之大, 功乃與堯舜 參矣.」

5. 기타 참고자료

《冊府元龜》(702)

211(7-27) 宓子賤爲單父宰
거절과 허락을 신중히 하라

　　복자천宓子賤이 선보單父의 책임자가 되어 떠나면서 선생님孔子에게 인사차 들렀다. 공자가 이렇게 당부하였다.

　　"사람을 마구 영접하지도, 마구 거절하지도 말아라. 그리고 또 남을 마구 우러러보지도, 마구 허락하지도 말아라. 마구 허락하면 지켜내기 어렵고, 마구 거절하면 꽉 막혀 아무것도 모르게 된다. 비유컨대 높은 산과 깊은 물은 바라보아도 오를 수 없고, 헤아려 보아도 깊이를 모르는 것과 같다."

　　자천이 이 말에 이렇게 대답하였다.

　　"알겠습니다. 감히 명을 받들지 않을 수 있겠습니까?"

　　宓子賤爲單父宰, 辭於夫子.

　　夫子曰:「毋迎而距也, 毋望而許也; 許之則失守, 距之則閉塞. 譬如高山深淵, 仰之不可極, 度之不可測也.」

　　子賤曰:「善, 敢不承命乎?」

【宓子賤】宓不齊. 孔子 제자.
【單父】地名.
【夫子】'선생님'의 당시 白話語.

1. 〈四庫全書本〉에는 본 장이 다음의 212장과 연결된 것으로 되어 있다. 여기서는 〈四部備要本〉을 따라 분리하였다.

2. 《管子》 九守篇

聽之術, 曰:「勿望而距, 勿望而許. 許之則失守, 距之則閉塞. 高山仰之, 不可極也. 深淵, 度之不可測也. 神明之德, 正靜其極也.」

3. 《六韜》 文韜 六禮篇

文王曰:「主聽如何?」太公曰:「勿妄而許, 勿逆而拒, 許之則失守, 拒之則蔽塞. 高山仰之, 不可極也. 深淵度之, 不可測也. 神明之德, 正靜其極」文王曰:「主明如何?」 太公曰:「目貴明, 耳貴聽, 心貴智. 以天下之目視, 則無不見也; 以天下之耳聽, 則無不聞也; 以天下之心慮, 則無不知也. 輻輳幷進, 則明不蔽矣.」

낚시질의 두 가지 방법

복자천宓子賤이 선보單父의 책임자가 되어 지나는 길에 양주陽晝라는 사람을 만나자 이렇게 물었다.

"그대는 나에게 무슨 선물로 환송하려 하오?"

양주는 이렇게 대답하였다.

"저는 어릴 때에 가난하여 백성을 다스리는 방법을 배우지 못하였습니다. 그런데 지금 낚시질하는 방법이 두 가지가 있는데 이를 알려드리는 것으로 선물을 대신하겠습니다."

"낚시의 도가 어떤 것입니까?"

이에 양주는 이렇게 말하였다.

"낚싯줄에 미끼를 달아 내려뜨리면, 이를 보고 즉시 물어 버리는 고기가 있습니다. 이는 양교陽橋라는 물고기입니다. 그 고기는 살도 적고 맛도 없지요. 그런데 물린 것 같기도 하고 아닌 것 같기도 하고, 미끼를 먹은 것 같기도 하고 아닌 것 같기도 한 것이 있지요. 이것은 방어魴魚라는 고기입니다. 그 고기는 살지고 맛도 좋지요!"

복자천이 수긍하였다.

"좋습니다."

그리고는 가던 길을 떠났다. 그가 미처 선보 땅에 이르지도 않았는데, 벌써 수레 뚜껑을 펄럭이며 마중 나온 자가 길에 서로 몰려 있었다. 이를 본 자천이 말하였다.

"빨리 수레를 몰아라! 빨리! 양주가 말하였던 양교라는 물고기가 몰려오고 있다."

그리고는 선보에 이르러 그곳의 노인과 어진 이에게 청하여 함께 선보 땅을 다스리자고 하였다.

宓子賤爲單父宰, 過於陽晝曰:「子亦有以送僕乎?」

陽晝曰:「吾少也賤, 不知治民之術, 有釣道二焉, 請以送子.」

子賤曰:「釣道奈何?」

陽晝曰:「夫扱綸錯餌, 迎而吸之者, 陽橋也; 其爲魚薄而不美, 若存若亡, 若食若不食者, 魴也; 其爲魚也, 博而厚味.」

宓子賤曰:「善.」

於是未至單父, 冠蓋迎之者, 交接於道.

子賤曰:「車驅之, 車驅之.」

夫陽晝之所謂陽橋者至矣, 於是至單父請其耆老尊賢者, 而與之共治單父.

【宓子賤】宓不齊. 孔子 제자.

【單父】地名.

【陽晝】人名. 구체적으로는 알 수 없다.

【陽橋】물고기 이름이라 한다. 그러나 《說苑今註今譯》에는 山東省 太安縣에 있는 地名이라 하였다.

> 참고 및 관련 자료

1. 〈四庫全書本〉에는 本章이 바로 앞의 211장과 연결된 것으로 되어 있다.

213(7-29) 孔子弟子有孔蔑者
죽 한 그릇의 봉록

공자孔子 **제자에 공멸**孔蔑이라는 자가 있었다. 그는 복자천宓子賤과 똑같이 각각 벼슬을 하고 있었다. 공자가 어느 날 공멸이 벼슬하고 있는 곳을 지나다가 그에게 물었다.

"너는 벼슬길에 오르고부터 무엇을 얻고 무엇을 잃었느냐?"

이에 공멸은 이렇게 대답하였다.

"벼슬을 얻고부터 얻은 것은 아무것도 없고, 잃은 것은 세 가지나 됩니다. 즉 공무가 너무 번잡하여 옷을 껴입은 듯합니다. 그러니 배운 것을 어찌 실천해 볼 수 있겠습니까? 그 때문에 배운 것을 밝혀 볼 수 없습니다. 이것이 잃은 것 중의 하나입니다. 또 봉록이 너무 적어 죽 그릇밖에 안 됩니다. 그 죽을 친척에게 나누어 주지도 못합니다. 이 때문에 친척과 더욱 멀어졌습니다. 이것이 두 번째 잃은 것입니다. 다음으로 공사가 너무 급하여 남의 조문이나 문병을 갈 시간조차 없습니다. 이 때문에 친구들과 더욱 멀어졌습니다. 이것이 세 번째 잃은 것입니다."

공자는 이런 넋두리를 불쾌하게 생각하고는 다시 자천에게 가서 물었다.

"너는 벼슬을 하고부터 무엇을 얻고 무엇을 잃었느냐?"

이에 자천은 신이 나서 이렇게 말하였다.

"제가 벼슬길에 오르고부터 잃은 것은 없고, 얻은 것은 세 가지나 있습니다. 처음 선생님께 글을 읽었던 것을 지금은 이행하여 실천하고 있습니다. 그래서 학문이 날로 분명해집니다. 이것이 첫 번째 얻은 것입니다.

또 봉록이 비록 죽만 먹기에도 모자라지만 그 죽이나마 친척에게 나누어 줄 수 있으니, 이로써 친척이 더욱 저를 가까이합니다. 이것이 두 번째 얻은 것입니다. 다음으로 공무가 비록 급하기는 하나 밤에라도 부지런히 조문과 병문안을 다닐 수 있으니, 친구들이 더욱 저를 친하게 여깁니다. 이것이 얻은 것의 세 번째입니다."

공자가 이 말을 듣고 이렇게 자천을 칭찬하였다.

"군자로다, 이 사람이여! 군자로다, 이 사람이여! 노魯나라에 군자가 없다면 어디서 그런 것을 배웠겠는가?"

孔子弟子有孔蔑者, 與宓子賤皆仕, 孔子往過孔蔑, 問之曰: 「自子之仕者, 何得何亡?」

孔蔑曰: 「自吾仕者未有所得, 而有所亡者三, 曰: 王事若襲, 學焉得習, 以是學不得明也, 所亡者一也. 奉祿少鬵, 鬵不足及親戚, 親戚益疏矣, 所亡者二也. 公事多急, 不得弔死視病, 是以朋友益疏矣, 所亡者三也.」

孔子不說, 而復往見子賤曰: 「自子之仕, 何得何亡?」

子賤曰: 「自吾之仕, 未有所亡而所得者三: 始誦之文, 今履而行之, 是學日益明也, 所得者一也. 奉祿雖少鬵, 鬵得及親戚, 是以親戚益親也, 所得者二也. 公事雖急, 夜勤弔死視病, 是以朋友益親也, 所得者三也.」

孔子謂子賤曰: 「君子哉, 若人! 君子哉, 若人! 魯無君子也, 斯焉取斯?」

【孔蔑】孔子의 제자.

【宓子賤】孔子의 제자.

【魯無君子】《論語》公冶長篇의 구절. "子謂子賤, 君子哉, 若人. 魯無君子者, 斯焉取斯"라 하였고, 朱熹 注에 "子賤, 孔子弟子, 姓宓, 名不齊, ……子賤蓋能尊賢取友, 以成其德者. 故夫子旣歎其賢而又言若魯無君子, 則此人何所取以成此德乎. 因以見魯之多見也"라 하였다.

　　참고 및 관련 자료

1.《孔子家語》子路初見篇

孔子兄子有孔蔑者, 與宓子賤偕仕. 孔子往過孔蔑而問之曰:「自汝之仕, 何得何亡.」對曰:「未有所得, 而所亡者三: 王事若襲, 學焉得習, 是學不得明也; 俸祿少, 饘粥不及親戚, 是骨肉益疏也; 公事多急, 不得弔死問疾, 是朋友之道闕也. 其所亡者三, 卽謂此也.」孔子不悅, 往見子賤, 問如孔蔑, 對曰:「自來仕者, 無所亡而有所得者三: 始誦之, 今得而行之, 是學益明也; 俸祿所供, 被及親戚, 是骨肉益親也; 雖有公事, 而兼以弔死問疾, 是朋友篤也.」孔子喟然謂子賤曰:「君子哉若人! 魯無君子者, 則子賤焉取此.」

2.《論語》公冶長篇

子謂子賤,「君子哉若人! 魯無君子者, 斯焉取斯?」

集註: 子賤蓋能尊賢取友以成其德者. 故夫子旣歎其賢, 而又言:「若魯無君子, 則此人何所取以成此德乎?」因以見魯之多賢也. 蘇氏曰:「稱人之善, 必本其父兄師友, 厚之至也.」

214(7-30) 晏子治東阿三年
상을 내릴 일에 벌을 내리다니

안자晏子가 동아東阿를 다스린 지 3년이 되었을 때 경공景公이 그를 불러 이같이 질책하였다.

"나는 그대 정도면 가능하다고 여겨 동아 땅을 다스리게 하였더니, 지금 그대는 동아를 혼란에 빠지게 하였소. 그대는 물러나 스스로 반성하시오. 내 장차 그대에게 큰 벌을 내릴 것이오!"

안자는 이렇게 요청하였다.

"청컨대 신이 그 통치방법을 달리하여 동아를 다스려 보겠습니다. 그러고도 3년이 지나 다스려지지 않으면 죽음을 자청하겠습니다."

경공이 이를 허락하였다. 이에 안자는 이듬해 경공에게 통계를 올리게 되었다. 경공이 안자를 맞아 축하하면서 이렇게 말하였다.

"잘 하였소! 그대는 동아 땅을 잘 다스렸소!"

그러나 안자는 이렇게 말하였다.

"지난번 제가 동아를 다스릴 때는 청탁도 없었고 뇌물도 없었으며, 못의 물고기는 가난한 백성들의 몫이었습니다. 그때에는 백성 중에 굶주린 자라고는 없었습니다. 그런데 임금께서는 도리어 저에게 죄를 주셨습니다. 하지만 제가 지금 동아를 다스림에는 청탁도 횡행하고 뇌물이 돌아다니며, 세금이 가혹하면서도 창고는 비어 있습니다. 게다가 좌우의 말만 듣고 일을 처리하고, 못의 물고기는 모두 권문세가가 독점하고 있습니다. 그래서 지금은 굶주린 자가 반이 넘습니다. 그런데 임금께서는 도리어 저를 환영하면서 축하까지 하시니, 생각건대 더 이상 동아를 다스릴 수 없습니다. 해골이나 온전히 보전코자 합니다. 그리하여 어진 이의 길을 막는 일을 피하고 싶습니다."

그리고는 재배하고 곧 물러섰다.

경공은 이 말에 자리를 내려앉으며 이렇게 사과하였다.

"그대는 힘써 동아를 다스려 주시오. 동아 땅은 그대의 동아 땅이오. 내 다시 간섭하지 않으리이다!"

晏子治東阿三年, 景公召而數之曰:「吾以子爲可, 而使子治東阿, 今子治而亂, 子退而自察也, 寡人將加大誅於子.」

晏子對曰:「臣請改道易行而治東阿, 三年不治, 臣請死之.」

景公許之.

於是明年上計, 景公迎而賀之曰:「甚善矣, 子之治東阿也!」

晏子對曰:「前臣之治東阿也, 屬託不行, 貨賂不至, 陂池之魚, 以利貧民. 當此之時, 民無饑者, 而君反以罪臣. 今臣之後治東阿也, 屬託行, 貨賂至, 幷會賦斂, 倉庫少內, 便事左右, 陂池之魚, 入於權家. 當此之時, 饑者過半矣, 君乃反迎而賀臣, 愚不能復治東阿, 願乞骸骨, 避賢者之路.」

再拜便辟.

景公乃下席而謝之曰:「子彊復治東阿; 東阿者, 子之東阿也, 寡人無復與焉!」

【晏子】晏嬰. 晏平仲. 齊나라 景公을 섬긴 훌륭한 재상.
【東阿】地名. 지금의 山東省 陽穀縣 동북의 阿城鎭.
【景公】춘추시대 齊나라의 군주. 재위 58년(B.C.547~490).

1. 《晏子春秋》外篇 第七

晏子治東阿, 三年, 景公召而數之曰:「吾以子爲可, 而使子治東阿, 今子治而亂,
子退而自察也, 寡人將加大誅於子.」晏子對曰:「臣請改道易行而治東阿, 三年不治,
臣請死之.」景公許. 於是明年上計, 景公迎而賀之曰:「甚善矣! 子之治東阿也.」
晏子對曰:「前臣之治東阿也, 屬託不行, 貨賂不至, 陂池之魚, 以利貧民. 當此之時,
民無飢, 君反以罪臣. 今臣後之東阿也, 屬託行, 貨賂至, 幷重賦斂, 倉庫少內, 便事
左右, 陂池之魚, 入於權宗. 當此之時, 飢者過半矣, 君乃反迎而賀, 臣愚不能復治東阿,
願乞骸骨, 避賢者之路.」再拜, 便僻. 景公乃下席而謝之曰:「子彊復東阿, 東阿者,
子之東阿也, 寡人無復與焉.」

2. 같은 《晏子春秋》雜上 제 4장에도 비슷한 내용이 실려 있으나 구체적인 내용은
차이가 있다.

215(7-31) 子路治蒲
행정의 세 가지 방법

자로子路가 포蒲 땅을 다스리다가 공자孔子를 뵙고 여쭈었다.
"저[仲由]는 가르침을 받고 싶습니다."
공자가 말하였다.
"포 땅에는 장사壯士가 많고 게다가 다스리기도 어렵겠지. 그러나 내 너에게 일러 주마. 공경스럽게 하면 그 용기를 잘 활용할 수 있고, 관대하고 바르게 하면 여러 무리를 수용할 수 있으며 공경히 하여 깨끗이 하면 윗사람과 친할 수 있느니라!"

子路治蒲, 見於孔子曰:「由願受教.」

孔子曰:「蒲多壯士, 又難治也. 然, 吾語汝: 恭以敬, 可以攝勇; 寬以正, 可以容衆; 恭以潔, 可以親上.」

【子路】孔子 제자. 仲由.
【蒲】地名.

1.《史記》仲尼弟子列傳

子路爲蒲大夫, 辭孔子, 孔子曰:「蒲多壯士, 又難治. 然吾語汝: 恭以敬, 可以執勇; 寬以正, 可以比衆; 恭正以靜, 可以報上.」

2.《孔子家語》致思篇

子路治蒲, 請見於孔子, 曰:「由願受敎於夫子.」子曰:「蒲其何如?」對曰:「邑多壯士, 又難治也.」子曰:「然, 吾語爾: 恭而敬, 可以攝勇; 寬而正, 可以懷强; 憂而恕, 可以容困; 溫而斷, 可以抑姦. 如此而加之, 則正不難矣.」

216(7-32) 子貢爲信陽令
말은 골라서 하라

자공子貢이 신양信陽 땅의 영令이 되어 공자孔子에게 인사를 하고 떠나고자 하였다. 이에 공자는 이런 당부를 하였다.

"힘써서 하되 순리대로 하며, 너의 시간을 백성에게 맞추어라. 남의 것을 빼앗지도 치지도 말며, 포악하게 굴지도 도둑질하지도 말아라!"

그러자 자공이 다시 여쭈었다.

"저는 어려서부터 군자를 목표로 배웠습니다. 그런데 군자에게도 도둑질이라는 것이 있습니까?"

공자는 이렇게 설명해 주었다.

"불초하면서 어진 이를 치는 것을 탈奪이라 하고 자기가 어질다고 불초한 자를 치는 것을 벌伐이라 한다. 또 법령을 느슨하게 하면서 죽이는 일은 서두르는 것, 이를 폭暴이라 하고, 남의 잘한 것을 자기 것으로 여기는 것, 이를 도盜라 한다. 군자의 도둑질이 어찌 재물이나 돈에만 해당되겠느냐? 내 들으니 관리로서의 임무를 아는 자는 법을 받들어 백성을 이롭게 하고, 관리의 도리를 모르는 자는 법을 굽혀 백성을 침범한다고 하였다. 이것은 모두 원한을 발생시키는 근본이다. 관직에 임해서는 공평을 우선으로 삼고, 재물에 임해서는 염직廉直을 최고로 삼아야 한다. 염직과 공평만 지키고 있으면 그 누구도 공격해 오지 못한다. 남의 선을 감추는 것을 폐현蔽賢이라 하고, 남의 악을 들추어 내는 것을 소인小人이라 한다. 또 안으로 배움이 있는 자와 상대하지 않으면서 밖으로 남을 비방하는 자를 부족친不足親이라 한다.

　남의 잘한 일을 말해 주는 자와 사귀면 소득은 있을지언정 손해나는 일은 없지만, 남의 악을 말하는 자와 사귀면 얻는 것은 없고 잃는 것만 있을 것이다. 그러므로 군자는 그 말을 조심해야 한다. 또 자기를 먼저 앞세우고 남을 뒤로 하는 일이 없도록 하라. 말은 잘 골라서 하되 말하는 것과 듣는 것이 일치하도록 하라!"

　　子貢爲信陽令, 辭孔子而行.
　　孔子曰:「力之順之, 因子之時, 無奪無伐, 無暴無盜.」
　　子貢曰:「賜少日事君子, 君子固有盜者邪!」
　　孔子曰:「夫以不肖伐賢, 是謂奪也; 以賢伐不肖, 是謂伐也; 緩其令, 急其誅, 是謂暴也; 取人善以自爲己, 是謂盜也. 君子之盜, 豈必當財幣乎? 吾聞之曰: 知爲吏者, 奉法利民, 不知爲吏者, 枉法以侵民, 此皆怨之所由生也. 臨官莫如平, 臨財莫如廉, 廉平之守, 不可攻也. 匿人之善者, 是謂蔽賢也; 揚人之惡者, 是謂小人也; 不內相敎, 而外相謗者, 是謂不足親也. 言人之善者, 有所得而無所傷也; 言人之惡者, 無所得而有所傷也. 故君子愼言語矣, 毋先己而後人, 擇言出之, 令口如耳!」

【子貢】端木賜. 衛나라 사람. 孔子 제자.
【信陽】地名. 지금의 河南省 경내.
【因子之時】'子'를 '天'의 오기로 보아 '천시에 순응하라'는 뜻으로도 본다. 《孔子家語》에는 "奉天子之時"로 되어 있다.

1.《孔子家語》辯政篇

子貢爲信陽宰, 將行, 辭於孔子, 孔子曰:「勤之愼之, 奉天子之時, 無奪無伐, 無暴無盜.」子貢曰:「賜也, 少而事君子, 豈以盜爲累哉?」孔子曰:「汝未之詳也. 夫以賢代賢, 是謂之奪. 以不肖代賢是謂之伐. 緩令急誅, 是謂之暴. 取善自與, 謂之盜. 盜非竊財之謂也. 吾聞之, 知爲吏者, 奉法以利民, 不知爲吏者, 枉法以侵民, 此怨之所由生也. 治官莫若平, 臨財莫如廉, 廉·平之守, 不可改也. 匿人之善, 斯謂蔽賢; 揚人之惡, 斯謂小人. 內不相訓, 而外相謗, 非親睦也. 言己之善, 若己有之, 言人之惡, 若己受之, 故君子無所不愼焉.」

217(7-33) 楊朱見梁王
처첩도 제대로 다스리지 못하면서

양주楊朱가 양왕梁王을 만나 이렇게 말하였다.

"천하를 다스리는 것은 마치 손바닥에 물건을 올려놓고 움직이는 것과 같습니다."

그러자 양왕이 비꼬았다.

"선생은 처 하나 첩 하나도 제대로 다스리지 못하고, 세 마지기밖에 안 되는 밭 하나 김맬 줄도 모르면서, 천하 다스리는 것이 손바닥 움직이는 것과 같다고 하니 무슨 뜻이오?"

그러자 양주가 이렇게 대답하였다.

"그럴 만한 이유가 있지요. 임금께서는 양을 모는 일을 보지 못하였습니까? 많은 양이 무리를 이루고 있을 때, 오척五尺밖에 되지 않는 어린아이로 하여금 막대기 하나만 들고 그 뒤를 따르게 하면 동쪽으로 가고 싶으면 동쪽으로, 서쪽으로 가고 싶으면 서쪽으로 몰고 갈 수가 있습니다. 그러나 만약 이 일을 요堯에게 시켜 한 마리만 몰게 한다거나, 순舜에게 시켜 막대기 하나만을 들고 뒤따르게 해 보십시오. 즉시 혼란이 시작될 것입니다. 제가 듣건대, 배를 삼킬 만한 큰 고기는 연못 같은 곳에서는 노닐지 않고, 홍곡鴻鵠처럼 높이 나는 새는 고인 물 따위는 거들떠보지도 않습니다. 왜 그렇겠습니까? 그의 뜻이 지극히 원대하기 때문이지요. 황종黃鐘과 대려大呂는 번잡한 춤에 맞추어 연주할 수가 없습니다. 왜 그렇겠습니까? 그 음이 맞지 않기 때문이지요. 그래서 장차 큰 일을 다스릴 자는 작은 일을 다스릴 줄 모르며, 큰 공을 세울 자는 작은 일에 얽매이지 않는 법입니다. 바로 이를 두고 한 말입니다."

楊朱見梁王言:「治天下如運諸掌然.」

梁王曰:「先生有一妻一妾, 不能治, 三畝之園, 不能芸, 言治天下如運諸手掌, 何以?」

楊朱曰:「臣有之, 君不見夫羊乎? 百羊而羣, 使五尺童子, 荷杖而隨之, 欲東而東, 欲西而西; 君且使堯牽一羊, 舜荷杖而隨之, 則亂之始也. 臣聞之, 夫吞舟之魚, 不遊淵, 鴻鵠高飛, 不就汙池, 何則? 其志極遠也. 黃鍾大呂, 不可從繁奏之舞, 何則? 其音疏也. 將治大者, 不治小, 成大功者, 不小苟, 此之謂也.」

【楊朱】 전국시대 사상가. 道家思想의 爲我派. 자는 子居.《列子》중에 楊朱篇이
　　 있으며,《孟子》盡心篇(上)에는 그를 墨翟과 함께 혹평하여 "楊氏取爲我, 拔一
　　 毛而利天下, 不爲也"라 하였으며《呂氏春秋》不二篇과《莊子》駢拇篇 등에도
　　 그에 대한 비평이 실려 있다.

【梁王】 魏王. 魏나라의 서울이 大梁이어서 梁나라로도 불렸다.

【鴻鵠】 고니류의 큰 새.

【黃鐘大呂】 十二律 중의 하나. 음악·악기.

참고 및 관련 자료

1.《列子》楊朱篇

楊朱見梁王, 言治天下如運諸掌. 梁王曰:「先生有一妻一妾不能治, 三畝之園而不
能芸, 而言治天下如運諸掌, 何也?」對曰:「君見其牧羊者乎? 百羊而群, 使五尺童
子荷箠而隨之, 欲東而東, 欲西而西. 使堯牽一羊, 舜荷箠而隨之, 則不能前矣. 且臣
聞之, 吞舟之魚, 不遊枝流, 鴻鵠高飛, 不集汙池, 何則, 其極遠也. 黃鍾大呂, 不可從
煩奏之舞, 何則? 其音疏也. 將治大者不治細, 成大功者不成小, 此之謂矣.」

218(7-34) 景差相鄭
개별적인 혜택

경차景差가 정鄭나라 재상이었을 때였다. 그 나라 사람 중에 어떤 이가 겨울에 물을 건너는데, 건너와서는 발이 시려 떠는 자가 있었다. 뒤에 경차가 그곳을 지나다가 이를 보고는, 스스로 내려서 그를 수레에 함께 태우고 외투까지 벗어 그를 덮어 주었다.

진晉나라 숙향叔向이 이를 듣고 이렇게 평하였다.

"경차란 사람은 남을 위해 나라의 재상까지 되어 어찌 그리 완고한가? 내 듣기로 훌륭한 관리는 석 달이면 자기 관내의 잘못된 물길을 수리하고, 열 달이면 필요한 곳에 다리를 놓아 주어 육축六畜조차도 물에 젖지 않고 건너게 해 준다고 하였다. 하물며 사람임에랴?"

景差相鄭, 鄭人有冬涉水者, 出而脛寒, 後景差過之, 下陪乘而載之, 覆以上衽.

晉叔向聞之曰:「景子爲人國相, 豈不固哉! 吾聞良吏居之三月而溝渠修, 十月而津梁成, 六畜且不濡足, 而況人乎?」

【景差】전국시대 楚나라 사람으로 頃襄王(B.C.298~263)을 섬겼다. 辭賦作家로 더 많이 알려진 景差라는 人物이 있으나 여기서는 동명이인으로 보인다. 시기가 맞지 않다.

【叔向】晉나라 大夫. 羊舌肸, 羊舌職의 아들이며 羊舌赤의 아우. 叔肸・叔譽
등으로도 불린다.

【六畜】집에서 기르는 각종 가축.

1.《孔子家語》正論解

子游問於孔子曰:「夫子之極言子産之惠也, 可得聞乎?」孔子曰:「惠在愛民而己矣.」
子游曰:「愛民謂之德教, 何翅施惠哉?」孔子曰:「夫子産者, 猶衆人之母也, 能食之,
弗能教也.」子游曰:「其事可言乎?」孔子曰:「子産以所乘之輿濟冬涉者, 是愛無教也.」

2.《孟子》離婁(下)

子産聽鄭國之政, 以其乘輿濟人於溱洧. 孟子曰:「惠而不知爲政. 歲十一月徒杠成,
十二月輿梁成, 民未病涉也. 君子平其政, 行辟人可也, 焉得人人而濟之? 故爲政者,
每人而悅之, 日亦不足矣.」

219(7-35) 魏文侯問李克
상벌을 옳게 시행하라

위魏 문후文侯가 이극李克에게 물었다.

"나라를 다스림에는 어떻게 해야 하는가?"

이극은 이렇게 대답하였다.

"제가 듣기로는 나라를 다스리는 도는 노력한 자는 먹여 주고, 공이 있는 자에게는 녹을 주며, 능력 있는 자는 부리되 상과 벌이 정당하게 행해져야 한다고 하였습니다."

문후가 물었다.

"나는 상과 벌을 옳게 시행하건만 백성이 따라 주지 않으니 어떻게 하오?"

이에 이극은 이렇게 말하였다.

"나라에 쓸 데 없이 놀고 먹는 백성이 있기 때문입니다. 제가 듣기로는 그런 경우에 '그 놀고먹는 백성의 녹을 빼앗아 사방의 훌륭한 선비들을 끌어 모으면 된다'고 합니다. 즉 아버지가 공이 있어서 녹을 받는데 자식은 아무 공도 없이 그저 먹기만 하면서, 도리어 그런 자가 나갈 때는 수레를 꾸미고 좋은 외투를 입는 것을 영화로 여기며, 집에 들어서는 악기나 다루어 그 음악 소리에 취하고, 자기 자식만 즐거우면 된다고 여겨 끝내 그 마을의 교육조차 어지럽힙니다. 이런 자는 그 녹을 빼앗아 사방의 선비를 모으는 데 써야 합니다. 이것이 바로 못된 자의 재물을 빼앗아 쓸 곳입니다."

魏文侯問李克曰：「爲國如何？」

對曰：「臣聞爲國之道, 食有勞而祿有功, 使有能而賞必行, 罰必當.」

文侯曰：「吾賞罰皆當而民不與, 何也？」

對曰：「國其有淫民乎! 臣聞之曰：『奪淫民之祿, 以來四方之士.』其父有功而祿, 其子無功而食之, 出則乘車馬衣美裘, 以爲榮華, 入則脩竽琴鍾石之聲, 而安其子女之樂, 以亂鄕曲之敎, 如此者, 奪其祿以來四方之士, 此之謂奪淫民也.」

【魏 文侯】戰國 초기 魏나라의 영명한 군주. 재위 50년(B.C.445~396).
【李克】魏의 文侯를 도와 개혁정치를 주도하였다. 賢臣.《史記》魏世家 참조.
【淫民】놀고 먹으며 淫逸에만 빠진 부류를 가리킨다.

220(7-36) 齊桓公問於管仲
사당의 쥐

제齊 환공桓公이 관중管仲에게 물었다.

"나라에 가장 큰 근심거리가 무엇입니까?"

관중이 대답하였다.

"근심은 바로 사당의 쥐라는 놈이지요!"

"무슨 뜻입니까?"

이 질문에 관중은 이렇게 설명하였다.

"무릇 사당은 나무를 얽어 묶고, 그 위에 흙을 발라 만들어져 있습니다. 쥐란 놈이 그곳에 의탁해 살고 있지요. 이 쥐를 잡아내려고 불을 지르자니 그 나무가 다 탈까 두렵고, 물을 부어 쫓자니 그 흙이 무너져 내릴까 겁납니다. 이 쥐를 쉽게 잡아내지 못하는 것은 그곳이 사당이기 때문입니다.

무릇 나라에도 역시 이런 사당의 쥐 같은 놈이 있습니다. 바로 임금의 좌우 신하들이지요. 이들은 안으로는 임금으로 하여금 선악을 구별하지 못하게 가로막고 있으며, 밖으로는 그 권세를 팔아 백성에게 무거운 짐이 되고 있습니다. 이들을 죽이지 않으면 혼란이 일어날 것 같고, 죽이자니 임금에게 의탁하여 마치 임금의 뱃속에 있는 경우와 같습니다. 이 역시 나라의 사당 쥐입니다.

또 어떤 술을 파는 사람이 술독을 대단히 깨끗이 하고 사람들의 눈에 띄게 간판도 길게 걸었건만, 오래도록 술이 팔리지 않아 그만 시어져서 더 이상 팔 수도 없게 되었습니다. 그래서 그는 이웃에게 술이 팔리지 않는 까닭을 물었습니다. 그랬더니 이웃이 이렇게 일러 주더라는 것입니다.

'당신 집의 개가 너무 사나워 우리가 그릇을 들고 술을 사겠다고 들어서면, 오히려 개가 먼저 우리를 맞이하면서 물어 버리지요. 그래서 술이 시어지도록 팔리지 못하는 것이라오.'

이처럼 나라에도 역시 그 맹구猛狗가 있습니다. 권력을 쥔 자들이지요. 어떤 능력과 기술을 가진 자가 만승의 임금을 명석하게 가르쳐 주고 싶어도 권력을 쥔 자가 먼저 이들을 맞이하여 물어 버립니다. 이것이 곧 나라의 맹구입니다. 임금의 좌우 신하는 사당 쥐에 해당하고, 권력을 쥔 자는 맹구에 해당하는 한 훌륭한 책략을 가진 선비가 등용을 얻지 못하게 되니, 이것이 곧 나라 다스림에 가장 큰 근심거리입니다."

齊桓公問於管仲曰:「國何患?」

管仲對曰:「患夫社鼠.」

桓公曰:「何謂也?」

管仲對曰:「夫社束木而塗之, 鼠因往託焉, 燻之則恐燒其木, 灌之則恐敗其塗, 此鼠所以不可得殺者, 以社故也. 夫國亦有社鼠, 人主左右是也; 內則蔽善惡於君上, 外則賣權重於百姓, 不誅之則爲亂, 誅之則爲人主所容據, 腹而有之, 此亦國之社鼠也. 人有酤酒者, 爲器甚潔淸, 置表甚長, 而酒酸不售, 問之里人其故, 里人云:『公之狗猛, 人挈器而入, 且酤公酒, 狗迎而噬之, 此酒所以酸不售之故也.』夫國亦有猛狗, 用事者也; 有道術之士, 欲明萬乘之主, 而用事者迎而齕之, 此亦國之猛狗也. 左右爲社鼠, 用事者爲猛狗, 則道術之士, 不得用矣, 此治國之所患也.」

【齊 桓公】춘추오패의 하나. 재위 43년(B.C.685~643).
【管仲】管子·管夷吾.

1.《戰國策》楚策(一)에도 비슷한 이야기가 실려 있다. 그러나 이는 江乙이 昭奚恤을 악평하여 楚王에게 한 이야기의 일부로서 본 장의 내용과 다르다. 이에 관련된 기록들은 다음과 같다. 한편《晏子春秋》에는 晏子가 景公에게 일러준 이야기로 되어 있다.

2.《晏子春秋》問上

景公問於晏子曰:「治國何患?」晏子對曰:「患夫社鼠.」公曰:「何謂也?」對曰: 「夫社, 束木而塗之, 鼠因往託焉, 熏之則恐燒其木, 灌之則恐敗其塗, 此鼠所以不可 得殺者, 以社故也. 夫國亦有焉, 人主左右是也. 內則蔽善惡於君上, 外則賣權重於 百姓, 不誅之則亂, 誅之則爲人主所案據, 腹而有之, 此亦國之社鼠也. 人有酤酒者, 爲器甚潔淸, 置表甚長, 而酒酸不售, 問之里人其故, 里人云:『公狗之猛, 人挈器而入, 且酤公酒, 狗迎而噬之, 此酒所以酸而不售也.』夫國亦有猛狗, 用事者是也. 有道 術之士, 欲干萬乘之主, 而用事者迎而齕之, 此亦國之猛狗也. 左右爲社鼠, 用事者 爲猛狗, 主安得無壅, 國安得無患乎?」

3.《韓非子》外儲說右上

宋人有酤酒者, 升概甚平, 遇客甚謹, 爲酒甚美, 縣幟甚高, 著然不售, 酒酸, 怪其故, 問其所知, 問長者楊倩, 倩曰:「汝狗猛耶?」曰:「狗猛則酒何故而不售?」曰:「人畏焉. 或令孺子懷錢挈壺甕而往酤, 而狗迓而齕之, 此酒所以酸而不售也.」夫國亦有狗, 有道之士懷其術而欲以明萬乘之主, 大臣爲猛狗, 迎而齕之, 此人主之所以蔽脅, 而有道之士所以不用也. 故桓公問管仲:「治國最奚患?」對曰:「最患社鼠矣.」公曰: 「何患社鼠哉?」曰:「君亦見夫爲社者乎? 樹木而塗之, 鼠穿其間, 掘穴託其中, 燻之則恐焚木, 灌之則恐塗阤, 此社鼠之所以不可得也. 今人君之左右, 出則爲勢重 而收利於民, 入則比周而蔽惡於君, 內間主之情以告外, 外內爲重, 諸臣百吏以爲富, 吏不誅則亂法, 誅之則君不安, 據而有之, 此亦國之社鼠也.」故人臣執柄而擅禁, 明爲己者必利, 而不爲己者必害, 此亦猛狗也. 夫大臣爲猛狗而齕有道之士矣, 左右 又爲社鼠而間主之情, 人主不覺, 如此, 主焉得無壅, 國焉得無亡乎?

4.《韓非子》外儲說右上

宋之酤酒者有莊氏者, 其酒常美. 或使僕往酤莊氏之酒, 其狗齕人, 使者不敢往, 乃酤佗家之酒. 問曰:「何爲不酤莊氏之酒?」對曰:「今日莊氏之酒酸.」故曰: 不殺其狗則酒酸. 桓公問管仲曰:「治國何患?」對曰:「最苦社鼠. 夫社木而塗之, 鼠因自託也. 燻之則木焚, 灌之則塗阤, 此所以苦於社鼠也. 今人君左右, 出則爲勢重以收利於民, 入則比周謾侮蔽惡以欺於君, 不誅則亂法, 誅之則人主危, 據而有之, 此亦社鼠也.」故人臣執柄擅禁, 明爲己者必利, 不爲己者必害, 亦猛狗也. 故左右爲社鼠, 用事者爲猛狗, 則術不行矣.

5.《韓詩外傳》卷7

傳曰: 齊景公問晏子:「爲國何患?」晏子對曰:「患夫社鼠.」景公曰:「何謂社鼠?」晏子曰:「社鼠出竊於外, 入託於社, 灌之恐壞墙, 燻之恐燒木, 此鼠之患. 今君之左右, 出則賣君以要利, 入則託君, 不罪乎亂法, 君又477覆而有之, 此社鼠之患也.」景公誅「嗚呼, 豈其然!」「人有市酒而甚美者, 置表甚長, 然至酒酸而不售, 問里人其故. 里人曰:『公之狗甚猛, 而人有持器而欲往者, 狗輒迎而齕之, 是以酒酸不售也.』士欲白萬乘之主, 用事者迎而齕之, 亦國之惡狗也. 左右者爲社鼠, 用事者爲惡狗, 此國之大患也.」詩曰:『瞻彼中林, 侯薪侯蒸.』言朝廷皆小人也.

6.《戰國策》楚策(一)

江乙惡昭奚恤, 謂楚王曰:「人有以其狗爲有執而愛之. 其狗嘗溺井. 其疑人見狗之溺井也, 欲入言之. 狗惡之, 當門而唉之. 疑人憚之, 遂不得入言. 邯鄲之難, 楚進兵大梁, 取矣. 昭奚恤取魏之寶器, 以居魏知之, 故昭奚恤常惡臣之見王.」

7.《藝文類聚》97

以稷蜂不螫而社鼠不燻, 非以稷蜂社鼠之神也. 其所託者然也. 故聖人求賢者以自輔.

221(7-37) 齊侯問於晏子
선악의 구별

제후齊侯가 안자晏子에게 물었다.

"정치에서 근심거리가 무엇이지요?"

안자가 대답하였다.

"선악이 제대로 구분되지 못하는 것입니다."

제후가 다시 물었다.

"어떻게 하면 그것을 살필 수 있습니까?"

"먼저 좌우를 잘 살펴 선택하십시오. 좌우가 선하면 모든 관료들이 각각 자기 맡은 바의 옳은 길을 얻어 선악이 구별될 것입니다."

안자의 이 말에 공자孔子는 이렇게 말하였다.

"이 말은 믿을 만하다. 착한 말이 들어가면 착하지 못한 말이 비집고 들어갈 틈이 없으며, 옳지 못한 말이 들어가면 옳은 말이 먹혀들지 않기 때문이다."

齊侯問於晏子曰:「爲政何患?」

對曰:「患善惡之不分.」

公曰:「何以察之?」

對曰:「審擇左右, 左右善, 則百僚各得其所宜, 而善惡分.」

孔子聞之曰:「此言也, 信矣, 善言進, 則不善無由入矣; 不善言進, 則善無由入矣.」

【齊侯】齊나라의 諸侯. 여기서는 景公을 가리킨다.
【晏子】晏嬰. 景公의 賢相.

참고 및 관련 자료

1.《晏子春秋》問上

景公問於晏子曰:「爲政何患?」晏子對曰:「患善惡之不分.」公曰:「何以察之?」
對曰:「審擇左右. 左右善, 則百僚各得其所宜, 而善惡分.」孔子聞之曰:「此言也信矣!
善進, 則不善無由入矣; 不善進, 則善無由入矣.」

222(7-38) 復槀之君朝齊
나를 성인으로 알고 있다

복고復槀의 **군주**가 제齊나라를 방문하자 환공桓公이 그에게 어떻게 백성을 다스리고 있는지 물었다. 복고의 군주는 대답을 하지 않고 자기 입술을 만지며 옷깃을 여미고 가슴을 누르고만 있는 것이었다. 환공이 다시 물었다.

"달고, 고통스럽고, 춥고, 배고픈 것을 모두 백성과 함께 합니까?"

그러자 그의 대답은 이러하였다.

"무릇 우리나라 백성은 나를 성인으로 알고 있기 때문에 말로 하지 않아도 알아듣습니다."

환공은 그에게 천금을 예물로 주었다.

復槀之君朝齊, 桓公問治民焉, 復槀之君不對, 而循口操衿抑心.

桓公曰:「與民共甘苦饑寒乎?」

「夫以我爲聖人也, 故不用言而諭.」因禮之千金.

【復槀】 고대의 小國 이름인 듯하다.
【桓公】 齊桓公.

1. 〈四庫全書本〉에는 본 장이 다음의 223장과 연결되어 있다.

223(7-39) 晉文公時
좋은 가죽 때문에 표범은 죽는다

진晉 문공文公 때의 일이다. 적翟 땅 사람 중에 큰 여우 가죽과 표범의 가죽으로 옷을 해 입은 자를 보고 문공이 이렇게 한탄하였다.

"여우나 표범이 무슨 죄가 있겠는가? 훌륭한 가죽을 가지고 있는 것이 죄라면 죄지!"

이 말을 들은 대부 난지欒枝가 이렇게 말하였다.

"땅이 넓으면 고르지 못한 곳이 있을 수밖에 없고, 재물이 몰리면 고루 분산될 수 없습니다. 어찌 여우와 표범만의 죄이겠습니까?"

이 말에 문공은 말하였다.

"옳습니다. 그 말이여!"

이에 난지는 다시 이렇게 덧붙였다.

"땅이 넓어 고르지 못하다면 사람을 시켜 평평하게 할 수 있지만, 재물이 몰려 고른 혜택을 못 받게 되면 사람들이 다투게 됩니다."

이에 땅을 나누어 백성들에게 나누어 주고, 재물을 흩어 가난한 이들을 진휼賑恤하게 되었다.

晉文公時, 翟人有封狐文豹之皮者, 文公喟然嘆曰:「封狐文豹, 何罪哉? 以其皮爲罪也.」

大夫欒枝曰:「地廣而不平, 財聚而不散, 獨非狐豹之罪乎?」

文公曰:「善哉! 說也.」

欒枝曰:「地廣而不平, 人將平之; 財聚而不散, 人將爭之.」

於是列地以分民, 散財以賑貧.

【晉文公】춘추오패의 하나. 19년 간 유랑 끝에 귀국하여 왕이 됨. 재위 9년
(B.C.636~628).《史記》晉世家 참조.

【翟】북쪽의 이민족. 狄과 같음.

【欒枝】文公의 신하. 大夫.

【賑恤】재물을 풀어 가난한 이들을 구제함.

참고 및 관련 자료

1. 〈四庫全書本〉은 본 장과 앞의 222장을 한 장으로 표시하고 있다.

2.《韓非子》喻老篇

翟人有獻豐狐・玄豹之皮於晉文公. 文公受客皮而歎曰:「此以皮之美自爲罪.」夫治
國者以名號爲罪, 徐偃王是也; 以城與地爲罪, 虞・虢是也. 故曰:「罪莫大於可欲.」

224(7-40) 晉文侯問政於舅犯
익힌 음식과 날 곡식

진晉 문후文侯가 구범舅犯에게 정치에 대해서 묻자 구범이 대답하였다.
"익힌 음식을 나누어 주는 것은 날 곡식을 주느니만 못하고, 날 곡식을
주는 것은 그에게 땅을 나누어 주는 것만 못합니다. 땅을 떼어 백성에게
나누어 주어 그 작록을 더욱 높여 주어야 합니다. 이리하여 윗사람이
땅을 얻으면 백성은 자신도 부유해질 것이라고 알게 되고, 윗사람이
땅을 잃으면 자신도 가난해지고 만다는 것을 깨닫게 되지요. 옛날에
군대를 모아 전쟁을 일으켰던 것이 바로 이 때문이라 말 할 수 있습니다."

晉文侯問政於舅犯.

舅犯對曰:「分熟不如分腥, 分腥不如分地; 割以分民, 而益其
爵祿, 是以上得地而民知富, 上失地而民知貧, 古之所謂致師
而戰者, 其此之謂也.」

【晉文侯】文公의 잘못. 文侯는 B.C.780~746년 동안 재위하였던 晉나라 군주로
뒤에 나오는 舅犯과 연대 차이가 있다. 文公은 B.C.636~628년. 《史記》晉世家에
"晉文公重耳, 晉獻公之子也, 有賢士五人, 曰: 趙衰, 狐偃咎犯, 文公舅也, 賈佗,
先軫, 魏武子"라 하였다.
【舅犯】狐偃咎犯, 혹 咎犯·狐偃으로 불리며, 文公(重耳)의 외삼촌이다. 앞 장의
주 참조.

225(7-41) 晉侯問於士文伯
일식이 불길한 징조인가

진후晉侯가 사문백士文伯에게 물었다.

"삼월 초하루에 일식日蝕이 있었는데 나는 이를 어떻게 여겨야 할지 모르겠소. 《시詩》에 '그 날에 일식이 있었으니 이 무슨 불길한 조짐인가?'라 하였는데 이는 무슨 뜻입니까?"

사문백이 대답하였다.

"정치를 잘하지 못하였다는 뜻입니다. 나라에 정치가 바로잡히지 않았는데도 선을 베풀지 않으면, 해와 달의 재앙으로 인하여 스스로 징벌을 받을 것이라는 뜻입니다. 근신하지 않으면 안 됩니다. 정치에는 세 가지만 갖추어지면 됩니다. 즉 첫째 백성의 뜻을 따를 것, 둘째 사람을 바르게 선택할 것, 셋째 때를 잘 따를 것 등입니다."

晉侯問於士文伯曰:「三月朔, 日有蝕之. 寡人學惛焉, 詩所謂: 『彼日而蝕, 于何不臧』者, 何也?」

對曰:「不善政之謂也; 國無政, 不用善, 則自取讁於日月之災, 故不可不愼也. 政有三而已: 一曰因民, 二曰擇人, 三曰從時.」

【晉侯】晉나라의 군주.
【士文伯】晉나라의 신하.

【詩】《詩經》 小雅 十月之交의 구절. 원문은 "此日而食, 于何不臧"으로 되어 있다.

1. 《左傳》 昭公 7年

夏四月甲辰朔, 日有食之. 晉侯問於士文伯曰:「誰將當日食?」 對曰:「魯・衛惡之, 衛大魯小.」 公曰:「何故?」 對曰:「去衛地, 如魯地. 於是有災, 魯實受之. 其大咎, 其衛君乎, 魯將上卿.」 公曰:「詩所謂『彼日而食, 于何不臧』者, 何也?」 對曰:「不善政 之謂也. 國無政, 不用善, 則自取謫於日月之災. 故政不可不愼也. 務三而已. 一曰: 擇人; 二曰: 因民; 三曰: 從時.」

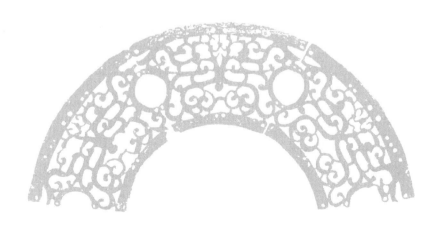

226(7-42) 延陵季子游於晉
국경에 들어서 보니

연릉계자延陵季子가 진晉나라에 들르면서 그 국경에 들어서자마자 이렇게 말하였다.

"아, 포악한 나라로구나!"

그리고 다시 그 나라 도읍에 들어서서는 이렇게 평하였다.

"아, 힘이 다하였구나! 이 나라는."

진나라 조정에 서서는 다시 이렇게 말하였다.

"아, 혼란한 나라로구나!"

이에 시종侍從하던 자가 물었다.

"선생께서는 이 나라에 들어오신 지 얼마 되지도 않았는데, 어찌 그런 판단을 내리시고 잘못 보았나 의심하지도 않으십니까?"

연릉계자는 이렇게 설명하였다.

"그렇다! 내 이 나라 국경에 들어왔더니, 농토가 황폐한데도 휴벌休伐을 하지 않아 잡초가 무성히 자란 것을 보았다. 나는 이로써 이 나라가 생업에 힘쓰지 않는 포악한 나라임을 알았다. 또 내가 도읍에 들어서 보니, 새로 지은 집일수록 옛날 것만큼 훌륭하지 못하고, 새로 쌓은 담이 옛날 것보다 낮았다. 백성들의 성의가 사라진 것이다. 이를 보고 나는 이 나라의 백성이 피폐해진 것을 알았다. 그리고 조정에 서서 보니, 임금은 능히 권위만 부릴 뿐 아랫사람 말을 듣지 않고, 신하는 신하대로 자기 잘한 것만 자랑할 뿐 간언을 하려 들지 않더라. 그래서 나는 이 나라가 질서 없이 혼란하다는 것을 알았다."

延陵季子游於晉, 入其境曰:「嘻, 暴哉國乎!」

入其都曰:「嘻, 力屈哉國乎!」

立其朝曰:「嘻, 亂哉國乎!」

從者曰:「夫子之入晉境, 未久也, 何其名之不疑也?」

延陵季子曰:「然, 吾入其境, 田畝荒穢而不休, 雜增崇高, 吾是以知其國之暴也. 吾入其都, 新室惡而故室美, 新牆卑而故牆高, 吾是以知其民力之屈也. 吾立其朝, 君能視而不下問, 其臣善伐而不上諫, 吾是以知其國之亂也.」

【延陵季子】吳나라의 公子로 賢人으로 알려져 있다. 季札.《史記》吳太白世家에 "季札封於延陵, 故號曰延陵季子"라 하였다.
【休伐】잡초를 깎아 없앰.

참고 및 관련 자료

1. 〈四庫本〉은 본 장과 다음의 227장이 하나로 묶여져 있다.

227(7-43) 齊之所以不如魯者
제나라와 노나라의 차이

제齊나라가 노魯나라만 못한 것은 태공太公이 백금伯禽만큼 어질지 못하였기 때문이다. 백금과 태공이 모두 각자 봉封을 받아 각기 자기 봉지를 다스린 지 3년이 지났을 때였다. 태공이 내조來朝하자 주공周公이 물었다.

"어찌 그리 빨리 치적治績을 이루었습니까?"

태공은 이렇게 대답하였다.

"어진 이를 높이고, 먼 사람을 먼저 하고 가까운 사람을 나중에 하였으며, 먼저 의를 밝히고 나중에 인仁을 실천하였습니다."

이는 바로 패자霸者로서의 정치 방법이다. 그래서 주공은 이렇게 평하였다.

"그대 태공의 은택은 오세五世까지 갈 것입니다!"

5년 만에 이번에는 백금이 내조하자 주공이 물었다.

"어찌 다스림이 그리 어려웠는가?"

백금은 이렇게 대답하였다.

"친한 자를 친하게 하며, 안을 먼저 다스리고 밖으로 넓혔으며, 인을 먼저 행하고 의를 뒤로 하였습니다."

이는 바로 왕자王者의 통치방법이다. 이에 주공은 이렇게 평하였다.

"노나라의 은택은 십세十世까지 미치리라."

이처럼 노나라 왕도정치의 흔적은 인후仁厚였고, 제나라 패도정치의 흔적은 무정武政이었던 것이다. 그래서 제나라가 노나라에 미치지 못하는 것이며 이는 바로 태공의 어짊이 백금만 못하였기 때문이다.

齊之所以不如魯者, 太公之賢, 不如伯禽, 伯禽與太公俱受封, 而各之國三年, 太公來朝, 周公問曰:「何治之疾也?」

對曰:「尊賢, 先疏後親, 先義後仁也.」

此霸者之迹也.

周公曰:「太公之澤及五世.」

五年伯禽來朝, 周公問曰:「何治之難?」

對曰:「親親者, 先內後外, 先仁後義也.」

此王者之迹也.

周公曰:「魯之澤及十世.」

故魯有王迹者, 仁厚也; 齊有霸迹者, 武政也; 齊之所以不如魯也, 太公之賢不如伯禽也.

【太公】 姜子牙, 姜太公望, 呂尚. 武王을 도와 殷을 멸한 후 齊나라의 봉을 받았다. 齊나라의 시조. 《史記》齊太公世家 참조.

【伯禽】 周公의 아들. 周公을 이어 魯나라를 다스렸다. 《史記》魯周公世家에 "…使其子伯禽代就封於魯, 周公戒伯禽曰 我文王之子, 武王之弟, 成王之叔父, 我於天下亦不賤矣. 然我一沐三握髮, 一飯三吐哺, 起以待士, 猶恐失天下之賢人, 子之魯, 愼無以國驕人"이라 하였다.

【周公】 周公 旦.

1. 본 장에 대해 〈四庫本〉에는 앞의 226장과 한 장으로 처리되어 있다. 한편
내용은 《史記》와 상반되게 기록되어 있다.

2. 《史記》 魯周公世家

魯公伯禽之初受封之魯, 三年而後報政周公, 周公曰何遲也. 伯禽曰變其俗, 革其禮,
喪三年然後除之, 故遲. 太公亦封於齊, 五月而報政周公, 周公曰何疾也. 曰吾簡其
君臣禮, 從其俗爲也, 及後聞伯禽報政遲, 乃歎曰嗚呼. 魯後世其北面事齊矣. 夫政
不簡不易, 民不有近, 平易近民, 民必歸之.

3. 《韓詩外傳》 卷10

昔者, 太公望·周公旦受封而見, 太公問周公:「何以治魯?」周公曰:「尊尊親親」太公
曰:「魯從此弱矣.」周公問太公曰:「何以治齊?」太公曰:「擧賢賞功.」周公曰:「後世必
有劫殺之君矣.」後齊日以大, 至於霸, 二十四世而田氏代之. 魯日以削, 三十四世而亡.
由此觀之, 聖人能知微矣. 詩曰:『惟此聖人, 瞻言百里.』

4. 《呂氏春秋》 長見篇

呂太公望封於齊, 周公旦封於魯, 二君者甚相善也. 相謂曰:「何以治國?」太公望曰:
「尊賢上功.」周公旦曰:「親親上恩.」太公望曰:「魯自此削矣.」周公旦曰:「魯雖削,
有齊者亦必非呂氏也.」其後齊日以大, 至於霸, 二十四世而田成子有齊國, 魯日以削,
至於覲存, 三十四世而亡.

5. 《呂氏春秋》 長利篇

辛寬見魯繆公曰:「臣而今而後知吾先君周公之不若太公望封之知也. 昔者, 太公望
封於營丘之渚, 海阻山高, 險固之地也. 是故地日廣, 子孫彌隆. 吾先君周公封於魯,
無山林谿谷之險, 諸侯四面以達, 是故地日削, 子孫彌殺.」辛寬出, 南宮括入見.
公曰:「今者, 寬也, 非周公, 其辭若是也.」南宮括對曰:「寬少者, 弗識也. 君獨不聞
成王之定成周之說乎? 其辭曰:『惟余一人, 營居於成周. 惟余一人, 有善易得而見也,
有不善易得而誅也.』故曰:『善者得之, 不善者失之.』古之道也. 夫賢者豈欲其子
孫之阻, 山林之險, 以長爲無道哉? 小人哉! 寬也! 今使燕爵爲鴻鵠鳳皇慮, 則必不
得矣.」其所求者, 瓦之間隙, 屋之翳蔚也, 與一擧則有千里之志, 德不盛 義不大則
不至其郊. 愚庫之民, 其爲賢者慮, 亦猶此也. 固妄誹訾, 豈不悲哉?

6.《淮南子》齊俗訓

昔太公望, 周公旦, 受封而相見, 太公望問周公曰:「何以治魯?」周公曰:「尊尊親親」
太公曰:「魯從此弱矣.」周公問太公曰:「何以治齊?」太公曰:「擧賢而上功.」周公曰:
「後世必有劫殺之君.」其後齊日以大, 至於霸, 二十四世, 而田氏代之. 魯日以削,
至三十二世而亡. 故易曰:「履霜堅氷至.」』聖人之見終始微言.

228(7-44) 景公好婦人而丈夫飾者
부인들의 남장을 좋아한 경공

경공景公은 여자들이 남자처럼 꾸미고 다니는 것을 좋아하였다. 그러자 온 나라 여자들이 유행처럼 모두 그러한 복장을 하고 다녔다. 경공이 너무 심하다고 느껴 관리를 시켜 이를 금지하도록 하였다.

"여자이면서 남자처럼 꾸미고 다니는 자는 그 옷을 찢어 버리고 그 허리띠를 잘라 버리리라!"

그러자 옷을 찢기고 허리띠를 잘리어야 할 해당자가 줄을 이어 끝이 없을 정도였다. 안자晏子가 경공을 만나자 경공이 이렇게 물었다.

"과인이 관리를 시켜 여자이면서 남자 모습을 하고 다니는 자에게 그 옷을 찢어 버리고 그 허리띠를 잘라 버리도록 명하였더니 그에 해당된 자들이 서로 보아 끝이 없을 정도로 많으니 어찌 된 일이오?"

안자가 대답하였다.

"임금께서 궁궐 안의 여자들에게는 그렇게 입으라고 하면서 궁궐 밖의 사람들에게는 이를 금하고 있으니, 이는 바로 문에 소머리를 달아 놓고 말고기를 사겠다는 것과 같습니다. 임금께서는 어찌 궁궐 내의 사람부터 금하지 않습니까? 그렇게만 되면 밖에서는 하라 해도 감히 하는 자가 없을 텐데요!"

경공은 수긍하였다.

"옳습니다."

그리고는 궁내에서 그러한 복장을 하지 못하게 하였다. 과연 미처 한 달이 되지 않아 나라 안에 그러한 복장을 하는 자가 사라지게 되었다.

景公好婦人而丈夫飾者, 國人盡服之.

公使吏禁之曰:「女子而男子飾者, 裂其衣, 斷其帶.」

裂衣斷帶, 相望而不止.

晏子見, 公曰:「寡人使吏禁女子而男子飾者, 裂其衣, 斷其帶, 相望而不止者, 何也?」

對曰:「君之服之於內, 而禁之於外, 猶懸牛首於門, 而求買馬肉也; 公胡不使內勿服, 則外莫敢爲也.」

公曰:「善!」

使內勿服, 不旋月, 而國莫之服也.

【景公】춘추시대 齊나라 군주.
【相望而不止】그 수가 매우 많음을 뜻함.
【晏子】景公의 賢相.

참고 및 관련 자료

1.《晏子春秋》雜下

靈公好婦人而丈夫飾者, 國人盡服之. 公使吏禁之曰:「女子而男子飾者, 裂其衣, 斷其帶.」裂衣斷帶, 相望而不止. 晏子見, 公問曰:「寡人使吏禁女子而男子飾者, 裂斷其衣帶, 相望而不止者何也?」晏子對曰:「君使服之於內, 而禁之於外, 猶懸牛首於門, 而求賣馬肉於內也. 公何以不使內勿服, 則外莫敢爲也.」公曰:「善.」使內勿服, 踰月, 而國莫之服.

229(7-45) 齊人甚好轂擊
수레바퀴 부딪치기

제齊나라 사람들은 수레를 몰고 다니면서 서로 상대의 바퀴통을 부딪치는 행동을 즐거움으로 삼고 있었다. 이를 금지하였지만 그런 풍조는 그치지를 않았다. 안자晏子가 이를 걱정한 끝에 자신이 나서서 새로운 수레를 만들어 좋은 말로 하여금 끌게 하고는, 거리에서 다른 사람의 수레에 부딪쳐 같은 행동을 저지른 다음 이렇게 말하였다.

"수레바퀴 통이 부딪친 것은 상서롭지 못한 징조로다. 내가 제사를 잘못 지냈거나 평소 경건하게 행동하지 못해서 일어난 일이 아닌가 한다."

그리고는 수레에 내려서 이를 버리고 떠나 버렸다. 그러한 일이 있은 후 나라 사람들은 더 이상 그러한 일을 하지 않게 되었다.

그래서 이렇게 말한 것이다.

"무엇이든지 금지하고 억제하는 일은, 그 몸으로 먼저 나서서 실천하지 않으면 백성이 따르지 않는다. 그러므로 그 마음을 변화시키는 데에는 교화敎化만한 것이 없다."

齊人甚好轂擊, 相犯以爲樂, 禁之不止, 晏子患之.

乃爲新車良馬出與人相犯也, 曰:「轂擊者, 不祥, 臣其祭祀不順, 居處不敬乎?」

下車棄而去之, 然後國人乃不爲.

故曰:「禁之以制, 而身不先行也, 民不肯止, 故化其心, 莫若
敎也.」

【轂擊】 수레바퀴끼리 부딪쳐 어느 쪽이 먼저 부서지는가를 가름하는 것.
【晏子】 齊나라 景公의 名相.
【民不肯止】 백성이 그만두려고 하지 않음을 뜻한다.

> 참고 및 관련 자료

1. 《晏子春秋》 內篇 雜下

齊人甚好轂擊, 相犯以爲樂, 禁之不止. 晏子患之, 迺爲新車良馬, 出與人相犯也,
曰:「轂擊者不祥, 臣其祭祀不順, 居處不敬乎?」 下車而棄去之, 然後國人乃不爲.
故曰:「禁之以制, 而身不先行, 民不肯止. 故化其心, 莫若敎也.」

230(7-46) 魯國之法
첩을 데려올 수 있는 법

노魯나라의 법에 노나라 백성으로 다른 제후에게 신하나 첩妾으로
간 자를 능히 풀려나게 할 수 있으면 그 비용을 나라로부터 받게 되어
있었다. 그런데 자공子貢이 다른 제후로부터 노나라 백성을 송환시키면서
그의 비용을 나라에 되돌려 주는 것이었다. 이를 듣고 공자孔子가 이렇게
말하였다.

"자공이 실책을 범하였구나. 성인은 무슨 일을 처리할 때, 풍속을
바꿀 수 있으면 그 방법으로 하여 이를 교도教導하여 백성에게 베풀었지,
자기 하나만의 사례에 맞추어 행하지는 않았다. 지금 노나라에는 부자는
적고 가난한 자는 많다. 백성을 송환하고 그 비용을 받는다면, 이는
염직廉直에서 벗어난다는 사례를 만들고, 받지 않으면 더 이상 송환시킬
수 없게 된다. 지금부터 노나라 사람은 더 이상 송환해 오려고 나서는
자가 없게 될 것이다."

공자는 교화教化에 통달한 사람이라 할 수 있다. 그래서 노자老子는
이렇게 말한 것이다.

"작은 것을 볼 수 있는 것이 명明이다."

魯國之法, 魯人有贖臣妾於諸侯者, 取金於府; 子貢贖人於
諸侯,而還其金.

孔子聞之曰:「賜失之矣, 聖人之擧事也, 可以移風易俗, 而教導可施於百姓, 非獨適其身之行也. 今魯國富者寡而貧者衆, 贖而受金則爲不廉; 不受則後莫復贖, 自今以來, 魯人不復贖矣.」

孔子可謂通於化矣.

故老子曰:「見小曰明.」

【贖】代贖金. 돈을 물고 송환시켜 오는 것.
【子貢】孔子의 제자. 端木賜.
【老子曰】《老子》 52章의 구절. "見小曰明, 守柔曰强"이라 하였다.

참고 및 관련 자료

1.《呂氏春秋》察微篇

魯國之法, 魯人爲人臣妾於諸侯, 有能贖之者, 取其金於府. 子貢贖魯人於諸侯, 來而讓不取其金. 孔子曰:「賜失之矣! 自今以往, 魯人不贖人矣. 取其今, 則無損於行, 不取其金, 則不復贖人矣.」

2.《淮南子》道應訓

魯國之法, 魯人爲人妾於諸侯, 有能贖之者, 取金於府. 子贛贖魯人於諸侯, 來而辭不受金. 孔子曰:「賜失之矣! 夫聖人之擧事也, 可以移風易俗而受敎順, 可施後世, 非獨以適身之行也. 今國之富者寡而貧者衆, 贖而受金, 則爲不廉, 不受金, 則不復贖人. 自今以來, 魯人不復贖人於諸侯矣.」孔子亦可謂知禮矣. 故老子曰:「見小曰明.」

3.《淮南子》齊俗訓

子路撜溺, 而受牛謝. 孔子曰:「魯國必好救人於患.」子贛贖人, 而不受金於府. 孔子曰:「魯國不復贖人矣.」子路受而勸德, 子贛讓而止善, 孔子之明, 以小知大, 以近知遠, 通於論者也. 由此觀之, 廉有所在, 而不可公行也. 故行齊於俗可隨也. 事周於能易爲也. 矜僞以惑世, 伉行以違衆, 聖人不以爲民俗.

4.《孔子家語》致思篇

魯國之法, 贖人臣妾於諸侯者, 皆取金於府. 子貢贖之, 辭而不取金. 孔子聞之, 曰:
「賜失之矣! 夫聖人之舉事也, 可以移風易俗, 而教導可以施之於百姓, 非獨適身之
行也. 今魯國富者寡而貧者衆, 贖人取金, 則爲不廉, 則何以相贖乎? 自今以後,
魯人不復贖人於諸侯.」

231(7-47) 孔子見季康子
십리를 벗어나도 들리는 매미소리

공자孔子가 계강자季康子를 찾아갔더니, 계강자가 달갑게 여기지 않는 것이었다. 그런데도 공자가 다시 그를 찾아가자, 재여宰予가 의아하게 여겨 여쭈었다.

"제가 듣기로 선생님께서는 '왕공王公이 먼저 부르기 전에는 가지 않는 법이다'라 하셨습니다. 그러므로 지금 선생님께서 사구司寇인 계강자를 자주 찾아가는 것을 줄여야 할 것 같습니다."

공자는 이렇게 말하였다.

"노나라 사람들이 서로 속이고 능멸하며, 무기로 폭력을 휘두르는 풍조가 만연한지 너무 오래 되었다. 그런데도 관리들이 나서지 않고 있다. 이것과 나를 초빙한 일, 그래서 내가 나가는 것, 어느 것이 더 중요하냐?"

이 말을 노나라 사람이 듣고 이렇게 말하였다.

"성인이 나라를 다스리니 어찌 형벌을 스스로에게 먼저 내리는 일을 하지 않으리오?"

이로부터 노나라에는 다투는 일이 없어졌다. 이에 공자가 그 제자들에게 이렇게 일렀다.

"산으로부터 10리를 벗어나도 매미 우는 소리가 아직도 귀에 남아 있다. 정치에 대한 것은 그때마다 즉시 이에 대응하는 것만한 것이 없다."

孔子見季康子, 康子未說, 孔子又見之.

宰予曰:「吾聞之夫子曰:『王公不聘, 不動.』今吾子之見司寇也少數矣.」

孔子曰:『魯國以眾相陵, 以兵相暴之日, 久矣, 而有司不治, 聘我者, 孰大乎?』

於是魯人聞之曰:『聖人將治, 可以不先自爲刑罰乎?』

自是之後, 國無爭者.

孔子爲弟子曰:「違山十里, 蟪蛄之聲, 猶尚存耳, 政事無如膺之矣.」

【季康子】魯나라의 집정대신.《論語》에 보이는 이름.
【宰予】孔子의 제자. 字는 子我.《論語》에 보인다.
【司寇】치안과 재판을 맡는 관리. 季康子가 당시 이 직책에 있었던 것으로 보인다.

참고 및 관련 자료

1. 〈四庫本〉과 〈四部本〉에는 다음 장(232)과 묶여서 한 장으로 처리되어 있다.

2.《孔子家語》子路初見篇

孔子爲魯司寇, 見季康子, 康子不悅, 孔子又見之. 宰予進曰:「昔予也, 嘗聞諸夫子曰:『王公不我聘, 則弗動.』今夫子之於司寇也日少, 而屈節數矣, 不可以已乎?」孔子曰:「然, 魯國以眾相陵, 以兵相暴之日, 久矣, 而有司不治, 則將亂也, 其聘我者, 孰大於是哉!」魯人聞之, 曰:「聖人將治, 何不先自遠於刑罰.」自此之後, 國無爭者. 孔子謂宰予曰:「違山十里, 蟪蛄之聲, 猶在於耳, 故政事莫如膺之.」

232(7-48) 古之魯俗
사냥감과 물고기

옛날 노魯나라의 풍속은 길과 마을 사이 및 동구 밖의 문, 나문羅門의 사냥감, 수문收門의 물고기 등에 대하여 노나라 나름의 그 예에 맞는 규정이 있었다. 그 때문에 공자孔子가 훌륭하다고 여겼던 것이다.

즉 길과 마을 사이에는 부잣집이 가난한 자를 위해 재물을 내어 길을 닦았고, 나문의 사냥감은 어버이를 모시고 있는 자는 많이 잡을 수 있고, 어버이가 없는 자는 적게 잡으며, 수문의 물고기도 어버이를 모시고 있는 자는 큰 것을 잡을 수 있고, 어버이가 없는 자는 작은 것을 잡아갔던 것이다.

古之魯俗, 塗里之閭, 羅門之羅, 收門之漁, 獨得於禮, 是以孔子善之, 夫塗里之閭, 富家爲貧者出; 羅門之羅, 有親者取多, 無親者取少; 收門之漁, 有親者取巨, 無親者取小.

【塗里之閭】마을과 마을 사이의 閭門.
【羅門之羅】동구 밖에 사냥 그물을 쳐놓은 것.
【收門之魚】漁場의 입구를 알리는 문. 《說苑疏證》에는 '敓門之漁'로 고쳐져 있다. "敓, 原作收, 從孫詒讓札迻改, 下同"이라 하였다. 그러나 이는 '戕'자가 아닌가 한다.

참고 및 관련 자료

1. 〈四庫本〉과 〈四部本〉에는 본 장이 앞장(231)과 연결되어 있다.

233(7-49) 春秋曰四民均
사농공상

《**춘추**春秋》에 이렇게 기록되어 있다.

"사민四民이 고르면 왕도王道가 흥하고 백성이 편안해진다."

사민이란 사士·농農·공工·상商을 말한다.

春秋曰: 四民均則王道興而百姓寧; 所謂四民者, 士農工商也.

【春秋】 册名. 儒家의 經典. 지금은 十三經 중에 春秋三傳을 합하여 말함. 삼전은
《左傳》,《穀梁傳》,《公羊傳》이다.

【王道】 王道政治, 霸道에 상응하는 말.

참고 및 관련 자료

1. 〈四庫本〉과 〈四部本〉에는 본 장이 다음의 234장과 연결되어 있다.

2. 《穀梁傳》成公 元年

古者, 有四民: 有士民, 有商民, 有農民, 有工民.

234(7-50) 婚姻之道廢
혼인제도

혼인婚姻의 제도가 폐지되면 남녀 사이의 도덕이 허물어져 음일 淫洪의 풍조가 심해질 것이다.

婚姻之道廢, 則男女之道悖, 而淫洪之路興矣.

참고 및 관련 자료

1. 본 장은 〈四庫本〉 및 〈四部本〉에는 모두 앞장과 연결된 것으로 되어 있다. 그리고 《說苑疏證》에는 "拾補云, 似非全文"이라 하여 脫缺된 것이 아닌가 여겼다.
2. 《禮記》 經解
故昏姻之禮廢, 則夫婦之道苦, 而淫辟之罪多矣.

卷八. 존현편尊賢篇

"존현尊賢"이란 어진 이를 높이 받들어야 한다는 뜻이다. 본권은 이에 관한 일화와 고사 등을 모은 것이다.

모두 37장(235~271)이다.

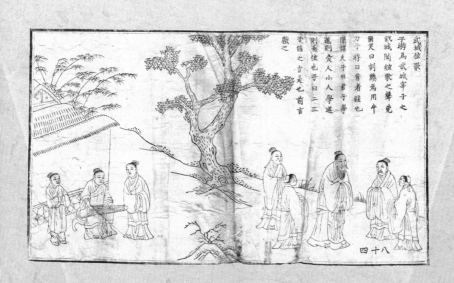

235(8-1) 人君之欲平治天下而垂榮名者
홍곡에 깃과 날개가 없다면

임금으로서 천하를 편안히 다스리고 그 이름을 후세까지 드날리고 싶어 하는 자는, 반드시 어진 이를 높이고 스스로를 선비보다 낮추어야 한다.

그래서 《역易》에 "스스로 위에 있으면서 아랫사람보다 낮추면 그 도가 크게 빛나리!"라 하였고, 또한 "귀한 자가 천한 자보다 더 아래에 처하면 크게 백성을 얻을 수 있다"라 한 것이다.

무릇 명석한 왕이란 그 덕을 베풀되 아랫사람보다 더 낮은 쪽에 처하며, 멀리 있는 사람을 품어 가까이 이르도록 하는 것이다.

조정에 어진 이가 없다는 것은 홍곡鴻鵠에게 깃과 날개가 없는 것과 같아, 비록 1천 리를 날기를 소망해도 그 뜻대로 날아 이를 수가 없다. 이 까닭으로 강과 바다에서 노는 자는 배에 의탁해야 하고, 먼길을 가는 자는 수레에 의탁해야 하듯이, 패왕

〈百里奚牧牛圖〉

霸王을 이루고자 하는 자는 어진 이를 의탁해야 되는 것이다.

이윤伊尹·여상呂尙·관이오管夷吾·백리해百里奚는 바로 패왕에게 있어서의 배나 수레와 같은 역할을 한 인물들이다. 부모·형제·자손을 다 떠나서 이를 도운 것은 일부러 가족을 소원疏遠하게 한 것이 아니며, 요리사·낚시꾼·도살꾼, 심지어 원수나 포로임에도 그들을 거용한 것은 그들에게 아첨해서가 아니다. 사직을 지탱하고 공명을 세우기 위해서는 그렇게 하지 않으면 안 되었기 때문이다.

이는 마치 목수가 있어야 궁실지을 때 크고 작은 것을 헤아려 재목을 맞추고, 그 공에 비교하여 쓸 사람의 수를 정할 수 있는 것과 같다.

이 까닭으로 여상呂尙이 초빙되자, 천하가 비로소 상商나라가 장차 망하고 주周나라가 천하의 왕이 될 것을 알게 되었고, 관이오管夷吾·백리해百里奚가 임명되자, 천하는 제齊·진秦이 반드시 패자霸者가 되리라는 것을 알게 된 것이다. 그러니 어찌 왕을 태우고 싣고 하는 정도에 그치리오!

무릇 왕업과 패업을 이루는 것은 사람이 하는 일이며, 나라나 집을 망치는 것도 역시 사람이 하는 일이다.

걸桀이 간신干辛을, 주紂가 악래惡來를, 송宋나라가 당앙唐鞅을, 그리고 제齊나라가 소진蘇秦을, 진秦나라가 조고趙高를 등용시키자, 천하는 그들이 그 나라를 망하게 할 것이라는 바를 알았다. 이는 그 사람들이 적합한 인물이 아닌데도 그들을 이용하여 공을 세우려 들었으니, 즉 비유컨대 하지夏至날에 긴 밤을 바라고, 하늘을 향해 활을 쏘면서 물고기가 맞기를 바라는 꼴이었다. 비록 순舜이나 우禹 같은 분일지라도 판별하기 어려운데, 하물며 범속凡俗한 군주야 오죽하겠는가?

人君之欲平治天下而垂榮名者, 必尊賢而下士.
易曰:「自上下下, 其道大光.」

又曰:「以貴下賤, 大得民也.」

夫明王之施德而下下也, 將懷遠而致近也. 夫朝無賢人, 猶鴻
鵠之無羽翼也, 雖有千里之望, 猶不能致其意之所欲至矣; 是故
游江海者, 託於船, 致遠道者, 託於乘, 欲霸王者, 託於賢; 伊尹·
呂尚·管夷吾·百里奚, 此霸王之船乘也. 釋父兄與子孫, 非疏
之也; 任庖人釣屠與仇讎僕虜, 非阿之也; 持社稷立功名之道,
不得不然也. 猶大匠之爲宮室也, 量小大而知材木矣, 比功校
而知人數矣. 是故呂尚聘而天下知商將亡, 而周之王也; 管夷吾·
百里奚任, 而天下知齊秦之必霸也, 豈特船乘哉! 夫成王霸固
有人, 亡國破家亦固有人; 桀用于莘, 紂用惡來, 宋用唐鞅, 齊
用蘇秦, 秦用趙高, 而天下知其亡也; 非其人而欲有功, 譬其若
夏至之日, 而欲夜之長也, 射魚指天, 而欲發之當也; 雖舜禹猶
亦困, 而又況乎俗主哉!

【易曰】 앞 부분은 《周易》 益卦의 象傳의 구절이며 뒤의 구절은 屯卦의 初九
象辭의 내용이다.
【伊尹】 商나라 湯을 도운 名臣. 처음에는 夏나라 桀王의 요리사였다고 한다.
【呂尚】 姜子牙·太公望. 周나라 武王을 도와 殷을 멸하였다.
【管夷吾】 管仲·管子. 춘추시대 齊나라 桓公을 도와 패자가 되게 하였다. 처음
에는 桓公에게 대항하다 잡힌 포로였다.
【百里奚】 춘추시대 秦穆公을 도와 패자로 만든 名臣. 虞나라 출신으로 뒤에
검은 양가죽 다섯 장을 주고 찾아왔다 하여 五羔大夫(五羖大夫)라 불린다.
【于莘】 夏의 末王 桀의 신하.
【惡來】 商(殷)의 末王인 紂의 신하. 《史記》 殷本紀에 "紂又用惡來, 惡來善
毀讒, 諸侯以此益疏"라 하였다.
【唐鞅】 전국시대 宋 康王의 신하.

【蘇秦】 전국시대 최고의 游說客. 縱橫家의 대표적인 인물.《史記》蘇秦張儀
列傳 및《戰國策》참조.
【趙高】 秦始皇의 신하. 秦 始皇이 죽자 胡亥를 세우기 위해 扶蘇를 죽도록 하였다.
'指鹿爲馬'의 고사를 남겼다.
【舜】 古代 聖王. 虞나라의 군주.
【禹】 夏나라의 시조. 고대의 聖王.

참고 및 관련 자료

1.《呂氏春秋》知度篇

絶江者託於船, 致遠者託於驥, 霸王者託於賢. 伊尹・呂尚・管夷吾・百里奚, 此霸王
者之船, 驥也. 釋父兄與子孫, 非疏之也; 任庖人, 釣者與仇人, 僕虜, 非阿之也.
持社稷, 立功名之道, 不得不然也. 猶大匠之爲宮室也, 量小大而知材木矣, 皆功丈
而知人數矣. 故小臣, 呂尚聽, 而天下知殷, 周之王也; 管夷吾・百里奚聽, 而天下知
齊秦之霸也. 豈特驥遠哉! 夫成王霸者固有人, 亡國者亦有人. 桀用羊辛, 紂用惡來,
宋用唐鞅, 齊用蘇秦, 而天下知其亡. 非其人而欲有功, 譬之若夏至之日而欲夜之長也,
射魚指天而欲發之當也, 舜禹猶若困而況俗主乎!

236(8-2) 春秋之時
춘추시대

　춘추春秋시대에는 천자天子는 미약하고 제후들은 각각 자기 정치에만 힘을 써서 모두가 종주국에 등을 돌려 복종하지 않았다. 무리가 많은 자는 적은 자를 힘으로 누르고, 강한 자는 약한 자의 것을 빼앗아 가며, 남이南夷와 북적北狄이 번갈아 가며 침범하여 중국中國은 그저 가느다란 실처럼 겨우 그 명맥만을 유지하고 있었다.

　이에 환공桓公이 관중管仲·포숙鮑叔·습붕隰朋·빈서무賓胥無·영척甯戚을 등용하여, 세 개의 망하는 나라를 존속시켜 주고 한 나라의 끊어지는 제사를 이어 주었다. 그리하여 중국을 구하고 융적戎狄을 물리치며, 마침내 형만荊蠻을 위협하여 주실周室을 높여 제후諸侯를 제패하였다.

　다음으로 진晉 문공文公은 구범咎犯·선진先軫·양처보陽處父를 등용시켜 중국을 강하게 하고 강한 초나라를 물리쳐 제후들을 모아 천자에게 조알朝謁, 주실을 빛나게 해주었다.

　그런가 하면 초楚 장왕莊王은 손숙오孫叔敖·사마자반司馬子反 그리고 장군 자중子重을 등용하여 진陳나라를 정벌하고 정鄭나라를 복종시켰으며, 강한 진晉나라를 물리쳐 천하에 대적할 자가 없었다.

　한편 진秦 목공穆公은 백리해百里奚·건숙蹇叔·왕자 요廖 및 유여由余를 들어 쓴 결과, 옹주雍州를 소유하고 서융西戎을 몰아낼 수 있었다.

　오吳나라는 연주래延州萊 계자季子를 등용하여 익주翼州를 아우르고 계보鷄父에서 그 위세를 떨쳤다.

그런가 하면 정鄭 희공僖公은 천승千乘의 풍요함과 제후로서 귀한 신분이었으나, 백성의 마음을 따르지 않아 그만 신하에게 시해당하고 말았으니, 이는 어진 이를 얻는 것을 먼저 하지 않았기 때문이다.

그러나 정나라는 간공簡公에 이르러서는 자산子産·비침裨諶·세숙世叔, 그리고 행인行人인 자우子羽를 등용하자 간신이 사라지고 옳은 신하가 나설 수 있었다. 이에 강한 초楚나라를 물리치고 중국을 합하니, 국가가 편안하여 20여 년 동안 강한 초나라에 대한 근심이 사라지게 되었다.

그래서 우虞나라에 궁지기宮之奇가 있으므로 해서 진晉 헌공獻公은 밤잠을 자지 못하였으며, 초나라에 자옥득신子玉得臣이 있으므로 해서 진晉 문공文公은 늘 자리를 옆으로 하고 앉아야 하였다.

어진 이를 싫어하기를 지극히 해서는 싸움[折衝]에 이길 수 없는 것이다. 무릇 송宋 양공襄公은 공자公子 목이目夷의 말을 듣지 않았다가 초나라에게 큰 모욕을 당하였고, 조曹나라 군주는 희부기僖負羈의 충간을 듣지 않았다가 융戎에서 패하여 죽고 말았다.

그러므로 오직 오시五始의 요체를 함께 해야 하니, 이는 치란治亂의 시작으로 모두가 자신을 잘 살펴 어진 이를 임용하는 데 있다.

국가란 어진 이를 임용하면 길吉하고, 불초한 자를 들어 쓰면 흉凶하게 마련이다. 지난 세상을 둘러보고 지난 사건을 살펴보면 모든 일은 필연이었으며, 마치 부절符節을 맞추어 보는 것처럼 분명하다. 그러니 임금이 된 자는 조심하지 아니할 수 없는 것이다.

또 국가가 혼미하고 어지러울 때에는 양신良臣이 나타난다. 노魯나라에 대란이 일어나자 계우季友 같은 어진 이가 나타났다. 노 희공僖公이 즉위하면서 이 계자季子를 등용하자 노나라는 안녕을 찾았고, 내외에 근심이 없어져 그가 21년이나 정치를 맡았다. 그러나 그가 죽고 나자 주邾는 그 노나라의 남쪽을 공격하고, 제齊는 그 북쪽을 침범해 왔다. 노나라는 그 근심을 이기지 못하여 초나라에게 도움을 요청하여 겨우 보전할 수 있었을 따름이다.

그래서 전傳에는 이렇게 말하였다.

"근심이 바로 여기서 시작하여 일어날 것이다."

공자公子 매買는 위衛나라로 가서 진晉나라로부터 위衛나라를 지켰으나 희공僖公에게 죽음을 당하였고, 공자公子 수遂는 군주의 명을 듣지 않고 마음대로 진晉나라에 가서 안에서는 신하의 침략을 받고, 밖으로 병란에 시달리게 되어 그 약함이 근심으로 변하고 말았다. 희공僖公의 성품도 그전 21년 동안 늘 그렇게 어질던 것과는 달라져 그 뒤로 점점 불초해 지고 말았다. 이는 바로 계자季子가 살아 있을 때는 이익을 보았으나, 그가 죽자 손해만 보았기 때문이다.

무릇 어진 이의 얻고 잃음에 따른 이익과 손해의 영험이 이와 같은 것인데도 임금들이 그 등용에 소홀하니 심히 안타까운 일이로다.

또 지혜가 부족하여 어진 이를 가리지 못한다면 이는 어쩔 수 없다. 그러나 지혜가 능히 어진 이를 알아볼 수 있는데도 결정하지 못하고 머뭇거리며 등용치 못하게 되면, 크게는 그가 죽어 버려 놓치게 되고, 작게는 혼란을 먼저 만나 기회를 놓치게 된다. 이 또한 심히 슬픈 일이다. 송宋 상공殤公이 공보孔父가 어진 줄을 몰랐겠는가? 그러나 그도 사람이니 죽고, 또 자기도 반드시 죽고 말리라는 것을 어찌 알았겠는가? 그러니 얼른 서둘러 그를 구해야 하였다. 좇아가 구하였다면 이는 어진 이를 알아보는 자라는 평을 받았을 것이다.

또 노魯나라 장공莊公이 어찌 계자季子가 어진 줄을 몰랐겠는가? 그러나 그가 병들어 죽을 줄 어찌 알았으랴? 그를 불러 국정을 맡겼어야 했다. 그에게 국정을 맡겼더라면 이는 어진 이를 아는 자라 여겼을 것이다.

이상 두 임금은 어진 이를 알아보는 데는 능하되 모두가 얼른 그들을 등용하지 않았기 때문에 결국 송 상공은 죽음을 당하였고, 노 장공은 그 후사에게 제대로 물려주지 못한 것이다. 송 상공으로 하여금 좀더 일찍 공보를 임용하고, 노 장공으로 하여금 일찍이 계자를 등용하게 하였다면, 이에 이웃나라조차도 안정을 얻었을 것이니 하물며 스스로 보전하는 것쯤이랴!

春秋之時, 天子微弱, 諸侯力政, 皆叛不朝; 衆暴寡, 强刦弱, 南夷與北狄交侵, 中國之不絶若線. 桓公於是用管仲·鮑叔· 隰朋·賓胥無·甯戚, 三存亡國, 一繼絶世, 救中國, 攘戎狄, 卒脅荊蠻, 以尊周室, 霸諸侯. 晉文公用咎犯·先軫·陽處父, 强中國, 敗强楚, 合諸侯, 朝天子, 以顯周室. 楚莊王用孫叔敖·司馬子反· 將軍子重, 征陳從鄭, 敗彊晉, 無敵於天下. 秦穆公用百里子· 蹇叔子·王子廖及由余, 據有雍州, 攘敗西戎. 吳用延州來季子, 并冀州, 楊威于雞父. 鄭僖公富有千乘之國, 貴爲諸侯, 治義不順人心, 而取弒於臣者, 不先得賢也. 至簡公用子産·禆諶·世叔· 行人子羽, 賊臣除, 正臣進, 去彊楚, 合中國, 國家安寧, 二十餘年, 無彊楚之患. 故虞有宮之奇, 晉獻公爲之終夜不寐; 楚有子玉得臣, 文公爲之側席而坐, 遠乎賢者之厭, 難折衝也. 夫宋襄公不用公子目夷之言, 大辱於楚; 曹不用僖負羈之諫, 敗死於戎. 故共維五始之要, 治亂之端, 存乎審己而任賢也. 國家之任賢而吉, 任不肖而凶, 案往世而視已事, 其必然也, 如合符, 此爲人君者, 不可以不愼也. 國家惛亂而良臣見, 魯國大亂, 季友之賢見, 僖公卽位而任季子, 魯國安寧, 外內無憂, 行政二十一年, 季子之卒後, 邾擊其南, 齊伐其北, 魯不勝其患, 將乞師於楚, 以取全耳, 故傳曰: 患之起必自此始也. 公子買不可使戍衛, 公子遂不聽君命而擅之晉, 內侵於臣下, 外困於兵亂, 弱之患也. 僖公之性, 非前二十一年常賢, 而後乃漸變爲不肖也, 此季子存之所益, 亡之所損也. 夫得賢失賢, 其損益之驗, 如此, 而人主忽於所用, 甚可疾痛也. 夫智不足以見賢, 無可奈何矣, 若智能見之, 而彊不能決, 猶豫不用, 而大者死亡, 小者亂傾, 此甚可悲哀也. 以宋殤公不知孔父之賢乎, 安知孔父死, 己必死, 趨而救之, 趨而救

之者, 是知其賢也. 以魯莊公不知季子之賢乎, 安知疾將死, 召季子而授之國政, 授之國政者, 是知其賢也. 此二君知能見賢, 而皆不能用, 故宋殤公以殺死, 魯莊公以賊嗣, 使宋殤蚤任孔父, 魯莊素用季子, 乃將靖隣國, 而況自存乎!

【春秋】 여기에서는 時代 이름. 東周의 전반부. 孔子가 쓴《春秋》의 시기와 비슷하여 이렇게 일컬음. 대체로 B.C.722~481년의 242년간.

【天子】 宗主國인 周나라 임금을 일컬음.

【諸侯力政】《說文解字敍》에 "…… 其後諸侯力政, 不統於王"이라 하였고, 段玉裁의 注에 "其後謂孔子歿而微言絶, 七十子終而大義乖也"라 하였다. 여기서 '政'은 '征'으로 풀이한다.

【南夷】 남쪽의 이민족. 南蠻으로 흔히 쓴다.

【北狄】 북쪽의 이민족.

【中國】 中原을 말한다.

【桓公】 춘추오패의 하나.

【管仲】 管夷吾·管子.

【鮑叔】 鮑叔牙.《史記》管晏列傳 참조.

【隰朋】 桓公의 신하.《史記》齊太公世家 참조.

【賓胥無】 역시 桓公의 신하.

【甯戚】 衛나라 사람으로 집이 가난하여 남의 수레를 끌면서 齊나라로 갔다. 그러면서 桓公을 풍자하는 노래를 불러 桓公이 이를 管仲으로 하여금 맞이하게 한 다음 상경을 거쳐 재상 자리에 오르게 하였다.

【戎狄】 西戎·北狄. 즉 이민족.

【晉文公】 춘추오패의 하나.《史記》晉世家 참조.

【咎犯】 즉 狐偃舅犯. 文公의 외삼촌.《史記》 참조.

【先軫】 역시 文公의 신하.

【陽處父】 역시 文公의 신하.

【楚莊王】 춘추오패의 하나. '三年不飛', '問九鼎之輕重', '絶纓' 등의 고사를 남겼다.《史記》楚世家 및《戰國策》등 참조.

【孫叔敖】楚 莊王의 名臣. '陰德陽報(兩頭蛇)'의 고사를 남겼다.

【司馬子反】莊王의 신하.

【子重】楚 莊王의 장군.

【秦穆公】춘추오패의 하나. '五羖大夫', '岐下食馬' 등의 고사를 남겼다.

【百里奚】五羖大夫.《史記》秦本紀 참조.

【蹇叔】역시 百里奚와 함께 秦 穆公을 모셨던 名臣.

【廖】秦나라 公子.《史記》에는 內史廖로 되어 있다.《史記》秦本紀 참조.

【由余】원래 晉나라 출신이나 戎으로 가서 그곳의 신하가 되었다. 穆公이 由余가 훌륭하다는 것을 알고 이를 발탁하였다.《史記》秦本紀 참조.

【雍州】地名. 雍 땅. 秦의 초기 도읍지.

【延州萊 季子】吳나라의 公子. 延陵季子(季札).《史記》吳太伯世家 참조.

【翼州】地名.

【鷄父】地名. 지금의 河南省 固始縣 동남쪽.

【鄭僖公】鄭나라 군주. 釐公을 말하는 듯하다. 재위 5년(B.C.570~566).

【鄭簡公】鄭나라 군주. 재위 36년(B.C.565~530).

【子産】鄭나라 簡公 때의 유명한 재상.《史記》鄭世家 참조.

【裨諶】역시 簡公의 신하.《論語》憲問篇에도 실려 있음. '비침'으로 읽음.

【世叔】簡公의 신하.

【行人】외교관 통역관의 직분.

【子羽】簡公의 신하.

【宮之奇】虞의 名臣.

【晉獻公】춘추시대 晉나라 군주. 재위 26년(B.C.676~651).

【子玉得臣】楚나라의 신하. 城濮 싸움에서 晉나라에게 패하자 자살하였다.

【宋 襄公】춘추오패의 하나. 楚나라와의 싸움에서 유명한 '宋襄之仁'의 고사를 남겼다.《史記》宋微子世家 참조. 재위 14년(B.C.650~637).

【目夷】宋나라의 公子. 楚나라와 싸울 때 襄公에게 물을 건너기 전에 쳐부수자고 제의하였다. '宋襄之仁'의 고사를 남겼다.《史記》宋微子世家 참조

【僖負羈】曹나라의 신하.《左傳》僖公 23年·28年 참조.

【五始】《春秋》公羊家의 이론. 즉 元年·春·王·正月·公卽位를 五始로 여기며 "元爲氣之始, 春爲四時之始, 王爲受命之始, 正月爲政敎之始, 公卽位爲一國之始"라 하였다.

【季友】人名.

【魯僖公】魯나라 군주. 재위 33년(B.C.659~627).《左傳》僖公 참조.

【邾】古代 國名. 地名. 鄒로도 쓴다. 지금의 山東省 鄒縣. 孟子가 태어난 나라.

【楚以取全耳】〈四庫全書本〉에 '或作身'이라 注가 실려 있다.

【公子買】魯나라 公子. 買는 이름.

【公子遂】魯나라 公子. 遂는 이름.

【宋殤公】춘추시대 宋나라 군주. 재위 9년(B.C.719~711).

【孔父】宋 상공 때의 인물.

【魯莊公】춘추시대 魯나라의 군주. 재위 32년(B.C.693~662).《左傳》莊公 참조.

【季子】魯나라 莊公 때의 인물.

참고 및 관련 자료

1.《春秋繁露》精華篇

魯僖公以亂卽位, 而知親任季子. 季子無恙之時, 內無臣下之亂, 外無諸侯之患, 行之二十年, 國家安寧. 季子卒之後, 魯不支鄰國之患, 直乞師楚耳. 僖公之情, 非輒不肖, 而國衰益危者, 何也? 以無季子也.

2.《春秋繁露》精華篇

夫知不足以知賢, 無可奈何矣. 知之不能任, 大者以死亡, 小者以亂危, 其若是何邪? 以莊公不知季子賢邪? 安知病將死, 召而授以國政. 以殤公爲不知孔父賢邪? 安知孔父死, 己必死, 趨而救之. 二主知皆足以知賢而不決, 不能任. 故魯莊以危, 宋殤以弒, 使莊子早用季子, 而宋殤素任孔父, 尙將興其鄰國, 豈直免弒哉!

3.《論語》憲問篇

「子曰: '爲命, 裨諶草創之, 世叔討論之, 行人子羽脩飾之, 東里子産潤色之.'」

4.《左傳》襄公 31年

「鄭國將有諸侯之事, 子産乃問四國之爲於子羽, 且使多爲辭令, 與裨諶乘以適野, 使謀可否, 而告馮簡子使斷之. 事成, 乃授子太叔使行之, 以應對賓客, 是以鮮有敗事.」

훌륭한 임금을 만나지 못하면

추연鄒衍이 양왕梁王에게 말하였다.

"이윤伊尹은 유신씨有莘氏의 잉신媵臣이었으나, 탕湯이 이를 세워 삼공三公으로 삼자 천하가 태평스럽게 다스려졌습니다.

관중管仲은 성음成陰의 개 도둑으로 천하의 용렬한 사나이였지만 환공桓公이 이를 얻어 중부仲父로 삼았고, 백리해百里奚는 도중에 도망갔던 자로서 떠돌다가 다섯 마리 검은 양가죽에 팔렸지만 진秦 목공穆公이 그에게 정치를 맡겼습니다. 그리고 영척甯戚은 남의 수레를 몰던 자로서 거리를 다니며 노래나 불렀으나 환공이 그에게 나라를 맡겼습니다.

또 사마희司馬喜는 송宋나라에서 다리가 잘리는 형벌을 받았지만, 마침내 중산中山의 재상이 되었고, 범저范雎는 가슴이 찢기고 이빨을 빼는 고통을 위魏나라로부터 겪었지만, 뒤에 진秦나라로 가서 응후應侯의 작위를 받았습니다.

태공망太公望은 너무 가난하여 아내가 집을 나가 조가朝歌에서 푸줏간 일을 돕고, 극진棘津에서 여관의 손님이나 맞이하는 심부름꾼이었지만, 일흔 살에 주周나라의 재상이 되었고, 아흔에는 제齊에 봉해졌습니다.

그래서 《시詩》에 '이리저리 뻗은 칡들, 들판에 가득하네. 훌륭한 기술자 이를 모아 멋진 갈포葛布 만들지. 그러나 그 기술자 만나지 못하면 들에서 말라죽네!'라 하였습니다.

앞에 든 일곱 선비가 만약 명군성주明君聖主를 만나지 못하였더라면, 그저 걸식이나 하고 거지 노릇을 하다가 들에서 말라죽었을 것이니, 비유컨대 들에 뻗은 칡과 같았을 것입니다."

鄒子說梁王曰:「伊尹故有莘氏之滕臣也, 湯立以爲三公, 天下之治太平. 管仲故成陰之狗盜也, 天下之庸夫也, 齊桓公得之爲仲父. 百里奚道之於路, 傳賣五羊之皮, 秦穆公委之以政. 甯戚故將車人也, 叩轅行歌於康之衢, 桓公任以國. 司馬喜髕脚於宋, 而卒相中山. 范睢折脅拉齒於魏, 而後爲應侯. 太公望故老婦之出夫也, 朝歌之屠佐也, 棘津迎客之舍人也, 年七十而相周, 九十而封齊. 故詩曰:『緜緜之葛, 在於曠野, 良工得之, 以爲絺紵, 良工不得, 枯死於野.』此七士者, 不遇明君聖主, 幾行乞丐, 枯死於中野, 譬猶緜緜之葛矣.」

【鄒子】 鄒衍을 말한다. 騶衍이라고도 쓰며, 호는 談天衍. 陰陽家로 널리 알려져 있으며, 孟子보다 약간 후대 인물.《漢書》藝文志에《鄒子》49편과《鄒子始終》56편이 실려 있다. 그의 傳은《史記》孟荀列傳에 실려 있다.

【梁王】 魏王을 말한다.

【伊尹】 湯을 도와 商을 일으킨 名臣.

【有莘氏】 古代 族名.《史記》夏本紀에 "鯀納有莘氏女生禹"라 하였다.

【滕臣】 여자가 시집갈 때 함께 데리고 가는 남종. 여종일 경우 滕妾이라 한다.《史記》殷本紀에 "伊尹名阿衡, 阿衡欲奸湯而無由, 乃爲有莘氏滕臣, 負鼎俎, 以滋味說湯, 致于王道"라 하였다.

【管仲】 管子. 管夷吾.

【成陰】 地名. 자세히 알 수 없다.

【桓公】 齊나라 桓公. 춘추오패의 하나.

【百里奚】 五羖大夫. 秦 穆公의 名臣.《史記》秦本紀 참조.

【秦 穆公】 춘추오패의 하나. 재위 39년(B.C.659~621).

【甯戚】 齊 桓公이 발탁한 인물.

【司馬喜】 宋나라 출신으로 뒤에 中山의 재상이 되었다.

【范睢】 '范睢'(범저)를 흔히 '范雎'(범수)라 읽으나 이는 오류이다.《戰國策》考證에《史記》와《韓非子》를 인용하여 '范且'라 하였고, 淸나라 王先愼의

《韓非子緝解》에 "范且는 范雎"라 하였다. '范雎'를 '范睢'로 읽기 시작한 것은 《通鑑》의 周 赧王 四十五年後 胡三省의 注에 "范雎의 雎는 音이 雖이다"라 하여 이때부터 '范睢'로 읽기 시작하였다. 그러나 淸나라 錢大昕의 《通鑑》注辨正에 "武梁祠 畫像에 范且의 且는 雎와 같은데 〈睢〉字 왼쪽의 部는 '且'이며 '目'이 아니다. 그러므로 '睢'는 심한 誤謬이다"라 하였다.

【中山】 전국시대 白狄이 세웠던 나라. 《戰國策》 中山策 참조.

【應侯】 范雎가 秦나라에서 받은 작호.

【太公望】 呂尙. 姜子牙.

【朝歌】 地名. 지금의 河南省 淇縣 북쪽.

【棘津】 盡命. 지금의 河南省 延津縣 동북.

【詩曰】 인용된 시 구절은 지금의 《詩經》에는 전하지 않는다. 逸詩이다.

참고 및 관련 자료

1. 《史記》 鄒陽傳

鄒陽者, 齊人也. 游於梁, 與故吳人莊忌夫子·淮陰枚生之徒交. 上書而介於羊勝·公孫詭之間. 勝等嫉鄒陽, 惡之梁孝王. 孝王怒, 下之吏, 將欲殺之. 鄒陽客游, 以讒見禽, 恐死而負累, 乃從獄中上書曰:「臣聞: 忠無不報, 信不見疑, 臣常以爲然, 徒虛語耳. 昔者, 荊軻慕燕丹之義, 白虹貫日, 太子畏之; 衛先生爲秦畫長平之事, 太白蝕昂, 而昭王疑之. 夫精變天地而信不喩兩主, 豈不哀哉! 今臣盡忠竭誠, 畢議願知, 左右不明, 卒從吏訊, 爲世所疑, 是使荊軻·衛先生復起, 而燕·秦不悟也. 願大王孰察之. 昔卞和獻寶, 楚王刖之; 李斯竭忠, 胡亥極刑. 是以箕子詳狂, 接輿辟世, 恐遭此患也. 願大王孰察卞和·李斯之意, 而後楚王·胡亥之聽, 無使臣爲箕子·接輿所笑. 臣聞比干剖心, 子胥鴟夷, 臣始不信, 乃今知之. 願大王孰察, 少加憐焉. 諺曰:『有白頭如新, 傾蓋如故.』何則? 知與不知也. 故昔樊於期逃秦之燕, 藉荊軻首以奉丹之事; 王奢去齊之魏, 臨城自剄以卻齊而存魏. 夫王奢·樊於期非新於齊·秦而故於燕·魏也, 所以去二國死兩君者, 行合於志而慕義無窮也. 是以蘇秦不信於天下, 而爲燕尾生; 白圭戰亡六城, 爲魏取中山. 何則? 誠有以相知也. 蘇秦相燕, 燕人惡之於王, 王按劍而怒, 食以駃騠; 白圭顯於中山, 中山人惡之魏文侯, 文侯投之以夜光之璧. 何則? 兩主二臣, 剖心坼肝相信, 豈移於浮辭哉! 故女無美惡, 入宮見妒; 士無賢不肖, 入朝見嫉. 昔者

司馬喜髕脚於宋，卒相中山；范雎摺脅折齒於魏，卒爲應侯. 此二人者，皆信必然之畫，捐朋黨之私，挾孤獨之位，故不能自免於嫉妒之人也. 是以申徒狄自沈於河，徐衍負石入海. 不容於世，義不苟取，比周於朝，以移主上之心. 故百里奚乞食於路，繆公委之以政；甯戚飯牛車下，而桓公任之以國. 此二人者，豈借宦於朝，假譽於左右，然後二主用之哉？感於心，合於行，親於膠漆，昆弟不能離，豈惑於衆口哉？故偏聽生姦，獨任成亂. 昔者魯聽季孫之說而逐孔子，宋信子罕之計而囚墨翟. 夫以孔・墨之辯，不能自免於讒諛，而二國以危. 何則？衆口鑠金，積毀銷骨也. 是以秦用戎人由余而霸中國，齊用越人蒙而彊威・宣. 此二國，豈拘於俗，牽於世，繫阿偏之辭哉？公聽並觀，垂名當世. 故意合則胡越爲昆弟，由余・越人蒙是矣；不合，則骨肉出逐不收，朱・象・管・蔡是矣. 今人主誠能用齊・秦之義，後宋・魯之聽，則五伯不足稱，三王易爲也. 是以聖王覺寤，捐子之之心，而能不說於田常之賢；封比干之後，修孕婦之墓，故功業復就於天下. 何則？欲善無厭也. 夫晉文公親其讎，彊霸諸侯；齊桓公用其仇，而一匡天下. 何則，慈仁慇勤，誠加於心，不可以虛辭借也. 至夫秦用商鞅之法，東弱韓・魏，兵彊天下，而卒車裂之；越用大夫種之謀，禽勁吳，霸中國，而卒誅其身. 是以孫叔敖三去相而不悔，於陵子仲辭三公爲人灌園. 今人主誠能去驕傲之心，懷可報之意，披心腹，見情素，墮肝膽，施德厚，終與之窮達，無愛於士，則桀之狗可使吠堯，而蹠之客可使刺由；況因萬乘之權，假聖王之資乎？然則荊軻之湛七族，要離之燒妻子，豈足道哉！臣聞：明月之珠，夜光之璧，以闇投人於道路，人無不按劍相眄者. 何則？無因而至前也. 蟠伏根柢，輪囷離詭，而爲萬乘器者. 何則？以左右先爲之容也. 故無因而至前，雖出隨侯之珠，夜光之璧，猶結怨而不見德. 故有人先談，則以枯木朽株樹功而不忘. 今夫天下布衣窮居之士，身在貧賤，雖蒙堯・舜之術，挾伊・管之辯，懷龍逢・比干之意，欲盡忠當世之君，而素無根柢之容，雖竭精思，欲開忠信，輔人主之治，則人主必有按劍相眄之跡，是使布衣不得爲枯木朽株之資也. 是以聖王制世御俗，獨化於陶鈞之上，而不牽於卑亂之語，不奪於衆多之口. 故秦皇帝任中庶子蒙嘉之言，以信荊軻之說，而匕首竊發；周文王獵涇・渭，載呂尚而歸，以王天下. 故秦信左右而殺，周用烏集而王. 何則？以其能越攣拘之語，馳域外之議，獨觀於昭曠之道也. 今人主沈於諂諛之辭，牽於帷裳之制，使不羈之士與牛驥同皁，此鮑焦所以忿於世而不留富貴之樂也. 臣聞：盛飾入朝者不以利汙義，砥厲名號者不以欲傷行，故縣名勝母而曾子不入，邑號朝歌而墨子回車. 今欲使天下寥廓之士，攝於威重之權，主於位勢之貴，故回面汙行以事諂諛之人而求親近於左右，則士伏死堀穴巖藪之中耳，安肯有盡忠信而趨闕下者哉！」書奏梁孝王，孝王使人出之，卒爲上客.

2. 《漢書》鄒陽傳

鄒陽, 齊人也. 漢興, 諸侯王皆自治民聘賢. 吳王濞招致四方游士, 陽與吳嚴忌·枚乘等俱仕吳, 皆以文辯著名.(중략)

陽爲人有智略, 忼慨不苟合, 介於羊勝·公孫詭之間. 勝等疾陽, 惡之孝王. 孝王怒, 下陽吏, 將殺之. 陽客游以讒見禽, 恐死而負纍, 乃從獄中上書曰:「臣聞: 忠無不報, 信不見疑, 臣常以爲然, 徒虛語耳. 昔荊軻慕燕丹之義, 白虹貫日, 太子畏之; 衛先生爲秦畫長平之事, 太白食昴, 昭王疑之. 夫精(誠)變天地而信不諭兩主, 豈不哀哉! 今臣盡忠竭誠, 畢議願知, 左右不明, 卒從吏訊, 爲世所疑. 是使荊軻·衛先生復起, 而燕·秦不寤也. 願大王孰察之. 昔玉人獻寶, 楚王誅之; 李斯竭忠, 胡亥極刑. 是以箕子陽狂, 接輿避世, 恐遭此患也. 願大王察玉人·李斯之意, 而後楚王·胡亥之聽, 毋使臣爲箕子·接輿所笑. 臣聞比干剖心, 子胥鴟夷, 臣始不信, 乃今知之, 願大王孰察, 少加憐焉! 語曰:『有白頭如新, 傾蓋如故.』何則? 知與不知也. 故樊於期逃秦之燕, 藉荊軻首以奉丹事; 王奢去齊之魏, 臨城自剄以卻齊而存魏. 夫王奢·樊於期非新於齊·秦而故於燕·魏也, 所以去二國死兩君者, 行合於志, 慕義無窮也. 是以蘇秦不信於天下, 爲燕尾生; 白圭戰亡六城, 爲魏取中山. 何則? 誠有以相知也. 蘇秦相燕, 人惡之燕王, 燕王按劍而怒, 食以駃騠; 白圭顯於中山, 人惡之於魏文侯, 文侯賜以夜光之璧. 何則? 兩主二臣, 剖心析肝相信, 豈移於浮辭哉! 故女無美惡, 入宮見妒; 士無賢不肖, 入朝見嫉. 昔司馬喜臏脚於宋, 卒相中山; 范雎拉脅折齒於魏, 卒爲應侯. 此二人者, 皆信必然之畫, 捐朋黨之私, 挾孤獨之交, 故不能自免於嫉妒之人也. 是以申徒狄蹈雍之河, 徐衍負石入海. 不容於世, 義不苟取比周於朝以移主上之心. 故百里奚乞食於道路, 繆公委之以政; 甯戚飯牛車下, 桓公任之以國. 此二人者, 豈素宦於朝, 借譽於左右, 然後二主用之哉? 感於心, 合於行, 堅如膠漆, 昆弟不能離, 豈惑於衆口哉? 故偏聽生姦, 獨任成亂. 昔魯聽季孫之說逐孔子, 宋任子冉之計囚墨翟. 夫以孔·墨之辯, 不能自免於讒諛, 而二國以危, 何則? 衆口鑠金, 積毀銷骨也. 秦用戎人由余而伯中國, 齊用越人子臧而彊威·宣. 此二國豈係於俗, 牽於世, 繫奇偏之浮辭哉? 公聽並觀, 垂明當世. 故意合則胡越爲兄弟, 由余·子臧是矣; 不合則骨肉爲讎敵, 朱·象·管·蔡是矣. 今人主誠能用齊·秦之明, 後宋·魯之聽, 則五伯不足侔, 而三王易爲也. 是以聖王覺寤, (損)[捐]子之之心, 而不說田常之賢, 封比干之後, 修孕婦之墓, 故功業覆於天下. 何則? 欲善亡厭也. 夫晉文親其讎, 彊伯諸侯; 齊桓用其仇, 而一匡天下. 何則? 慈仁殷勤, 誠加於心, 不可以虛辭借也. 至夫秦用商鞅之法, 東弱韓·魏, 立彊天下, 卒車裂之. 越用大夫種之謀, 禽勁吳而

伯中國, 遂誅其身. 是以孫叔敖三去相而不悔, 於陵子仲辭三公爲人灌園. 今人主誠能去驕傲之心, 懷可報之意, 披心腹, 見情素, 墮肝膽, 施德厚, 終與之窮達, 無愛於士, 則桀之犬可使吠堯, 跖之客可使刺由, 何況因萬乘之權, 假聖王之資乎! 然則[荊]軻湛七族, 要離燔妻子, 豈足爲大王道哉! 臣聞: 明月之珠, 夜光之璧, 以闇投人於道, 衆莫不按劍相眄者. 何則? 無因而至前也. 蟠木根柢, 輪囷離奇, 而爲萬乘器者, 以左右先爲之容也. 故無因而至前, 雖出隨珠和璧, 祗怨結而不見德; 有人先游, 則枯木朽株, 樹功而不忘. 今夫天下布衣窮居之士, 身在貧羸, 雖蒙堯·舜之術, 挾伊·管之辯, 懷龍逢·比干之意, 而素無根柢之容, 雖竭精神, 欲開忠於當世之君, 則人主必襲按劍相眄之迹矣. 是使布衣之士不得爲枯木(巧)[朽]株之資也. 是以聖王制世御俗, 獨化於陶鈞之上, 而不牽乎卑辭之語, 不奪乎衆多之口. 故秦皇帝任中庶子蒙[嘉]之言, 以信荊軻, 而匕首竊發; 周文王獵涇渭, 載呂尙歸, 以王天下. 秦信左右而亡, 周用烏集而王. 何則? 以其能越攣拘之語, 馳域外之議, 獨觀乎昭曠之道也. 今人主沈諂諛之辭, 牽帷廧之制, 使不羈之士與牛驥同皁, 此鮑焦所以憤於世世. 臣聞: 盛飾入朝者不以私汙義, 底厲名號者不以利傷行. 故里名勝母, 曾子不入; 邑號朝歌, 墨子回車. 今欲使天下寥廓之士籠於威重之權, 脅於位勢之貴, 回面汙行, 以事諂諛之人, 而求親近於左右, 則士有伏死堀穴巖藪之中耳, 安有盡忠信而趨闕下者哉!」 書奏孝王, 孝王立出之, 卒爲上客.

3. 《論衡》書虛篇

傳書又言: 燕太子丹使刺客荊軻刺秦王, 不得, 誅死. 後高漸麗復以擊筑見秦王, 秦王說之; 知燕太子之客, 乃冒其眼, 使之擊筑. 漸麗乃置鉛於筑中以爲重, 當擊筑, 秦王膝進, 不能自禁, 漸麗乃以筑擊秦王顙. 秦王病傷, 三月而死. 夫言高漸麗以筑擊秦王, 實也; 言中秦王病傷三月而死, 虛也. 夫秦王者, 秦始皇帝也. 始皇二十年, 燕太子丹使荊軻刺始皇, 始皇殺軻, 明矣. 二十一年, 使將軍王翦攻燕, 得太子首; 二十五年, 遂伐燕, 而虜燕王嘉. 後不審何年, 高漸麗以筑擊始皇, 不中, 誅漸麗. 當二(三)十七年, 游天下, 到會稽, 至瑯邪, 北至勞·盛山, 並海, 西至平原津而病, 到沙丘平臺, 始皇崩. 夫讖書言始皇還, 到沙丘而亡; 傳書又言病筑瘡三月而死於秦. 一始皇之身, 世或言死於沙丘, 或言死於秦, 其死, 言恒病瘡. 傳書之言, 多失其實, 世俗之人, 不能定也.

4. 《文選》(49) 鄒陽 「獄中上書自明」

臣聞: 忠無不報, 信不見疑. 臣常以爲然, 徒虛語耳! 昔者, 荊軻慕燕丹之義, 白虹貫日, 太子畏之; 衛先生爲秦畫長平之事, 太白食昴, 昭王疑之. 夫精誠變天地, 而信不諭

兩主, 豈不哀哉! 今臣盡忠竭誠, 畢議願知, 左右不明, 卒從吏訊, 爲世所疑, 是使荊軻衛先生復起, 而燕秦不寤也. 願大王熟察之. 昔玉人獻寶, 楚王誅之; 李斯竭忠, 胡亥極刑. 是以箕子陽狂, 接輿避世, 恐遭此患. 願大王察玉人·李斯之意, 而後楚王胡亥之聽, 毋使臣爲箕子接輿所笑. 臣聞: 比干剖心, 子胥鴟夷, 臣始不信, 乃今知之. 願大王熟. 少加憐焉. 諺曰:『白頭如新, 傾蓋如故.』何則? 知與不知也. 故樊於期逃秦之燕, 藉荊軻首以奉丹事; 王奢去齊之魏, 臨城自剄, 以却齊而存魏. 夫王奢樊於期非新於齊秦, 而故於燕魏也. 所以去二國, 死兩君者, 行合於志, 而慕義無窮也. 是以蘇秦不信於天下, 爲燕尾生; 白圭戰亡六城, 爲魏取中山. 何則? 誠有以相知也. 蘇秦相燕, 人惡之於燕王, 燕王按劍而怒, 食以駃騠; 白圭顯於中山, 人惡之於魏文侯, 文侯投以夜光之璧. 何則? 兩主二臣, 剖心析肝相信, 豈移於浮辭哉! 故女無美惡, 入宮見妒; 士無賢不肖, 入朝見嫉. 昔者, 司馬喜臏脚於宋, 卒相中山; 范雎摺脅折齒於魏, 卒爲應侯. 此二人者, 皆信必然之畫, 捐朋黨之私, 挾孤獨之交, 故不能自免於嫉妬之人也. 是以申徒狄蹈雍之河, 徐衍負石入海, 不容身於世, 義不苟取比周於朝, 以移主上之心. 故百里奚乞食於路, 穆公委之以政; 甯戚飯牛車下, 而桓公任之以國. 此二人豈素宦於朝. 借譽於左右, 然後二主用之哉? 感於心, 合於意, 堅如膠漆, 昆弟不能離, 豈惑於衆口哉? 故偏聽生姦, 獨任成亂. 昔魯聽季孫之說而逐孔子, 宋信子冉之計囚墨翟. 夫以孔墨之辯, 不能自免於讒諛, 而二國以危. 何則? 衆口鑠金, 積毀銷骨. 是以秦用戎人由余而霸中國, 齊用越人子臧而彊威宣, 此二國豈拘於俗, 牽於世, 繫奇偏之辭哉? 公聽並觀, 垂明當世. 故意合則胡越爲昆弟, 由余子臧是矣; 不合則骨肉爲讐敵, 朱象管蔡是矣. 今人主誠能用齊秦之明, 後宋魯之聽, 則五霸不足侔, 三王易爲比也. 是以聖王覺悟, 捐子之之心, 而不說田常之賢, 封比干之後, 修孕婦之墓. 故功業覆於天下. 何則? 欲善無猒也. 夫晉文公親其讐, 而彊霸諸侯; 齊桓公用其仇, 而一匡天下. 何則? 慈仁殷勤, 誠嘉於心, 此不可以虛辭借也. 至夫秦用商鞅之法, 東弱韓魏, 立彊天下, 而卒車裂之. 越用大夫種之謀, 禽勁吳而霸中國, 遂誅其身, 是以孫叔敖三去相而不悔, 於陵子仲辭三公爲人灌園. 今人主誠能去驕傲之心, 懷可報之意, 披心腹, 見情素, 墮肝膽, 施德厚, 終與之窮達, 無愛於士, 則桀之狗可使吠堯; 而跖之客, 可使刺由, 何況因萬乘之權, 假聖王之資乎? 然則荊軻湛七族, 要離燔妻子, 豈足爲大王道哉? 臣聞: 明月之珠, 夜光之璧, 以暗投人於道, 衆莫不按劍相眄者, 何則? 無因而至前也. 蟠木根柢, 輪囷離奇, 而爲萬乘器者, 何則? 以左右先爲之容也. 故無因而至前, 雖出隋侯之珠, 夜光之璧, 祇足結怨而不見德; 故有人先談, 則枯木朽株, 樹功而不忘, 今天下布衣窮居之士, 身在貧賤, 雖蒙

堯舜之術, 挾伊管之辯, 懷龍逢比干之意, 欲盡忠當世之君, 而素無根柢之容, 雖竭精神, 欲開忠信, 輔人主之治, 則人主必襲按劍相眄之跡矣, 是使布衣之士, 不得爲枯木朽株之資也. 是以聖王制世御俗, 獨化於陶鈞之上, 而不牽乎卑辭之語, 不奪乎衆多之口. 故秦皇帝任中庶子蒙嘉之言, 以信荊軻之說, 故匕首竊發, 周文獵涇渭, 載呂尚而歸, 以王天下. 秦信左右而亡, 周用烏集而王. 何則? 以其能越拘攣之語, 馳域外之義, 獨觀於昭曠之道也. 今人主沈諂諛之辭, 牽於帷墻之制, 使不羈之士與牛驥同皁, 此鮑焦所以忿於世, 而不留於富貴之樂也. 臣聞: 盛飾以朝者, 不以私汙義; 砥厲名號者, 不以利傷行. 故里名勝母, 曾子不入; 邑號朝歌, 墨子迴車. 今欲使天下恢廓之士, 誘於威重之權, 脅於位勢之貴, 回面汙行, 以事諂諛之人, 而求親近於左右, 則士有伏死堀穴巖藪之中耳, 安有盡忠信而趨闕下者哉?」

5. 《新序》雜事(三)

齊人鄒陽客游於梁, 人或讒之於孝王, 孝王怒, 繫而將欲殺之. 鄒陽客游, 見讒自寃, 乃從獄中上書, 其辭曰:「臣聞忠無不報, 信不見疑. 臣常以爲然, 徒虛言爾. 昔者, 荊軻慕燕丹之義, 白虹貫日, 太子畏之; 衛先生爲秦畫長平之計, 太白蝕昂, 昭王疑之. 夫精變天地, 而信不諭兩主, 豈不哀哉? 今臣盡忠竭誠, 畢義願知, 左右不明, 卒從吏訊, 爲世所疑, 是使荊軻·衛先生復起, 而燕秦不悟也, 願大王熟察之. 昔者, 玉人獻寶, 楚王誅之; 李斯竭忠, 胡亥極刑. 是以箕子狂佯, 接輿避世, 恐遭此變也. 願大王熟察玉人·李斯之意, 而後楚王·胡亥之聽, 無使臣爲箕子·接輿所歎. 臣聞: 比干剖心, 子胥鴟夷, 臣始不信, 乃今知之. 願大王熟察之, 少加憐焉. 諺曰:『有白頭如新, 傾蓋如故.』何則? 知與不知也. 昔者, 樊於期逃秦之燕, 籍荊軻首以奉丹之事; 王奢去齊之魏, 臨城自剄, 以卻齊而存魏. 王奢·樊於期, 非新於齊秦, 而故於燕魏也, 所以去二國, 死兩君者, 行合於志, 而慕義無窮也. 是以蘇秦不信於天下, 爲燕尾生; 白圭戰亡六城, 爲魏取中山. 何則? 誠有以相知也. 蘇秦相燕, 燕人惡之於燕王, 燕王按劍而怒, 食之以駃騠; 白圭顯於中山, 中山人惡之於魏文侯, 文侯投以夜光之璧. 何則? 兩主二臣, 剖心析肝相信, 豈移於浮辭哉! 故『女無美惡, 入宮見妬; 士無賢不肖, 入朝見嫉.』昔司馬喜臏腳於宋, 卒相中山; 范雎拉脅折齒於魏, 卒爲應侯. 此二人者, 皆信必然之畫, 捐朋黨之私, 挾孤獨之交, 故不能自免於嫉妬之人也. 是以申徒狄蹈流之河, 徐衍負石入海, 不容於世, 義不苟取, 比周於朝, 以移主上之心. 故百里奚乞食於道路, 繆公委之以政, 甯戚飯牛車下, 而桓公任之以國. 此二人者, 豈藉宦於朝, 假譽於左右, 然後二主用之哉? 感於心, 合於行, 堅於膠漆, 昆弟不能離, 豈惑於衆口哉? 故『偏聽生姦, 獨任成亂.』昔魯聽季孫之說逐孔子, 宋信子冉之計逐墨翟.

夫以孔墨之辯, 而不能自免. 何則? 衆口鑠金, 積毀銷骨. 是以秦用由余而霸中國,
齊用越人子臧而强威宣. 此二國豈拘於俗, 牽於世, 繫奇偏之辭哉? 公聽共觀, 垂名
當世. 故意合, 則胡越爲兄弟, 由余・子臧是也; 不合, 則骨肉爲仇讐, 朱象・管蔡是也.
今人主如能用齊秦之明, 後宋魯之聽, 則五伯不足侔, 三王易爲比也. 是以聖王覺悟,
捐子之心, 能不說於田常之賢, 封比干之後, 脩孕婦之墓, 故功業覆於天下. 何則?
欲善無厭也. 夫晉文公親其讐, 而强霸諸侯; 齊桓公用其仇, 而一匡天下. 何則?
慈仁殷勤, 誠加於心, 不可以虛辭借也. 至夫秦用商鞅之法, 東弱韓魏, 立强天下,
而卒車裂商君; 越用大夫種之謀, 擒勁吳, 霸中國, 卒誅其身. 是以孫叔敖三去相而
不悔; 於陵仲子辭三公, 爲人灌園. 今世主誠能去驕傲之心, 懷可報之意, 披心腹,
見情素, 墮肝膽, 施德厚, 終與之窮通, 無變於士, 則桀之狗, 可使吠堯; 跖之客,
可使刺由, 況因萬乘之權, 假聖王之資乎? 然則荊軻之沉七族, 要離燔妻子, 豈足爲
大王道哉? 明月之珠, 夜光之璧, 以闇投人於道路, 衆無不按劍相眄者, 何則? 無因
至前也. 蟠木根柢, 輪困離奇, 而爲萬乘器者, 以左右先爲之容也. 故無因而至前,
雖出隨侯之珠, 夜光之璧, 秖足以結怨而不見德. 故有人先游, 則以枯木朽株, 樹功
而不忘. 今使天下布衣窮居之士, 雖蒙堯舜之術, 挾伊管之辯, 素無根柢之容, 而欲
竭精神, 開忠信, 輔人主之治, 則人主必襲按劍相眄之迹矣. 是使布衣不得當枯木朽
株之資也. 是以聖王制世御俗, 獨化於陶鈞之上, 能不牽乎卑亂之言, 不惑乎衆多之口,
故秦皇帝任中庶子蒙恬之言, 以信荊軻之說, 故匕首竊發. 周文王校獵涇渭, 載呂尚
而歸, 以王天下. 秦信左右而斌, 周用烏集而王. 何則? 以其能越攣拘之語, 馳域外
之議, 獨觀於昭曠之道也. 今人主沉於諂諛之辭, 牽於帷墻之制, 使不羈之士, 與牛
驥同皁, 此鮑焦之所以忿於世, 而不留於富貴之樂也. 臣聞『盛飾以朝者, 不以私行義;
砥礪名號者, 不以利傷行.』故里名勝母, 而曾子不入; 邑號朝歌, 墨子回車. 今使天下
寥廓之士, 籠於威重之權, 脅於勢位之貴, 回面汙行, 以事諂諛之人, 求親近於左右,
則士有伏死崛穴巖藪之中耳, 安有盡精神而趨闕下者哉?」書奏孝王, 孝王立出之,
卒爲上客.

6. 본《說苑》善說篇(342)의 내용도 주제는 같다.

238(8-4) 眉睫之微
눈에 보이는 것만이 전부가 아니다

눈을 가늘게 뜨고 보아야 할 미세한 것도 자세히 접해 보면 그 모양이 드러나고, 바람결에 실린 소리도 잘 들어 보면 느낌에 마음이 움직이게 마련이다.

영척甯戚이 쇠뿔을 두드리며 슬픈 노래를 부르자 환공桓公이 이를 듣고 그를 등용해서 썼다. 또 포룡鮑龍이 돌 위에 꿇어앉아 등산登嶧이라는 시詩를 읊는 모습을 보고 공자孔子가 수레에서 내려 그를 상대하였고, 요堯와 순舜은 서로 만나 뽕나무 그늘을 양보하며 예를 갖추었고, 문왕文王이 태공太公을 거용할 때도 오랜 시간이 지난 후에 그를 알아본 것이 아니다.

그러므로 성인이 사람을 맞이할 때 오랜 세월이 지난 다음에 친해지는 것이 아니며, 능력 있는 자끼리 만날 때에는 서로 시험해 본 후에 알아보는 것이 아니다.

마찬가지로 선비를 맞이할 때에도 반드시 재물을 두고 어떻게 나누는가를 본 다음에 그가 청렴한지를 알게 되는 것이 아니고, 역시 어렵고 위험한 것을 어떻게 극복하는가를 살펴본 이후에 그가 용기가 있는지를 알게 되는 것도 아니다. 일에 결단력이 있는 것으로 곧 그의 용기를 알 수 있고, 취하고 양보하는 것으로 곧 그의 청렴함을 알 수 있는 것이다.

따라서 호랑이의 꼬리만 보고도 그것이 살쾡이보다 큼을 알 수 있고, 코끼리의 이빨만 보고도 그것이 소보다 큰 동물이라는 것을 알 수 있는 것과 같다. 이처럼 일절一節만 보고도 나머지 백절百節을 알 수 있다.

이로써 보건대, 눈에 보이는 것만으로도 아직 나타나지 않은 부분을 점칠 수 있고, 소절小節을 보고도 대례大禮를 알 수 있는 것이다.

眉睫之微, 接而形於色; 聲音之風, 感而動乎心. 寗戚擊牛角而商歌, 桓公聞而擧之; 鮑龍跪石而登嵯, 孔子爲之下車; 堯舜相見不違桑陰, 文王擧太公不以日久. 故賢聖之接也, 不待久而親; 能者之相見也, 不待試而知矣. 故士之接也, 非必與之臨財分貨, 乃知其廉也; 非必與之犯難涉危, 乃知其勇也. 擧事決斷, 是以知其勇也; 取與有讓, 是以知其廉也. 故見虎之尾, 而知其大於狸也; 見象之牙, 而知其大於牛也. 一節見則百節知矣. 由此觀之, 以所見可以占未發, 觀小節固足以知大體矣.

【寗戚】 齊 桓公에게 발탁된 소몰이꾼.
【桓公】 齊나라 桓公.
【鮑龍】 人名. 桓譚의 《新論》 知人篇에 "范蠡吹於犬竇, 文種聞而拜之. 鮑龍跪石而吟, 孔子爲之下車"라 하였다.
【桑陰】 《戰國策》 趙策에 "昔者, 堯見舜於草茅之中, 席隴畝而陰庇桑, 陰移而受天下"라 하였다.
【文王】 周 文王. 西伯昌.
【太公】 姜太公望. 子牙. 呂尙.

참고 및 관련 자료

1. 《淮南子》 說林訓

見象牙乃知其大於牛, 見虎尾乃知其大於狸, 一節見而百節知也.

239(8-5) 禹以夏王
성공한 군주와 실패한 군주

우禹임금은 하夏나라를 근거로 왕이 되었지만 걸桀은 그 크던 하나라를 두고도 망해 버렸으며, 탕湯은 은殷나라를 바탕으로 왕이 되었지만 주紂는 그 은나라를 가졌으면서도 망해 버렸다. 합려闔廬는 오吳나라로 싸움에 이겨 천하에 적이 없었지만, 부차夫差에 이르러 도리어 월越나라에 사로잡히고 말았다.

또 진晉 문공文公은 진나라를 패자霸者로 키워 놓았지만, 여공厲公 때에 이르러서는 장려궁匠麗宮에서 시해弑害당하였다.

한편 제齊나라는 위왕威王 때에 그 제나라를 천하의 강국으로 만들어 놓았건만, 민왕湣王에 이르러서는 사당의 대들보에 묶여 굶어 죽는 꼴을 당하였다. 그런가 하면 진秦 목공穆公은 그 진나라의 이름을 높여 놓았지만 이세二世에 이르러 망이궁望夷宮에서 겁살劫殺당하였다.

이들이 모두 군주·임금이라는 이름은 같지만 그 공적이 같지 않은 것은 신하에게 맡기는 바가 달랐기 때문이다.

그래서 성왕成王이 강보襁褓에 쌓인 채, 제후의 조알을 받을 때에는 주공周公이 일을 대신 처리하였기 때문에 탈이 없었으나, 조趙나라 무령왕武靈王은 쉰 살이나 되었으면서도 사구沙丘에서 굶어 죽은 것은 이태李兌를 임용하였기 때문이다.

또 환공桓公은 관중管仲을 얻어 아홉 번이나 제후들을 불러 회맹會盟을 하고 천하를 한 번 바로잡았지만, 관중이 죽고 나자 수조豎刁·역아易牙를

〈齊桓公과 管仲〉 畵像磚(漢)

임용하여 자신이 죽은 후에는 장례조차 치르지 못해 천하의 웃음거리가
되고 말았다.

한 사람의 신상에 이처럼 영욕榮辱이 함께 나타나는 것은 바로 누구를
임용하였느냐에 따른 것이다. 그래서 위魏나라에는 공자公子 무기無忌가
있음으로 해서 잃은 땅을 다시 찾을 수 있었고, 조趙나라는 인상여藺相如
를 임용함으로써 진秦나라의 무력이 언릉鄢陵을 넘어서지 못하였으며,
다시 당저唐睢를 등용시키자 나라가 바로설 수 있었다.

또 초楚나라에는 신포서申包胥가 있음으로 해서 소왕昭王이 왕위에
복귀할 수 있었고, 제齊나라에는 전단田單이 나타남으로써 양왕襄王이
나라를 되찾게 된 것이다.

이로써 보건대, 나라에 어진 보좌와 뛰어난 선비가 없는데도 능히
공명을 이루고 안위계절安危繼絶한 나라는 이제껏 있지 않았다.

따라서 나라란 크기에 힘쓸 것이 아니라 민심을 얻기에 힘써야 하며, 많은 보좌를 얻기에 힘쓸 게 아니라 어진 이를 얻기에 힘써야 하는 것이다.

백성의 마음만 얻으면 백성이 저절로 그리로 쏠리게 마련이고, 어진 보좌가 있게 되면 선비들이 그쪽으로 귀의하게 마련이다.

즉, 문왕文王이 포락지형炮烙之刑을 없애자 은나라 백성들이 그를 따르게 되었고, 탕湯이 세 귀퉁이를 모두 그물로 쳐서 새 잡는 것을 없애자 하夏나라 백성들이 그를 따랐으며, 또 월왕越王이 옛 오吳나라 무덤을 파헤치지 않자 오나라 백성이 그를 따르게 되었다. 이는 모두 그 백성들의 마음을 따라서 다스렸기 때문이다.

그러므로 "소리가 같으면 처한 곳이 달라도 서로 응하게 마련이며, 덕이 합하면 서로 보지 않은 사이라도 친하게 되는 것"이다. 어진 이가 조정에 있으면, 천하의 호걸들이 서로 자기 무리를 이끌고 그리로 달려오게 된다.

무엇으로 이를 알 수 있는가?

관중管仲은 환공의 원수였으나, 포숙鮑叔이 그가 자기보다 어질다고 여겨 이를 추천하여 재상이 되게 하되, 무려 70여 마디의 말로 환공을 설득한 끝에 허락을 얻어 내었다. 그리하여 드디어 환공으로 하여금 관중에 대한 보복의 마음을 없게 하고 나라를 맡기도록 하였다. 환공이 팔짱을 끼고도 아무 일 없이 제후들로부터 조알을 받은 것은 바로 포숙의 힘이었던 것이다. 또 관중은 관중대로 북쪽으로 환공에게 달려가 스스로 죽을지도 모른다는 생각을 갖지 않게 된 것은, 바로 포숙과 동성同聲이었기 때문이다.

은나라 주紂가 왕자王子 비간比干을 죽이자 기자箕子가 머리를 풀고 거짓 미친 체하였으며, 진秦 영공靈公이 설야泄冶를 죽이자 등원鄧元이 진陳나라를 떠나 버렸다. 이로부터 은나라는 주周나라에 겸병당하였고 진陳나라는 초楚나라에게 망하게 된 것이니, 이는 비간과 설야를 죽임으로써 기자와 등원을 잃게 되었기 때문이다.

연燕 소왕昭王이 곽외郭隗를 잘 모시자, 추연鄒衍과 악의樂毅가 각각 제齊나라·조趙나라로부터 달려왔고, 소진蘇秦과 굴경屈景이 주周와 초楚로부터 찾아왔다. 이에 군대를 일으켜 제齊를 공격, 제齊 민왕閔王을 거莒에 몰아넣었던 것이다.

연나라는 그 땅이나 백성의 숫자로 보아 제나라에 대등하지 못하였지만, 능히 그 뜻을 얻는 곳에 이르게 할 수 있었던 것은 바로 선비를 얻었기 때문이다.

그래서 언제나 편안한 나라란 있을 수 없으며, 항상 다스려지는 백성도 있을 수 없다. 어진 이를 얻으면 나라가 편안하고 창성하되 어진 이를 잃으면 위험과 멸망을 맛보게 되는 것이니, 옛날부터 지금에 이르기까지 그렇지 않은 경우란 한번도 없었다. 맑은 거울이 형체를 밝게 비추어 주듯이, 지나간 옛날이란 오늘을 알게 해 주는 거울인 것이다.

무릇 옛날 망한 원인을 알아보기 싫어하고, 또 옛날 창성하였던 원인을 그대로 힘쓰지 않으면, 이는 자꾸 뒷걸음질치면서 앞사람을 따라잡겠다는 것과 다를 바가 없다. 태공은 이를 알았기 때문에 미자微子의 후손을 등용하였고, 비간比干의 묘를 봉하였던 것이다.

무릇 성인이란 죽은 자에게조차 이렇게 후덕을 베푸는데, 하물며 당세當世에 생존해 있는 자에게 있어서랴! 이에 옛날을 놓치지 않는 것이 곧 판별력이라 할 수 있다.

禹以夏王, 桀以夏亡; 湯以殷王, 紂以殷亡. 闔盧以吳戰勝, 無敵於天下, 而夫差以見禽於越, 文公以晉國霸, 而厲公以見弑於匠麗之宮, 威王以齊彊於天下, 而湣王以弑死於廟梁, 穆公以秦顯名尊號, 而二世以劫於望夷, 其所以君王者同, 而功迹不等者, 所任異也!

是故成王處襁褓而朝諸侯, 周公用事也.

趙武靈王年五十而餓死於沙丘, 任李兌故也. 桓公得管仲, 九合諸侯, 一匡天下, 失管仲, 任豎刁, 易牙, 身死不葬, 爲天下笑, 一人之身, 榮辱俱施焉, 在所任也. 故魏有公子無忌, 削地復得; 趙任藺相如, 秦兵不敢出鄢陵, 任唐雎, 國獨特立.

楚有申包胥, 而昭王反位; 齊有田單, 襄王得國. 由此觀之, 國無賢佐俊士, 而能以成功立名, 安危繼絶者, 未嘗有也. 故國不務大而務得民心; 佐不務多, 而務得賢俊. 得民心者, 民往之, 有賢佐者, 士歸之, 文王請除炮烙之刑, 而殷民從, 湯去張網者之三面, 而夏民從, 越王不隳舊塚, 而吳人服, 以其所爲之順於民心也.

故「聲同則處異而相應, 德合則未見而相親.」

賢者立於本朝, 則天下之豪, 相率而趨之矣, 何以知其然也? 曰: 管仲, 桓公之賊也, 鮑叔以爲賢於己而進之爲相, 七十言而說乃聽, 遂使桓公除報讐之心, 而委國政焉. 桓公垂拱無事, 而朝諸侯, 鮑叔之力也; 管仲之所以能北走桓公無自危之心者, 同聲於鮑叔也.

紂殺王子比干, 箕子被髮佯狂, 陳靈公殺泄冶而鄧元去陳; 自是之後, 殷兼於周, 陳亡於楚, 以其殺比干泄冶而失箕子與鄧元也.

燕昭王得郭隗, 而鄒衍樂毅以齊趙至, 蘇子屈景以周楚至, 於是擧兵而攻齊, 棲閔王於莒, 燕校地計衆, 非與齊均也, 然所以能信意至於此者, 由得士也. 故無常安之國, 無恒治之民; 得賢者則安昌, 失之者則危亡, 自古及今, 未有不然者也.

明鏡所以照形也, 往古所以知今也, 夫知惡往古之所以危亡, 而不務襲迹於其所以安昌, 則未有異乎却走而求逮前人也, 太公知之, 故擧微子之後而封比干之墓, 夫聖人之於死尚如是其厚也, 況當世而生存者乎! 則其弗失可識矣.

【禹】 古代 聖人. 夏를 세웠다.

【桀】 夏의 末王. 湯에게 망하였다.

【湯】 고대 聖人. 商(殷)을 세웠다.

【紂】 殷나라 마지막 임금. 武王에게 망하였다.

【闔廬】 吳나라의 군주. 재위 19년(B.C.514~496).

【夫差】 春秋 말기 吳나라 군주. 闔廬의 뒤를 이어 왕이 되었다. 재위 23년 (B.C.495~473). 伍子胥를 써서 흥하였으나 뒤에 越王 勾踐(句踐)에게 망하였다. 《史記》 吳太伯世家 참조.

【晉 文公】 춘추오패의 하나. 重耳. 재위 9년(B.C.636~628).

【晉 厲公】 춘추시대 晉나라 군주. 재위 8년(B.C.580~753).

【匠麗宮】 晉 厲公이 欒書·中行偃에게 죽음을 당한 곳. 그러나 《史記》 晉世家에는 "閏月乙卯, 公游匠驪氏, 欒書, 中行偃, 以其黨襲捕厲公, 因之……"라 하였다.

【威王】 전국시대 齊나라 군주. 재위 37년(B.C.356~320).

【湣王】 閔王으로도 쓰며, 전국시대 田氏齊의 군주. 재위 17년(B.C.300~284). 많은 실정으로 나라를 어지럽혔다. 《史記》 田敬仲完世家에 "淖齒遂殺湣王而與燕共分齊之侵地鹵器"라 하였다.

【秦 穆公】 百里奚와 蹇叔을 등용하여 秦나라를 부흥시킨 춘추오패의 하나. 《史記》 秦本紀 참조.

【二世】 秦 始皇의 둘째아들인 胡亥.

【望夷宮】 陝西省 咸陽에 있는 궁궐 이름. 趙高가 이곳에서 二世를 죽였다.

【成王】 周나라 武王의 아들 姬誦.

【周公】 成王의 삼촌. 文王의 아들. 武王의 동생. 成王이 어려서 즉위하자 攝政하였다. 《史記》 周本紀 참조.

【趙 武靈王】 전국시대 趙나라를 부흥시키기 위해 애쓴 임금. 재위 27년(B.C.325~299). 胡服착용의 고사로 유명함.《戰國策》趙策 참조.

【沙丘】 地名. 지금의 河北省 平縣 동북.

【李兌】 武靈王의 신하인 듯하다.

【管仲】 齊 桓公의 名相.

【豎刁】 齊 桓公의 신하. 스스로 거세를 하고 齊 桓公을 모셨다.《史記》齊太公世家에 "公曰豎刁如何, 對曰自宮以適君, 非人情, 難親"이라 하였다.

【易牙】 역시 桓公의 신하. 桓公에게 환심을 사기 위해 자기 아들을 죽여 요리를 만들어 바쳤다.《史記》齊太公世家에 "公曰易牙如何, 對曰殺子以適君, 非人情, 不可"라 하였다. 이상의 두 사람 외에 桓公은 開方까지 염두에 두어 管仲이 죽은 후 이 셋을 신임하자 각자 公子를 끼고 난을 일으켰다. 이 때문에 桓公은 죽은 후 67일 동안 장례를 치르지 못하여 구더기가 문 밖으로 나오기까지 하였다.《史記》齊太公世家에 "五公子各樹黨爭立, 及桓公卒, 遂相攻, 以故宮中空, 莫敢棺, 桓公尸在牀上六十七日, 尸蟲出于戶"라 하였다.

【魏公子 無忌】 戰國 四公子의 하나인 魏나라 信陵君.《史記》魏公子列傳 참조.

【藺相如】 趙나라 신하로 '完璧歸趙', '刎頸之交' 등의 고사를 남긴 인물.《史記》廉頗藺相如列傳 참조.

【鄢陵】 地名. 지금의 河南省 鄢陵縣.

【唐雎】 전국시대 魏나라 사람. 齊·楚가 魏를 공격하자 계책을 세워 魏를 구하였다.《史記》魏世家 및《戰國策》魏策 참조.

【申包胥】 전국시대 楚나라 사람. 吳나라가 쳐들어오자 秦나라에 가서 七日七夜를 울어 구원병을 얻어왔다.

【昭王】 楚나라 임금. 吳나라의 침입으로 隨나라로 달아났으나, 秦나라 哀公이 申包胥의 말을 듣고 구원병을 보내 주어 다시 楚나라 王室을 일으킬 수 있었다.

【田單】 燕이 齊를 침범하여 70여 성을 빼앗자 전단이 莒에서 火牛攻法으로 국토를 회복하였다.《史記》樂毅田單列傳 및《戰國策》齊策·燕策 등 참조.

【齊襄王】 齊 湣王이 혼란 속에 淖齒에게 죽임을 당하자, 그 아들인 공자 法章이 莒에 숨었다가 왕이 되었다. 재위 19년(B.C.283~265).《史記》田敬仲完世家에 "湣王之遇殺, 其子法章變名姓爲莒太史敫家庸, 太史敫女奇法章狀貌, 以爲非恒人, 憐而常竊衣食之, 而與私通焉, 淖齒旣以去莒, 莒中人及齊亡臣相聚求湣王子, 欲立之, 法章懼其誅己也, 久之, 乃敢自言我湣王子也, 於是莒人共立法章, 是爲襄王.

……襄王旣立, 立太史氏女爲王后, 是爲君王后, 生子建"이라 하였다.

【安危繼絶】 위험한 상황을 안전하게 하고 끊어질 세대를 이어 줌.

【炮烙之刑】 紂王의 혹독한 형벌. 숯불 위에 달군 쇠막대기 위를 맨발로 걷게 함.

【湯去張網者之三面】 《史記》 殷本紀에 "湯出, 見野張網四面, 祝曰: '自天下四方 皆入吾網.' 湯曰: '嘻! 盡之矣.' 乃去其三面, 祝曰: '欲左, 左, 欲右, 右, 不用命, 乃入吾網.' 諸侯聞之曰: '湯德至矣, 乃禽獸.'"라 하였다.

【聲同則處異而相應, 德合則未見而相親】 《周易》 文言傳에 "子曰同聲相應, 同氣 相求, 水流濕, 火就燥, 雲從龍, 風從虎. 聖人作而萬物覩, 本乎天者親上, 本乎地者 親下, 則各從其類也"라 하였으며, 《莊子》 漁父篇에는 "同類相從, 同聲相應"이라 하였다.

【鮑叔】 鮑叔牙. 管仲의 친구.

【北面】 管仲이 魯나라에 잡혀 있다가 齊나라로 갔다. 방향으로 보아 북쪽. 또 신하를 자처하여 北面함을 말한다.

【王子 比干】 殷나라 紂王의 신하. 《史記》 殷本紀에 "比干曰: '爲人臣者, 不得不以 爭死.' 乃强諫紂, 紂怒曰: '吾聞聖人心有七竅.' 剖比干, 觀其心"이라 하였다.

【箕子】 《史記》 殷本紀에 "箕子懼, 乃詳狂爲奴, 紂又囚之"라 하였다.

【秦 靈公】 춘추시대 陳나라의 暗君. 재위 15년(B.C.613~599).

【泄冶】 춘추시대 陳 靈公의 신하로서 靈公에게 간언을 하다가 죽었다. 《左傳》 宣公 9年 참조.

【鄧元】 陳 靈公의 신하.

【燕 昭王】 전국시대 燕나라를 부흥시킨 군주. 재위 33년(B.C.311~279).

【郭隗】 원래 燕나라의 高士. 昭王이 불러 천하의 선비를 얻고자 한다고 하자 자기부터 현인으로 보고 모시라고 요구. 죽은 말을 五百金에 사오는 고사를 말한다. 昭王이 그의 말대로 하자 과연 樂毅・鄒衍・劇辛 등이 찾아왔다. 《史記》 燕召公世家 및 《戰國策》 燕策 참조.

【鄒衍】 齊나라 사람. 음양가로 널리 알려져 있다.

【樂毅】 燕나라 昭王을 도와 齊나라 70여 성을 빼앗았다. 뒤에 昌國君의 작호를 받았다. 《史記》 樂毅田單列傳 및 《戰國策》 燕策・齊策 참조.

【蘇秦】 周의 洛陽 출신으로 전국시대 최고의 유세가. 《史記》 蘇秦張儀列傳 및 《戰國策》 참조.

【屈景】 楚나라 출신으로 燕나라에서 벼슬하였다.

【閔王】湣王.

【莒】地名. 小國名. 지금의 山東省에 있었다.

【微子】殷 紂王의 신하. 公族. 武王이 殷을 멸한 후 殷의 제사를 잇도록 그
자리에 봉하였다. 그리하여 그 나라 이름을 宋이라 하여 시조가 되었다. 《史記》
宋微子世家 참조.

【封比干之墓】《史記》 殷本紀에 "周武王遂斬紂頭, 縣之白旗. 殺妲己, 釋箕子之囚,
封比干之墓, 表商容之閭, 封紂子武庚, 祿父, 以續殷祀, 令修行盤庚之政, 殷民大說"
이라 하였다.

참고 및 관련 자료

1. 《大戴禮記》 保傅篇

昔者禹以夏王, 桀以夏亡; 湯以殷王, 紂以殷亡. 闔盧以吳戰勝無敵, 夫差以見禽於越;
文公以晉國霸而厲公以見殺於匠黎之宮; 威王以齊强於天下而簡公以弑於檀; 穆公
以秦顯名尊號, 二世以刺於望夷之宮. 其所以君王同而功迹不等者, 所任異也. 故成王
處繦抱之中朝諸侯, 周公用事也. 武靈王五十而弑沙丘, 任李兌也. 齊桓公得管仲,
九合諸侯, 一匡天下, 再爲義王; 失管仲, 任竪刁·狄牙, 身死不葬而爲天下笑.
一人之身, 榮辱具施焉者, 在所任也. 故魏有公子無忌而削地復得; 趙得藺相如而秦不
敢出; 安陵任周瞻而國人獨立; 楚有申包胥而昭王反復; 齊有田單, 襄王得其國. 由此
觀之, 無賢佐俊士而能以成功立名, 安危繼絶者, 未之有也. 是以國不務大, 而務得
民心; 佐不務多, 而務得賢臣. 得民心者民往之, 有賢佐者士歸之. 文王請除炮烙之
刑而殷民從, 湯去張網者之三面而二垂至. 越王不頹舊冢而吳人服. 以其所爲愼於
人也. 故同聲則異而相應, 意合則未見而相親. 賢者立於本朝, 而天下之豪相率而趨
之也. 何以知其然也? 管仲者桓公之讎也, 鮑叔以爲賢於己而進之桓公, 七十言說
乃聽, 遂使桓公除仇讎之心而委之國政焉. 桓公垂拱無事而朝諸侯, 鮑叔之力也.
管仲之所以北走桓公而無自危之心者, 同聲於鮑也. 紂殺王子比干而箕子被髮陽狂,
靈公殺泄冶而鄧元去陳以族從. 自是之後, 殷幷於周, 陳亡於楚, 以其殺比干與泄冶,
而失箕子與鄧元也. 燕昭王得郭隗而鄒衍·樂毅以齊至. 於是擧兵而攻齊, 棲閔王
於莒. 燕支地計衆不與齊均也, 然如所以能申意至於此者, 由得士也. 故無常安之國,
無宜治之民, 得賢者安存, 失賢者則危亡, 自古及今, 未有不然者也. 明鏡者, 所以察形也;

往古者, 所以知今也. 夫知惡古之危亡, 不務襲迹於其所以安存, 則未有異乎卻走而求及於前人也. 太公知之, 故興微子之後而封比干之墓. 夫聖人之於當世存者乎, 其不失可知也.

2. 《韓詩外傳》卷5

昔者禹以夏王, 桀以夏亡. 湯以殷王, 紂以殷亡. 故無常安之國, 無恒治之民, 得賢則昌, 失賢則亡. 自古及今, 未有不然者也. 夫明鏡者, 所以照形也, 往古者, 所以知今也. 夫知惡往古之所以危亡, 而不襲蹈其所以安存者, 則無以異乎卻行而求逮於前人也.

3. 《韓詩外傳》卷7

紂殺王子比干, 箕子被髮佯狂. 陳靈公殺泄冶, 鄧元去陳以族從. 自此之後, 殷并於周, 陳亡於楚, 以其殺比干·泄冶而失箕子·鄧元也. 燕昭王得郭隗·而鄒衍·樂毅, 以齊·魏至. 於是興兵而攻齊, 棲閔王於莒. 燕度地計衆, 不與齊均也. 然所以能信意至於此者, 由得士也. 故無常安之國, 無恒治之民, 得賢者昌, 失賢者亡, 自古及今, 未有不然者也. 明鏡者, 所以照形也, 脩往古者, 所以知今也, 知惡古之所以危亡, 而不務襲蹈其所以安存, 則未有以異乎卻走而求逮前人也. 太公知之, 故舉微子之後而封比干之墓, 夫聖人之於賢者之後, 尚如是厚也, 而況當世之存者乎?

4. 《孔子家語》觀周篇

夫明鏡所以察形, 往古所以知今, 人主不務襲迹於其所以安存, 而忽怠所以危亡, 是猶未有以異於卻走而欲求及前人也, 豈不惑哉!

5. 《賈誼新書》胎教篇

昔禹以夏王而桀以夏亡; 湯以殷王而紂以殷亡; 闔閭以吳戰勝無敵, 而夫差以見禽於越; 文公以晉伯而厲公以見殺於匠麗之宮; 威王以齊强於天下, 而簡公以殺於檀臺; 穆公以秦顯名尊號, 而二世以劫於望夷之宮. 其所以君王同, 而功迹不等者所任異也. 故成王處襁褓之中朝諸侯, 周公用事也. 武靈王五十而弒於沙邱, 任李兌也. 齊桓公得管仲, 九合諸侯, 一匡天下, 稱爲義主; 失管仲, 任竪刁而身死不葬爲天下笑. 一人之身, 榮辱具施焉者, 在所任也. 故魏有公子無忌而削地復. 趙任藺相如而秦兵不敢出. 安陵任周瞻而國獨立. 楚有申包胥而昭王復反. 齊有陳單, 而襄王得其國. 由此觀之, 無賢佐俊士, 能成功立名, 安危繼絶者, 未之有也. 是以國不務大而務得民心, 佐不務多而務得賢者. 得民心而民往之, 得賢者而賢者歸之. 文王請除炮烙之刑而殷民從. 湯去張網者之三面而二垂至. 越王不頹舊冢而吳人服. 以其所爲而順於人也. 故同

聲則處異而相應, 意合則未見而相親. 賢者立於本朝, 而天下之士相率而趨之. 何以知其然也? 管仲者桓公之讎也, 鮑叔以爲賢於己而進之桓公, 七十言說乃聽, 遂使桓公除仇讎之心, 而委之國政焉. 桓公垂拱無事而朝諸侯, 鮑叔之力也. 管仲之所以趨桓公而無自危之心者, 同聲於鮑叔也.

6.《賈誼新書》胎教篇

紂殺王子比干而箕子被髮佯狂. 陳靈公殺泄冶而鄧元去陳以族從. 自是之後, 殷幷於周, 陳亡於楚, 以其殺比干與泄冶而失箕子與鄧元也. 燕昭王得郭隗而鄒衍・樂毅自齊・魏至. 於是擧兵而攻齊, 棲閔王於莒. 燕度地計衆, 不與齊均也, 然而所以能信意至於此者由得士故也. 故無常安之國, 無宜治之民. 得賢者顯昌, 失賢者危亡. 自古及今, 未有不然者也. 明鏡所以照形, 往古所以知今也. 夫知惡古之所以危亡, 不務襲迹於其所安存, 則未有異於卻走而求及前人也. 太公知之, 故國微子之後而封比干之墓. 夫聖人之於聖子之死, 尚如此其厚也, 況當世存者乎, 其弗失可知矣.

240(8-6) 齊景公問於孔子
진 목공이 패자가 된 이유

제齊 경공景公이 공자孔子에게 물었다.

"진秦 목공穆公은 그 나라도 작고 편벽한 곳에 처해 있었으면서도 패자霸者가 되었습니다. 어떻게 해서 그렇게 된 것입니까?"

공자가 이렇게 대답하였다.

"그 나라는 작으나 뜻이 컸기 때문에 비록 편벽한 곳에 처해 있었지만 그 정치가 훌륭하였고, 그 거사가 과감하였으며, 그 모책謀策이 조화를 이루었고, 그 법령이 투안偸安에 젖지 않도록 하였습니다. 게다가 친히 죄인으로 묶여 있던 오고대부五羖大夫를 거용하여 그와 더불어 사흘 동안이나 의견을 나누어 본 후 그에게 정치를 맡겼습니다. 이 때문에 패업을 이룰 수 있었던 것이니, 능히 왕자王者의 업이라도 이룰 수 있었는데 패업霸業에 그치고 만 것은 오히려 작다고 할 수 있습니다."

齊景公問於孔子曰:「秦穆公其國小, 處僻而霸, 何也?」

對曰:「其國小而志大, 雖處僻而其政中, 其擧果, 其謀和, 其令不偸; 親擧五羖大夫於係縲之中, 與之語三日而授之政, 以此取之, 雖王可也, 霸則小矣.」

【齊 景公】春秋 후기의 齊나라 군주. 재위 58년(B.C.547~490).

【秦 穆公】춘추오패의 하나. 재위 39년(B.C.659~621).

【不偸】'편안함에만 젖지 않도록 자신을 면려함'을 뜻한다.

【五羖大夫】百里奚.《史記》秦本紀 참조.

참고 및 관련 자료

1.《史記》孔子世家

齊景公與晏嬰來適魯, 景公問孔子曰:「昔秦穆公國小處僻, 其霸何也?」對曰:「秦國
雖小, 其志大, 處雖辟, 行中正. 身擧五羖, 爵之大夫, 起累絏之中, 與語三日, 授之
以政. 以此取之, 雖王可也, 其霸小矣.」

2.《孔子家語》賢君篇

齊景公來適魯, 舍於公館, 使晏嬰迎孔子. 孔子至, 景公問政焉. 孔子答曰:「政在節財.」
公悅. 又問曰:「秦穆公小處僻而霸, 何也?」孔子曰:「其國雖小, 其志大, 其處雖僻
而其政中. 其擧也果, 其謀也和, 法無私而令不偸. 首拔五羖, 爵之大夫, 與語三日而
授之以政. 以此取之, 雖王可也, 其霸少矣.」景公曰:「善哉!」

241(8-7) 或曰將謂桓公仁義乎
환공은 어진 사람인가

어떤 이가 말하였다.

"환공桓公이 인의仁義롭다고 할 수 있겠는가? 자신의 형을 죽이고 왕위에 올랐으니 인의롭다고 볼 수 없다. 또 환공을 공검恭儉하다고 볼 수 있겠는가? 부인婦人들과 같이 수레를 타고 거리를 쏘다녔으니, 역시 공검하다고 볼 수 없다. 그러면 환공을 청결淸潔하다고 볼 수 있겠는가? 그것도 규문閨門 안에 식을 올리지 않고 맞이한 여자들뿐이니 청결하다고 볼 수 없다.

이 세 가지는 바로 망국실군亡國失君이나 할 행동이다. 그런데도 환공이 천하를 얻었다. 이는 관중管仲·습붕隰朋을 등용하여, 구합제후九合諸侯하고 일광천하一匡天下하여 모두 이끌고 주실周室을 조알하며 오패五霸 중에 우두머리가 된 것, 이 모두 그 어진 보좌를 얻었기 때문이다.

그러나 관중과 습붕을 잃은 다음, 수조豎刁와 역아易牙를 임명하여 자신이 죽은 다음에는 장례도 치르지 못하였고, 그 시신에서 나온 구더기가 문지방으로 기어 나올 정도였으니, 한 사람의 몸에 영화榮華와 모욕侮辱이 이렇게 함께 한 것은 무슨 까닭인가? 바로 누구를 썼느냐에 따라 달라진 것이다. 이로 말미암아 보건대 보좌補佐의 임명이란 얼마나 절박한 일인가?"

或曰:「將謂桓公仁義乎? 殺兄而立, 非仁義也; 將謂桓公恭儉乎? 與婦人同輿, 馳於邑中, 非恭儉也; 將謂桓公淸潔乎? 閨門之內, 無可嫁者, 非淸潔也. 此三者, 亡國失君之行也, 然而桓公兼有之, 以得管仲·隰朋, 九合諸侯, 一匡天下, 畢朝周室, 爲五霸長, 以其得賢佐也; 失管仲·隰朋, 任豎刁, 易牙, 身死不葬, 蟲流出戶. 一人之身, 榮辱俱施者, 何者? 其所任異也. 由此觀之, 則任佐急矣.」

【桓公】齊나라 군주. 춘추오패의 하나.

【殺兄而立】《史記》齊太公世家 및 管晏列傳 참조. 管仲은 형인 公子 糾를 모시고 魯나라로 피신하고, 鮑叔은 桓公 즉 小白을 모시고 莒로 피신. 뒤에 동시에 귀국하여 왕이 되려고 하면서 끝내 桓公은 公子 糾를 쳐서 죽였고, 管仲은 포로가 되었다.

【九合諸侯, 一匡天下】《論語》憲問篇에 "子路曰: '桓公殺公子糾, 召忽死之, 管仲不死, 曰未仁乎?' 子曰: '桓公九合諸侯, 不以兵車, 管仲之力也, 如其仁, 如其仁.'"라 하였다.

【豎刁】齊 桓公의 신하. 스스로 거세하여 임금을 가까이 하였다.

【易牙】齊 桓公의 신하. 桓公의 요리담당 신하로서 桓公이 사람고기를 먹어 보지 못하였다고 하자 자신의 아들을 삶아 바쳤다고 한다. 이상의 이야기는 《史記》齊太公世家를 참조할 것.

참고 및 관련 자료

1. 〈四庫本〉에는 본 장이 다음의 242장(周公旦白屋之下)과 하나로 묶여져 있다.

2. 본 장의 내용은 239장의 "桓公得管仲~在所任也"와 비슷하게 겹치는 부분이 있다.

242(8-8) 周公旦白屋之士
주공의 보필들

주공周公 **단**旦은 가난한 선비들에게 자기 자신이 그보다 낮게 처하여 모신 이가 70명이나 되었다. 그러자 천하의 선비들이 다 모여들었다.

또 안자晏子는 자기 자신과 옷과 음식을 구별하지 않고 같이 한 자가 1백여 명이나 있었다. 그러자 천하의 선비들이 역시 모여들었다.

중니仲尼는 도를 닦고 실천하며 문장文章을 정리하자 천하의 선비들이 역시 찾아들었다.

백아伯牙가 거문고를 연주할 때 종자기鍾子期가 듣고 있다가 바야흐로 태산을 생각하면서 연주하자 이렇게 말하였다.

"훌륭하도다. 거문고 연주여! 그 높기가 태산 같구나!"

잠깐 시간이 흐른 후, 백아가 흐르는 물을 생각하며 연주하자 종자기는 다시 이렇게 말하였다.

"훌륭하도다. 그 연주여! 철철 넘치기가 흐르는 물과 같구나!"

그러한 종자기가 죽자, 백아는 그만 그 거문고를 부수고 줄을 끊어버리고는 종신토록 다시는 거문고를 연주하지 않고, 세상에 더 이상 족히 거문고를 연주해 들려 줄만 한 사람이 없다고 여겼다.

어진 이도 또한 이와 같다. 비록 어진 이가 있다 해도 이를 알아 주는 이가 없다면 그 어진 이가 무엇으로 말미암아 그 충성을 다할 것인가?

천리마는 스스로 천리를 갈 수 없나니 백락伯樂을 기다린 연후에야 천리에 이를 수 있는 것이다.

周公旦白屋之士, 所下者七十人, 而天下之士皆至; 晏子所與同衣食者百人, 而天下之士亦至; 仲尼脩道行, 理文章, 而天下之士亦至矣.

伯牙子鼓琴, 鍾子期聽之, 方鼓而志在太山, 鍾子期曰:「善哉乎鼓琴! 巍巍乎若太山.」

少選之間, 而志在流水, 鍾子期復曰:「善哉乎鼓琴! 湯湯乎若流水.」

鍾子期死, 伯牙破琴絕絃, 終身不復鼓琴, 以爲世無足爲鼓琴者.

非獨鼓琴若此也, 賢者亦然, 雖有賢者, 而無以接之, 賢者奚由盡忠哉! 驥不自至千里者, 待伯樂而後至也.

【周公 旦】旦은 이름. 周 文王의 아들. 武王의 아우.

【白屋之士】가난한 선비를 뜻한다. '白屋'은 '朱門'에 상대되는 표현임.

【晏子】晏平仲. 嬰.

【同衣食】食客이나 門人·舍人과 음식·옷에 차별을 두지 않고 자신도 검소하게 생활함.

【仲尼】孔子, 孔丘.

【理文章】'전적을 정리하였다'는 뜻으로 볼 수 있다.《史記》孔子世家에 孔子가 六經을 刪定하였다 하였다. 그러나 같은 곳에 "子貢曰夫子之文章, 可得聞也. 夫子言天道與性命, 弗可得聞也已"라 하고 何晏의 集解에 "章, 明, 文, 彩. 形質著見, 可以耳目順也"라 하여 '쉽게 설명하였다'라는 뜻으로도 볼 수 있다.

【伯牙子】춘추시대 거문고를 잘 탔던 인물. 子는 존칭의 접미사.

【鍾子期】伯牙의 친구. 춘추시대 楚나라 사람이라 한다.

【伯樂】원래는 天馬를 맡은 별의 이름. 한편 周나라 때 말에 대해서 잘 알았던 인물.《戰國策》에 '伯樂一顧' 등의 고사가 전하며, 그 외에 唐나라 때 韓愈의 〈雜說〉(四)은 이에 대한 논설을 쓴 것이다. 그 이름이 孫陽으로도 알려졌으며 《莊子》馬蹄篇,《呂氏春秋》贊能篇,《淮南子》道應訓,《戰國策》燕策·楚策, 《楚辭》九章 등에 널리 그 고사가 실려 있다.

1. 본 장은 〈四庫本〉에는 바로 앞장(241, "或曰將謂齊桓公仁義乎")과 한 장으로 묶여 있다. 그리고 본 장은 다시 『伯牙子鼓琴』도 구분되어야 할 것으로 보인다. 즉 뒷 부분은 '伯牙絶絃'의 故事로 독립될 수 있기 때문이다. 그러나 〈四庫本〉은 심지어 앞장(241)과 연결되어 있고 〈四部備要本〉은 앞장과는 분리하였으되 이 부분에서는 "周公旦…" 부분과 "伯牙子…" 부분을 전혀 분리하지 않고 있다. 이에 잠정적으로 〈四部本〉을 따라 한데 묶어 처리하였다.

2. 한편 이 "伯牙絶絃", 혹 "知音"의 고사는 아주 널리 실려 있고 인용되는 것으로 이를 참고로 간추려보면 다음과 같다.

우선 《列子》 湯問篇과 《呂氏春秋》 本味篇의 기록은 문자만 다를 뿐 비슷하며 《蒙求》에는 표제로 올라 있다. 그 외에 《荀子》 勸學篇에는 "伯牙鼓琴而六馬仰秣" 이라 하였고 《淮南子》 說山訓에는 '六'자가 '駟'자로 바뀌어 있다.

또 《漢書》 陳元傳에는 "至音, 不合衆聽, 故伯牙絶絃, 至寶, 不同衆好, 故卞和泣血." 이라 하였다. 그런가 하면 참고로 조선시대 申沆(1477~1507. 成宗 때 인물)은 "我自彈吾琴, 不必求賞音, 鍾期亦何物, 强辯絃上心"이라는 시를 남기기도 하였다.

3. 《列子》 湯問篇

伯牙善鼓琴, 鍾子期善聽. 伯牙鼓琴, 志在登高山, 鍾子期曰:「善哉! 峨峨兮若泰山.」 志在流水, 鍾子期曰:「善哉! 洋洋兮若江河.」 伯牙所念, 鍾子期必得之.

4. 《呂氏春秋》 本味篇

伯牙鼓琴, 鍾子期聽之. 方鼓琴而志在太山. 鍾子期曰:「善哉乎鼓琴! 巍巍乎若太山.」 少選之間, 而志在流水. 鍾子期又曰:「善哉乎鼓琴! 湯湯乎若流水.」 鍾子期死, 伯牙 破琴絶絃, 終身不復鼓琴, 以爲世無足復爲鼓琴者. 非獨鼓琴若此也, 賢者亦然. 雖有 賢者, 而無禮以接之, 賢奚由盡忠, 猶御之不善, 驥不自至千里也.

5. 《韓詩外傳》 卷9

伯牙鼓琴, 鍾子期聽之. 方鼓琴, 志在太山, 鍾子期曰:「善哉鼓琴! 巍巍乎如太山.」 莫景之間, 志在流水. 鍾子期曰:「善哉鼓琴! 洋洋乎若江河.」 鍾子期死, 伯牙擗琴絶絃, 終身不復鼓琴, 以爲世無足與鼓琴也. 非獨鼓琴如此, 賢者亦有之. 苟非其時, 則賢 者將奚由得遂其功哉!

243(8-9) 周威公問於寗子
선비를 알아보는 법

주周 위공威公이 영자寗子에게 물었다.

"선비를 취하는 데에도 어떤 도가 있습니까?"

이에 영자는 이렇게 대답하였다.

"있지요. 궁한 자는 현달시켜 주고, 끊어지려는 자는 존속시켜 주어야 하며, 넘어지려는 자는 일으켜 주어야 합니다. 그러면 사방의 선비들이 사면에서 몰려오지요. 그러나 궁한 자를 현달시키지 못하고, 끊어지는 자를 존속시키지 못하며, 넘어지는 자를 일으켜 세우지 못하면 사방의 선비들이 각각 배반하고 맙니다. 무릇 성이 견고하다고 해서 반드시 안전한 것이 아니며, 무력이 강하다고 해서 안보가 보장되는 것이 아닙니다. 선비를 얻었음에도 이를 잃는 경우가 있으니, 이는 반드시 그 속에 틈이 있었기 때문입니다. 또 선비가 바르게 자리잡고 있으면 임금이 존경을 받는 법이지만, 선비가 사라지면 임금은 비천해지고 마는 법입니다."

그러자 위공이 다시 물었다.

"선비의 영향이 이처럼 중합니까?"

영자는 이렇게 설명하였다.

"임금께서는 듣지 못하였습니까? 초楚나라 평왕平王에게는 초혜楚傒·서구胥丘·부객負客이라는 선비가 있었는데, 왕이 이들을 죽이려 들자 진晉나라로 도망쳐 버렸습니다. 진晉나라가 이들을 등용시키자, 이 때문에 터진 싸움이 바로 성복지전城濮之戰입니다.

또 다른 선비 묘분황苗賁皇도 왕이 죽이려 하자 역시 진晉으로 도망하였는데, 진나라가 이를 등용하여 결국 언릉지전鄢陵之戰이 일어났습니다. 그런가 하면 상해우上解于라는 선비도 진晉으로 도망하여 양당지전兩堂之戰이 터졌고, 오자서伍子胥는 왕이 그의 아버지와 형을 죽이자 오吳나라로 도망하여 합려闔閭가 이를 들어 썼습니다. 그 때문에 오나라는 군대를 일으켜 초나라 서울 영郢까지 습격하였습니다.

따라서 초나라처럼 큰 나라가 양梁·정鄭·송宋·위衛 같은 나라에 죄를 지었다 해도 이렇게 급히 그런 꼴은 당하지 않았을 것인데, 선비 하나 잘못 대우하여 그렇게 된 것입니다. 즉 선비에게 이 네 가지 죄를 지음으로써 세 번이나 그 백성들은 들판에 해골이 나뒹굴어야 하였고, 한 번은 나라를 망치기까지 하였던 것입니다. 이로 말미암아 보건대 선비가 존속하면 나라도 존속하고, 선비가 떠나 버리면 나라도 망하는 법입니다. 오자서가 노하였을 때에는 초나라가 망하였지만, 신포서申包胥가 노하였을 때에는 초나라가 살아났습니다. 그러니 선비가 어찌 귀하지 않다 할 수 있겠습니까?"

周威公問於寗子曰:「取士有道乎?」

對曰:「有, 窮者達之, 亡者存之, 廢者起之; 四方之士, 則四面而至矣. 窮者不達, 亡者不存, 廢者不起; 四方之士, 則四面而畔矣. 夫城固不能自守, 兵利不能自保, 得士而失之, 必有其間, 夫士存則君尊, 士亡則君卑.」

周威公曰:「士壹至如此乎?」

對曰:「君不聞夫楚平王有士, 曰楚傒, 胥丘, 負客, 王將殺之, 出亡之晉; 晉人用之, 是爲城濮之戰. 又有士曰苗賁皇, 王將殺之, 出亡走晉; 晉人用之, 是爲鄢陵之戰. 又有士曰上解于, 王將殺之, 出亡走晉; 晉人用之, 是爲兩堂之戰. 又有士曰伍子胥, 王殺其

父兄, 出亡走吳; 闔閭用之, 於是興師而襲郢, 故楚之大得罪於梁鄭宋衛之君, 猶未遽至于此也. 此四得罪於其士, 三暴其民骨, 一亡其國. 由是觀之, 士存則國存, 士亡則國亡; 子胥怒而亡之, 申包胥怒而存之; 士胡可無貴乎!」

【周威公】 周의 威烈王을 말하는 듯하다. 姬午. 재위 24년(B.C.425~402).

【寗子】 자세히 알 수 없음. 人名.

【楚平王】 春秋 후기의 楚나라 군주. 재위 13년(B.C.528~516). 掘墓笞尸 당하였다. 여기서 原文의 '平王'은 '成王'의 오류이다. 城濮의 싸움은 楚 成王과 晉 文公과의 싸움이다.

【楚僕·胥丘·負客】 모두 楚나라 人物로 楚王을 피해 晉으로 간 것으로 보인다. 단 人名의 경우에는 楚僕, 丘負客의 두 사람으로 보는 경우도 있다.

【城濮之戰】 春秋 말기에 가장 컸던 싸움. 城濮은 衛나라 땅으로 지금의 河南省 陳留縣. 晉과 楚의 싸움. 《史記》 및 《左傳》 僖公 28年 참조.

【苗賁皇】 楚나라 鬪椒의 아들. 楚나라가 鬪氏를 멸하자 晉나라로 도망하였다. 食邑이 苗땅이었다.

【鄢陵之戰】 역시 楚와 晉의 싸움. 鄢陵은 원래 鄭나라 땅. 鄢國이었으나 뒤에 鄭나라 武公에게 망하였다. 지금의 河南省 鄢陵縣 근처.

【上解于】 楚 平王의 신하.

【兩堂之戰】 구체적으로 알 수 없다.

【伍子胥】 楚나라 사람으로 伍擧의 후손. 이름은 伍員. 《吳越春秋》에는 員을 "音云"이라 하여 "운"이라 읽는다고 하였다. 아버지 伍奢와 형 伍尙이 太子 建의 혼인문제로 죽음을 당하자, 吳나라로 도망하여 끝내 그 원수를 갚았다. 《史記》 吳太伯世家 및 伍子胥列傳 참조.

【闔閭】 闔廬로도 쓰며, 春秋 말기 吳나라의 군주. 재위 19년(B.C.514~496) 越王 勾踐과의 싸움 및 伍子胥와의 관계로 유명하다. 公子僚를 죽이고 왕이 되었다. 《史記》 참조.

【郢】 楚나라의 수도. 지금의 湖北省 江陵縣.

【三暴其民骨, 一亡其國】 세 차례의 전쟁과 伍子胥가 吳나라 군대를 몰고 그 무덤까지 파헤친 한 차례의 패배를 말한다.

【申包胥】 吳楚의 싸움 때에 秦나라에 가서 七日七夜를 울어 구원병을 얻어온 楚나라 大夫.

(참고 및 관련 자료)

1. 참고로 吳나라의 계보는 다음과 같다.(숫자는 순서를 표시함.)

太伯(周나라 古公의 장자) ┄┄┄壽夢㉠ ┬ 諸樊㉡ ― 光(합려)㉥ ― 夫差㉦
　　　　　　　　　　　　　　　　├ 餘祭㉢
　　　　　　　　　　　　　　　　├ 餘昧㉣ ― 僚㉤
　　　　　　　　　　　　　　　　└ 季札

244(8-10) 哀公問於孔子曰人何若而可取也
남을 이기기를 원하는 자

애공哀公이 공자孔子에게 물었다.

"어떤 사람이어야 가히 등용시킬 수 있습니까?"

공자가 대답하였다.

"남을 위협으로 끌고 들어오는 자를 쓰지 말며, 남을 이기기를 좋아하는 자를 쓰지 말며, 말 잘하는 사람을 쓰지 말 것입니다."

"무슨 뜻입니까?"

애공의 반문에 공자는 이렇게 설명하였다.

"남을 위협으로 끌고 들어오는 자는 많은 비용만 쓸 뿐이므로 끝까지 그를 부릴 수 없습니다. 또 남을 이기기를 좋아하는 자는 남의 일까지 간섭하여 자기가 하려고 들기 때문에 법도에 어긋날 수가 있습니다. 그런가 하면, 말 잘하는 자는 허탄虛誕하고 믿음이 적으며 그 실적을 기대하기가 어렵습니다.

무릇 활과 화살은 알맞게 당겨 조화를 이루어야 과녁에 적중할 수 있고, 말은 순하게 잘 길들여진 연후에야 좋은 재질을 발휘할 수 있으며, 마찬가지로 사람은 반드시 충신중후忠信重厚한 후라야 지식과 재능을 드러낼 수 있습니다. 지금 어떤 사람이 있는데 충신중후하지 못하면서 꾀와 능력만 있다면, 이는 곧 시랑豺狼과 같을 뿐이니 그에게 가까이해서는 안 됩니다. 그러므로 먼저 그 사람이 인의仁義에 성실한가를 보고 그에게 친해야 하며, 그러고 나서 그가 지혜와 능력까지 가졌다면 그때에 임용해야 합니다. 따라서 어진 점을 친하고 능력을 부리는 것[親仁而使能]이 바로 사람을 취하는 방법입니다.

또 그 말하는 것을 보고 그 행동을 살펴야 합니다. 무릇 말이란 그 가슴속의 뜻을 드러내고 그 정情은 겉으로 보이는 것으로서, 능히 실천에 옮길 줄 아는 선비는 그 말도 신의가 있게 마련입니다. 그 까닭으로 그 언사를 보아 그 행동의 도리를 알 수 있는 것이니, 말은 그 행동을 규제하기 때문에 비록 간사한 사람일지라도 자기 뜻을 벗어나지 못하는 것입니다."

애공이 이 말을 듣고 말하였다.

"훌륭합니다!"

哀公問於孔子曰:「人何若而可取也?」

孔子對曰:「毋取拑者, 無取健者, 毋取口銳者.」

哀公曰:「何謂也?」

孔子曰:「拑者, 大給利不可盡用; 健者, 必欲兼人, 不可以爲法也; 口銳者, 多誕而寡信, 後恐不驗也. 夫弓矢和調而後求其中焉; 馬慤愿順, 然後求其良材焉; 人必忠信重厚, 然後求其知能焉. 今人有不忠信重厚而多知能, 如此人者, 譬猶豺狼與, 不可以身近也. 是故先其仁信之誠者, 然後親之; 於是有知能者, 然後任之; 故曰: 親仁而使能, 夫取人之術也. 觀其言而察其行, 夫言者, 所以抒其匈, 而發其情者也, 能行之士, 必能言之, 是故先觀其言, 而揆其行, 夫以言揆其行, 雖有姦軌之人, 無以逃其情矣.」

哀公曰:「善!」

【哀公】魯나라 군주. 孔子와 같은 시대. 재위 27년(B.C. 494~476).
【拑】'남을 끌고 들어오는 자'를 가리킨다.
【健】'남을 이기기를 좋아하는 자'를 말한다.

1.《荀子》哀公篇

魯哀公問於孔子曰:「請問取人.」孔子對曰:「無取健, 無取詌, 無取口啍.健, 貪也; 詌, 亂也, 口啍, 誕也. 故弓調而後求勁焉; 馬服而後求良焉; 士信愨而後求知能焉. 士不信愨而有多知能, 譬之其豺狼也, 不可以身尒也.」

2.《韓詩外傳》卷4

哀公問取人, 孔子曰:「無取健, 無取佞, 無取口讒. 健, 驕也; 佞, 諂也; 口讒, 誕也. 故弓調然後求勁焉; 馬服然後求良焉; 士信愨而後求知. 士不信愨而又多知, 譬之豺狼與, 其難以身近也.」周書曰:「無爲虎傅翼, 將飛入邑, 擇人而食.」夫置不肖之人於位, 是爲虎傅翼也. 不亦殆乎? 詩曰:『匪其止恭, 惟王之邛.』言其不恭其職事, 而病其主也.

3.《孔子家語》五義解篇

哀公問於孔子曰:「請問取人之法.」孔子對曰:「事任於官, 無取捷捷, 無取鉗鉗, 無取啍啍. 捷捷, 貪也; 鉗鉗, 亂也; 啍啍, 誕也. 故弓調而後求勁焉; 馬服而後求良焉; 士必愨而後求智能者焉. 不愨而多能, 譬之豺狼不可邇.」

4.《春秋繁露》必仁且智篇

莫近於仁, 莫急於智. 不仁而有勇力材能, 則狂而操利兵也. 不智而辯慧猾給, 則迷而乘良馬也. 故不仁不智而有在能, 將以其材能, 以輔其邪狂之心, 而贊其僻違之行, 適足以大其非, 而甚其惡耳. 其强足以覆過, 其禦足以犯詐, 其慧足以惑愚, 其辨足以飾非, 其堅足以斷辟, 其嚴足以拒諫, 此非無材能也, 其施之不當, 而處之不義也. 有否心者, 不可藉便埶, 其質愚者, 不與利器, 論之所謂不知人也者, 恐不知別此等也. 仁而不智, 則愛而不別也. 智而不仁, 則知而不爲也. 故仁者所以愛人類也, 智者所以除其害也.

5.《孔子集語》論人篇

哀公問取人. 孔子曰:「無取健, 無取佞, 無取口讒. 健, 驕也, 佞, 諂也, 讒, 誕也. 故弓調然後求勁焉, 馬服然後求良焉, 士信愨然後求知焉, 士不信愨, 又多知, 譬之豺狼, 其難以身近也. 周書曰:「爲虎傅翼也.」 不亦殆乎?」

245(8-11) 周公攝天子位七年
주공이 섭정한 지 7년

주공周公이 천자天子를 섭정攝政한 지 7년, 포의布衣의 선비임에도 주공이 예물을 갖추어 찾아뵌 이가 12명이었다. 그런가 하면 궁벽한 동네에 가난하게 살지만 찾아가서 뵌 이가 49명, 때때로 훌륭하다고 천거된 이가 1백 명, 교훈이 될 만한 의견을 제시해 준 선비가 1천 명, 관직에 있으면서 주공을 뵙고 의견을 말한 이가 1만 명이나 되었다.

이때에 주공이 교만하고 인색하였다면 천하의 어진 선비들이 그토록 많이 그를 찾아오지 않았을 것이며, 그런 속에서도 찾아오는 이가 있다면, 그들은 틀림없이 탐욕스럽거나 녹禄만 축내려는 자들이었을 것이다. 녹만 축내는 자는 임금을 존속시킬 수 없다.

周公攝天子位七年, 布衣之士, 執贄所師見者, 十二人, 窮巷白屋所先見者, 四十九人, 時進善者, 百人, 敎士者, 千人, 官朝者, 萬人. 當此之時, 誠使周公驕而且恡, 則天下賢士至者, 寡矣, 苟有至者, 則必貪而尸祿者也, 尸祿之臣, 不能存君矣.

【周公 攝政】武王의 아들인 成王(姬誦)이 어린 나이에 왕위에 오르자, 叔父인 周公 旦이 정치를 대신 맡았다.

【天子】周나라 宗室의 왕. 여기서는 成王을 말한다.
【尸祿之臣】시체처럼 아무 일도 하지 못하면서 녹만 축내는 신하를 말한다.

참고 및 관련 자료

1.《尙書大傳》梓材

伯禽封於魯, 周公曰:「於乎! 吾與女族倫: 吾文王之爲子也, 武王之爲弟也, 今王之爲叔父也. 吾於天下豈卑賤也, 豈乏士也. 所執贄而見者十二, 委質而相見者三十, 其未執質之士百, 我欲盡智得情者千人, 而吾僅得三人焉, 以正吾身, 以定天下.」

2.《荀子》堯問篇

吾語女, 我文王之爲子, 武王之爲弟, 成王之爲叔父, 吾於天下不賤矣. 然而吾所執贄而見者十人, 還贄而相見者三十人, 貌執之士者百有餘人, 欲言而請畢事者千有餘人. 於是吾僅得三士焉, 以正吾身, 以定天下.

3.《韓詩外傳》卷3

周公踐天子之位七年, 布衣之士, 所執贄而師見者十人, 所友見者十三人, 窮巷白屋所先見者四十九人, 時進善者百人, 敎士者千人, 官朝者萬人. 當此之時, 誠使周公驕而且吝, 則天下賢士至者寡矣.

4.《韓詩外傳》卷8

孔子曰:「易先同人, 後大有, 承之以謙, 不亦可乎?」故天道虧盈而益謙, 地道變盈而流謙, 鬼神害盈而福謙, 人道惡盈而好謙. 謙者, 抑事而損者也, 持盈之道, 抑而損之, 此謙德之於行也. 順之者吉, 逆之者凶. 五帝旣沒, 三王旣衰, 能行謙德者, 其惟周公乎! 文王之子, 武王之弟, 成王之叔父, 假天子之尊位, 七年, 所執贄而師見者十人, 所還質而友見者十三人, 窮巷白屋之士所先見者四十九人, 時進善言者百人, 宮朝者千人, 諫臣五人, 輔臣五人, 拂臣六人, 載干戈以至於封侯, 而同姓之士百人. 孔子曰:「猶以周公爲天下賞, 則以同族爲衆, 而異族爲寡也.」故德行寬容, 而守之以恭者榮; 土地廣大, 而守之以儉者安; 位尊祿重, 而守之以卑者貴; 人衆兵强, 而守之以畏者勝; 聰明睿智, 而守之以愚者哲; 博聞强記, 而守之以淺者不溢. 此六者皆謙德也. 易曰:『謙, 亨, 君子有終, 吉.』能以此終吉者, 君子之道也. 貴爲天子, 富有四海, 而德不謙, 以亡其身者, 桀紂是也. 而況衆庶乎? 夫易有一道焉, 大足以治天下, 中足以安家國, 近足以守其身者, 其惟謙德乎! 詩曰:『湯降不遲, 聖敬日躋.』

5.《孔子集語》六藝(上)

孔孔子曰:「易先同人, 後大有, 承之以謙, 不亦可乎?」故天道虧盈而益謙, 地道變盈而流謙, 鬼神害盈而福謙, 人道惡盈而好謙. 謙者, 抑事而損者也, 持盈之道, 抑而損之, 此謙德之於行也, 順之者吉, 逆之者凶. 五帝旣沒, 三王旣衰, 能行謙德者, 其惟周公乎! 文王之子, 武王之弟, 成王之叔父, 假天子之尊位七年, 所執贄而師見者十人, 所還質而友見者十三人, 窮巷白屋之士所先見者四十九人, 時進善言者百人, 宮朝者千人, 諫臣五人, 輔臣五人, 拂臣六人, 載干戈以至於封侯, 而同姓之士百人. 孔子曰:「猶以周公爲天下賞, 則以同族爲衆, 而異族爲寡也.」故德行寬容, 而守之以恭者榮, 土地廣大, 而守之以儉者安, 位尊祿重, 而守之以卑者貴, 人衆兵强, 而守之以畏者勝, 聰明睿智, 而守之以愚者哲, 博聞强記, 而守之以淺者不溢. 此六者皆謙德也. 易曰:『謙, 亨, 君子有終, 吉.』能以此終吉者, 君子之道也. 貴爲天子, 富有四海, 而德不謙, 以亡其身者, 桀紂是也, 而況衆庶乎! 夫易有一道焉, 大足以治天下, 中足以安家國, 近足以守其身者, 其惟謙德乎!

246(8-12) 齊桓公設庭燎
마당에 횃불을 밝혀놓고

제齊 **환공**桓公이 궁궐 뜰에 정료庭燎의 횃불을 밝혀 놓고 훌륭한 선비들이 밤에라도 찾아와 주기를 바랐다.

그러나 1년이 지나도록 누구 하나 찾아오는 이가 없었다. 이때에 동야東野 땅의 구구법九九法을 잘한다고 하는 비루한 사람이 찾아와서 환공을 뵙기를 청하였다.

환공이 만나보고 물었다.

"구구법이 정치에 무슨 족함을 준다고 찾아왔소?"

그러자 그 남루한 사람이 이렇게 답하였다.

"나는 구구법으로 왕을 뵙자고 한 것이 아니오. 제가 듣자 하니, 왕께서는 정료를 세워 놓고 선비가 찾아오기를 바랐으나 1년이 다 되도록 누구 하나 찾아오는 자가 없었다고 하더이다. 무릇 선비가 찾아오지 못하는 이유는, 임금은 천하의 어진 군주이신데 사방의 선비들은 모두가 스스로 임금만 못하다고 느끼고 있기 때문이오. 그 때문에 찾아들지 못하고 있는 것을 알리려는 것이오.

또 구구법은 아주 얕은 능력일 뿐이오. 그런데도 임금께서 예로써 우대해 준다면, 이 구구법보다 더 훌륭한 재능을 가진 어진 선비들이 가만히 있겠소?

대저 태산은 흙덩이 하나 돌멩이 하나 사양하지 아니하고, 강해는 작은 물줄기조차 받기를 거역하지 않기 때문에, 능히 그렇게 크게 되는 것이라오.

《시詩》에 '옛날 현인은 이렇게 말하였지. 나무꾼, 꼴꾼에게도 가르침을 청한다'라 하였소. 이는 모책謀策을 널리 구하라는 뜻이오!"

이 말에 환공은 수긍하였다.

"옳습니다."

그리고는 그를 예를 갖추어 우대하였다. 그러자 한 달이 못 되어 사방의 선비들이 서로 손을 잡고 몰려오는 것이었다.

《시詩》에 "당堂에서 계단으로 올라서 가고 양에서 소에게로 나아져 가네!"라 하였으니, 이는 안으로부터 밖으로 퍼져 나가게 하며, 작은 것으로 시작하여 큰 것까지 미치도록 한다는 뜻이다.

齊桓公設庭燎, 爲士之欲造見者, 期年而士不至.

於是東野鄙人有以九九之術見者, 桓公曰:「九九何足以見乎?」

鄙人對曰:「臣非以九九爲足以見也, 臣聞主君設庭燎以待士, 期年而士不至, 夫士之所以不至者, 君天下賢君也; 四方之士, 皆自以論而不及君, 故不至也. 夫九九薄能耳, 而君猶禮之, 況賢於九九乎? 夫太山不辭壤石, 江海不逆小流, 所以成大也, 詩云: 『先民有言, 詢于蒭蕘.』 言博謀也.」

桓公曰:「善.」

乃因禮之. 期月, 四方之士, 相攜而竝至,

詩曰:『自堂徂基, 自羊徂牛.』

言以內及外, 以小及大也.

【齊桓公】 춘추오패의 하나.

【庭燎】 옛날 국가의 대사가 있을 때 궁궐 뜰에 밤새도록 불을 밝히는 것. 여기서는 비록 밤중일지라도 선비들을 찾아올 수 있게 유도하기 위해 상징적으로 불을

밝힌 것.《詩經》小雅 庭燎편 참조. 또《周禮》春官 司烜氏에 "凡邦之大事, 具墳燭庭燎"라 하였고《禮記》郊特牲에는 "庭燎之百, 由齊桓公始也"라 하였으며,《左傳》襄公 31年에는 "諸侯賓至, 甸設庭燎"라 하였다. 그리고《漢書》王褒傳에는 "昔周公躬吐捉之勞, 故有固空之隆, 齊桓設庭燎之禮, 故有匡合之功"이라 하였다.

【東野】地名, 혹은 성의 동쪽 들.

【九九】算法名.《呂氏春秋》에 "東野有以九九見者, 桓公使戲之……"라 하였다. 그러나 오히려 81세나 된 늙은이로 보는 경우도 있다.《中國歷代薦賢納賢故事》에는 81세의 노인으로 보고 있다.

【太山不辭壞石, 江海不逆小流】이 구절은 李斯의《上秦皇逐客書》(《史記》李斯傳)의 "泰山不辭土壤故能成其大, 河海不擇細流故能就其深"과 같다.

【詩云】《詩經》大雅板의 구절.

【詩曰】《詩經》周頌 絲衣의 구절.

참고 및 관련 자료

1.《韓詩外傳》卷3

齊桓公設庭燎, 爲士之欲造見者, 期年而士不至. 於是東野鄙人有以九九見者, 桓公使戲之曰:「九九足以見乎?」鄙人曰:「臣不以九九足以見也. 臣聞君設庭燎以待士, 期年而士不至. 夫士之所以不至者, 君, 天下之賢君也, 四方之士, 皆自以爲不及君, 故不至也. 夫九九薄能耳, 而君猶禮之, 況賢於九九者乎? 夫太山不讓礫石, 江海不辭小流, 所以成其大也. 詩曰:『先民有言, 詢於芻蕘.』言博謀也.」桓公曰:「善.」乃因禮之, 期月, 四方之士相導而至矣. 詩曰:『自堂徂基, 自羊來牛.』言以內及外, 以小成大也.

2. 기타 참고자료

《文選》〈聖主得賢臣頌〉注·《漢書》〈梅福傳〉注·《冊府元龜》241

247(8-13) 齊景公伐宋

물이 넓으면 사는 고기가 크고

　제齊 경공景公이 송宋나라를 치면서 기제岐隄에 이르러 높이 올라 멀리 바라보면서 한숨을 쉬며 탄식하였다.

　"옛날 우리의 선군先君이신 환공桓公께서는 겨우 8백 승의 적은 힘으로 제후의 패자가 되었다. 지금 나는 3천 승이나 되면서도 감히 이곳에 오래 서 있을 수 없으니 이는 바로 관중管仲 같은 신하가 없어서가 아니겠는가?"

　이를 들은 현장弦章이 말하였다.

　"제가 듣건대 물이 넓으면 그에 사는 고기가 크고, 임금이 훌륭하면 신하도 충성되게 마련이라 들었습니다. 옛날 환공이 있었기에 관중 같은 인물이 있었던 것입니다. 지금 환공이 여기에 계셨다면, 이 수레 아래에 있는 신하들은 모두가 관중이었을 것입니다."

　齊景公伐宋, 至于岐隄之上, 登高以望, 太息而歎曰:「昔我先君桓公, 長轂八百乘, 以霸諸侯, 今我長轂三千乘, 而不敢久處於此者, 豈其無管仲歎!」

　弦章對曰:「臣聞之, 水廣則魚大, 君明則臣忠; 昔有桓公, 故有管仲; 令桓公在此, 則車下之臣, 盡管仲也.」

【齊 景公】춘추시대 齊나라 임금. 재위 58년(B.C.547~490).
【岐隄】제방으로서 둑이 갈라진 곳.
【桓公】管仲의 힘으로 패자가 된 인물. 재위 43년(B.C.685~643).
【管仲】齊 桓公의 名相.
【弦章】齊 景公의 신하.

248(8-14) 趙簡子游於河而樂之
주옥은 발이 없지만

조간자趙簡子가 하수河水에서 즐겁게 뱃놀이를 하다가 문득 탄식을 하며 이렇게 말하였다.

"어떻게 하면 어진 이를 얻어 함께 할꼬?"

이 말을 들은 고승古乘이라는 뱃사공이 무릎을 꿇고 대답하였다.

"무릇 주옥珠玉은 발이 없지만 수천 리의 먼 곳에 있다가도 능히 이리로 옵니다. 이는 사람이 좋아하기 때문이지요. 그런데 지금 선비들이 모두가 발이 달려 있으면서도 찾아오지 않는 것은, 군君께서 이들을 좋아하지 않기 때문이 아닐는지요?"

이에 조간자가 말하였다.

"내 문하의 좌우에는 식객이 1천 명이나 되오. 이들을 먹이기에 아침거리가 부족하면 저녁에 받을 세금을 시장에 나가서 미리 거두어 오고, 그 날 저녁거리가 모자란다 싶으면 다음 날 아침에 받을 세금을 미리 거두어 오고 있을 정도요. 그런데도 내가 선비를 좋아하지 않는다고 말할 수 있겠소?"

그러자 사공인 고승이 이렇게 비유를 들었다.

"홍곡鴻鵠 같은 큰 새가 높이 멀리 나는 데는 가슴과 날개깃 사이 여섯 가지 힘줄, 즉 육핵六翮 때문입니다. 등 위의 털이나 가슴팍의 얇은 털은 그 길이가 얼마이건 아무런 관계가 없습니다. 이를 한 줌 가득 뽑아 준다고 능히 더욱 낮게 날도록 하는 것도 아니고, 이를

한 줌 가득 보태어 준다고 해서 더욱 높이 나는 것도 아닙니다. 임금님의
좌우에 우글거린다는 그 1천여 명의 식객이 모두 육핵의 임무를 하는
자들인지 모르겠습니다. 아니면 모두가 장차 등의 털이나 가슴의
잔털에 지나지 않는 것은 아닌지요!"

　趙簡子游於河而樂之, 歎曰:「安得賢士而與處焉!」

　舟人古乘跪而對曰:「夫珠玉無足, 去此數千里而所以能來者,
人好之也; 今士有足而不來者, 此是吾君不好之乎!」

　趙簡子曰:「吾門左右客千人, 朝食不足, 暮收市征, 暮食不足,
朝收市征, 吾尚可謂不好士乎?」

　舟人古乘對曰:「鴻鵠高飛遠翔, 其所恃者六翮也, 背上之毛,
腹下之毳, 無尺寸之數, 去之滿把, 飛不能爲之益卑; 益之滿把,
飛不能爲之益高. 不知門下左右客千人者, 有六翮之用乎? 將盡
毛毳也.」

【趙簡子】春秋 말기 晉나라 六卿의 하나.
【河水】黃河.
【古乘】뱃사공 이름. 胥·高桑으로도 되어 있다.
【鴻鵠】고니류의 큰 새.
【六翮】새의 날개를 젓도록 하는 힘줄. 혹은 날갯죽지의 힘을 전달하는 부분
　여섯 곳. 깃촉.

1. 다른 곳에는 대개 '晉平公'의 일로 되어 있다.

2. 《韓詩外傳》 卷6

晉平公游於西河而樂, 曰:「安得賢士與之樂此也?」船人盍胥跪而對曰:「主君亦不好士耳! 夫珠出於江海, 玉出於崑山, 無足而至者, 猶主君之好也. 士有足而不至者, 蓋主君無好士之意耳, 何患乎無士也.」平公曰:「吾食客, 門左千人, 門右千人. 朝食不足, 夕收市賦; 暮食不足, 朝收市賦. 吾可謂不好士乎?」盍胥對曰:「夫鴻鵠一擧千里, 所恃者六翮爾. 背上之毛, 腹下之毳, 益一把, 飛不爲加高, 損一把, 飛不爲加下. 今君之食客, 門左·門右各千人, 亦有六翮在其中矣, 將皆背上之毛·腹下之毳耶?」詩曰:『謀夫孔多, 是用不就.』

3. 《新序》 雜事(一)

晉平公浮西河, 中流而嘆曰:「嗟乎! 安得賢士與共此樂者?」船人固桑進對曰:「君言過矣! 夫劍産于越, 珠産江漢, 玉産昆山, 此三寶者, 皆無足而至. 今君苟好士, 則賢士至矣.」平公曰:「固桑來! 吾門下食客者三千餘人. 朝食不足, 暮收市租; 暮食不足, 朝收市租. 吾尙可謂不好士乎?」固桑對曰:「今夫鴻鵠高飛衝天, 然其所恃者六翮耳. 夫腹下之毳, 背上之毛, 增去一把, 飛不爲高下. 不知君之食客六翮耶? 將腹背之毳也.」平公黙然而不應焉.

4. 《藝文類聚》(90)

韓詩外傳六: 晉平公游於河而樂, 曰:「安得賢士, 與之樂此也!」舡人盍胥跪而對曰:「夫珠出於江海, 玉出於崑山, 無足而至者, 猶主君之好也. 士有足而不至者, 蓋主君無好士之意耳, 無患乎無士乎?」平公曰:「吾食客門左千人, 門右千人; 朝食不足, 夕收市賦; 暮食不足, 朝收市賦. 吾可謂不好士乎?」對曰:「夫鴻鵠一擧千里, 所恃者, 六翮爾; 背上之毛, 腹下之毳, 益一把, 飛不爲加高, 損一把, 飛不爲加下. 今君之食客, 門左門右各千人, 亦有六翮在其中矣, 將皆背上之毛, 腹下之毳耶!」

5. 기타 참고자료

《文選》〈鸚鵡賦〉注,〈答魏子悌詩〉注,〈古詩十九首〉注,〈論盛孝章書〉注,〈與楊德祖書〉注,〈陶徵士誄〉注 ·《太平御覽》(475) ·《北堂書鈔》(34)

249(8-15) 齊宣王坐
한 가지가 모자라는군요

제齊 선왕宣王이 앉아 있을 때 순우곤淳于髡이 옆에 모시고 있었다. 선왕이 물었다.

"선생께서는 과인이 좋아하는 것에 대해 논평해 주실 수 있겠소?"

순우곤이 말하였다.

"옛날 왕들은 좋아하는 것이 네 가지였는데, 왕께서 좋아하시는 것은 세 가지밖에 안 되는군요!"

선왕이 다시 물었다.

"옛사람들이 좋아하였던 것이 내가 좋아하는 바와 어떤 차이가 있소?"

순우곤이 대답하였다.

"옛 사람들은 말을 좋아하였는데 왕께서도 말을 좋아하십니다. 옛사람

西施

들은 좋은 음식을 좋아하였는데 왕께서도 역시 그렇습니다. 또 옛 사람들은 색을 좋아하였는데 왕 역시 색을 좋아하십니다. 그러나 옛사람들은 선비를 좋아하였는데 유독 왕만은 선비를 좋아하지 않으십니다."

선왕이 대꾸하였다.

"나라에 선비가 없을 따름이지 있다면 과인 역시 그들을 좋아

하였을 것이오!"

그러자 순우곤이 이렇게 말하였다.

"옛날에는 화류騮騮·기기麒驥 등의 명마가 있었지만 지금은 물론 없습니다. 그런데도 임금께서는 없는 중에도 골라서 말을 좋아하고 있습니다.

또 옛날에는 표범·코끼리의 태胎 등 요릿거리가 있었지만 지금은 물론 없습니다. 그런데도 왕께서는 없는 중에서 구하여 맛을 즐기고 있습니다.

그런가 하면, 옛날에는 물론 모장毛廧이나 서시西施 같은 미인이 있었지만 지금은 없습니다. 그런데도 왕께서는 무리 속에 예쁜 여자를 골라 즐기고 계십니다. 그렇다면 왕께서는 반드시 요堯·순舜·우禹·탕湯을 모셨던 선비를 기다린 다음에야 이들을 좋아하실 양이면 우·탕을 모셨던 그런 선비 역시 왕을 좋아하지 않을 것입니다."

이 말에 선왕은 묵묵히 아무런 응답을 하지 못하였다.

齊宣王坐, 淳于髡侍, 宣王曰:「先生論寡人何好?」

淳于髡曰:「古者所好四, 而王所好三焉.」

宣王曰:「古者所好, 何與寡人所好?」

淳于髡曰:「古者好馬, 王亦好馬; 古者好味, 王亦好味; 古者好色, 王亦好色; 古者好士, 王獨不好士.」

宣王曰:「國無士耳, 有則寡人亦說之矣.」

淳于髡曰:「古者騮騮麒驥, 今無有, 王選於衆, 王好馬矣; 古者有豹象之胎, 今無有, 王選於衆, 王好味矣; 古者有毛廧西施, 今無有, 王選於衆, 王好色矣. 王必將待堯舜禹湯之士而後好之, 則禹湯之士亦不好王矣.」

宣王嘿然無以應.

【齊宣王】 전국시대 齊나라의 군주. 재위 19년(B.C.319~301).

【淳于髡】 전국시대 최고의 滑稽家. 齊나라 사람.《史記》滑稽列傳 및《戰國策》齊策에는 王斗가 한 말로 되어 있다.

【驊騮・麒驥】 모두 古代의 名馬.

【毛嬌】 毛嬙으로도 쓰며, 고대의 미인. 西施와 함께 칭해지며, 越王의 美姬라고도 한다.《莊子》齊物論에 “毛嬙西施, 人之所美也”라 하였고, 宋玉의〈神女賦〉에 “毛嬙鄣袂, 不足程式. 西施掩面, 比之無色”이라 하였다. 그리고《管子》小稱에는 “毛嬙西施, 天下之美人也”라 하였다.

【西施】 毛嬌과 병칭되는 고대의 美女. 越王 勾踐이 吳王 夫差에게 美人計를 쓸 때의 여자라고도 한다.《吳越春秋》勾踐陰謀外傳에 자세히 실려 있다.

【堯舜禹湯】 唐堯・虞舜・夏禹・商湯. 모두 古代의 聖王.

참고 및 관련 자료

1.《戰國策》齊策(四)

先生王斗造門而欲見齊宣王, 宣王使謁者延入. 王斗曰:「斗趨見王爲好勢, 王趨見斗爲好士. 於王何如?」使者復還報, 王曰:「先生徐之, 寡人請從.」宣王因趨而迎之於門. 與入, 曰:「寡人奉先君之宗廟, 守社稷, 聞先生直言正諫不諱.」王斗對曰: 「王聞之過, 斗生於亂世, 事亂君, 焉敢直言正諫.」宣王忿然作色不說. 有間, 王斗曰: 「昔先君桓公所好者, 九合諸侯, 一匡天下. 天子受籍, 立爲大伯. 今王有四焉.」宣王 說曰:「寡人愚陋, 守齊國唯恐失抎之, 焉能有四焉?」王斗曰:「否, 先君好馬, 王亦 好馬; 先君好狗, 王亦好狗; 先君好酒, 王亦好酒; 先君好色, 王亦好色; 先君好士, 是王不好士.」宣王曰:「當今之世無士, 寡人何好?」王斗曰:「世無騏麟・騄耳, 王駟 已備矣; 世無東郭俊・盧氏之狗, 王之走狗已具矣; 世無毛嬙・西施, 王宮已充矣. 王亦不好士也, 何患無士?」王曰:「寡人憂國愛民, 固願得士以治之.」王斗曰:「王之 憂國愛民, 不若王愛尺縠也.」王曰:「何謂也?」王斗曰:「王使人爲冠, 不使左右便辟 而使工者, 何也? 爲能之也. 今王治齊, 非左右便辟無使, 臣故曰:『不如愛尺縠也.』」 宣王謝曰:「寡人有罪國家.」於是擧士五人任官, 齊國大治.

250(8-16) 衛君問於田讓
몽둥이를 들고 개를 부르는 것

위군衛君이 전양田讓에게 물었다.

"나는 제후를 봉하느라 1천 리의 땅을 다 주었고 상을 내려 주느라 어부御府의 비단을 다 소비하였소. 그런데도 선비들이 찾아오지 않는 것은 무슨 이유입니까?"

전양이 이렇게 대답하였다.

"임금께서 내리는 상은 공을 이룬다고 해서 받을 수 있는 것이 아니고, 임금의 형벌은 이치로써 피할 수 있는 게 아닙니다. 마치 몽둥이를 들고서 개를 부르는 것과 같고, 활을 당기면서 닭에게 다가오라고 부르는 것과 같습니다. 이렇게 되면 비록 향기 있는 미끼로 그 개나 닭을 부른다 한들 그들이 오지 않을 것입니다. 왔다가는 해를 입을 것을 뻔히 알기 때문이지요."

衛君問於田讓曰:「寡人封侯盡千里之地, 賞賜盡御府繒帛而士不至, 何也?」

田讓對曰:「君之賞賜, 不可以功及也; 君之誅罰, 不可以理避也; 猶擧杖而呼狗, 張弓而祝雞矣; 雖有香餌而不能致者, 害之必也.」

【衛君】 衛나라 임금. 구체적으로는 알 수 없다. 衛나라는 西周 初~B.C.209년까지 존속하였다가 秦에게 망하였다.

【田襄】 人名. 구체적으로 알 수 없다.

【御府】 임금의 창고.

251(8-17) 宗衛相齊
선비란 얻기는 쉬우나

종위宗衛라는 사람이 제齊나라 재상으로 있다가 면직당한 후 집으로 돌아와서 전요田饒 등 가신 27명을 불러 놓고 물어 보았다.

"여러분들 중에 누가 능히 나와 더불어 다른 제후들을 찾아 망명길에 따라나서겠소?"

그러나 전요 등은 모두 엎드려 있기만 한 채 누구 하나 대답을 하는 자가 없었다. 종위는 실망하여 이렇게 말하였다.

"어찌 사대부란 얻기는 쉬운데 쓰기는 어려운고!"

그러자 전요가 나섰다.

"사대부를 쓰기가 어려운 것이 아닙니다. 귀하께서 능히 쓰지를 못할 뿐입니다."

이 말에 종위가 물었다.

"사대부를 쓰지를 못한다니 무슨 뜻이오?"

전요는 이렇게 설명하였다.

"부엌에서 고기가 썩어나면 그 문하에는 죽음을 무릅쓰는 선비가 없는 법입니다. 지금 무릇 석 되의 식량으로는 선비가 살아가기에 부족합니다. 그런데도 귀하가 기르는 안무雁鶩 등은 그 먹이가 남아돌고 있으며, 온갖 아름다운 비단옷은 치렁치렁하여 귀하의 처마와 난간에 널려져 비바람에 낡아가고 있는데, 오히려 문하의 선비들은 옷 가장자리조차 꿰매지 못하고 있습니다. 그런가 하면 과수원의 배나 밤은 후궁의 부인들이 서로 던지며 놀잇감으로 여길 정도이나, 선비들은 입에도 대어 보지 못하고 있습니다. 무릇 재물은 귀하께서 가벼이 여겨 이렇게 마구 쓰지만, 죽음이란 선비들이 귀히 여기는 바로서 가치 없이 마구 죽을 수 있는 게 아닙니다. 귀하께서 가벼이 여기는 그 재물은 사용하지 않으면서 선비가 중히 여기는 죽음을 요구하고 계시니, 어찌 어렵다 하지 않을 수 있겠습니까?"

이 말에 종위는 얼굴에 부끄러운 기색을 띠고 머뭇거리다가 자리를 뜨면서 사과하였다.

"이것이 바로 나 종위의 과실이오!"

宗衛相齊, 遇逐罷歸舍, 召門尉田饒等二十有七人而問焉, 曰:「士大夫誰能與我赴諸侯者乎?」

田饒等皆伏而不對.

宗衛曰:「何士大夫之易得而難用也!」

饒對曰:「非士大夫之難用也, 是君不能用也.」

宗衛曰:「不能用士大夫, 何若?」

田饒對曰:「廚中有臭肉, 則門下無死士. 今夫三升之稷, 不足於士; 而君鴈鶩有餘粟. 紈素綺繡靡麗, 堂楯從風雨弊, 而士曾不得以緣衣; 果園梨粟, 後宮婦人摭而相擿, 而士曾不得一嘗, 且夫財者, 君之所輕也; 死者士之所重也, 君不能用所輕之財, 而欲使士致所重之死, 豈不難乎哉?」

於是宗衛面有慚色, 逡巡避席而謝曰:「此衛之過也.」

【宗衛】人名. 齊나라의 재상을 지냈던 인물. 다른 기록에는 宋燕, 管燕으로 되어 있다.

【田饒】宗衛의 家臣.

【雁鶩】집에서 기르는 家禽類.

1. 《韓詩外傳》卷7

宋燕相齊見逐, 罷歸之舍, 召門尉陳饒等二十六人曰:「諸大夫有能與我赴諸侯者乎?」
陳饒等皆伏而不對. 宋燕曰:「悲乎哉! 何士大夫之易得而難用也.」陳饒對曰:「非士
大夫易得而難用也, 君弗能用也, 君不能用, 則有不平之心, 是失之己而責諸人也.」
宋燕曰:「夫失諸己而責諸人者何?」陳饒曰:「三斗之稷不足於士, 而君鴈鶩有餘粟,
是君之一過也; 果園梨栗, 後宮婦人以相提攕, 而士曾不得一嘗, 是君之二過也; 綾紈
綺縠, 靡麗於堂, 從風而弊, 而士曾不得以爲緣, 是君之三過也. 且夫財者, 君之所輕也;
死者, 士之所重也. 君不能行君之所輕, 而欲使士致其所重. 猶譬鉛刀畜之, 而干將
用之, 不亦難乎?」宋燕面有慚色, 逡巡避席, 曰:「是燕之過也.」詩曰:『或以其酒,
不以其漿.』

2. 《戰國策》齊策(四)

管燕得罪齊王, 謂其左右曰:「子孰而與我赴諸侯乎?」左右嘿然莫對. 管燕連然流
涕曰:「悲夫! 士何其易得而難用也.」田需對曰:「士三食不得饜, 而君鵝鶩有餘食;
下宮糅羅紈, 曳綺縠, 而士不得以爲緣. 且財者君之所輕, 死者士之所重, 君不肯以
所輕與士, 而責士以所重事君, 非士易得而難用也.」

3. 《新序》雜事(二)

昔者, 燕相得罪於君, 將出亡, 召門下諸大夫曰:「有能從我出者乎?」三問, 諸大夫
莫對. 燕相曰:「嘻! 亦有士之不足養也.」大夫有進者曰:「亦有君之不能養士, 安有
士之不足養者? 凶年饑歲, 士糟粕不厭, 而君之犬馬有餘穀粟; 隆冬烈寒, 士短褐不完,
四體不蔽, 而君之臺觀, 帷幕錦綉, 隨風飄飄而弊. 財者, 君之所輕; 死者, 士之所重也.
君不能施君之所輕, 而求得士之所重, 不亦難乎?」燕相遂慚, 遁逃不復敢見.

4. 기타 참고자료

《藝文類聚》(91)·《意林》(1)·《文選》〈別賦〉注,〈廣絶交論〉注,〈苦熱行〉注·《太平
御覽》(719)·《群書治要》

누가 가장 어진 임금인가요

노魯 **애공**哀公이 공자孔子에게 물었다.

"지금 이 당대當代 임금 중에 누가 어질다고 보십니까?"

이 말에 공자가 잘라 말하였다.

"위衛 영공靈公이지요."

그러자 애공이 되물었다.

"내가 듣자 하니 그의 규문閨門 안에는 시누이고 언니고 여동생의 구별이 없다고 하던데요?"

공자는 이렇게 설명하였다.

"나는 그의 조정의 일만 보았지 그의 후궁의 문제에 대해서는 본 적이 없소. 영공의 아우 공자公子 거모渠牟는, 그 지혜가 천승千乘의 나라쯤을 다스리기에 족하고, 그 믿음은 이를 지켜내기에 족합니다. 그 때문에 영공이 이를 아끼고 있지요.

다음, 그의 선비 중에 왕림王林이라는 인물이 있는데, 나라에 어진 이가 있으면 반드시 이를 추천하여 일을 맡도록 해 주어 현달하지 아니한 자가 없습니다. 그런데도 스스로는 물러나서 자신의 녹祿을 나누어주면서 살고 있어 영공이 이를 존경하고 있지요. 또 역시 선비 중에 경족慶足이라는 자가 있어 나라에 큰 일이 생기면 나서서 이를 처리하여 평온히 하지 못하는 경우가 없습니다. 이 역시 영공이 즐거워 하고 있지요.

다음으로 사추史鰌가 그 위衛나라를 떠나자, 영공은 자기 저택에서 석 달 동안이나 머무르면서 음악 소리 하나 내지 아니한 채, 사추가 돌아와 궁전으로 든 다음에야 자신도 궁궐로 들었습니다. 이로써 저는 그가 어질다는 것을 아는 것입니다."

魯哀公問於孔子曰:「當今之時, 君子誰賢?」

對曰:「衛靈公.」

公曰:「吾聞之: 其閨門之內, 姑姉妹無別.」

對曰:「臣觀於朝廷, 未觀於堂陛之間也. 靈公之弟曰公子渠牟, 其知足以治千乘之國, 其信足以守之, 而靈公愛之. 又有士曰王林, 國有賢人, 必進而任之, 無不達也; 不能達, 退而與分其祿, 而靈公尊之. 又有士曰慶足, 國有大事, 則進而治之, 無不濟也, 而靈公說之. 史鰌去衛, 靈公邸舍三月, 琴瑟不御, 待史鰌之入也而後入, 臣是以知其賢也.」

【魯哀公】魯나라 임금. 재위 27년(B.C.494~468). 《左傳》魯哀公 참조.

【衛靈公】춘추시대 衛나라 군주. 재위 42년(B.C.534~493).

【公子 渠牟】靈公의 아우.

【王材】人名. 衛靈公의 신하.

【慶足】人名. 역시 衛靈公의 신하.

【史鰌】人名. 衛靈公의 신하. '尸諫'으로 유명하였던 인물. '史鰌'로도 씀.

1. 《孔子家語》賢君篇

哀公問於孔子曰: 「當今之君, 孰爲最賢?」孔子對曰: 「某未之見也, 抑有衛靈公乎.」
公曰: 「吾聞其閨門之內無別, 而子次之賢, 何也?」孔子曰: 「臣語其朝廷行事, 不論
其私家之際也.」公曰: 「其事何如?」孔子對曰: 「靈公之弟曰公子渠牟, 其智足以治
千乘, 其信足以守之, 靈公愛而問之. 又有士林國者見賢必進之, 而退與分其祿, 是以
靈公無遊放之士, 靈公賢而尊之. 又有士曰慶足者, 衛國有大事, 則必起而治之, 國
無事, 則退而容賢, 靈公悅而敬之. 又有大夫史鰌, 以道去衛, 而靈公郊舍三日, 琴瑟
不御, 必待史鰌之入而後敢入. 臣以此取之, 雖次之賢, 不亦可乎?」

253(8-19) 介子推行年十五而相荊

어린 나이에 재상이 된 개자추

개자추介子推가 15세에 형荊 땅의 재상이 되었다. 중니仲尼가 이 소식을 듣고 사람을 시켜 그가 어떻게 다스리는가를 살피고 오도록 하였다. 심부름하는 자가 돌아와 이렇게 설명하였다.

"그의 낭하廊下에는 25명의 준걸한 선비가 있고 당상堂上에도 역시 25명의 노인이 있었습니다."

그러자 중니가 말하였다.

"25명의 지혜를 합하면 탕湯이나 무왕武王보다 지혜로울 것이며, 25명의 노인의 힘을 합하면 팽조彭祖보다 힘이 셀 것이다. 이로써 천하를 다스리면 진실로 그 어떤 어려움도 면할 수 있으리라!"

商湯

介子推行年十五而相荊, 仲尼聞之, 使人往視, 還曰:「廊下有二十五俊士, 堂上有二十五老人.」

仲尼曰:「合二十五人之智, 智於湯武; 幷二十五人之力, 力於彭祖. 以治天下, 其固免矣乎!」

【介子推】晉 文公의 신하였던 介子推(본《說苑》6장)는 아닌 듯하다. 晉 文公 재위 시기는 B.C.636~628이며, 孔子는 훨씬 후대의 人物이다. 다른 기록에는 '荊公子'로 되어 있다.

【荊】楚나라를 荊이라 하나, 여기서는 지금의 湖南·湖北 일대를 가리키는 地名으로 볼 수 있다.

【仲尼】孔子, 孔丘.

【湯】고대의 聖王. 商을 세운 임금.

【武王】周 武王. 商(殷)의 紂를 멸하고 周를 일으켰다.

【彭祖】堯의 臣下로 7백 세를 살았다 한다.《列仙傳》에 "彭祖, 諱鏗, 帝顓頊玄孫, 至殷之末世, 年已七百餘歲而不衰, 少好恬靜, 惟以養神治世爲事, 王聞之, 以爲大夫, 稱疾不與政, 專善於補導之術"이라 하였다. 여기서 '힘이 세다'한 것은 그 능력을 말한 것으로 보이나 구체적으로 알 수 없다.

참고 및 관련 자료

1.《孔子家語》六本篇(介子推가 荊公子로 되어있다.)

荊公子行年十五而攝荊相事, 孔子聞之, 使人往觀其爲政焉. 使者反, 曰:「視其朝, 淸淨而少事, 其堂上有二十五老焉, 其廊下有二十壯士焉.」孔子曰:「合二十五人之智, 以治天下, 其固免矣, 況荊乎?」

254(8-20) 孔子閒居
남의 아래에 처할 수 있는 도

공자孔子가 편안히 쉬던 어느 날 위연喟然히 탄식하며 이렇게 말하였다.

"동제백화銅鞮伯華가 죽지 않았더라면 천하가 안정을 얻었을 터인데!"

이 말을 듣고 자로子路가 여쭈었다.

"원컨대 그 사람이 어떤 인물인지 듣고 싶습니다."

그러자 공자가 이렇게 설명해 주었다.

"그는 어려서는 민첩하면서 힘써 공부하였고, 장년 때에는 용기가 있어 불의에 굴복하지 않았으며, 늙어서는 도를 터득하여 능히 스스로 남의 아래에 처하였느니라!"

자로가 의심을 하며 여쭈었다.

"젊어서 민첩하며 학문을 좋아한 것은 옳습니다. 또 장년으로서 용기를 가지고 불의에 굴하지 않은 것 또한 훌륭합니다. 그러나 늙어서 도까지 터득하였다면서 누구에게 스스로를 낮춘다는 말입니까?"

공자가 다시 설명을 하였다.

"자유子由야. 너는 모르는구나. 내 듣기로 무리가 많음을 믿고 소수를 공격하였다가 망하지 않은 자가 없다고 하였다. 그러나 귀한 신분이면서 천한 사람 아래에 처하게 되면 얻지 못하는 것이 없다. 옛날 주공周公 단旦은 천하의 정치를 제압하면서도 자신을 낮추어 모신 선비가 70명이나 되었으니, 어찌 도가 없어서 그러하였겠느냐? 이는 바로 선비를 얻기 위해서 한 일이다. 무릇 도가 있으면서 능히 천하의 선비보다 아래에 처할 수 있는 것이 바로 군자로다!"

孔子閒居, 喟然而歎曰:「銅鞮伯華而無死, 天下其有定矣.」

子路曰:「願聞其爲人也何若.」

孔子曰:「其幼也, 敏而好學, 其壯也, 有勇而不屈, 其老也, 有道而能以下人.」

子路曰:「其幼也, 敏而好學則可, 其壯也, 有勇而不屈則可; 夫有道又誰下哉?」

孔子曰:「由不知也. 吾聞之, 以衆攻寡, 而無不消也; 以貴下賤, 無不得也. 昔在周公旦制天下之政而下士七十人, 豈無道哉? 欲得士之故也. 夫有道而能下於天下之士, 君子乎哉!」

【銅鞮伯華】 孔子의 제자. 銅鞮가 姓, 伯華는 이름.

【子路】 孔子의 제자. 子由.

【子由】 子路의 이름.

【周公 旦】 文王의 아들. 姬旦.

참고 및 관련 자료

1. 《孔子家語》賢君篇

孔子閒處, 喟然而嘆曰:「嚮使銅鞮伯華無死, 天下其有定矣!」子路曰:「由願聞其人也.」子曰:「其幼也, 敏而好學; 其壯也, 有勇而不屈; 其老也, 有道而能卜人. 有此三者, 以定天下也, 何難乎哉?」子路曰:「幼而好學, 壯而有勇則可, 若夫有道下人, 又誰下哉?」子曰:「由, 汝不知也. 吾聞以衆攻寡, 無不剋也; 以貴下賤, 無不得也. 昔者周公居冢宰之尊, 制天下之政, 而猶下白屋之士, 日見百七十人, 斯豈以無道也, 欲得士之用也, 惡有有道而無下天下君子哉!」

255(8-21) 魏文侯從中山奔命安邑
가난해야 교만할 수 있다

위魏 **문후**文侯가 중산中山으로부터 급히 안읍安邑으로 달려올 때에 전자방田子方이 모시고 따랐다. 그러다가 오는 길에 태자 격擊이 수레에서 내려 걸어서 따라오는 것을 보게 되었다. 그런데 자방은 여전히 수레에 앉은 채로 있다가 태자에게 이렇게 부탁하는 것이었다.

"저를 대신해서 임금을 모셔 주십시오. 그리고 조가朝謌에 가서 저를 기다려 주십시오."

이 말에 태자는 불쾌하게 생각하면서 전자방에게 물었다.

"알지 못하겠습니다. 가난한 자가 남에게 더 교만한지 부귀한 자가 더 교만한지를!"

그러자 전자방이 이렇게 설명하였다.

"가난한 자가 교만하지요. 부귀한 자가 어찌 교만할 수 있겠소? 임금 된 자가 교만하면 나라를 망치게 됩니다. 나는 아직까지 나라를 가진 자가 스스로 망하기를 바라는 것을 보지 못하였습니다. 또 대부가 교만하면 그 집을 망치게 됩니다. 역시 나는 이제껏 자기 집이 스스로 망하기를 바라는 자를 보지 못하였습니다. 그렇지만 가난하여 아무것도 없는 자는 뜻을 얻지 못하면 얼른 신을 신고 떠나 버리는 법, 어디에 간들 그 빈궁쯤이야 얻지 못하겠습니까? 따라서 가난한 자라야 남에게 교만스러운 것입니다. 부귀한 자가 어찌 남에게 교만하게 굴 수 있겠습니까?"

태자와 문후가 전자방의 이 말을 서로 주고받다가 문후가 이렇게 탄식하였다.

"너 태자가 아니었더라면 내 어찌 어진 이의 말을 얻어들을 수 있었겠는가! 내가 전자방 아래에 처하였기 때문에 그를 친구로 얻을 수 있었던 것이다. 그가 나의 친구가 되고서부터 임금과 신하 사이가 더욱 친밀해졌고, 백성들이 더욱 많이 몰려들었다. 나는 이로써 우사友士를 얻는 공을 세울 수 있었던 것이다. 또 내가 중산을 치고자 할 때, 나는 무공武功에 있어서는 악양樂羊 아래에 처하여 그를 모셨다. 그랬더니 과연 3년 만에 그 중산이 나에게 바쳐졌다. 나는 이로써 무武의 공을 얻을 수 있었던 것이다. 내가 적지 않은 인물을 이렇게 진출시킬 수 있었던 것은, 지혜가 있다고 해서 나에게 교만하게 구는 자를 아직 보지 못하였기 때문이다. 만약 지혜로써 내게 교만하게 구는 자까지 내가 경험하였다면 내 어찌 옛사람의 덕에 못하였겠느냐?"

魏文侯從中山奔命安邑, 田子方從, 太子擊過之, 下車而趨, 子方坐乘如故, 告太子曰:「爲我請君, 待我朝歌.」

太子不說, 因謂子方曰:「不識, 貧窮者驕人, 富貴者驕人乎?」

子方曰:「貧窮者驕人, 富貴者, 安敢驕人? 人主驕人而亡其國, 吾未見以國待亡者也; 大夫驕人而亡其家, 吾未見以家待亡者也. 貧窮者, 若不得意, 納履而去, 安往不得貧窮乎? 貧窮者驕人, 富貴者安敢驕人?」

太子及文侯道田子方之語, 文侯歎曰:「微吾子之故, 吾安得聞賢人之言, 吾下子方以行, 得而友之. 自吾友子方也, 君臣益親, 百姓益附, 吾是以得友士之功; 我欲伐中山, 吾以武下樂羊, 三年而中山爲獻於我, 我是以得有武之功. 吾所以不少進於此者, 吾未見以智驕我者也; 若得以智驕我者, 豈不及古之人乎?」

【魏 文侯】戰國 초기 魏나라의 영명한 군주. 재위 50년(B.C.445~396).

【中山】전국시대의 나라 이름. 白狄이 세웠다.《戰國策》中山策 참조.

【安邑】지금의 山西省에 있는 地名. 원래 고대 禹가 건립하였던 곳.

【田子方】魏 文侯의 신하.

【擊】魏 文侯의 太子.

【朝歌】地名. 지금의 河南省 淇縣.

【樂羊】魏 文侯의 신하로 中山을 친 장군. 아들의 죽음을 맛본 이야기와 공을
자랑하다가 謗書를 보고 文侯에게 공을 돌린 이야기로 유명함.《戰國策》과
《史記》甘茂列傳 및 본《說苑》참조.

참고 및 관련 자료

1.《韓詩外傳》卷9

田子方之魏, 魏太子從車百乘, 而迎之郊. 太子再拜謁田子方. 田子方不下車. 太子
不說, 曰:「敢問何如則可以驕人矣?」田子方曰:「吾聞以天下驕人而亡者, 有矣;
以一國驕人而亡者, 有矣. 由此觀之, 則貧賤可以驕人矣. 夫志不得, 則授履而適秦
楚耳. 安往而不得貧賤乎?」於是太子再拜而後退, 田子方遂不下車.

2.《史記》魏世家

十七年, 伐中山, 使子擊守之, 趙倉唐傅之. 子擊逢文侯之師田子方於朝歌, 引車避,
下謁. 田子方不爲禮. 子擊因問曰:「富貴者驕人乎? 且貧賤者驕人乎?」子方曰:
「亦貧賤者驕人耳. 夫諸侯而驕人則失其國, 大夫而驕人則失其家. 貧賤者, 行不合,
言不用, 則去之楚·越, 若脫躧然, 奈何其同之哉!」子擊不懌而去. 西攻秦, 至鄭而還,
築雒陰·合陽.

3.《十八史略》卷一

文侯之子擊, 遇子方于道, 下車伏謁, 子方不爲禮, 擊怒曰:「富貴者驕人乎? 貧賤者驕
人乎?」子方曰:「亦貧賤者驕人耳, 富貴者安敢驕人, 國君而驕人矢其國, 大夫而驕
人矢其家, 夫士貧賤者, 言不用行不合, 則納履而去耳, 安往而不得貧賤哉?」擊謝之.

4. 기타 참고자료

《太平御覽》(498, 698, 773)·《類說》(38)·《北堂書鈔》(136)·《文選》〈爲范尙書讓吏
部封侯第一表〉注

임금에게 못되게 군 죄

진晉 문후文侯가 평지를 지나 험한 산길을 올라갈 때 대부들이
모두 그를 부축해 주었다. 그런데 대부 중에 수회隨會란 자만은 문후를
부축해 주는 법이 없었다. 문후가 불쾌히 여겨 이렇게 물었다.

"수회! 무릇 남의 신하가 되어 그 임금에게 잔인하게 굴면 그 죄가
어디에 해당하는가?"

수회는 이렇게 대답하였다.

"그 죄는 중사重死에 해당하지요!"

문후가 다시 물었다.

"중사重死가 무엇이냐?"

수회가 설명하였다.

"그 자신이 주살을 당하는 것은 물론이고, 처자까지도 육살戮殺을
당하는 것을 말합니다."

그리고는 다시 덧붙여 되물었다.

"그런데 임금께서는 신하 된 자로서 임금에게 잔인하게 군 것에
대한 죄는 물으시면서, 왜 임금 된 자가 신하에게 잔인하게 굴었을
때의 죄에 대해서는 묻지 않습니까?"

문후가 다시 물었다.

"임금 된 자가 신하에게 잔인하게 하였을 때의 죄라니?"

그러자 수회가 대답하였다.

"남의 임금 된 자가 그 신하에게 잔인하게 하면 지혜로운 선비는 자신의 모책을 내놓지 아니하며, 변별력 있는 선비는 말을 내놓지 아니하며, 어진 선비는 그 행동을 보여 주지 아니하고, 용기 있는 선비는 죽음을 바치지 아니합니다."

문후는 말고삐를 잡고 수레에서 내린 다음 여러 대부들에게 이렇게 말하였다.

"과인이 허리에 병이 있어 내린 것이니 원컨대 여러 대부들께서는 나를 이상하게 보지 말기를 바라오!"

晉文侯行地登隧, 大夫皆扶之, 隨會不扶, 文侯曰:「會! 夫爲人臣而忍其君者, 其罪奚如?」

對曰:「其罪重死.」

文侯曰:「何謂重死?」

對曰:「身死, 妻子爲戮焉.」

隨會曰:「君奚獨問爲人臣忍其君者, 而不問爲人君而忍其臣者耶?」

文侯曰:「爲人君而忍其臣者, 其罪何如?」

隨會對曰:「爲人君而忍其臣者, 智士不爲謀, 辯士不爲言, 仁士不爲行, 勇士不爲死.」

文侯援綏下車, 辭諸大夫曰:「寡人有腰髀之病, 願諸大夫勿罪也.」

【晉文侯】춘추시대 晉나라 임금. 재위 35년(B.C.780~746).
【登隧】'隧'는 동굴 등 험한 산길을 말함.
【隨會】人名. 晉 文侯의 신하.《左傳》文公 10年 참조.

1. 《新序》 雜事(一)

趙簡子上羊腸之坂, 群臣皆偏袒推車, 而虎會獨擔戟行歌, 不推車. 簡子曰:「寡人上坂, 群臣皆推車, 會獨擔戟行歌, 不推車, 是會夫爲人臣侮其主. 爲人臣侮其主, 其罪何若?」 虎會對曰:「爲人臣而侮其主者死而又死.」 簡子曰:「何謂死而又死?」 虎會曰:「身死, 妻子又死, 若是謂死而又死. 君旣已聞爲人臣而侮其主者之罪矣, 君亦聞爲人君而侮其臣者乎?」 簡子曰:「爲人君而侮其臣者, 何若?」 虎會對曰:「爲人君而侮其臣者, 智者不爲謀, 辯者不爲使, 勇者不爲鬪. 智者不爲謀則社稷危, 辯者不爲使則使不通, 勇者不爲鬪則邊境侵.」 簡子曰:「善.」 乃罷群臣不推車. 爲士大夫置酒與群臣飮以虎會爲上客.

2. 《藝文類聚》(24)

趙簡子上羊關阪, 群臣皆偏裼推車, 而唐會擔戟行歌. 簡子曰:「寡人上阪, 群臣推車. 會獨行歌, 不推車, 是會爲臣而侮其主. 其罪何若?」 對曰:「臣侮主之罪, 當死. 死者身死妻子爲戮也. 君雖聞爲臣侮主之罪, 君亦聞爲人君而侮其臣者乎?」 簡子曰:「何若爲侮其臣者乎?」 對曰:「智者不爲謀; 辯者不爲使; 勇者不爲鬪. 夫智者不爲謀, 則社稷危; 辯者不爲使, 則指事不通; 勇者不爲鬪, 則邊境侵. 三者不使, 則君難保.」 簡子乃罷推車.

3. 기타 참고자료

《群書治要》(42)·《太平御覽》(457)

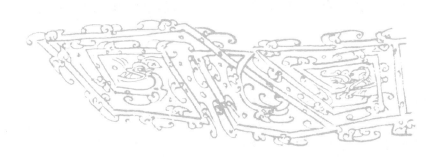

귀를 씻은 허유

제齊나라 장군 전귀田瞋가 출병을 하자 장생張生이 교외에까지 나와서 환송해 주며 이렇게 말하였다.

"옛날 요堯임금이 천하를 허유許由에게 양보하려 하자 허유는 귀를 씻고 이를 받지 않았다고 합니다. 장군께서는 이를 알고 있습니까?"

"예, 알고 있지요!"

"그러면 백이伯夷·숙제叔齊가 제후諸侯의 지위를 사양하고 받지 않았다고 하였는데, 장군께서는 그것도 알고 있습니까?"

"예, 알고 있지요!"

"오릉於陵 중자仲子는 삼공三公의 지위를 버리고 남의 정원사가 되어 꽃에 물을 주며 살았다는데 장군께서는 이를 알고 있습니까?"

"예, 알고 있습니다."

"지과智過가 임금의 동생으로서의 지위를 떠나 성명을 바꾸고 서인이 되어 화를 면하였는데 장군께서는 알고 있습니까?"

"예, 알고 있습니다."

"또 손숙오孫叔敖가 세 번이나 재상자리를 그만두면서도 후회하지 않았다는 것도 장군께서는 알고 있습니까?"

"예, 알고 있습니다."

그러자 장생이 이렇게 설명하였다.

"이상의 다섯 대부들은 명분상으로는 사양한 것이지만, 사실은 관직의 제의를 받은 것 자체를 부끄럽게 여겼습니다. 지금 장군께서 한 나라의 권세를 다 삼키고 북을 치고 깃발을 드날리며 튼튼한 방패·갑옷과 예리한 무기에 마음 놓고 휘두를 수 있는 군사가 10만, 심지어 도끼를 들고 주살誅殺할 수 있는 권한까지 쥐고 있습니다. 그러니 조심하셔서 선비들이 부끄럽게 여겼던 권력으로 남에게 교만히 구는 일이 없도록 하시기 바랍니다."

전귀가 이렇게 고마움을 표하였다.

"오늘 여러 사람들은 모두 술과 안주로 나의 출행을 전별해 주었는데, 오직 선생만은 성인의 대도로써 저를 가르쳐 주시니 삼가 그 명령을 따르겠습니다."

齊將軍田瞋出將, 張生郊送曰:「昔者, 堯讓許由以天下, 洗耳而不受, 將軍知之乎?」

曰:「唯然知之.」

「伯夷叔齊辭諸侯之位而不爲, 將軍知之乎?」

曰:「唯然知之.」

「於陵仲子辭三公二位而備爲人灌園, 將軍知之乎?」

曰:「唯然知之.」

「智過去君第, 變姓名, 免爲庶人, 將軍知之乎?」

曰「唯然知之.」

「孫叔敖三去相而不悔, 將軍知之乎?」

曰:「唯然知之.」

「此五大夫者, 名辭之而實羞之. 今將軍方吞一國之權, 提鼓擁旗, 被堅執銳, 旋回十萬之師, 擅斧鉞之誅, 愼毋以士之所羞者驕士.」

田瞋曰:「今日諸君皆爲瞋祖道具酒脯, 而先生獨教之以聖人之大道, 謹聞命矣.」

【田蠋】 人名. 齊나라의 장군.

【張生】 人名. 田蠋의 친구.

【許由】 堯임금 때의 高士로 堯가 천하를 禪讓하려 하자 이를 거부하고 箕山의 潁水로 숨어 귀를 씻었다 한다. 흔히 巢父와 幷稱된다.《莊子》逍遙遊,《史記》燕世家·伯夷傳,《淮南子》說林訓 등 참조.

【伯夷·叔齊】 고대 孤竹國의 王子.《史記》伯夷列傳 참조.

【於陵仲子】 於陵은 地名. 仲子는 陳仲子. 결벽증으로 이름난 사람. 여기서 정원사로 일한 이야기는《列女傳》에 실려 있다.

【智過】 전국시대 趙나라 사람. 智伯의 家臣.《戰國策》趙策 및《韓非子》十過 참조.

【孫叔敖】 춘추시대 楚莊王의 賢相. '兩頭蛇', '陰德陽報'의 고사로 유명하다. 그리고 세 번 재상 자리에 올랐으나 희색을 나타내지 않았고, 세 번이나 재상에서 물러나면서도 서운한 표정을 짓지 아니하였다 한다.

【祖道】 '祖餞', '餞行'과 같다. 사람을 멀리 보낼 때 길에서 神에게 제사를 드리는 일. 뒤에 餞別의 뜻으로 쓰였다. 길을 떠나보낼 때 여는 잔치. 고대 黃帝의 아들 유조(纍祖)가 먼길을 떠나 도중에 죽자 사람들이 그를 '路神'으로 여겨 길 떠나는 자를 보호해 달라는 뜻으로 제를 올리기 시작한 것에서 유래되었다 한다.(《四民月令》)

参고 및 관련 자료

1.《孟子》滕文公(下)

匡章曰:「陳仲子豈不誠廉士哉? 居於陵, 三日不食, 耳無聞, 目無見也. 井上有李, 蟲食實者過半矣, 匍匐往將食之, 三咽, 然後耳有聞, 目有見.」孟子曰:「於齊國之士, 吾必以仲子爲巨擘焉. 雖然, 仲子惡能廉? 充仲子之操, 則蚓而後可者也. 夫蚓, 上食槁壤, 下飮黃泉. 仲子所居之室, 伯夷之所築與? 抑亦盜跖之所築與? 所食之粟, 伯夷之所樹與? 抑亦盜跖之所樹與? 是未可知也.」…(중략)…是尙爲能充其類也乎? 若仲子者, 蚓而後充其操者也.」

2.《戰國策》齊策

"趙威后曰 ……於陵子仲尚有乎? 是其爲人也, 上不臣於王, 下不治其家, 中不索交諸侯, 此率民而出於無用者, 何爲至今不殺乎?"

3.《列女傳》卷2

楚於陵子終之妻也. 楚王聞於陵子終賢, 欲以爲相, 使使者持金百鎰往聘迎之, 於陵子終曰:「僕有箕帚之妾, 請入與計之.」卽入, 謂其妻曰:「楚王欲以我爲相, 遣使者持百金來. 今日爲相, 明日結駟連騎, 食方丈於前, 可乎?」妻曰:「夫子織屨以爲食, 非與物無治也. 左琴右書, 樂亦在其中矣. 夫結駟連騎, 所安不過容膝; 方丈於前, 所甘不過一肉. 今以容膝之安, 一肉之味, 而懷楚國之憂, 其可乎? 亂世多害, 妾恐先生之不保命也.」於是子終出謝使者而不許也, 遂相與逃而爲人灌園. 君子謂於陵妻爲有德行. 詩云:『愔愔良人, 秩秩德音.』此之謂也. 頌曰:『於陵處楚, 王使聘焉. 入與妻謀, 懼世亂煩. 進往遇害, 不若身安. 左琴右書, 爲人灌園.』

4.《列女傳》卷3

叔敖爲嬰兒之時, 出遊, 見兩頭蛇, 殺而埋之, 歸見其母而泣焉. 母問其故, 對曰:「吾聞見兩頭蛇者死, 今者出遊見之.」其母曰:「蛇今安在?」對曰:「吾恐他人復見之, 殺而埋之矣!」其母曰:「汝不死矣! 夫有陰德者, 陽報之, 德勝不祥, 仁除百禍. 天之處高而聽卑. 書不云乎?「皇天無親, 惟德是輔.」爾嘿矣! 必興於楚.」及叔敖長, 爲令尹. 君子謂叔敖之母知道德之次.

258(8-24) 魏文侯見段干木
관직을 준다 해도 받지 않을 자

위魏 문후文侯가 단간목段干木을 만날 때는 선 채로 계속 이야기를 나누느라 피곤하였지만 감히 쉴 수가 없었다. 그런데 적황翟璜을 만날 때면 당에 앉은 채 말을 주고받는 것이었다. 이를 두고 적황이 언짢게 여겼다. 이를 눈치챈 문후가 이렇게 말하였다.

"단간목은 관직을 준다 해도 받지 않고 녹을 준다 해도 사양하였다. 그런데 지금 그대는 관직을 달라면서 재상 자리를 원하고, 녹을 원하면서 상경上卿에 해당하는 것을 바라고 있다. 나에게 상을 받아 놓고 다시 예로써 대해 주지 않는다고 나를 책망하니 이 어찌 난감한 일이 아닌가?"

魏文侯見段干木, 立倦而不敢息; 及見翟黃, 距堂而與之言. 翟黃不說. 文侯曰:「段干木, 官之則不肯, 祿之則不受; 今汝欲官則相至, 欲祿則上卿; 旣受吾賞, 又責吾禮, 毋乃難乎?」

【魏文侯】 戰國 초기 魏나라의 뛰어난 군주.
【段干木】 魏 文侯의 名臣. 田子方·卜子夏 등과 같이 文侯를 보필하였다.
【翟黃】 역시 魏文侯의 신하. 西門豹를 추천하였다. 《史記》 魏世家 참조.

1. 《呂氏春秋》 下賢篇

魏文侯見段干木, 立倦而不敢息. 反見翟黃, 踞於堂而與之言. 翟黃不說. 文侯曰:
「段干木官之則不肯, 祿之則不受. 今女欲官則相位, 欲祿則上卿, 旣受吾實, 又責吾禮,
無乃難乎?」

259(8-25) 孔子之郯
수레를 비껴 세우고

공자孔子가 담郯으로 가다가 길에서 정자程子를 만났다. 두 사람은 수레의 덮개를 기울여 놓은 채 해가 기울도록 말을 나누었다. 그리고 공자는 잠시 후 자로子路를 돌아보며 이렇게 부탁을 하였다.

"비단 한 묶음 가져다가 이 선생님께 예물로 드려라!"

그런데 자로는 대답도 아니하는 것이었다.

잠시 후 공자가 다시 뒤를 돌아보며 자로에게 일렀다.

"비단 한 묶음을 이 선생님께 드려라!"

이에 자로가 언짢은 표정으로 여쭈었다.

"제가 듣기로 선비로서 소개 없이 만난다거나 여자로서 중매 없이 시집가는 일, 이런 것은 군자가 하는 일이 아니라던데요?"

공자가 이렇게 설명해 주었다.

"유由야! 《시詩》에 이렇게 말하지 않았더냐? '들에는 치렁 치렁 뻗은 풀들, 구슬 같은 이슬 이 맺혀 있다네. 아름다운 미인 하나, 맑고 뛰어난 그 아름다움,

人物交談圖(彩畫磚) 漢

오가는 길 한 번이라도 만나 봤으면. 내 평생 소원이 풀리리로다!'라고.

지금 정자程子란 분은 천하의 현사賢士로다. 지금 드리지 않으면 종신토록 뵙지 못할지도 모른다. 큰 덕이란 규칙을 벗어나서는 안 되지만, 작은 덕이란 약간의 넘나듦이 가능한 것이니라."

孔子之郯, 遭程子於塗, 傾蓋而語, 終日.

有間, 顧子路曰:「取束帛一以贈先生.」

子路不對.

有間, 又顧曰:「取束帛一以贈先生.」

子路屑然對曰:「由聞之也: 士不中而見, 女無媒而嫁, 君子不行也.」

孔子曰:「由, 詩不云乎:『野有蔓草, 零露漙兮, 有美一人, 清揚婉兮, 邂逅相遇, 適我願兮.』今程子天下之賢士也, 於是不贈, 終身不見. 大德毋踰閑, 小德出入可也.」

【郯】地名. 고대 小國 이름. 지금의 山東省 淡城縣.

【程子】당시의 高士. 다른 기록에는 程本子. 晉나라 출신으로 子華子로도 불린다. 그에 관한 저술로는 《子華子》가 있다.

【子路】孔子 제자 子由.

【傾蓋而語】'傾蓋而交', '傾蓋相交'라고도 하며 반가운 사람을 길에서 만나 수레의 일산을 마주 대어 기울여 놓고 시간가는 줄 모른 채 서로 정담을 나누는 것을 의미하는 고사성어이다. '蓋'는 수레의 천막, 일산이다.

【詩】《詩經》鄭風 野有蔓草의 구절.

【大德毋踰閑】《論語》子張篇의 구절로 子夏가 한 말로 되어 있다.

1.《韓詩外傳》卷2

傳曰: 孔子遭齊程本子於郊之間, 傾蓋而語終日, 有間, 顧子路曰:「由來! 取束帛以贈先生.」子路不對. 有間, 又顧曰:「取束帛以贈先生.」子路率爾而對曰:「昔者由也聞之於夫子, 士不中道相見. 女無媒而嫁者, 君子不行也.」孔子曰:「夫詩不云乎?『野有蔓草, 零露溥兮, 有美一人, 淸揚宛兮, 邂逅相遇, 適我願兮.』且夫齊程本子, 天下之賢士也, 吾於是而不贈, 終身不之見也. 大德不踰閑, 小德出入可也.」

2.《孔子家語》致思篇

孔子之郯, 遭程子於塗, 傾蓋而語終日, 甚相親, 顧謂子路曰:「取束帛以贈先生.」子路屑然對曰:「由聞之, 士不中間見, 女嫁無媒, 君子不以交, 禮也.」有間, 又顧謂子路, 子路又對如初. 孔子曰:「由, 詩不云乎?『有美一人, 淸揚宛兮, 邂逅相遇, 適我願兮.』今程子天下之賢士也, 於斯不贈, 則終身弗能見也, 小子行之.」

3.《子華子》

子華子反自郯, 遭孔子於塗, 傾蓋相顧, 相語終日, 甚相懽也. 孔子命子路曰:「取束帛以贈先生.」子路屑然而對曰:「由聞之, 士不中間見, 女嫁無媒, 君子不以交, 禮也.」子曰:「固哉! 由也. 詩不云乎?『有美一人, 淸揚婉兮, 邂逅相遇, 適我願兮.』今程子天下之賢士也. 於斯不贈, 則終身弗能見也, 小子行之.」

4.《孔叢子》卷上 雜訓篇

子思曰:「然, 吾昔從夫子于郯, 遇程子于塗, 傾蓋而語, 終日而別, 命子路將束帛贈焉, 以其同道于君子也.」

5.《孔子集語》事譜(上)

傳曰: 孔子遭齊程本子於郊之閒, 傾蓋而語, 終日, 有間, 顧子路曰:「由, 束帛十匹, 以贈先生.」子路不對, 有間, 又顧曰:「束帛十匹, 以贈先生.」子路率爾而對曰:「昔者, 由也聞之於夫子, 士不中道相見, 女無媒而嫁者, 君子不行也.」孔子曰:「夫詩不云乎!『野有蔓草, 零露溥兮. 有美一人, 淸揚婉兮. 邂逅相遇, 適我願兮.』且夫齊程本子, 天下之賢士也, 吾於是而不贈, 終身不之見也. 大德不踰閑, 小德出入可也.」

6. 기타 참고자료

《初學記》(17)・《冊府元龜》(791)・《太平御覽》(818)

260(8-26) 齊桓公使管仲治國
걸맞은 지위가 있어야 합니다

제齊 **환공**桓公이 관중管仲에게 국씨國氏를 다스리는 임무를 맡기자 관중이 이렇게 대답하였다.

"낮은 지위에 있는 자가 존귀한 자를 다스릴 수는 없습니다."

그래서 환공은 그를 상경上卿으로 삼았다. 그런데 국씨가 다스려지지 않았다. 환공이 이상해서 물었다.

"무슨 까닭으로 국씨가 다스려지지 않습니까?"

관중의 대답은 이러하였다.

"가난한 자는 부유한 자를 부릴 수 없습니다."

이에 환공은 제나라 시장의 세금 1년 치를 관중에게 주었다. 그러나 역시 나라가 다스려지지 않았다.

"무슨 까닭입니까?"

환공의 이 질문에 관중은 이렇게 대답하였다.

"관계가 먼 자는 관계가 친밀한 왕의 친족들을 제압할 수 없습니다."

이에 환공은 즉시 관중을 중부仲父로 삼았다. 그러자 국씨가 크게 다스려져서 드디어 천하를 제패할 수 있게 되었다.

공자孔子가 이렇게 말하였다.

"관중 같은 어진 이도 이러한 삼권三權을 쥐지 못하였더라면 역시 그 임금으로 하여금 남면南面하여 패자가 되는 일을 성공시키지 못하였을 것이다."

齊桓公使管仲治國, 管仲對曰:「賤不能臨貴.」

桓公以爲上卿而國不治, 桓公曰:「何故?」

管仲對曰:「貧不能使富.」

桓公賜之齊國市租一年, 而國不治, 桓公曰:「何故?」

對曰:「疏不能制親.」

桓公立以爲仲父. 齊國大安, 而遂霸天下.

孔子曰:「管仲之賢, 不得此三權者, 亦不能使其君南面而霸矣.」

【齊桓公】춘추오패 중의 수장으로 제나라 군주.

【管仲】齊桓公의 名臣.

【國氏】齊나라 公族으로 당시 세력을 잡고 있어 위협의 대상이 되었던 듯하다.

【仲父】桓公이 管仲을 아버지 항렬의 仲父(작은아버지)로 삼았다.

【南面】왕. 임금이 됨을 말한다.

참고 및 관련 자료

1.《韓非子》外儲說左下

管仲相齊, 曰:「臣貴矣, 然而臣貧.」桓公曰:「使子有三歸之家.」曰:「臣富矣, 然而臣卑.」桓公使立於高·國之上. 曰:「臣尊矣, 然而臣疏.」乃立爲仲父. 孔子聞而非之曰:「泰侈偪上.」

2.《韓非子》難一

桓公解管仲之束縛而相之. 管仲曰:「臣有寵矣, 然而臣卑.」公曰:「使子立高·國之上.」管仲曰:「臣貴矣, 然而臣貧.」公曰:「使子有三歸之家.」管仲曰:「臣富矣, 然而臣疏.」於是立以爲仲父. 霄略曰:「管仲以賤爲不可以治國, 故請高·國之上; 以貧爲不可以治富, 故請三歸; 以疏爲不可以治親, 故處仲父. 管仲非貪, 以便治也.」

패업에 방해되는 일

환공桓公이 관중管仲에게 물었다.

"나는 술잔에 술이 썩어 나가고 곳간에 고기가 썩어 나가게 하면서도 패자가 되고 싶은데 이것이 방해가 되지 않을까요?"

관중이 대답하였다.

"이는 귀한 자에게 지극히 잘못된 것이기는 하나 패업을 이루는 데 해가 되지는 않습니다."

환공이 다시 물었다.

"그렇다면 패업을 이루는 데 방해가 되는 것은 무엇입니까?"

관중의 대답은 이러하였다.

"어진 이를 몰라보는 것, 알면서도 등용시키지 않는 것, 등용시켜 놓고 임무를 주지 않는 것, 임무를 주고 나서도 믿지 못하는 것, 믿기는 하되 다시 소인배를 시켜 간섭하는 것, 이것이 패업에 방해가 되는 것들입니다."

환공이 말하였다.

"좋습니다!"

桓公問於管仲曰:「吾欲使爵腐於酒, 肉腐於俎, 得無害於霸乎?」

管仲對曰:「此極非其貴者耳; 然亦無害於霸也.」

桓公曰:「何如而害霸?」

管仲對曰:「不知賢, 害霸; 知而不用, 害霸; 用而不任, 害霸; 任而不信, 害霸; 信而復使小人參之, 害霸.」

桓公曰:「善!」

【桓公】齊나라 환공. 소백.
【管仲】齊桓公의 신하.

> 참고 및 관련 자료

1. 《貞觀政要》論誠信

夫君能儘禮, 臣得竭忠, 必在於外內無私, 上下相信. 上不信則無以使下, 下不信則無以事上, 信之爲道大矣! 故自天祐之, 吉無不利. 昔齊恆公問於管仲曰:「吾欲使爵腐於酒, 肉腐於俎, 得無害於霸乎?」管仲曰:「此極非其善者, 然亦無害霸也.」恆公曰:「如何而害霸乎?」管仲曰:「不能知人, 害霸也; 知而不能任, 害霸也; 任而不能信, 害霸也; 既信而又使小人參之, 害霸也.」

262(8-28) 魯人攻鄪
나의 빈 집을 지켜 주시오

노魯나라 사람이 비鄪 땅을 공격해 오자 증자曾子가 비 땅의 임금에게 사직을 고하고 떠나려 하였다. 이에 비군鄪君에게 이렇게 말하였다.

"떠나겠습니다. 전쟁이 끝나면 다시 돌아오겠습니다. 그동안 잠시 저의 집에 개나 돼지들이 마구 들어오지 못하도록 지켜 주십시오!"

그러자 비군이 말렸다.

"내가 선생께 잘 대해 준 것을 모르는 사람이 없습니다. 지금 노나라가 우리를 공격하고 있는데 선생께서 나를 버리고 떠나시면서 그 집을 지켜 달라니 어찌 그럴 수가 있소?"

노나라 사람들이 비 땅을 쳐들어와서는 과연 열 가지 죄목을 들어 비군을 나무랐다. 그런데 그 중 아홉 가지가 평소 증자가 간언하던 내용과 같았다. 노나라 군사가 물러가자 비군은 다시 증자의 집을 잘 수리해 놓고 나서 증자를 맞이하였다.

魯人攻鄪, 曾子辭於鄪, 君曰:「請出, 寇罷而後復來, 請姑毋使狗豕入吾舍.」

鄪君曰:「寡人之於先生也, 人無不聞; 今魯人攻我而先生去我, 我胡守先生之舍?」

魯人果攻鄪而數之罪十, 而曾子之所爭者九. 魯師罷, 鄪君復修曾子舍而後迎之.

【鄪】費로도 쓰며, 古代 小國. 지금의 山東省 費縣 서남쪽.
【曾子】曾參. 공자의 제자이며 효로 이름이 났던 사람.

참고 및 관련 자료

1.《孟子》離婁(下)

曾子居武城, 有越寇. 或曰:「寇至, 盍去諸?」曰:「無寓人於我室, 毀傷其薪木.」
寇退, 則曰:「修我牆屋, 我將反.」寇退, 曾子反. 左右曰:「待先生, 如此其忠且敬也.
寇至則先去以爲民望, 寇退則反, 殆於不可.」沈猶行曰:「是非汝所知也. 昔沈猶有
負芻之禍, 從先生者七十人, 未有與焉.」子思居於衛, 有齊寇. 或曰:「寇至, 盍去諸?」
子思曰:「如伋去, 君誰與守?」孟子曰:「曾子・子思同道. 曾子, 師也, 父兄也;
子思, 臣也, 微也. 曾子・子思易地則皆然.」

263(8-29) 宋司城子罕之貴子韋也
나를 따라 망명하지 않은 자

송宋**나라 사성자한**司城子罕은 자위子韋라는 인물을 대단히 중히 여겼다. 그리하여 들어서는 밥을 같이 먹고 나갈 때는 옷을 같이 입을 정도였다. 그런데 사성자한이 국외로 도망가게 되었을 때에는 자위가 이를 따르지 않았다. 그런데도 사성자한은 국내로 돌아오자 다시 자위를 불러 여전히 후하게 대접해 주었다. 그러자 자한의 신하가 물었다.

"귀하께서 자위에게 그렇게 잘 대해 주었건만 귀하가 망명할 때 그는 모른 척하였습니다. 그런데도 돌아와 다시 그를 귀히 여기시니, 귀하에게 충성을 바치는 자들에게 부끄럽지 않으십니까?"

자한은 이렇게 설명하였다.

"내가 오직 자위를 잘 등용시키지 않아서 망명의 경우까지 맛보게 되었다. 지금 내가 다시 복귀할 수 있었던 것은 오히려 자위의 덕교德敎가 남아 있기 때문이다. 이는 내가 망명의 길에 올랐을 때, 나의 공적을 다 깎아 버리고 내가 심은 것들을 다 뽑아 버린 채 나를 따르던 자들과 어느 것이 나의 망명에 이익이 되었겠는가?"

宋司城子罕之貴子韋也, 入與共食, 出與同衣; 司城子罕亡, 子韋不從, 子罕來, 復召子韋而貴之.

左右曰:「君之善子韋也, 君亡不從, 來又復貴之, 君獨不愧於君之忠臣乎?」

子罕曰:「吾唯不能用子韋, 故至於亡; 今吾之得復也, 尙是子
韋之遺德餘敎也, 吾故貴之. 且我之亡也, 吾臣之削迹拔樹以
從我者, 奚益於吾亡哉?」

【司城子罕】樂喜라는 인물. 宋나라 戴公의 아들 樂父術의 후손. 司城의 관직을
　맡고 있었다. 司城은 司寇 벼슬을 말한다.
【子韋】人名.

고향에서 세 번 쫓겨난 자

양인楊因이 조간주趙簡主를 만나러 와서 이렇게 말하였다.

"저는 고향에서 세 번 쫓겨났고 임금을 모시다가 다섯 번 퇴거당하였습니다. 그런데 지금 군君께서 선비를 좋아하신다는 말을 듣고 이렇게 찾아뵙게 된 것입니다."

간주가 이 말을 전해 듣고 음식을 끊고 탄식하며 무릎으로 기어다니는 것이었다. 그러자 좌우 신하들이 나서서 간언을 하였다.

齊나라 孤逐女 《列女傳》 삽화

"고향에서 세 번이나 쫓겨났다는 것은 여러 사람에게 용납될 수 없는 인물이라는 뜻이요, 임금을 섬기다가 다섯 번이나 쫓겨났다는 것은 윗사람에게 충성을 할 줄 모르는 자라는 뜻입니다. 그러니 군께서 지금 여덟 번이나 과오를 저지른 선비를 맞으시려는 것입니다."

간주는 이 말에 이렇게 대꾸하였다.

"그대들은 모르는구려! 무릇 미녀란 추부醜婦의 적이요, 성덕

지사盛德之士는 난세亂世에 소홀함을 당하며, 정직한 행동은 사악하고 굽은 자에게 미움의 대상이라는 것을!"

그리고는 드디어 나가서 그를 맞이하여 재상으로 삼았다. 과연 나라는 크게 다스려졌다. 이런 경우로 보건대 멀리하고 가까이해야 할 사람은 잘 살펴보고 결정하지 않으면 안 된다.

楊因見趙簡主曰:「臣居鄉三逐, 事君五去, 聞君好士, 故走來見.」

簡主聞之, 絶食而歎, 跽而行, 左右進諫曰:「居鄉三逐, 是不容衆也; 事君五去, 是不忠上也. 今君有士見過八矣.」

簡主曰:「子不知也. 夫美女者, 醜婦之仇也; 盛德之士, 亂世所疏也; 正直之行, 邪枉所憎也.」

遂出見之, 因授以爲相, 而國大治.

由是觀之, 遠近之人, 不可以不察也.

【楊因】 人名. 趙簡子의 신하.

【趙簡主】 春秋 말기 晉나라 六卿의 하나. 趙簡子라고도 부른다. 그 후손이 뒤에 조나라를 세워 戰國七雄의 반열에 서게 되었다.

> ### 참고 및 관련 자료

1. 《列女傳》 齊孤逐女

孤逐女者, 齊卽墨之女, 齊相之妻也. 初, 逐女孤無父母, 狀甚醜, 三逐於鄉, 五逐於里, 過時無所容. 齊相婦死, 逐女造襄王之門, 而見謁者曰:「妾三逐於鄉, 五逐於里, 孤無父母, 擯棄於野, 無所容止, 願當君王之盛顏, 盡其愚辭.」 左右復於王, 王輟食吐哺而起. 左右曰:「三逐於鄉者不忠也; 五逐於里者少禮也; 不忠少禮之人, 王何爲遽?」 王曰:「子不識也! 夫牛鳴而馬不應, 非不聞牛聲也, 異類故也. 此人必有與人異者矣.」

遂見, 與之語三日. 始一日曰:「大王知國之柱乎?」王曰:「不知也.」逐女曰:「柱, 相國也. 夫柱不正, 則棟不安, 棟不安則榱橑墮, 則屋幾覆矣. 王則棟矣, 庶民榱橑也, 國家屋也. 夫屋堅與不堅, 在乎柱, 國家安與不安在乎相. 今大王旣有明知, 而國相不可不審也.」王曰:「諾」其二日, 王曰:「吾國相奚若?」對曰:「王之國相, 比目之魚也. 外比內比, 然後能成其事就其功.」王曰:「何謂也?」逐女對曰:「明其左右, 賢其妻子, 是外比內比也.」其三日, 王曰:「吾相其可易乎?」逐女對曰:「中才也. 求之未可得也, 如有過之者, 何爲不可也? 今則未有. 妾聞明王之用人也, 推一而用之, 故楚用虞邱子而得孫叔敖, 燕用郭隗而得樂毅, 大王誠能屬之, 則此可用矣.」王曰:「吾用之奈何?」逐女對曰:「昔者, 齊桓公尊九九之人, 而有道之士歸; 越王敬螳蜋之怒, 而勇士死之; 葉公好龍, 而龍爲暴, 下物之所徵, 固不須頃.」王曰:「善.」遂尊其相, 敬而事之, 以逐女妻之. 居三日, 四方之士多歸於齊, 而國以治. 詩云:『旣見君子, 並坐鼓瑟.』此之謂也. 頌曰:『齊逐孤女, 造襄王門. 女雖五逐, 王猶見焉. 談國之政, 亦甚有文. 與語三日, 遂配相君.』

265(8-31) 應侯與賈午子坐
거문고 소리가 슬프오

응후應侯**와 가오자**賈午子가 같이 앉아 있었다. 가오자의 거문고 연주 소리를 듣고 응후가 이렇게 물었다.

"오늘의 거문고 소리가 어찌 이리도 슬프오?"

가오자는 이렇게 대답하였다.

"무릇 줄을 팽팽히 하고 음조를 낮게 잡았더니 이렇게 사람을 슬프게 하는 소리를 내는군요. 이는 곧 줄을 강하게 하였다는 것은 훌륭한 재목감이라는 뜻이고, 음조를 낮추었다 함은 벼슬이 낮다는 뜻입니다. 훌륭한 재목감으로 낮은 관직에 처하도록 하였으니 어찌 슬프지 않으리오!"

이 말에 응후가 말하였다.

"훌륭합니다!"

應侯與賈午子坐, 聞其鼓琴之聲, 應侯曰:「今日之琴, 一何悲也?」
賈午子曰:「夫張急調下, 故使之悲耳. 急張者, 良材也; 調下者, 官卑也. 取夫良材而卑官之, 安能無悲乎!」
應侯曰:「善哉!」

【應侯】 전국시대 秦나라 功臣인 范雎. 秦 昭王 때에 應 땅에 봉해졌다.《戰國策》
秦策 및《史記》范雎蔡澤列傳 참조.
【賈午子】 范雎의 친구인 듯하다.

266(8-32) 十三年諸侯擧兵以伐齊
붕어 세 마리

13년에 제후諸侯들이 군대를 일으켜 제齊나라를 공격해 오자, 제왕齊王이 이를 듣고 크게 겁내며 군신羣臣·대부들을 불러 이렇게 고하였다.

"지혜로운 자가 있으면 나를 위해 말해 주시오!"

이에 박사博士 순우곤淳于髡이 하늘을 쳐다보고 크게 웃기만 할 뿐 대답이 없었다. 세 번씩이나 웃기만 하고 대답을 아니하자, 왕이 노기를 띠며 물었다.

"선생은 내가 한 말을 놀림감으로 삼고 있소?"

그제야 순우곤은 이렇게 대답하였다.

"제가 어찌 감히 임금의 말을 놀림감으로 여기겠습니까? 제가 웃은 것은, 밭에 나가 농사 잘 되라고 제사를 지내던 저의 이웃집 사람이 생각 났기 때문입니다. 그는 그릇 하나에 밥을 떠놓고 술 한 병에 붕어 세 마리만을 차려 놓은 다음, '언덕 위의 밭에는 벼를 심기에 알맞게 해 주시고, 물이 드는 논에는 수레 1백 대 분량의 쌀이 쏟아져 후세에 길이 전해지며, 실컷 쓰고도 남음이 있기를 비옵니다'라 하더이다. 저는 그가 귀신에게 바치는 것은 적으면서 청하는 것은 많은 양을 보고 웃은 것입니다."

이 말에 왕은 즉시 순우곤을 상경上卿으로 삼아 1천금을 내려주고, 수레 1백승을 주며, 제후들에게 나가 사건을 조정해 줄 것을 청하였다. 제후들이 이 소식을 듣고 즉시 그 군대를 흩어 버리고 사졸을 휴식시키며, 감히 제나라를 공격할 엄두를 내지 못하는 것이었다. 이 모두가 어찌 순우곤의 힘이 아니겠는가?

十三年, 諸侯擧兵以伐齊, 齊王聞之, 惕然而恐, 召其羣臣大夫告曰:「有智爲寡人用之.」

於是博士淳于髡仰天大笑而不應, 王復問之, 又大笑不應, 三笑不應, 王艴然作色不悅曰:「先生以寡人語爲戲乎?」

對曰:「臣非敢以大王語爲戲也, 臣笑臣鄰之祠田也, 以一盂飯, 一壺酒, 三鮒魚, 祝曰:『蟹堁者宜禾, 洿邪者百車, 傳之後世, 洋洋有餘.』臣笑其賜鬼薄而請之厚也.」

於是王乃立淳于髡爲上卿, 賜之千金, 革車百乘, 與平諸侯之事; 諸侯聞之, 立罷其兵, 休其士卒, 遂不敢攻齊, 此非淳于髡之力乎?

【十三年】齊威王 13년을 말한다. B.C.344년.

【齊王】齊나라 威王. 재위 37년(B.C.356~320).

【淳于髡】전국시대 최고의 滑稽家. 齊나라 사람.《戰國策》齊策 및《史記》滑稽列傳 참조.

참고 및 관련 자료

1. 이 이야기는 본《說苑》의 復恩篇 177(6-22)과 대동소이하다. 또《史記》滑稽列傳에도 실려 있으나 내용이 약간 차이가 있다.

2.《史記》滑稽列傳

威王八年, 楚大發兵加齊. 齊王使淳于髡之趙請救兵, 齎金百斤, 車馬十駟. 淳于髡仰天大笑, 冠纓索絶. 王曰:「先生少之乎?」髡曰:「何敢?」王曰:「笑豈有說乎?」髡曰:「今者臣從東方來, 見道傍有禳田者, 操一豚蹄, 酒一盂, 祝曰:『甌窶滿篝, 汚邪滿車, 五穀蕃熟, 穰穰滿家.』臣見其所持者狹而所欲者奢, 故笑之.」於是齊威王乃益齎黃金千鎰, 白璧十雙, 車馬百駟, 髡辭而行. 至趙, 趙王與之精兵十萬, 革車千乘. 楚聞之, 夜引兵而去.

3.《說苑》復恩篇

楚魏會於晉陽, 將以伐齊, 齊王患之, 使人召淳于髡曰:「楚魏謀欲伐齊. 願先生與寡人共憂之.」淳于髡大笑而不應, 王復問之, 又復大笑而不應, 三問而不應, 王忿然作色曰:「先生以寡人國爲戲乎?」淳于髡對曰:「臣不敢以王國爲戲也, 臣笑臣隣之祠田也, 以一奩飯與一鮒魚. 其祝曰:『下田洿邪, 得穀百車, 蟹堁者宜禾.』臣笑其所以祠者少而所求者多.」王曰:「善!」賜之千今, 革車百乘, 立爲上卿.

267(8-33) 田忌去齊奔楚
제나라를 대처하는 방법

전기田忌가 제齊나라를 버리고 초楚나라로 도망오자 초나라 왕이 교외에까지 나와 그를 맞이하여 숙소로 인도하였다. 그러고 나서 전기에게 물었다.

"우리 초나라는 만승萬乘의 나라입니다. 제나라도 역시 만승지국이지요. 그런데 서로 항상 상대편을 겸병하려고 으르렁거리고 있으니 어떻게 대처하면 되겠습니까?"

전기는 이렇게 일러 주었다.

"알기 쉽지요. 제나라가 만약 신유申孺를 장수로 삼아 쳐들어오거든 이 초나라는 5만의 군사를 내어 상장군上將軍으로 하여금 거느리고 싸우게만 해도 그 나라 장수급의 인물을 사로잡아 돌아올 수 있을 것입니다. 또 제나라가 전거田居를 장수로 삼아 쳐들어오면 그때는 20만의 군사를 내어 역시 상장군으로 이를 거느리게 하되, 상대를 경우에 따라 나누어 상대하도록 하면 됩니다. 다음 제나라가 면자眄子를 장수로 삼아 쳐들어오면, 왕께서는 국경 내의 군사를 모두 모아 왕 스스로가 이들을 거느리고 저 전기도 그 뒤를 따르며 상국相國과 상장군을 좌우左右 사마司馬로 삼아야 합니다. 이렇게 해야 왕께서는 겨우 버티어 낼 수 있을 것입니다."

과연 제나라는 먼저 신유를 장군으로 하고 초나라를 쳐들어왔다. 초나라에서는 5만의 군사만 내어 상장군으로 하여금 맞서 싸우게 하였는데도 제나라 장군을 사로잡아 돌아올 수 있었다. 이에 제나라 왕은 분함을 품고 다시 면자로 장수를 바꾼 다음 쳐들어왔다.

초나라에서는 국경 내의 군대를 다 모으고 왕 스스로가 이끌고 나섰으며, 전기가 이에 따르고 상국과 상장군은 좌우의 사마가 되고, 다시 왕의 전차에는 구승九乘을 덧보태어 맞서서야 겨우 멸망을 면할 수 있었다. 싸움이 끝나고 돌아온 왕은 북면北面하여 전기 앞에 옷깃을 여미고 앉아 이렇게 물었다.

"선생은 어찌하여 그런 예견이 있었소?"

전기는 이렇게 설명하였다.

"신유는 그 사람됨이 어진 자는 경멸하고 불초한 자는 무시하는 인물이지요. 그래서 어진 자건 불초한 자건 누구나 그에게는 등용되지 못합니다. 이 때문에 망한 것이지요. 다음 전거라는 사람은 어진 자는 높일 줄 아나 불초한 자에게는 천박하게 대하는 사람입니다. 그래서 어진 자는 임무를 짊어지지만 불초한 자는 그로부터 떠나 버리지요. 그래서 싸움에 맞붙어 보면 서로 경우에 맞게 나누어 상대해야 물리칠 수 있습니다. 그리고 면자라는 인물은 어진 자는 높여 주고 불초한 자도 아껴 줍니다. 그래서 어진 자건 불초한 자건 모두 그에게 책임을 다하지요. 이 때문에 왕께서는 그와 맞붙어 겨우 존속하는 것입니다."

田忌去齊奔楚, 楚王郊迎至舍, 問曰:「楚, 萬乘之國也, 齊亦萬乘之國也, 常欲相幷, 爲之奈何?」

對曰:「易知耳, 齊使申孺將, 則楚發五萬人, 使上將軍將之, 至禽將軍首而反耳. 齊使田居將, 則楚發二十萬人, 使上將軍將之, 分別而相去也. 齊使眄子將, 楚發四封之內, 王自出將而忌從, 相國上將軍爲左右司馬, 如是則王僅得存耳.」

於是齊使申孺將, 楚發五萬人, 使上將軍至, 擒將軍首反, 於是

齊王忿然, 乃更使眄子將, 楚悉發四封之內, 王自出將, 田忌從, 相國上將軍爲左右司馬, 益王車屬九乘, 僅得免耳.

至舍, 王北面正領齊祛, 問曰:「先生何知之早也?」

田忌曰:「申孺爲人, 侮賢者而輕不肖者, 賢不肖者, 俱不爲用, 是以亡也; 田居爲人, 尊賢者而賤不肖者, 賢者負任, 不肖者退, 是以分別而相去也; 眄子之爲人也, 尊賢者而愛不肖者, 賢不肖俱負任, 是以王僅得存耳.」

【田忌】전국시대 齊나라의 장수. 齊 宣王 때의 人物. 鄒忌의 계략에 말려들어 楚나라로 도망갔다.
【申孺】齊나라의 장수.《戰國策》에는 申縛,《史記》에는 申紀로 되어 있다.
【田居】齊나라 장수.
【眄子】齊나라 장수. 齊나라의 盼子. 齊 宣王 때에 田忌와 함께 장수를 지냈던 田盼子를 말한다.

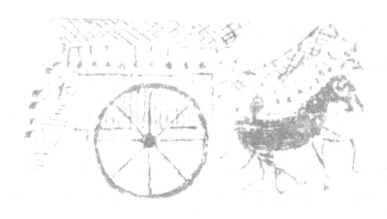

임금께서 벌주를 드십시오

위魏 **문후**文侯가 곡양曲陽이라는 곳에서 대부들과 술을 마시면서 술이 어느 정도 취하자 이렇게 탄식하였다.

"나는 어째서 홀로 예양豫讓 같은 인물을 신하로 둘 수가 없을까?"

이 말을 듣고 건중蹇重이 술잔을 들어 문후에게 올리며 말하였다.

"청컨대 임금에게 벌주를 드리겠습니다."

문후가 물었다.

"무슨 뜻이오?"

건중은 이렇게 설명하였다.

"제가 듣기로는 명령을 바르게 내리는 부모는 자식이 효자인지 모르는 법이며, 도를 아는 임금은 신하가 충성스러운지조차도 모른다 합니다. 그렇다면 예양의 임금은 또한 어떠한 인물이었겠습니까?"

그러자 문후는 그 벌주를 받아 양보하지도 않고 다 마셔 버리고는 이렇게 말하는 것이었다.

"관중管仲과 포숙鮑叔 같은 신하가 없었기에 예양 같은 이가 공을 세울 수 있었겠지요!"

魏文侯觴大夫於曲陽, 飮酣, 文侯喟然嘆曰:「吾獨無豫讓以 爲臣.」

蹇重擧酒進曰:「臣請浮君.」

文侯曰:「何以?」

對曰:「臣聞之: 有命之父母, 不知孝子; 有道之君, 不知忠臣. 夫豫讓之君, 亦何如哉?」

文侯曰:「善.」

受浮而飲之, 嚼而不讓.

曰:「無管仲鮑叔以爲臣, 故有豫讓之功也.」

【魏文侯】 戰國 초기 魏나라의 뛰어난 군주.

【曲陽】 地名. 지금의 河北省 保定縣.

【豫讓】 吞灰漆身의 고사를 남긴 인물.《戰國策》趙策 및《史記》刺客列傳,《說苑》 등 참조.

【蹇重】 文侯의 신하.

【管仲】 춘추시대 齊 桓公의 신하.

【鮑叔】 춘추시대 齊 桓公의 신하로 管仲을 추천하였다. 管鮑之交의 고사를 남긴 장본인. 管仲과 鮑叔은《史記》齊太公世家 및 管晏列傳 참조.

> 참고 및 관련 자료

1.《淮南子》道應訓

魏文侯觴大夫於曲陽. 飮酒酣, 文侯喟然嘆曰:「吾獨無豫讓以爲臣乎?」蹇重擧白而進之, 曰:「請浮君.」君曰:「何也?」對曰:「臣聞之: 有命之父母, 不知孝子; 有道之君, 不知忠臣. 夫豫讓之君, 亦何如哉!」文侯受觴而飮醨不獻, 曰:「無管仲・鮑叔以爲臣, 故有豫讓之功.」

269(8-35) 趙簡子曰吾欲得
좋은 신하는 누구나 원하는 것

조간자趙簡子가 말하였다.

"나는 범씨范氏와 중항씨中行氏가 거느렸던 그런 양신良臣을 얻고 싶다."

그러자 사염史黶이 물었다.

"어디에 등용하시려고요?"

간자는 이렇게 말하였다.

"양신은 사람들이 누구나 원하는 바이다. 다시 무엇을 물을 게 있겠는가?"

이에 사염은 이렇게 말하였다.

"임금께서는 양신이 없다고 여기기 때문에 그런 생각을 하시는 것입니다. 무릇 임금을 섬기는 자는 잘못을 간하여 주고 옳은 것은 추천하며, 잘한 것을 드러내어 표창하고 그릇된 것을 바꾸어 주며, 능력 있는 자를 올려 주고 어진 이는 추천해야 합니다. 아침저녁으로 귀에 닳도록 잘한 일과 실패한 일을 임금께 들려 주되, 이것을 들어 주면 벼슬에 나가고 그렇지 않으면 물러나는 것입니다. 지금 범씨와 중항씨의 신하를 양신이라고 하셨는데, 그들은 그 임금을 바로잡지도 못하고 오히려 어려움 속에 몰아넣었으며, 밖에 쫓겨났는데도 다시 모셔오지도 못하고 있습니다.

임금이 망명하자 포기하고 있으니, 어찌 양신이라 할 수 있겠습니까? 만약 그들이 포기하지 않고 따라가 죽었다면, 귀하께서 어찌 그들의 땅을 대신 차지할 수 있었겠습니까? 무릇 훌륭한 신하란 그 임금의 경영을 도와 복위復位토록 해야 하며, 그 임무는 죽음 이후에나 그쳐야 하는 것입니다. 그런 자가 있었다면 어느 날에 귀하에게 찾아왔겠습니까? 능히 임무를 완성하지 못하면 훌륭하다고 할 수 없습니다.”

간자는 수긍하였다

“훌륭하오!”

趙簡子曰:「吾欲得范・中行氏良臣.」

史黶曰:「安用之?」

簡子曰:「良臣, 人所願也, 又何問焉?」

曰:「君以爲無良臣故也. 夫事君者, 諫過而薦可, 章善而替否, 獻能而進賢; 朝夕誦善敗而納之, 聽則進, 否則退. 今范・中行氏之良臣也, 不能匡相其君, 使至於難; 出在於外, 又不能入. 亡而棄之; 何良之爲; 若不棄, 君安得之. 夫良將營其君, 使復其位, 死而後止, 何日以來, 若未能, 乃非良也.」

簡子曰:「善!」

【趙簡子】春秋 말기 晉나라 六卿의 하나. 智伯이 먼저 范氏・中行氏를 멸하였고, 趙簡子의 아들인 趙襄子 때 다시 趙・魏・韓이 智氏를 멸하고 晉나라 땅을 三分해 차지하였다.

【范・中行氏】춘추시대 晉나라 六卿. 范中行을 한 인물로 보기도 하나 이는 타당치 않은 듯하다.

【史黶】趙簡子의 신하.《史記》에는 史厭으로 되어 있다.《戰國策》東周策 참조. 史黯・史墨・蔡墨 등으로도 불린다.

1.《國語》晉語(九)

趙簡子曰:「吾願得范・中行之良臣.」史黯侍, 曰:「將焉用之?」簡子曰:「良臣,
人之所願也, 又何問焉?」對曰:「臣以爲不良故也. 夫事君者, 諫過而賞善, 薦可而
替否, 獻能而進賢, 擇材而薦之, 朝夕誦善敗而納之. 道之以文, 行之以順, 勤之以力,
致之以死. 聽則進, 否則退. 今范・中行氏之臣, 不能匡相其君, 使至於難, 君出在外,
又不能定, 而棄之, 則何良之爲? 若弗棄, 則主焉得之. 夫二子之良, 將勤營其君,
復使立於外, 死而後止, 何日以來? 若來, 乃非良臣也.」簡子曰:「善, 吾言實過矣.」

270(8-36) 子路問於孔子曰治國何如
불초한 자를 멀리하라

자로子路가 공자孔子에게 여쭈었다.

"나라를 어떻게 다스려야 합니까?"

공자가 대답하였다.

"어진 이를 존경하고 불초한 자를 멀리하면 된다."

자로가 다시 여쭈었다.

"범씨范氏와 중항씨中行氏는 어진 이를 공경하고 불초한 자를 멀리하였는데도 망하였습니다. 그 이유는 무엇입니까?"

이에 공자가 이렇게 설명하였다.

"범씨와 중항씨는 어진 이를 공경하되 이를 등용하지 않았고, 불초한 자를 멀리하되 아주 끊지를 못하였느니라. 어진 이란 자신이 등용되지 않는 것을 알고 나면 원망하는 법이요, 불초한 자는 자기를 천히 여긴다는 것을 알고 나면 원수로 여기는 법이다. 어진 이가 원망을 갖고 불초한 자가 원수로 여기면, 원망과 원수가 함께 나란히 앞을 가로막는 것과 같은데, 중항씨가 비록 망하지 않으려고 버틴들 그것이 가능하겠느냐?"

子路問於孔子曰:「治國何如?」

孔子曰:「在於尊賢而賤不肖.」

子路曰:「范氏·中行氏尊賢而賤不肖, 其亡, 何也?」

曰:「范氏·中行氏尊賢而不能用也, 賤不肖而不能去也; 賢者, 知其不己用而怨之, 不肖者, 知其賤己而讎之. 賢者怨之, 不肖者讎之; 怨讎並前, 中行氏雖欲無亡, 得乎?」

【子路】孔子의 제자 子由.
【范氏·中行氏】춘추 후기 晉나라 六卿.

참고 및 관련 자료

1.《孔子家語》賢君篇

子路問於孔子曰:「賢君治國, 所先者何?」孔子曰:「在於尊賢而賤不肖.」子路曰: 「由聞晉中行氏尊賢而賤不肖矣, 其亡何也?」曰:「中行氏尊賢而不能用, 賤不肖而不能去. 賢者知其不用而怨之, 不肖者知其必己賤而讎之. 怨讎並存於國, 鄰敵搆兵於郊, 中行氏雖欲無亡, 豈可得乎?」

덫에 걸린 짐승도 끝까지 반항하는데

진晉나라와 형荊, 楚나라가 필邲 땅에서 싸울 때 진나라가 연이어 패하자, 순림보荀林父가 스스로 죽기를 청하였다. 진나라 소공昭公이 이를 허락하였지만 사정백士貞伯은 이렇게 만류하였다.

"안 됩니다. 성복지역城濮之役 때에는 우리 진나라가 초楚, 荊나라를 이겼습니다. 그때 문공文公께서는 오히려 근심스러운 얼굴을 하면서 '초나라에 자옥子玉이 살아 있는 한 근심은 사라지지 않을 것이다. 덫에 걸린 짐승도 끝까지 반항하는데 하물며 한 나라의 재상임에랴?'하고는 드디어 초나라가 자옥을 죽여 버리자 '나에게 더 이상 독을 품을 자가 없으리라'고 하였습니다.

지금 순림보가 죽으면 혹시 이 진나라에 큰 경계심을 일깨워 줄지는 모르겠으나, 순림보는 임금을 섬김에 있어서 나아가서는 충성을 다하였고 물러서서는 잘못을 바로잡기에 애썼습니다. 바로 사직의 보위保衛라 할 수 있습니다. 그런데 지금 죽인다면 이는 초나라의 승리를 더욱 확실하게 해 주는 것이 됩니다."

이에 소공이 허락하였다.

"좋은 말이오!"

그리고는 그를 다시 장군으로 복위시켰다.

晉荊戰於邲, 晉師敗績, 荀林父將歸請死, 昭公將許之, 士貞伯曰:「不可, 城濮之役, 晉勝於荊, 文公猶有憂色, 曰:『子玉猶存, 憂未歇也; 困獸猶鬪, 況國相乎?』及荊殺子玉, 乃喜曰:『莫予毒也.』今天或者大警晉也, 林父之事君, 進思盡忠, 退思補過, 社稷之衛也, 今殺之, 是重荊勝也.」

昭公曰:「善!」

乃使復將.

【荊】 楚의 別稱.

【邲】 地名. 지금의 河南省 鄭縣 동쪽. 《春秋》 宣公 12年, 이곳에서 晉·楚가 싸워 晉나라가 패배한 기록이 있다.

【荀林父】 中行桓子. 中行氏의 시조. 荀伯, 혹은 中行伯으로도 불림. 晉나라 六卿의 하나.

【晉昭公】 춘추시대 晉나라 군주. 재위 6년(B.C.531~526). 시기로 보아 晉 景公의 잘못으로 보인다.

【士貞伯】 士貞子·士渥濁·士伯 등으로 불리며, 晉 昭公의 신하.

【城濮之役】 城濮은 지금의 河南省 陳留縣으로 당시 衛나라 땅. 城濮之役은 춘추시대 晉楚 사이에 벌어졌던 가장 큰 전쟁.

【文公】 晉文公. 春秋五霸의 하나.

참고 및 관련 자료

1. 《左傳》 宣公 12년

秋, 晉師歸, 桓子請死, 晉侯欲許之. 士貞子諫曰:「不可, 城濮之役, 晉師三日穀, 文公猶有憂色. 左右曰:『有喜而憂, 如有憂而喜乎?』公曰:『得臣猶在, 憂未歇也, 困獸猶鬪, 況國相乎?』及楚殺子玉, 公喜而後可知也, 曰:『莫余毒也己!』是晉再克, 而楚再敗也, 楚是以再世不競. 今天或者大警晉也, 而又殺林父以重楚勝, 其無乃久

不競乎! 林父之事君也, 進思盡忠, 退思補過, 社稷之衛也, 若之何殺之? 夫其敗也, 如日月之食焉, 何損於明.」晉侯使復其位.

2.《史記》晉世家

三年, 楚莊王圍鄭, 鄭告急晉. 晉使荀林父將中軍, 隨會將上軍, 趙朔將下軍, 郤克·樂書·先縠·韓厥·鞏朔佐之. 六月, 至河. 聞楚已服鄭, 鄭伯肉袒與盟而去, 荀林父欲還. 先縠曰:「凡來救鄭, 不至不可, 將率離心.」卒度河. 楚已服鄭, 欲飲馬于河爲名而去. 楚與晉軍大戰. 鄭新附楚, 畏之, 反助楚攻晉. 晉軍敗, 走河, 爭度, 船中人指甚衆. 楚虜我將智罃. 歸而林父曰:「臣爲督將, 軍敗當誅, 請死」景公欲許之. 隨會曰:「昔文公之與楚戰城濮, 成王歸殺子玉, 而文公乃喜. 今楚已敗我師, 又誅其將, 是助楚殺仇也.」乃止.

卷九. 정간편正諫篇

　　"정간正諫"이란 신하나 아랫사람으로서 올바른 간언諫言, 충간忠諫
을 할 수 있어야 한다는 뜻이다. 본권은 이에 관한 일화와 고사
등을 모은 것이다.

　　모두 26장(272~297)이다.

272(9-1) 易曰王臣蹇蹇
간언諫言에는 다섯 종류

《역易》에는 이렇게 말하였다.

"임금의 신하가 되어 온갖 고생을 두려워하지 않는다. 그러면서 결코 자기 몸을 위하지 않는다."

그러니 사람의 신하로서 그 난관에 대해 온갖 고생을 하면서도 그 임금에게 충간을 하는 것은 모두가 자기 자신을 위한 것은 아니다. 이는 바로 그 임금의 과오를 바로잡아 주고, 임금의 실책을 교정矯正해 주는 것이어야 한다.

임금에게 과오와 실책이 있다는 것은 바로 위험과 멸망의 싹이 되는 것이므로, 임금의 과실을 보고도 이를 간언하지 않는 것은 임금의 위망危亡에 대해 경홀히 대처하는 행위이다.

무릇 임금의 위망을 경홀히 하는 일은 충신으로서는 차마 못할 일이다. 세 번을 간하였는데도 들어 주지 않으면 떠나야 한다. 떠나지 않으면 자신의 몸을 망치게 되기 때문이다. 자신의 몸을 망치는 것을 어진 이로서는 할 바가 못 된다. 이런 까닭으로 간언諫言에는 다섯 종류가 있다.

첫째 정간正諫이며, 둘째는 항간降諫이며, 셋째는 충간忠諫이며, 넷째는 당간戇諫이며, 다섯째는 풍간諷諫이다.

공자孔子는 이렇게 말하였다.

"나는 풍간諷諫을 따르리라!"

무릇 간언하지 아니하면 임금이 위험하고, 간언을 하면 자신이 위험한 경우가 있다. 이런 경우에는 임금을 위험하게 하느니보다 차라리 자신을 위험하게 하는 편이 낫다. 그러나 자신을 위험하게 하면서까지 간언을 하였는데도 끝내 들어 주지 않는 경우라면, 이는 간언을 해도 효과가 없다.

그 때문에 지혜로운 자는 임금의 권위와 시의時宜를 잘 헤아려 그 완급을 조절하며, 그 마땅함을 이해시킨다. 그렇게 함으로써 위로는 임금이 위험에 빠지지 않도록 하고, 아래로는 자신도 위험에 처하지 않도록 하는 것이다. 따라서 나라는 나라대로 위험이 없고 자기 몸은 자기 몸대로 위태하지 않게 된다.

옛날 진陳 영공靈公은 설야泄冶가 간언을 하자 이를 듣지 않고 죽여 버렸다. 그러나 조기曹羈는 세 번이나 조曹나라 임금에게 간언을 하였지만 들어 주지 않자 떠나 버렸다.

《춘추春秋》에는 그 의義를 보아 둘 모두 어진 이라고는 하였지만, 둘 중에 그래도 조기가 예禮에 맞는 행동을 하였다고 볼 수 있다.

易曰:『王臣蹇蹇, 匪躬之故.』

人臣之所以蹇蹇爲難, 而諫其君者, 非爲身也, 將欲以匡君之過, 橋君之失也. 君有過失者, 危亡之萌也; 見君之過失而不諫, 是輕君之危亡也. 夫輕君之危亡者, 忠臣不忍爲也. 三諫而不用則去, 不去則身亡; 身亡者, 仁人所不爲也.

是故諫有五: 一曰正諫, 二曰降諫, 三曰忠諫, 四曰戇諫, 五曰諷諫. 孔子曰:「吾其從諷諫矣乎.」夫不諫則危君, 固諫則危身; 與其危君寧危身; 危身而終不用, 則諫亦無功矣.

智者度君權時, 調其緩急而處其宜, 上不敢危君, 下不以危身, 故在國而國不危, 在身而身不胎; 昔陳靈公不聽泄冶之諫而殺之, 曹羈三諫曹君不聽而去, 春秋序義雖俱賢而曹羈合禮.

【易曰】《周易》蹇(39 山水蹇)의 六二爻 爻辭. 그 象에 "王臣蹇蹇, 終無尤也"라
하였다.

【正諫】 정당하고 바르게 간언함.

【降諫】 자기 자신을 최대한 낮추어 간언을 함. '강간'으로도 읽을 수 있다.
《太平御覽》455에는 '譎諫'으로 되어 있다.

【忠諫】 충성을 가지고 간언함.

【戇諫】 본음은 '장간'. '戇'은 "어리석고 고지식하며 우직하다"의 뜻. 즉, 우직하게
간언함을 말한다.

【諷諫】 풍자·비유를 들어 간언하여 스스로 깨우치도록 유도함을 말한다.

【陳 靈公】 춘추시대 陳나라 임금. 재위 14년(B.C.613~599).

【泄冶】 洩冶로도 쓰며, 춘추시대 陳 靈公의 신하.《左傳》莊公 24年 참조.

【曹羈】 춘추시대 曹나라의 신하.《左傳》莊公 24年 참조.

【春秋】 책 이름. 여기에 인용된 내용은《左傳》莊公 24年을 참조할 것.

참고 및 관련 자료

1.《孔子家語》辨政篇

孔子曰:「忠臣之諫君, 有五義焉. 一曰譎諫, 二曰戇諫, 三曰降諫, 四曰直諫, 五曰風諫.
唯度主而行之, 吾其從風諫乎!」

273(9-2) 齊景公游於海上而樂之
충신의 이름에 나도 오르고 싶소

제齊 경공景公이 바닷가에서 노닐다가 너무 즐기던 나머지 여섯 달이 되도록 돌아갈 생각을 하지 않았다. 게다가 좌우 신하에게 이런 명령까지 내리기까지 하였다.

"누구든지 먼저 돌아가자고 말하는 자가 있으면 내 이를 용서 없이 죽이리라."

이 말에 안촉추顏燭趨가 이렇게 간하였다.

"임금께서는 바닷가의 즐거움에 빠져 여섯 달째나 돌아갈 생각을 않고 있습니다. 저 궁궐 내에 만약 나라를 다스리겠다고 나서는 이가 있어 임금 자리를 빼앗긴다면, 임금께서는 장차 어찌 이 바닷가에서 다시 즐겨 볼 기회가 있겠습니까?"

그러자 경공이 창을 들고서 그를 쳐 죽이려고 나섰다. 안촉추가 다시 그 앞으로 나아가 옷깃을 여미며 죽음을 기다렸다.

"왜 어서 치지 않습니까? 옛날 걸桀은 관룡방關龍逄을 죽였고, 주紂는 왕자 비간比干을 죽였습니다. 임금의 어짊은 이 두 폭군만도 못하고, 저의 재주 또한 두 충신에 미치지 못합니다. 그런데도 왜 어서 저를 죽이지 않습니까? 저로 하여금 그 두 사람의 이름과 함께 오를 수 있게 해 주시면 이 또한 멋진 일이 아니겠습니까?"

경공이 이 말을 듣고 기뻐하며 드디어 귀로에 올랐다. 그러다가 중도에서 과연 나라 안에서 경공이 들어오지 못하도록 음모를 꾸미고 있다는 소식을 듣게 되었다.

齊景公游於海上而樂之, 六月不歸, 令左右曰:「敢有先言歸者, 致死不赦.」

顏燭趨進諫曰:「君樂治海上而六月不歸, 彼儻有治國者, 君且安得樂此海也?」

景公援戟將斫之, 顏燭趨進, 撫衣待之曰:「君奚不斫也? 昔者, 桀殺關龍逢, 紂殺王子比干, 君之賢, 非此二主也, 臣之材, 亦非此二子也, 君奚不斫, 以臣參此二人者, 不亦可乎?」

景公說, 遂歸, 中道聞國人謀不內矣.

【齊景公】춘추시대 齊나라 군주. 재위 58년(B.C.547～490).
【顏燭趨】人名. 景公의 신하. 《說苑今注今譯》에서는 顏燭을 人名으로, 趨는 '급히 달려나가다'의 뜻으로 보았다.
【桀】夏의 末王. 商湯에게 망하였다.
【關龍逢】夏나라의 賢臣. 桀의 잘못을 간하다가 죽음을 당하였다. 관룡방(關龍逄)으로 쓰인 경우도 있다. '逢'·'逄'은 판각상의 혼란인 듯하다.
【紂】殷의 末王. 武王에게 망하였다.
【比干】殷의 公族. 紂의 폭정을 간언하다가 죽었다. 《史記》殷本紀 참조.

참고 및 관련 자료

1. 《韓非子》十過篇
昔者田成子遊於海而樂之, 號令諸大夫曰:「言歸者死.」顏涿聚曰:「君遊海而樂之, 奈臣有圖國者何! 君雖樂之, 將安得?」田成子曰:「寡人布令曰, 言歸者死, 令子犯寡人之令.」援戈將擊之. 顏涿聚曰:「昔桀殺關龍逢而紂殺王子比干, 令君雖殺臣之身, 以三之可也. 臣言爲國, 非爲身也.」延頸而前曰:「君擊之矣!」君乃釋戈, 趣駕而歸, 至三日, 而聞國人有謀不內田成子者矣.

274(9-3) 楚莊王立爲君
악기를 매달아 놓은 줄

초楚 장왕莊王이 임금이 되어 3년 동안 조회도 열지 않은 채 오히려 나라에 이런 영을 내렸다.

"나는 남의 신하된 자가 자주 그 임금에게 간언을 하는 자를 싫어한다. 지금 나는 나라를 가지고 있으며, 사직을 세우고 있는 이 나라의 최고의 지도자이다. 누구든지 간언하는 자가 있으면 이에 용서치 않고 죽여버릴 것이다."

이 말에 소종蘇從이라는 이가 나서서 이렇게 말하였다.

"임금의 은덕으로 높은 작위에 처해 있으면서, 또 임금으로 인해 후한 녹을 먹으면서 죽는 것이 아까워 간언을 하지 않는 것은 충신일 수 없다."

그리고는 들어가 간언을 하였다. 장왕은 고종鼓鍾 등 많은 악기를 갖추어 놓은 가운데 왼쪽에는 양희楊姬를 끼고 오른쪽에는 월희越嬉를 껴안았으며, 왼쪽에는 짧은 옷을, 그리고 오른쪽에는 조회 때 입는 의복을 팽개쳐 놓은 채 이렇게 말하였다.

"나는 음악을 즐기느라 한가할 틈이 없다. 어찌 간언을 들을 시간이 있겠는가?"

이에 소종이 이렇게 말하였다.

"제가 들으니 도를 좋아하면 많은 자질이 생기지만, 음악을 좋아하면 많은 미혹에 빠진다 하였습니다. 또 도를 좋아하게 되면 많은 양식이 생기지만, 음악을 좋아하면 망하고 만다고 하였습니다. 이 형荊나라는 망할 날이 며칠 남지 않았습니다. 죽을 신하인 저는 감히 임금께 고하나이다."

이 말에 장왕은 수긍하였다.

"옳다."

그리고는 왼손으로는 소종의 손을 잡고, 오른손으로는 감추었던 칼을 꺼내어 악기를 매달아 놓은 줄을 끊어 버렸다. 그리고 이튿날 소종을 재상으로 삼았다.

楚莊王立爲君, 三年不聽朝, 乃令於國曰:「寡人惡爲人臣而遽諫其君者, 今寡人有國家, 立社稷, 有諫則死無赦.」

蘇從曰:「處君之高爵, 食君之厚祿, 愛其死而不諫其君, 則非忠臣也.」

乃入諫. 莊王立鼓鐘之間, 左伏楊姬, 右擁越姬, 左裯袥, 右朝服, 曰:「吾鼓鐘之不暇, 何諫之聽!」

蘇從曰:「臣聞之: 好道者多資, 好樂者多迷, 好道者多糧, 好樂者多亡; 荊國亡無日矣, 死臣敢以告王.」

王曰:「善.」

左執蘇從手, 右抽陰刀, 刉鐘鼓之懸, 明日援蘇從爲相.

【楚莊王】 초나라의 영명한 군주. 춘추오패의 하나. 재위 23년(B.C.613~591). '絶纓', '三年不飛', '問九鼎之輕重' 등의 고사를 남겼다.

【蘇從】 莊王의 臣下.

【楊姬】 美人을 말하나 구체적인 상황은 알 수 없다.

【越姬】 楚나라 출신의 미인을 뜻한다.

【荊】 楚의 다른 이름.

1. 이 이야기는 그 내용과 주제가 《史記》 楚世家와 滑稽列傳에 실려 있는 '三年不飛' 고사의 뒷부분이다. 이를 전재하면 다음과 같다.

2. 《史記》 楚世家

莊王卽位三年. 不出號令. 日夜爲樂. 令國中曰:「有敢諫者死無赦.」 伍擧入諫, 莊王 左抱鄭姬, 右抱越女, 坐鍾鼓之間, 伍擧曰:「願有進隱曰有鳥在於阜, 三年不蜚不鳴, 是何鳥也?」 莊王曰:「三年不蜚, 蜚將冲天. 三年不鳴, 鳴將驚人, 擧退矣. 吾知之矣.」 居數月, 淫益甚, 大夫蘇從乃入諫……」

3. 《史記》의 滑稽列傳(淳于髡이 齊나라 威王(B.C.356~320)에게 한 말로 되어 있다.)

齊威王之時喜隱, 好爲淫樂長夜之飮, 沈湎不治, 委政卿大夫. 百官荒亂, 諸侯並侵, 國且危亡, 在於旦暮, 左右莫敢諫, 淳于髡說之以隱曰:「國中有大鳥, 止于王庭. 三年不飛又不鳴, 王知此鳥何也?」 王曰:「此鳥不飛則已, 一飛冲天, 不鳴則已. 一鳴驚人.」

4. 《韓非子》 喩老篇

楚莊王莅政三年, 無令發, 無政爲也. 右司馬御座, 而與王隱曰:「有鳥止南方之阜, 三年不翅, 不飛不鳴, 嘿然無聲, 此爲何名?」 王曰:「三年不翅, 將以長羽翼; 不飛不鳴, 將以觀民則. 雖無飛, 飛必冲天; 雖無鳴, 鳴必驚人. 子釋之, 不穀知之矣.」 處半年, 乃自聽政. 所廢者十, 所起者九. 誅大臣五, 擧處士六. 而邦大治.

5. 《呂氏春秋》 重言篇

荊莊王立三年, 不聽而好讔. 成公賈入諫. 王曰:「不穀禁諫者, 今子諫, 何故?」 對曰: 「臣非敢諫也, 願與君王讔也.」 王曰:「胡不設不穀矣?」 對曰:「有鳥止於南方之阜, 三年不動不飛不鳴, 是何鳥也?」 王射之, 曰:「有鳥止於南方之阜, 其三年不動, 將以定志意也; 其不飛, 將以長羽翼也; 其不鳴, 將以覽民則也. 是鳥雖無飛, 飛將冲天, 雖無鳴, 鳴將駭人. 賈出矣, 不穀知之矣.」 明日朝, 所進者五人, 所退者十人. 羣臣大說, 荊國之衆相賀也.

6. 《新序》 雜事(2)

楚莊王莅政三年, 不治, 而好隱戲. 社稷危, 國將亡. 士慶問左右羣臣曰:「王莅政三年, 不治, 而好隱戲. 社稷危, 國將亡. 胡不入諫?」 左右曰:「子其入矣.」 士慶入, 再拜而 進曰:「隱有大鳥, 來止南山之陽, 三年不蜚不鳴, 不審其故何也?」 王曰:「子其去矣,

寡人知之矣.」士慶曰:「臣言亦死, 不言亦死, 願聞其說.」王曰:「此鳥不蜚, 以長羽翼;
不鳴, 以觀羣臣之慝, 是鳥雖不蜚, 蜚必沖天; 雖不鳴, 鳴必驚人.」士慶稽首曰:
「所願聞己.」王大悅士慶之問, 而拜之以爲令尹, 授之相印. 士慶喜, 出門, 顧左右笑曰:
「吾王, 成王也.」中庶子聞之, 跪而泣曰:「臣尙衣冠, 御郞十三年矣, 前爲豪矢,
而後爲藩蔽. 王賜士慶相印而不賜臣, 臣死將有日矣.」王曰:「寡人居泥塗中, 子所
與寡人言者, 內不及國家, 外不及諸侯. 如子者, 可富而不可貴也.」於是乃出其國寶
璧玉以賜之. 曰:「忠信者, 士之行也; 言語者, 士之道路也. 道路不修治, 士無所行矣.」

7.《吳越春秋》卷3

伍擧, 以直諫事楚莊王, 王卽位, 三年不聽國政, 沉湎於酒, 淫於聲色, 左手擁秦姬,
右手抱越女, 身坐鐘鼓之間, 而令曰:「有敢諫者, 死.」於是伍擧進諫曰:「有一大鳥,
集楚國之庭, 三年不飛, 亦不鳴, 此何鳥也?」於是莊王曰:「此鳥, 不飛, 飛則態天;
不鳴, 鳴則驚人.」伍擧曰:「不飛不鳴, 將爲射者所圖, 絃矢卒發, 豈得沖天而驚人乎?」
於是莊王棄其秦姬越女, 罷鐘鼓之樂, 用孫叔敖任以國政, 遂霸天下, 威伏諸侯.

8.《十八史略》卷1

至莊王, 卽位三年不出令. 日夜爲樂, 令國中:「敢諫者死.」伍擧曰:「有鳥在阜,
三年不蜚不鳴, 是何鳥也?」王曰:「三年不飛, 飛將衝天. 三年不鳴, 鳴將驚人.」
蘇從亦入諫, 王乃左執從手, 右抽刀, 以斷鐘鼓之懸. 明日聽政, 任伍擧蘇從, 國人大悅,
又得孫叔敖爲相, 遂霸諸侯.

275(9-4) 晉平公好樂
다섯 손가락의 의미

진晉 평공平公은 음악을 좋아하였으며 아울러 많은 세금을 거두어 놓고는 성곽도 수리하지 않았다. 그리고는 이렇게 명령을 내렸다.

"감히 간언하는 자가 있으면 죽여 버리리라!"

나라 사람들이 모두 근심에 쌓여 있을 때, 구범咎犯이 나서서 문지기 대부를 만나 이렇게 전하도록 하였다.

"제가 듣자 하니 임금께서 음악을 매우 좋아하신다구요? 음악을 가지고 임금을 뵙고 싶소."

문지기 대부가 들어가 임금에게 아뢰었다.

"우리 진나라 사람으로 구범이라는 자가 음악에 관한 일로 임금을 뵙겠다 합니다."

이에 평공이 허락하였다.

"들게 하라."

구범은 궁궐에 들어가서 자리에 앉은 다음 각종 악기를 꺼내었다. 잠시 후 평공이 물었다.

"손님께서는 악기를 연주할 줄 아시오?"

구범은 이렇게 대답하였다.

"신은 음악을 연주할 줄 모릅니다. 그러나 비유에 대해서는 잘 알지요!"

그러자 평공이 비유의 말을 잘하는 관리 12명을 불러들였다. 이에 구범이 물었다.

"은신隱臣들을 제가 가만히 살펴보았다가 말이 사리에 맞지 않으면 죽음을 감수할 수 있습니까?"

평공은 허락하였다.

"좋소."

그러자 구범이 왼쪽 팔뚝을 내밀고 다섯 손가락을 펴서 하나씩 꼽아
보였다.

평공이 그 은관들에게 명하였다.

"무슨 뜻인지 이를 점쳐 보시오!"

그러나 은관들 모두가 알아낼 수가 없었다.

"모르겠습니다."

평공은 할 수 없이 물러가게 하였다.

"모두 제자리로 돌아가시오!"

이에 구범은 그 한 개씩의 손가락을 펴 보이며 이렇게 말하였다.

"이 하나는 놀이 때문에 산에 나무가 없이 벌거숭이가 되었는데
성궐은 높이 짓는 것을 뜻합니다. 두 번째 이 손가락은 임금의 기둥과
대들보는 비단으로 입혀 화려하게 꾸몄는데 선비나 백성들은 입을
옷이 없다는 뜻입니다. 다음 세 번째 이 손가락은 광대들에게는 남아
도는 술이 지천인데 죽어 가는 선비에게는 갈증을 해소할 물 한 방울
없다는 뜻입니다. 네 번째 이 손가락은, 백성은 굶주린 얼굴인데 임금의
말에게는 인간이 먹을 양식을 먹인다는 뜻입니다. 마지막 다섯 번째
손가락은 곁에 있는 신하는 감히 간언을 하지 못하고 멀리 있는 신하는
감히 가까이 오지도 못한다는 뜻입니다."

이에 평공은 수긍하였다.

"옳습니다!"

그리고는 종고鐘鼓를 막아 버리고 우슬竽瑟을 치우고 드디어 구범과
함께 나라를 다스리는 일에 전념하게 되었다.

晉平公好樂, 多其賦斂, 下治城郭, 曰:「敢有諫者死.」

國人憂之, 有咎犯者, 見門大夫曰:「臣聞主君好樂, 故以樂見.」

門大夫入言曰:「晉人咎犯也, 欲以樂見.」

平公曰:「內之.」

止坐殿上, 則出鐘磬竿瑟.

坐有頃, 平公曰:「客子爲樂?」

咎犯對曰:「臣不能爲樂, 臣善隱.」

平公召隱士十二人, 咎犯曰:「隱臣竊顧昧死御.」

平公曰:「諾.」

咎犯申其左臂而詘五指, 平公問於隱官曰:「占之爲何?」

隱官皆曰:「不知.」

平公曰:「歸之.」

咎犯則申其一指曰:「是一也, 便遊楮盡而峻城闕. 二也, 柱梁衣繡, 士民無褐. 三也, 侏儒有餘酒, 而死士渴. 四也, 民有饑色, 而馬有粟秩. 五也, 近臣不敢諫, 遠臣不敢達.」

平公曰:「善.」

乃屏鐘鼓, 除竿瑟, 遂與咎犯參治國.

【下治城郭】 "不治城郭"의 오기로 본다.
【晉平公】 춘추시대 晉나라 임금. 재위 26년(B.C.557~532).
【咎犯】《史記》晉世家 및《左傳》僖公 24年(B.C.636)의 狐偃舅犯. 晉나라 大夫로 春秋五霸의 하나인 晉 文公(B.C.636~628)의 외삼촌으로 되어 있다. 그러나 여기서처럼 文公이라면 그 시기가 1백여 년이나 차이가 있으므로 同一人인지 의심스럽다.
【隱】 隱은 비유. 諷諭를 통해 임금을 일깨우는 관리를 말한다. 또는 우스갯소리나 점에 대한 해석일 가능성도 있다.《史記》滑稽傳에 "文威王之時喜隱 ……淳于髡說之以隱……" 등에서 隱과 같은 뜻으로 보았다.
【昧死】 '부당하면 죽음을 감수하겠다'는 뜻.

흙 인형과 나무 인형

맹상군孟嘗君이 장차 서쪽의 진秦나라로 가려 하자, 빈객들이 1백 번씩이나 간언을 하였지만 듣지 않았다. 그리고는 도리어 이렇게 말하는 것이었다.

"사람의 일로 나에게 간언한다면 이는 내가 이미 다 알고 있는 일이다. 또 만약 귀신의 일로 간한다면 죽여 버리리라!"

그때 알자謁者가 들어와 고하였다.

"어떤 손님이 귀신의 일로 말씀드릴 게 있다 합니다"

맹상군이 허락하였다.

"들라 하라."

그 사람은 들어와서 이렇게 말하였다.

"제가 오는 길에 치수淄水가를 지나게 되었습니다. 그런데 흙으로 만들어진 인형이 바야흐로 나무로 만들어진 인형과 이야기를 나누고 있었습니다. 나무인형이 흙인형에게 '너는 원래 흙이었다. 그 흙을 가져다가 인형을 만든 것이다. 그러니 큰비가 오고 물이 넘쳐 밀려들게 되면 너는 어쩔 수 없이 허물어지고 말 것이다'라고 하자, 그 흙인형이 '그래, 나는 흙으로 되었으니 허물어지고 나서 나의 본래 모습으로 돌아가면 그뿐이다. 그러나 너는 원래 동원東園의 복숭아나무였다. 이를 조각하여 너의 모습이 된 것이다. 그런데 큰비가 내려 물이 넘쳐 밀려들면 그대는 그 어딘지도 모르고 둥둥 떠서 정처 없이 떠다닐 것이다'라 대꾸하더군요. 지금 진秦나라는 사방이 막힌 나라인데다 범이나 이리 같은 마음을 품고 있어 잘못하면 귀하가 나무인형 같은 신세가 되지 않을까 염려됩니다."

맹상군은 머뭇거리다가 물러서서는 더 이상 대답을 하지 못하였다. 그리고는 마침내 감히 서쪽 진나라로 향할 것을 포기하였다.

孟嘗君將西入秦, 賓客諫之百通, 則不聽也, 曰:「以人事諫我, 我盡知之; 若以鬼道諫我, 我則殺之.」

謁者入曰:「有客以鬼道聞.」

曰:「請客入.」

客曰:「臣之來也, 過於淄水上, 見一土耦人, 方與木梗人語, 木梗謂土耦人曰:『子先, 土也, 持子以爲耦人, 遇天大雨, 水潦並至, 子必沮壞.』應曰:『我沮乃反吾眞耳, 今子, 東園之桃也, 刻子以爲梗, 遇天大雨, 水潦並至, 必浮子, 泛泛乎不知所止.』今秦, 四塞之國也, 有虎狼之心, 恐其有木梗之患.」

於是孟嘗君逡巡而退, 而無以應, 卒不敢西嚮秦.

【孟嘗君】戰國 四公子의 하나. 田文. 田嬰(靖郭君)의 아들로 아버지를 이어 薛에 봉해져 薛公으로도 부른다. 식객이 3천명이나 되었으며, 齊나라 湣王의 재상을 지냈고, 많은 일화를 남겼다. 《史記》 孟嘗君列傳 참조.
【若以鬼道諫我, 我則殺之】의미로 보아 통하지 않는다. 다른 기록에는 "귀신의 일이라면 내 들어 줄 수 있다"의 뜻으로 되어 있다.
【謁者】손님을 윗사람에게 통보하고 안내하는 임무를 띤 신하.
【有客】《史記》에는 '蘇代'로 되어 있으며 《戰國策》에는 '蘇秦'으로 되어 있다.
【淄水】齊나라 수도 臨淄로 흐르는 강 이름.

【土耦人·木耦人】《史記》에는 "木偶人與土偶人"으로 되어 있고《戰國策》에는 "土偶人與桃梗"으로 되어 있다.

【東園之桃】《戰國策》에는 "東國之桃梗"으로 되어 있다. 한편《戰國策》의 高誘 注에는 "東海中有山名度索, 上有大桃, 屈蟠三千里, 其卑枝間東北曰鬼門, 萬鬼 聽由往來也. 上有二神人, 一曰荼與, 二曰鬱雷, 主治害鬼, 故使世人刊此桃梗, 畫荼 與鬱雷, 首正歲以置門戶. 辟號之門, 荼與鬱雷, 皆在東海中, 故曰東國之桃梗也"라 하였고《風俗通》에는 "上古之時, 有神荼與鬱壘"라 하였다.

참고 및 관련 자료

1. 본 장의 내용은《戰國策》齊策 및《史記》孟嘗君列傳 등에도 들어 있다. 그러나 話者가《戰國策》에는 蘇秦으로,《史記》에는 蘇代로 되어 있으며 孟嘗君이 秦나라로 가려 한 이유에 대해서《史記》에는 "秦昭王聞其賢, 乃先使涇陽君爲質 於齊, 以求見孟嘗君"이라 하였다.

2.《戰國策》齊策(3)

孟嘗君將入秦, 止者千數而弗聽. 蘇秦欲止之. 孟嘗曰:『人事者吾已盡知之矣, 吾所 未聞者獨鬼事耳!』蘇秦曰:『臣之來也, 固不取言人事也, 固且以鬼事見君.』孟嘗君 見之. 謂孟嘗君曰:『今者臣來, 過於淄上, 有土偶人與桃梗相與語, 桃梗謂土偶人曰: 「子西岸之土也, 挺子以爲人, 至歲八月, 降雨下, 淄水至, 則汝殘矣!」土偶曰:「不然! 吾西岸之土也, 土則復西岸耳. 今子東國之桃梗也, 刻削子以爲人, 降雨下, 淄水至, 流子而去, 則子漂漂者將何如耳!」今秦四塞之國, 譬若虎口, 而君入之, 則臣不知君 所出矣!』孟嘗君乃止.

3.《戰國策》趙策(1)

蘇秦說李兌曰:「雒陽乘軒車(里)蘇秦, 家貧親老, 無罷車駑馬, 桑輪蓬篋羸縢, 負書 擔橐, 觸塵埃, 蒙霜露, 越漳·河, 足重繭, 日百而舍, 造外闕, 願見於前, 口道天下之事.」 李兌曰:「先生以鬼之言見我則可, 若以人之事, 兌盡知之矣.」蘇秦對曰:「臣固以鬼 之言見君, 非以人之言也.」李兌見之. 蘇秦曰:「今日臣之來也暮, 後郭門, 藉席無所得, 寄宿人田中, 傍有大叢. 夜半, 土梗與木梗鬪曰:『汝不如我, 我者乃土也. 使我逢疾 風淋雨, 懷沮, 乃復歸土. 今汝非木之根, 則木之枝耳. 汝逢疾風淋雨, 漂入漳·河, 東流至海, 氾濫無所止..』臣竊以爲土梗勝也. 今君殺主父而族之, 君之立於天下,

危於累卵. 君聽臣計則生, 不聽臣計則死.」李兌曰:「先生就舍, 明日復來見兌也.」
蘇秦出.

李兌舍人謂李兌曰:「臣竊觀君與蘇公談也, 其辯過君, 其博過君, 君能聽蘇公之計乎?」
李兌曰:「不能.」舍人曰:「君卽不能, 願君堅塞兩耳, 無聽其談也.」明日復見, 終日談
而去. 舍人出送蘇君, 蘇秦謂舍人曰:「昨日我談粗而君動, 今日精而君不動, 何也?」
舍人曰:「先生之計大而規高, 吾君不能用也. 乃我請君塞兩耳, 無聽談者. 雖然,
先生明日復來, 吾請資先生厚用.」明日來, 抵掌而談. 李兌送蘇秦明月之珠, 和氏之璧,
黑貂之裘, 黃金百鎰. 蘇秦得以爲用, 西入於秦.

4.《史記》孟嘗君列傳

孟嘗君將入秦, 賓客莫欲其行, 諫, 不聽. 蘇代謂曰:「今旦代從外來, 見木偶人與土
偶人相與語. 木偶人曰:『天雨, 子將敗矣.』土偶人曰:『我生於土, 敗則歸土. 今天雨,
流子而行, 未知所止息也.』今秦虎狼之國也, 而君欲往, 如有不得還, 君得無爲土偶
人所笑乎!」孟嘗君乃止.

277(9-6) 吳王欲伐荊
당랑포선螳螂捕蟬

오왕吳王이 형荊을 치려고 하면서 좌우 신하들에게 일렀다.

"감히 반대하여 간언하는 자는 죽이리라!"

그런데 사인舍人 중에 나이가 어린 신하가 하나 있었다. 그 사인은 간언을 하고 싶었으나 감히 실행을 못하게 되자, 탄환彈丸을 지닌 채 후원後園에 가서 옷에 이슬을 적시면서 사흘간이나 아침마다 서성이고 있었다. 오왕이 이상하게 여겨 물었다.

"너는 무슨 까닭으로 옷까지 적시면서 고생함이 이와 같은가?"

그 젊은이는 이렇게 말하였다.

"그 뜰에 나무가 하나 있습니다. 그 나무에는 매미가 한 마리 있지요. 그 매미는 높이 붙어서 슬피 울며 이슬을 먹고 있습니다. 그런데 사마귀가 그 뒤에서 노리고 있는 것을 모르고 있습니다. 그 사마귀는 몸을 붙이고 숨어서 매미를 덮칠 생각에만 빠져 그 곁에 꾀꼬리가 노리고 있는 것을 알지 못하고 있습니다. 그러나 그 꾀꼬리도 역시 목을 늘려 사마귀를 쪼아 먹을 생각에서 눈이 먼 채 그 아래에 탄환을 가지고 쏠 준비를 하고 있는 저를 알지 못합니다.

이 세 마리는 모두가 눈앞에 있는 이익을 얻기에만 급급할 뿐 그 뒤에 있는 환난을 돌아볼 줄 모르는 것입니다."

오왕이 이 말을 듣고 수긍하였다.

"훌륭하도다!"

그리고는 군사를 흩어 버렸다.

吳王欲伐荊, 告其左右曰: 「敢有諫者死.」

舍人有少孺子者, 欲諫不敢, 則懷丸操彈, 遊於後園, 露沾其衣, 如是者三旦, 吳王曰: 「子來何苦, 沾衣如此?」

對曰: 「園中有樹, 其上有蟬, 蟬高居悲鳴飲露, 不知螳螂在其後也! 螳螂委身曲附, 欲取蟬, 而不知黃雀在其傍也! 黃雀延頸欲啄螳螂, 而不知彈丸在其下也! 此三者, 皆務欲得其前利, 而不顧其後之有患也.」

吳王曰: 「善哉!」

乃罷其兵.

【荊】 楚나라의 別稱.

【舍人】 궁중 안에 있는 사람을 말한다.

【少孺子】《吳越春秋》에는 '太子友'라 하였다. '孺子'는 代를 이을 嫡嗣子를 가리킨다.

【彈丸】 새를 잡기 위한 총알.

【螳螂】 사마귀. 곤충의 일종.

【黃雀】 黃鸝. 꾀꼬리의 일종.

<blockquote>참고 및 관련 자료</blockquote>

1. 본 장의 내용을 흔히 '당랑포선(螳螂捕蟬)'이라 한다. 즉 눈앞의 이익에 빠져 뒤에 도사린 화를 알지 못함을 뜻한다.

2.《韓詩外傳》권10

楚莊王將興師伐晉, 告士大夫曰: 「敢諫者死無赦.」孫叔敖曰: 「臣聞: 畏鞭箠之嚴, 而不敢諫其父, 非孝子也; 懼斧鉞之誅, 而不敢諫其君, 非忠臣也.」於是遂進諫曰: 「臣園中有榆, 其上有蟬, 蟬方奮翼悲鳴, 欲飲清露, 不知螳蜋之在後, 曲其頸, 欲攫而食之也. 螳蜋方欲食蟬, 而不知黃雀在後, 舉其頸, 欲啄而食之也. 黃雀方欲食螳蜋,

不知童挾彈丸在下, 迎而欲彈之. 童子方欲彈黃雀, 不知前有深坑, 後有窟也. 此皆言前之利, 而不顧後害者也. 非獨昆蟲衆庶若此也, 人主亦然. 君今知貪彼之土, 而樂其士卒.」國不怠, 而晉國以寧, 孫叔敖之力也.

3.《吳越春秋》夫差內傳 14년

十四年, 夫差旣殺子胥, 連年不熟, 民多怨恨. 吳王復伐齊, 闕爲闌溝於商魯之間. 北屬蘄, 西屬濟, 欲與魯晉合攻於黃池之上. 恐群臣復諫, 乃令國中曰:「寡人伐齊, 有敢諫者, 死.」太子右知子胥忠而不用, 太宰嚭佞而專政, 欲切言之, 恐罹尤也. 乃以諷諫激於王. 淸旦懷丸持彈, 從後園而來, 衣裳履濡, 王怪而問之曰:「子何爲裳衣濡履, 體如斯也?」太子右曰:「適游後園聞秋蟬之聲, 往而觀之. 夫秋蟬登高樹飲淸露, 隨風撝撓, 長吟悲鳴, 自以爲安. 不知螳螂超枝緣條, 曳腰聳踞距, 而稷其形. 夫螳螂翁心而進, 志在有利, 不知黃雀盈綠林, 徘徊枝陰踟跋微進, 欲啄螳螂. 夫黃雀但知伺螳螂之有味, 不知臣挾彈危擲蹭蹬飛丸而集其背. 今臣但虛心志在黃雀, 不知空培其旁閣忽培中陷於深井. 臣故裳體濡履, 幾爲大王取笑.」王曰:「天下之愚, 莫過於捨, 但貪前利, 不覩後患.」

4.《戰國策》楚策(四)

王獨不見夫蜻蛉乎? 六足四翼, 飛翔乎天地之間, 俛啄蚊虻而食之, 仰承甘露而飲之, 自以爲無患, 與人無爭也. 不知夫五尺童子, 方將調鉛膠絲, 加己乎四仞之上, 而下爲螻蟻食也. 蜻蛉其小者也, 黃雀因是以. 俯噣白粒, 仰棲茂樹, 鼓翅奮翼, 自以爲無患, 與人無爭也. 不知夫公子王孫, 左挾彈, 右攝丸, 將加己乎十仞之上, 以其類爲招. 晝游乎茂樹, 夕調乎酸醎, 倏忽之間, 墜於公子之手. 夫雀其小者也, 黃鵠因是以. 游於江海, 淹乎大沼, 俯噣魚卷 鯉, 仰齧菱蘅, 奮其六翮, 而凌淸風, 飄搖乎高翔, 自以爲無患, 與人無爭也. 不知夫射者, 方將脩其碆廬, 治其矰繳, 將加己乎百仞之上. 彼碆磻, 引微繳, 折淸風而抏矣. 故晝游乎江河, 夕調乎鼎鼐. 夫黃鵠其小者也, 蔡聖侯之事因是以. 南游乎高陂, 北陵乎巫山, 飲茹谿流, 食湘波之魚, 左抱幼妾, 右擁嬖女, 與之馳騁乎高蔡之中, 而不以國家爲事. 不知夫子發方受命乎宣王, 繫己以朱絲而見之也.

5.《藝文類聚》(60)

楚莊王將興師伐晉, 告士大夫曰:「敢諫者死無赦.」孫叔敖進諫曰:「臣之國中有楡, 其上有蟬, 蟬方奮翼悲鳴, 欲飮淸露, 不知螳蜋之在後, 螳蜋方欲食蟬; 而又不知黃雀在後, 黃雀方欲食螳蜋, 不知童子挾彈丸在楡下; 童子方欲彈黃雀, 不知前有深坑,

後有掘株也. 皆貪前之利, 不顧後害者也.」超國不征, 而晉國以寧, 孫叔敖之力也.

6.《藝文類聚》(86)

楚莊王將伐晉, 敢諫者死. 孫叔敖進諫王曰:「臣園中有楡, 楡上有蟬, 蟬方奮翼悲鳴,
吟淸露, 不知蟷蜋之在後也.」

7. 기타 참고자료

《新序》雜事(三)·《北堂書鈔》(124)·《太平御覽》(303, 350, 946)·《冊府元龜》(741)

사냥에 말이 없으면

초楚 **장왕**莊王이 양하陽夏를 치면서 군사들이 오랫동안 시달렸지만 그만둘 생각을 하지 않았다. 이에 여러 신하들이 간언하고자 하였으나 감히 나서지 못하고 있었다. 그러다가 장왕이 마침 운몽雲夢에 사냥나갔을 때 초거椒擧가 나서서 이렇게 간언하였다.

"왕께서 많은 짐승을 잡을 수 있는 것은 말이 있기 때문입니다. 그런데 왕의 나라가 망하고 나면 말을 어디서 구하지요?"

이 말에 장왕은 이렇게 말하였다.

"옳다! 나는 강한 나라를 제압하면 제후의 우두머리가 될 수 있다는 것을 알고 있다. 또 땅을 많이 가지면 부자가 될 수 있다는 것도 알고 있다. 그러나 우리 백성들이 옳게 쓰이지 못하고 있다는 것은 잊고 있었구나!"

그리고는 이튿날 대부들을 위해 술자리를 마련해 놓고 그 자리에서 초거를 상객上客으로 삼아 양하의 전쟁을 그치게 하였다.

楚莊王欲伐陽夏, 師久而不罷, 羣臣欲諫而莫敢, 莊王獵於雲夢, 椒擧進諫曰:「王所以多得獸者, 馬也; 而王國亡, 王之馬, 豈可得哉?」

莊王曰:「善, 不穀知詘强國之可以長諸侯也, 知得地之可以
爲富也; 而忘吾民之不用也.」
　明日飮諸大夫酒, 以椒擧爲上客, 罷陽夏之師.

【楚莊王】춘추오패의 하나. 子旅. 재위 23년(B.C.613~591).
【陽夏】地名. 지금의 河南省 太康縣.
【雲夢】지금의 湖北省에 있는 큰 호수.
【椒擧】伍擧를 말함. 伍子胥의 선대이며, 伍參의 아들. 椒는 식읍 이름. '庭中有鳥'
　로 莊王을 깨우친 일화가 있다.
【不穀】임금이 자신을 낮추어 부르는 말. 寡人과 같다.《老子》39章에 "故貴以賤
　爲本, 高以下爲基. 是以侯王自謂孤, 寡, 不穀, 此非以賤爲本邪?"라 하였다.

진시황 어머니의 음행

진시황제秦始皇帝의 어머니 태후太后는 근신함이 없었다. 겨우 낭郎 벼슬밖에 안 되는 노애嫪毐를 사랑하여 그에게 장신후長信侯라는 벼슬까지 주었고, 둘 사이에서는 두 아들까지 태어나게 되었다. 노애는 국사에 전횡을 부리기 시작하였고 점점 교만과 사치에 물들어, 드디어 시중侍中과 임금 좌우의 귀한 신하들과 어울려 도박과 술판까지 벌였다. 그러다가 술이 취하여 언쟁이 붙고 싸움이 나면 눈을 부릅뜨고 이렇게 꾸짖는 것이었다.

秦始皇像(嬴政)

"나는 황제皇帝의 가부假父이다. 하찮은 녀석들이 어찌 감히 나와 맞서려 하느냐!"

이에 그와 다투었던 자들이 황제에게 달려가 사실대로 이야기하자 황제가 크게 노하였다. 이에 노애는 주살誅殺이 두려워 먼저 치고 나서서 난을 일으켰다. 전투는 함양궁咸陽宮에서 벌어졌다. 결국 노애가 패하자 황제는 노애를 잡아다가 사지四肢를 찢는

거열형車裂刑에 처하였고, 어머니 태후와 노애 사이에서 난 자신의
두 동생은 자루에 넣어 쳐 죽여 버렸다. 그리고 어머니인 황태후皇太后는
부양궁賁陽宮으로 옮겨가 있도록 하고는 이렇게 영을 내렸다.

"감히 태후의 일로 나에게 간하는 자가 있으면 모두 죽여 없애리라!
그리고 찔레가시로 그의 척육脊肉을 도려내며, 그 사지四肢를 잘라 대궐
아래 쌓으리라!"

그런데도 간언을 하다가 죽은 이가 27명이나 되었다. 이때 제齊나라
에서 온 모초茅焦라는 자가 황제에게 가서 알현하기를 청하였다.

"제나라에서 온 모초라는 자가 황제께 간언하고자 합니다."

이에 황제는 사자를 시켜 태후의 일로 간언하는 것이 아니라면 허락
하겠노라 하였다. 모초는 그리 하겠노라 하였으나 사자는 이를 알아차
리고 황제에게 가서 이렇게 고하였다.

"과연 태후의 일로 간언하려는 것입니다."

황제는 이렇게 명하였다.

"얼른 가서 고하거라. '너는 대궐 아래에 쌓인 시체들을 보지 못하였
느냐?'라고."

사자가 다시 모초에게 이 말을 전하자 모초가 이렇게 말하였다.

"제가 들으니 하늘에는 이십팔수二十八宿가 있다고 하였소. 지금
죽은 자가 27명이라면서요? 내가 온 것은 모자란 하나의 별자리를
채우기 위한 것입니다. 나는 그 죽은 자들을 보고 두려워할 인물이
아니라오. 어서 쫓아가 전하시오. 나와 같은 동네 사람으로 같이
밥을 먹고 살던 자들이 모두 옷가지를 싸 짊어지고 이 나라를 떠나고
있다고!"

사자가 다시 쫓아 들어가 이 말을 전하자 황제가 크게 노하여 이렇게
소리쳤다.

"이놈은 고의로 내가 정한 금법을 어기려 드는구나. 어서 솥을 걸고
불을 지펴 이놈을 삶아 죽여라. 이런 놈이 어찌 저 대궐 아래에 쌓일
시체 축에나 들겠느냐? 어서 불러들여라!"

그리고 황제는 칼을 매만지면서 입에는 거품이 흘러나올 정도였다. 사자가 모초를 불러들이자, 모초는 천천히 걸으면서 양발을 서로 스치게만 할 뿐이었다. 이를 본 사자가 재촉하자 모초가 사자에게 이렇게 말하였다.

"내가 황제 앞에 가까이 가면 즉시 죽는다. 그대는 어찌 잠깐의 시간조차 줄 수 없다는 말인가?"

사자는 이 말을 듣고 매우 측은한 생각이 들었다. 드디어 모초가 앞으로 나아가 두 번 절하고 나서 말을 시작하였다.

"제가 듣기로 무릇 산 자는 죽음을 두려워하지 말아야 하고, 나라를 가진 자는 망할 것을 두려워해서는 안 된다고 하더이다. 죽음을 두려워하면 삶을 얻을 수 없고, 망할 것을 두려워하면 나라를 이끌 수 없기 때문이지요. 대개 사생존망死生存亡은 훌륭한 임금들이 다투어 들어 보려고 애쓰는 문제인데 폐하께서는 들어 보고자 하는지 또는 그렇지 않은지를 알 수가 없군요!"

황제가 물었다.

"무슨 뜻이냐?"

모초는 다시 이렇게 말하였다.

"폐하께서는 미친 듯 패덕스러운 행동을 저질러 놓고도 스스로 깨닫지 못하고 있습니다."

황제가 말하였다.

"그래, 어떤 것들이냐? 어디 한 번 들어 보자."

모초는 이렇게 설명하였다.

"폐하께서는 가부假父를 거열형에 처하였는데 이를 통해 질투지심嫉妬之心이 있음을 보여 주었고, 두 아우를 자루에 넣어 쳐 죽였으니 어질지 못하다는 이름을 남기게 되었으며, 어머니를 부양궁으로 옮겨 가두었으니 불효한 행동을 드러내어 보인 것입니다. 또 간언하는 선비들을 찔레가시로 고문한 것은 걸桀이나 주紂와 같은 폭군의 기질이 있음을 보여 준 것입니다.

지금 천하가 이런 소문을 듣고 모두 무너져 이 진秦나라로 향할 자가 없어졌습니다. 제가 두려워하기는 진나라가 망하여 폐하가 위험해질까 하는 것입니다. 하고자 하는 말 모두 끝났습니다. 어서 사형에 처해 주십시오!"

이에 옷을 벗고 도끼 앞에 엎드렸다. 그러자 황제가 계단 아래로 내려와 왼손으로는 모초를 잡고 오른손으로는 좌우에게 손짓을 하면서 이렇게 말하였다.

"살려 주어라. 선생은 어서 옷을 입으시오. 지금 시키는 일을 듣고 싶습니다."

그리고는 즉시 모초를 중부仲父로 삼고 상경上卿의 벼슬을 내렸다. 황제는 또 즉시 수레를 준비시켰는데 천승만기千乘萬騎나 되었다. 그리고는 그 수레의 왼쪽 자리를 비워둔 채 스스로 부양궁까지 가서 태후를 영접하여 함양咸陽으로 돌아왔다. 태후는 크게 기뻐하여 큰 주연酒宴을 베풀고 모초를 대접하였다. 술이 오르자 태후가 이렇게 고마움을 말하였다.

"굽은 것에 항거하여 곧게 만들었으며, 실패를 고쳐 성공으로 이끌었고, 진나라의 사직을 편안히 하였구려! 게다가 나로 하여금 모자母子가 다시 상봉할 수 있도록 해 준 것도 모두 모초 당신의 힘이오!"

秦始皇帝太后不謹, 幸郎嫪毐, 封以爲長信侯, 爲生兩子, 毐專國事, 浸益驕奢, 與侍中左右貴臣俱博飲, 酒醉爭言而鬪, 瞋目大叱曰:「吾乃皇帝之假父也, 窶人子何敢乃與我亢!」

所與鬪者走行白皇帝, 皇帝大怒, 毐懼誅, 因作亂, 戰咸陽宮. 毐敗, 始皇乃取毐四肢車裂之, 取其兩弟囊撲殺之, 取皇太后遷之于萯陽宮, 下令曰:「敢以太后事諫者, 戮而殺之! 從蒺藜其脊肉, 幹四肢而積之闕下.」

諫而死者二十七人矣. 齊客茅焦乃往上謁曰:「齊客茅焦願上諫皇帝.」

皇帝使使者出問客, 得無以太后事諫也, 茅焦曰:「然.」

使者還白曰:「果以太后事諫.」

皇帝曰:「走往告之『若不見闕下積死人邪?』」

使者問茅焦, 茅焦曰:「臣聞之: 天有二十八宿, 今死者已有二十七人矣, 臣所以來者, 欲滿其數耳, 臣非畏死人也. 走入白之, 茅焦邑子, 同食者, 盡負其衣物行亡.」

使者入白之, 皇帝大怒曰:「是子故來犯吾禁, 趣炊鑊湯煮之, 是安得積闕下乎! 趣召之入!」

皇帝按劍而坐, 口正沫出, 使者召之入, 茅焦不肯疾行, 足趣相過耳, 使者趣之, 茅焦曰:「臣至前則死矣, 君獨不能忍吾須臾乎?」

使者極哀之, 茅焦至前, 再拜謁起, 稱曰:「臣聞之, 夫有生者, 不諱死, 有國者, 不諱亡; 諱死者, 不可以得生, 諱亡者, 不可以得存. 死生存亡, 聖主所欲急聞也, 不審陛下欲聞之不?」

皇帝曰:「何謂也?」

茅焦對曰:「陛下有狂悖之行, 陛下不自知邪!」

皇帝曰:「何等也? 願聞之.」

茅焦對曰:「陛下車裂假父, 有嫉妬之心; 囊撲兩弟, 有不慈之名; 遷母萯陽宮, 有不孝之行; 從蒺藜於諫士, 有桀紂之治. 今天下聞之, 盡瓦解無嚮秦者, 臣竊恐秦亡爲陛下危之, 所言已畢, 乞行就質.」

乃解衣伏質.

皇帝下殿, 左手接之, 右手麾左右曰:「赦之, 先生就衣, 今願受事.」

乃立焦爲仲父, 爵之上卿; 皇帝立駕, 千乘萬騎, 空左方自行
迎太后萯陽宮, 歸於咸陽; 太后大喜, 乃大置酒待茅焦.

及飮, 太后曰:「抗枉令直, 使敗更成, 安秦之社稷; 使妾母子
復得相會者, 盡茅君之力也.」

【秦始皇帝】秦나라 임금으로 戰國을 統一한 人物. 呂不韋와 太后 사이의 핏줄로
이름은 嬴政.《史記》呂不韋列傳 및《戰國策》秦策,《史記》秦始皇本紀
참조. 한편 그를 최초의 황제, 즉 始皇帝로 칭하게 된 것은 三皇五帝의 덕을
갖추었고, 왕이 죽은 후의 諡號法을 없애기 위한다는 명분이었다.《史記》
秦始皇本紀에 "……秦初幷天下, ……采上古帝位號, 號曰皇帝, ……制曰, 朕聞
太古有號毋諡, 中古有號, 死而以行爲諡, 如此, 則子議父. 臣議君也, 甚無謂, 朕不
取焉, 自今己來, 除諡法, 朕爲始皇帝, 後世以計數, 二世三世至于萬世, 傳之無窮"
이라 하였다.
【太后】秦始皇의 어머니. 원래 秦나라 왕자 子楚(뒤에 莊襄王이 됨)가 趙나라
邯鄲에 인질로 와 있을 때, 呂不韋가 자신의 姿 중에 이미 자신의 아이를 가진
여인을 子楚에게 주었다. 이 여인이 子楚에게 가서 낳은 아이가 秦 始皇이며,
여인은 子楚가 왕이 되자 王后가 되었고, 다시 莊襄王이 죽고 秦 始皇이 즉위하자
太后가 되었다. 太后는 왕의 어머니에게 주어지는 칭호. 자세한 내용은《戰國策》
秦策,《史記》秦始皇本紀 및 呂不韋列傳 등 참조.
【嫪毐】呂不韋는 莊襄王이 죽자 太后와 계속 사통하다가 秦 始皇이 커감에
발각이 두려워 이 嫪毐를 太后에게 추천하였다.《史記》呂不韋傳에 "始皇帝益壯,
太后淫不止, 呂不韋恐覺禍及己, 乃私求大陰人嫪毐以爲舍人. 時縱倡樂, 使毐以
其陰關桐輪而行, 令太后聞之, 以啗太后, 太后聞, 果欲私得之, 呂不韋乃進嫪毐,
詐令人以腐罪告之, 不韋又陰謂太后曰可事詐腐, 則得給事中. 太后乃陰厚賜主腐
者吏, 詐論之. 拔其鬚眉爲宦者, 遂得侍太后. 太后私與通, 絶愛之……"라 하였다.
그 뒤 둘 사이에서 두 아이까지 낳게 되었다. 본래 이름은 '로애'. 그러나《史記》
正義에는 "嫪, 躬虯反. 毐, 酷改反"으로 음을 적어 '규해'로 읽었다.

【毒專國事】《史記》秦始皇本紀에는 "嫪毒封爲長信侯, 予之山陽地, 令毒居之, 宮室車馬衣服苑囿馳獵恣毒, 事無小大皆決於毒"라 하였다.

【咸陽宮】咸陽은 秦나라의 서울, 수도의 正宮.《史記》秦始皇本紀에 "王知之, 令相國昌平君, 昌文君發卒攻毒, 戰咸陽, 斬首數百, ……毒等敗走, 卽令國中, 有生得毒"라 하였다.

【車裂刑】수레로 사지를 찢어 죽이는 極刑.

【蘄陽宮】雍 땅에 있는 秦나라의 別宮.

【茅焦】齊나라 출신의 책사.《史記》秦始皇本紀에 "齊人茅焦說秦王曰秦方以天下爲事, 而大王有遷母太后之名, 恐諸侯聞之, 由此倍秦也"라 하였고, 呂不韋傳에는 "齊人茅焦說秦王"이라 하였다.

【二十八宿】별자리 스물 여덟.

【歸於咸陽】《史記》秦始皇本紀에 "秦王乃迎太后於雍而入咸陽, 復居甘泉宮"이라 하였다.

참고 및 관련 자료

1.《史記》呂不韋傳

始皇帝益壯, 太后淫不止. 呂不韋恐覺禍及己, 乃私求大陰人嫪毒以爲舍人, 時縱倡樂, 使毒以其陰關桐輪而行, 令太后聞之, 以啗太后. 太后聞, 果欲私得之. 呂不韋乃進嫪毒, 詐令人以腐罪告之. 不韋又陰謂太后曰:「可事詐腐, 則得給事中.」太后乃陰厚賜主腐者吏, 詐論之, 拔其鬚眉爲宦者, 遂得侍太后. 太后私與通, 絶愛之. 有身, 太后恐人知之, 詐卜當避時, 徙宮居雍. 嫪毒常從, 賞賜甚厚, 事皆決於嫪毒. 嫪毒家僮數千人, 諸客求宦爲嫪毒舍人千餘人.

2.《史記》呂不韋傳

始皇九年, 有告嫪毒實非宦者, 常與太后私亂, 生子二人, 皆匿之. 與太后謀曰「王卽薨, 以子爲後」. 於是秦王下吏治, 具得情實, 事連相國呂不韋. 九月, 夷嫪毒三族, 殺太后所生兩子, 而遂遷太后於雍. 諸嫪毒舍人皆沒其家而遷之蜀. 王欲誅相國, 爲其奉先王功大, 及賓客辯士爲游說者衆, 王不忍致法.

280(9-9) 楚莊王築層臺
충신을 죽여 얻은 결과

초楚 **장왕**莊王이 충대層臺를 짓는 데 드는 돌이 1천 겹이나 되고 그 차지하는 땅이 1백 리나 되자, 선비들이 그 비용이 초나라 석 달 분의 식량과 맞먹는다 하여 반대하고 나섰다. 이렇게 간언한 대신이 72명이나 되었는데 모두 죽음을 당하고 말았다.

이때 제어기諸御己라는 사람이 있었는데 초나라 국경으로부터 1백 리 밖에서 농사를 짓다가 이 소식을 듣고 함께 농사짓던 친구에게 이렇게 말하였다.

"내 장차 왕을 만나 보리라!"

이에 그 친구가 말렸다.

"자네 같은 신분으로? 내 듣자하니 임금을 달래겠다고 나선 자들은 모두가 한가한 사람들이었다. 그런데도 그들은 그 지경에 이르러 죽고 말았다. 지금 그대는 풀 속에 파묻혀 사는 농사꾼일 뿐이잖은가!"

이 말에 제어기가 대답하였다.

"만약 그대와 더불어 농사짓는 일이라면 이는 힘을 비교해서 누가 나은가를 따지겠지. 그러나 임금을 설득하는 일이라면 그대의 지혜로는 비교할 수가 없지!"

그리고는 농사짓는 일을 그에게 맡기고는 장왕을 만나러 나섰다. 장왕이 이를 보고 물었다.

"제어기라는 자가 왔다고? 너도 장차 간언을 하려느냐?"

제어기는 이렇게 설명하였다.

"임금에게는 의로운 임용과 법에 맞는 행동이 있어야 합니다. 또 제가 듣건대 땅이 물을 담으면 그 물이 평평해지고, 나무가 먹줄을 만나면 곧게 켜질 수 있으며, 임금이 간언을 만나면 성군聖君이 될 수 있다고 하였습니다.

임금께서는 층대를 짓는 데 드는 돌이 1천 겹이나 되고, 그 땅이 1백 리나 된다면서요. 백성들은 이 고통으로 그 피가 개울을 이룰 정도인데도 감히 간언을 하지 못하고 있습니다. 그런데 제가 어찌 감히 간언을 할 수 있겠습니까? 그러나 저의 어리석음을 한 번 돌아봐 주십시오. 제가 알기로는 옛날 우虞나라는 궁지기宮之奇의 말을 듣지 않았다가 진晉나라에게 망하였고, 진陳나라는 자가기子家羈의 말을 채용하지 않았다가 초나라에게 먹혔으며, 조曹나라는 희부기僖負羈의 의견을 무시하여 송宋나라가 이를 차지해 버렸으며, 내萊나라는 자맹子猛의 의견을 듣지 않아 제齊나라가 이를 병탄해 버렸습니다. 또 오吳나라는 오자서伍子胥의 의견을 무시하였다가 월越에게 합병당하였고, 진秦은 건숙蹇叔의 말을 듣지 않았다가 위험에 빠지기도 하였지요. 그런가 하면 걸桀이 관룡방關龍逄을 죽이자 탕湯이 이를 차지하였고, 주紂가 왕자 비간比干을 죽이자 무왕武王이 이를 얻게 되었으며, 선왕宣王이 두백杜伯을 죽이자 주실周室이 비약卑弱해졌습니다.

이 세 천자天子와 여섯 제후는 모두가 어진 이를 높여 주거나 훌륭한 말을 하는 선비를 쓰는 등의 일을 하지 못한 이들입니다. 그 때문에 자신도 죽고 나라도 망친 것입니다."

이렇게까지 말해 놓고 제어기는 뛰쳐나갔다. 장왕이 급히 뒤따라가며 이렇게 말하였다.

"그대는 돌아오시오. 내 장차 그대의 간언을 들어 주겠소. 이제껏 과인에게 설득을 편 자들은 그 말들이 나의 마음을 움직이기에 부족하였었소. 게다가 나에게 위험만을 가중시켰을 뿐이었소. 그 때문에 모두 죽음에 이른 것이라오. 그러나 지금 그대의 말은 나의 마음을 감동

시켰을 뿐만 아니라 나를 위험으로 몰아넣지도 않았소. 그래서 내 장차 그대의 간언을 들으려는 것이오."

이튿날 초왕은 이런 명령을 내렸다.

"능히 들어라. 나에게 간언하는 자가 있으면 내 장차 그를 형제로 삼으리라."

그리고는 드디어 층대 건축을 그치고 백성을 풀어 주었다. 이에 초나라 사람들은 이런 노래를 불렀다.

"나무하고 있나, 풀을 베고 있나? 제어기가 없으니, 이제까지 이 초나라에는 그럴 만한 인물 하나 없었나? 나무하고 있나, 풀을 베고 있나? 제어기가 없으니, 이제껏 이 초나라에는 사람도 없었단 말인가?"

楚莊王築層臺, 延石千重, 延壤百里, 士有反三月之糧者, 大臣諫者, 七十二人皆死矣.

有諸御己者, 違楚百里而耕, 謂其耦曰: 「吾將入見於王.」

其耦曰: 「以身乎? 吾聞之, 說人主者, 皆閒暇之人也, 然且至而死矣; 今子特草茅之人耳.」

諸御己曰: 「若與子同耕, 則比力也, 至於說人主, 不與子比智矣.」

委其耕而入見莊王.

莊王謂之曰: 「諸御己來, 汝將諫邪?」

諸御己曰: 「君有義之用, 有法之行. 且己聞之, 土負水者平, 木負繩者正, 君受諫者聖; 君築層臺, 延石千重, 延壤百里; 民之釁咎血成於通塗, 然且未敢諫也, 己何敢諫乎? 顧臣愚竊聞, 昔者, 虞不用宮之奇而晉幷之, 陳不用子家羈而楚幷之, 曹不用僖負羈而宋幷之, 萊不用子猛而齊幷之, 吳不用子胥而越幷之, 秦人不用蹇叔之言而秦國危, 桀殺關龍逢而湯得之, 紂殺王子比干

而武王得之, 宣王殺杜伯而周室卑; 此三天子, 六諸侯, 皆不能尊賢用辯士之言, 故身死而國亡.」

遂趨而出, 楚王遽而追之曰:「子反矣, 吾將用子之諫; 先日說寡人者, 其說也不足以動寡人之心, 又危加諸寡人, 故皆至而死; 今子之說, 足以動寡人之心, 又不危加諸寡人, 故吾將用子之諫.」

明日令曰:「有能入諫者, 吾將與爲兄弟.」

遂解層臺而罷民.

楚人歌之曰:「薪乎萊乎? 無諸御己, 訖無子乎? 萊乎薪乎? 無諸御己, 訖無人乎!」

【楚莊王】재위 23년(B.C.613~591).

【諸御己】諸御는 複姓, 己는 이름.

【耦】짝지어 밭을 가는 사람을 말한다. 盧元駿은 '아내'로 보았으나 이는 잘못인 듯하다. 《論語》 微子篇에 "長沮桀溺耦而耕, 孔子過之, 使子路問津焉"의 朱子 注에 "耦, 竝耕也"라 하였다.

【木負繩者正】《荀子》 勸學篇에 "木受繩則直, 金就礪則利"라 하였다.

【宮之奇】춘추시대 虞나라 大夫. 晉나라 荀息이 虢을 치겠다고 虞나라에 길을 빌려 달라 하였을 때, 이의 부당함을 諫하다가 虞公이 諫言을 받아들이지 않자, 망할 것을 예견하고 虞나라를 떠났다. 뒤에 晉은 과연 虞나라와 虢나라를 함께 멸망시켰다.

【子家羈】魯나라 莊公의 玄孫인 懿伯. 莊公의 아들인 公子遂가 東門襄仲으로 불리어 東門氏가 되었고, 遂의 아들인 公孫歸父의 字가 子家였다. 羈는 바로 歸父의 손자로서 따로 子家의 姓으로 불린다.

【曹】나라 이름. 지금의 山東省 曹縣.

【僖負羈】曹나라의 大夫.

【宋】殷의 유일한 후예로 지금의 河南省 商丘縣에 있던 나라.

【萊】지금의 山東省 경내에 있던 小國.

【子猛】萊나라의 신하.《荀子》에는 ‘子馬’로 되어 있다.

【伍子胥】초나라 출신으로 吳나라에서 활동하였던 人物.《史記》伍子胥列傳 참조. 본《說苑》正諫篇 291(9-20) 참조.

【蹇叔】秦나라의 大夫.

【關龍逄】夏末의 신하. 桀王의 無道를 충간하였다가 죽음을 당하였다.

【比干】殷末의 왕자. 紂王을 諫言하였다가 죽음을 당하였다.

【周宣王】周나라의 王. 姬靜. 재위46년(B.C.827~782).

【杜伯】周 宣王의 신하로 충간을 하다가 죽었다. 宣王 다음 幽王의 폭정이 시작되었다.

참고 및 관련 자료

1.《荀子》堯問篇

昔虞不用宮之奇而晉幷之, 萊不用子馬而齊幷之, 紂刳王子比干而武王得之, 不親賢用知, 故身死國亡也.

281(9-10) 齊桓公謂鮑叔
임금의 행적을 읊어 보시오

제齊 **환공**桓公이 포숙鮑叔에게 물었다.

"나는 큰 종을 하나 주조鑄造하여 내 이름을 드날리고 싶소. 나의 이런 행동이 설마 요堯·순舜을 꺼릴 만하지는 않겠지요?"

그러자 포숙이 물었다.

"임금의 행적이 무엇인지 감히 묻겠습니다."

이에 환공은 신이 나서 이렇게 말하였다.

"이전에 나는 담潭 땅을 3년이나 포위한 끝에 이를 얻었지만, 나의 소유로 하지 않았으니 이는 인仁에 해당하오. 또 북쪽으로 고죽국孤竹國을 치고 영지令支를 정복시키고 돌아왔으니, 이는 무武에 해당하지요.

그런가 하면 나는 규구葵丘에서 제후를 모아 회맹을 하여 천하의 병력을 내게 엎드리게 하였으니 이는 문文에 해당하며, 제후로서 미옥美玉을 가지고 내게 조견朝見하러 찾아온 나라가 아홉이었지만, 내 이를 받지 않았으니 이는 바로 의義에 해당한다고 볼 수 있습니다. 그러니 문무인의文武仁義는 과인이 모두 가지고 있는 셈, 어찌 과인의 행적이 요순에 미치지 못하리오?"

그러자 포숙이 이렇게 설명하였다.

"임금께서 사실대로 말씀하시니 저도 곧이곧대로 대답해 드리지요. 지난날 공자 규糾는 윗자리에 오르고자 하였을 때 이를 양보하지 않았으니 이는 인仁이 아닙니다. 또 태공太公의 말을 저버리고 노魯나라 땅을 침범하였으니 이는 의義가 아닙니다. 그런가 하면 회의석상에서 칼 하나에 굴복하셨으니 이는 무武라 볼 수 없습니다. 여자들 틈바구니에서 그 품을 떠나지 못하니 이는 문文이 아닙니다. 무릇 만물에 옳지 못한 일을 저지르고도 스스로 알지 못하는 이는, 비록 하늘의 재앙이 없다 하더라도 사람이 해치려 들 것입니다. 하늘은 지극히 높은 곳에 있으나, 그 듣는 것은 지극히 낮은 곳까지 이릅니다. 그러니 임금이 하신 잘못된 말을 제거하시면 그 말도 하늘은 들으실 것입니다."

그제야 환공은 이렇게 말하였다.

"내게 그런 허물이 있었구려! 다행스럽게도 기억시켜 주시니 이는 바로 이 나라 사직의 복입니다. 선생께서 가르쳐 주지 않으셨다면 하마터면 큰 죄를 지어 사직을 욕되게 할 뻔하였소!"

齊桓公謂鮑叔曰:「寡人欲鑄大鐘, 昭寡人之名焉, 寡人之行, 豈避堯舜哉?」

鮑叔曰:「敢問君之行?」

桓公曰:「昔者, 吾圍譚三年, 得而不自與者, 仁也; 吾北伐孤竹, 剗令支而反者, 武也; 吾爲葵丘之會, 以偃天下之兵者, 文也; 諸侯抱美玉而朝者九國, 寡人不受者, 義也. 然則文武仁義, 寡人盡有之矣, 寡人之行, 豈避堯舜哉!」

鮑叔曰:「君直言, 臣直對. 昔者, 公子糾在上位而不讓, 非仁也; 背太公之言而侵魯境, 非義也; 壇場之上, 詘於一劍, 非武也; 姪娣不離懷袵, 非文也. 凡爲不善遍於物不自之者, 無天禍必有人害, 天處甚高, 其聽甚下; 除君過言, 天且聞之.」

桓公曰:「寡人有過乎! 幸記之, 是社稷之福也, 子不幸教, 幾有大罪以辱社稷.」

【齊桓公】춘추오패의 하나. 재위 43년(B.C.685~643).

【鮑叔】鮑叔牙. 管仲의 친구이며 桓公의 어린 시절(小白)의 스승.

【譚】나라 이름. 齊桓公에 의해 멸망당하였다. 郯이 아닌가 한다.《史記》齊太公世家에 "桓公二年, 伐滅郯, 郯子奔莒, 初桓公亡時, 過郯, 無禮, 故伐之"라 하였다.

【孤竹國】나라 이름. 周나라 초기 伯夷·叔齊가 났던 나라.

【令支】나라 이름. 지금의 河北 지역에 있었다.

【葵丘】桓公이 諸侯들을 모아 회맹하였던 곳.《史記》齊大公世家에 "桓公三十五年夏, 會諸侯于葵丘"라 하였다.

【公子糾】桓公(小白)의 형. 齊 襄公의 失政으로 公孫無知가 들어서자 管仲과 召忽을 데리고 魯나라로 망명하였다가 뒤에 동생 小白보다 앞서 왕이 되려다 실패하였다.《史記》齊太公世家 참조.

【齊魯】齊는 太公의 봉지이며, 魯나라는 周公 旦의 봉지로 이웃해 있으므로 서로 돕고 침범하지 말 것을 칭한 것.

【詘於一劍】桓公이 魯나라를 쳐서 승리를 거두고 柯 땅에서 會盟할 때, 魯나라 장군 曹沫이 비수를 들고 단상으로 뛰어올라 桓公을 협박, 땅을 되돌려 줄 것을 요구하였다. 桓公은 어쩔 수 없이 허락하였으나 뒤에 분함을 품고 약속을 어기려 하였다. 管仲이 이를 간언하여 약속을 지켜 諸侯들의 신망을 입었다.《史記》齊太公世家 참조.

【姪娣不離懷袵】桓公이 많은 여자들 틈에 있었음을 힐난한 것.

【寡人有過乎! 幸記之】《說苑疏證》에는 '乎'를 '子'로 고치고, 이의 표점도 "寡人有過, 子幸記之"라 하였다.(子原作乎, 從朱駿聲校記改)

282(9-11) 楚昭王欲之荊臺游
내 땅에 내가 놀겠다는데

초楚 소왕昭王이 형대荊臺로 놀러 가려 하자 사마자기司馬子綦가 나서서 만류하였다.

"형대의 유람지는 왼쪽에는 동정호洞庭湖의 파도가 있고, 오른쪽에는 팽려호彭蠡湖의 물이 있으며, 남쪽으로는 엽산獵山이, 아래로는 방회方淮에 임해 있습니다. 그곳의 즐거움은 사람으로 하여금 늙음과 죽음을 잊게 할 정도입니다. 임금으로서 그곳에 놀이갔던 분들은 모두가 나라를 망치고 말았습니다. 원컨대 대왕께서는 가지 않으셨으면 합니다."

그러자 소왕이 화를 내었다.

"형대는 내 땅이다. 내 땅에 가서 내가 놀겠다는데 그대는 무엇 때문에 나의 놀이에 찬물을 끼얹느냐?"

그러고는 그를 쳐 버렸다. 이때에 영윤令尹인 자서子西가 네 필의 말이 끄는 좋은 수레를 몰고 급히 궁전으로 달려와 이렇게 말하였다.

"오늘 형대의 놀이에 저도 참가하지 않을 수 없지요!"

이 말에 왕은 수레에 올라 그의 등을 두드리며 이렇게 칭찬하였다.

"아무렴! 오늘 형대의 놀이에 그대와 함께 그 즐거움을 나누어야지!"

이렇게 하여 10리쯤 오자, 자서는 고삐를 당겨 수레를 멈추고는 이렇게 말하였다.

"저는 더 이상 감히 수레를 몰 수가 없습니다. 어떤 도道를 하나 얻고 싶은데 대왕께서 들어 주실 수 있을는지요?"

왕이 허락하였다.

"차례대로 말해 보시오!"

이에 자서는 이렇게 말을 이었다.

"제가 들으니 신하가 된 자로서 그 임금에게 충성을 다한 자에게는 작록爵祿만으로는 그 상이 충분치 않으며, 또 신하로서 그 임금에게 아첨하는 자에게는 형벌만으로는 그 값이 모자란다고 하였습니다. 지금 보면 사마자기 같은 인물은 임금에게 충성을 다한 자요, 저 같은 인물은 임금에게 아첨하는 신하입니다. 원컨대 대왕께서는 저의 몸에 사형을 내리시고, 저의 집에는 형벌을 내려 주십시오. 그리고 사마자기에게는 작록을 내려 주시기 바랍니다."

왕이 물었다.

"만약 내가 능히 여기서 그쳐 그대의 말을 듣는다고 합시다. 그러나 이는 오직 나 혼자만의 놀이를 그만두는 것뿐이오. 나의 후대에 나처럼 놀이에 올 자가 끝없이 있을 텐데 그것은 어쩌지요?"

이 말에 자서는 자신 있게 대답하였다.

"후세의 이런 일을 금지시키는 것은 아주 쉽습니다. 산릉山陵이 무너지고 났을 때, 원컨대 대왕께서는 형대에 능을 쌓으십시오. 조상의 무덤 곁에 온갖 악기를 가지고 와서 즐기는 자는 이제껏 없었으니까요!"

이에 왕은 수레를 돌려 마침내 형대의 놀이를 포기하고, 미리 그곳에 설치하였던 준비물을 모두 치우도록 하였다.

공자孔子가 노魯나라로부터 이 소식을 듣고 이렇게 평하였다.

"훌륭하도다! 영윤 자서여! 10리도 채 가기 전에 이를 말렸으나, 그 권능은 1백 세 후까지 남도록 하였도다!"

楚昭王欲之荊臺游, 司馬子綦進諫曰:「荊臺之游, 左洞庭之波, 右彭蠡之水; 南望獵山, 下臨方淮. 其樂使人遺老而忘死, 人君游者, 盡以亡其國, 願大王勿往游焉.」

王曰:「荊臺乃吾地也, 有地而游之, 子何爲絶我游乎?」
怒而擊之.

於是令尹子西, 駕安車四馬, 徑於殿下曰:「今日荊臺之游, 不可不觀也.」

王登車而拊其背曰:「荊臺之游, 與子共樂之矣.」

步馬十里, 引轡而止曰:「臣不敢下車, 願得有道, 大王肯聽之乎?」

王曰:「第言之.」

令尹子西曰:「臣聞之: 爲人臣而忠其君者, 爵祿不足以賞也; 爲人臣而諫其君者, 刑罰不足以誅也. 若司馬子綦者, 忠臣也, 若臣者, 諫臣也; 願大王殺臣之軀, 罰臣之家, 而祿司馬子綦.」

王曰:「若我能止, 聽公子, 獨能禁我游耳, 後世游之, 無有極時, 奈何?」

令尹子西曰:「欲禁後世易耳, 願大王山陵崩阤, 爲陵於荊臺, 未嘗有持鐘鼓管絃之樂, 而游於父之墓上者也.」

於是王還車, 卒不游荊臺, 令罷先置.

孔子從魯聞之曰:「美哉! 令尹子西, 諫之於十里之前, 而權之於百世之後者也.」

【楚昭王】춘추시대 楚나라 군주. 재위 27년(B.C.515~489).
【荊臺】누각 이름. 《戰國策》에는 強臺로 되어 있다. 지금의 湖北省 監利縣 북쪽에 있다 한다.
【司馬子綦】楚 昭王의 신하.
【洞庭湖】지금의 洞庭湖와 같다.
【彭蠡湖】楚나라 경내의 큰 호수.
【獵山】山名. 《淮南子》墜形訓 注에 "獵山在北地西北夷中"이라 하였다.

【方淮】 물 이름.

【令尹】 楚나라의 독특한 제도로 다른 나라의 相國에 해당한다.

【子西】 楚昭王의 令尹. 相國.

【山陵崩阤】 왕의 죽음을 높이 표현한 것.

참고 및 관련 자료

1. 《戰國策》 魏策(二)

楚王登强臺而望崩山, 左江而右湖, 以臨彷徨, 其樂忘死, 遂盟强臺而弗登, 曰:「後世必有以高臺陂池亡其國者.」

2. 《淮南子》 道應訓

令尹子佩請飮莊王, 莊王許諾, 子佩疏揖, 北面立於殿下, 曰:「昔者君王許之, 今不果往, 意者臣有罪乎?」莊王曰:「吾聞子具於强臺, 强臺者南望料山, 以臨方皇, 左江而右淮, 其樂忘死. 若吾薄德之人, 不可以當此樂也, 恐留而不能反.」

3. 《孔子家語》 辨政篇

楚王將游荊臺, 司馬子祺諫, 王怒之. 令尹子西駕於殿下, 諫曰:「令荊臺之觀, 不可失也.」王喜拊子西之背曰:「與子共樂之矣.」子西步馬十里, 引轡而止, 曰:「臣願言有道, 王肯聽乎?」王曰:「子其言之」子西曰:「臣聞爲人臣而忠其君者, 爵祿不足以賞也; 諫其君者, 刑罰不足以誅也. 夫子祺者忠臣也, 而臣者諫臣也, 願王賞忠而誅諫焉.」王曰:「我今聽司馬之諫, 是獨能禁我耳, 若後世游之何也?」子西曰:「禁後世易耳. 大王萬世之後, 起山陵於荊臺之上, 則子孫必不忍游於父祖之墓以爲歡樂也.」王曰:「善.」乃還. 孔子聞之, 曰:「至哉! 子西之諫也, 人之於千里之上, 抑之於百世之後者也.」

283(9-12) 荊文王得如黃之狗
사냥개와 미녀

형荊, 楚 **문왕**文王이 여황如黃이라는 유명한 사냥개와 균로菌簬라는 훌륭한 화살을 얻어 운몽雲夢에 사냥가서는 그만 석 달이 되도록 돌아올 줄을 몰랐다. 게다가 다시 주지희舟之姬라는 여자까지 생기자 그만 사랑에 빠져 1년이 넘도록 조회를 하지 않는 것이었다. 그러자 보신保申이라는 늙은 신하가 나섰다.

"선왕께서 점을 쳐 신으로 하여금 대왕을 보호하도록 하는 것이 길하다는 점괘를 얻으셨습니다. 지금 왕께서 여황이라는 사냥개, 균로라는 화살을 얻어 운몽에 사냥을 가서는 석 달이 넘도록 돌아오지 않더니, 주지희라는 여자가 생기자 그 음일에 빠져 1년이 넘도록 조회를 열지 않으니, 왕의 죄는 바로 태형에 해당합니다."

그리고는 겨우 포복匍伏하여 왕에게 태형을 가하려 하였다. 이에 왕이 이런 부탁을 하였다.

"나는 겨우 강보襁褓를 면한 나이에 이미 제후에 오른 인물입니다. 원컨대 다른 방법으로 하시고 태형만은 피해 주십시오!"

그러나 보신은 이렇게 말하였다.

"저는 선왕으로부터 받은 명을 감히 폐기할 수 없습니다. 왕이 만약 태형을 거부하시면 이는 선왕의 명을 거역하는 것입니다. 신은 차라리 대왕께 죄를 짓는 한이 있더라도 선왕을 배반할 수는 없습니다."

왕은 할 수 없이 허락하고 말았다. 이에 보신은 왕에게 자리를 준비시켰다. 왕은 엎드리는 수밖에 없었다. 보신은 가는 대나무 화살 50개를 묶어 꿇어앉아 왕의 등 위에 그것을 얹어 놓았다. 이렇게 두 번을 반복한 다음 왕에게 일어서도록 하였다. 왕은 이렇게 말하였다.

"어쨌거나 태형을 받았다는 명분은 같습니다."

결국 이렇게 태형의 형식은 끝나게 되었다. 이에 보신은 이렇게 말하였다.

"신이 듣건대 군자에게는 부끄러움을 알게 하고, 소인에게는 아픔을 알게 해 주어야 한다고 하였습니다. 그러나 부끄러운 줄 알면서 고치지 못하고, 아픈 것만 알고 바로잡지 못한다면 무슨 이익이 있겠습니까?"

그리고는 급히 뛰쳐나가 스스로 유형流刑을 자원하며 임금에게 죄를 고하였다. 그러자 왕은 이렇게 말렸다.

"이는 모두가 저의 과실입니다. 당신에게 무슨 죄가 있겠습니까?"

왕은 이에 보신의 말을 따라 행동을 고치고, 여황이란 사냥개를 죽여 버리고 균로라는 화살을 꺾어 버렸다. 그리고 주지희도 멀리 보낸 다음 형나라 다스리기에만 힘썼다.

이리하여 겸병한 나라가 삼십. 형나라의 국토를 이렇게 넓히도록 한 것은 바로 보신이 감히 극언極言으로 간언한 공이었다. 소하蕭何와 왕릉王陵이 이 이야기를 듣고 이렇게 평하였다.

"어진 임금으로서 능히 선세先世의 업을 받들어 공과 이름을 이룬 자는 오직 형나라 문왕뿐이다. 그래서 천하가 지금까지도 그를 높이 받들고 있으며, 어진 임금, 충성스러운 신하, 효성스러운 아들이 되고자 하는 이들이 그를 표준으로 삼는 것이다."

荊文王得如黃之狗, 菌簬之矰, 以畋於雲夢, 三月不反; 得舟之姬, 淫朞年不聽朝.

保申諫曰:「先王卜以臣爲保吉, 今王得如黃之狗, 菌簬之矰, 畋於雲澤, 三月不反; 及得舟之姬, 淫朞年不聽朝, 王之罪當笞.」

匍伏將笞王, 王曰:「不穀免於襁褓, 託於諸侯矣, 願請變更而無笞.」

保申曰:「臣承先王之命, 不敢廢, 王不受笞, 是廢先王之命也; 臣寧得罪於王, 無負於先王.」

王曰:「敬諾.」

乃席王, 王伏, 保申束細箭五十, 跪而加之王背, 如此者再, 謂王起矣.

王曰:「有笞之名一也.」

遂致之.

保申曰:「臣聞之, 君子恥之, 小人痛之; 恥之不變, 痛之何益?」

保申趨出, 欲自流, 乃請罪於王, 王曰:「此不穀之過, 保將何罪?」

王乃變行從保申, 殺如黃之狗, 折菌簵之矰, 逐舟之姬, 務治乎荊; 兼國三十, 令荊國廣大至於此者, 保申敢極言之功也.

蕭何·王陵聞之曰:「聖主能奉先世之業, 而以成功名者, 其惟荊文王乎! 故天下譽之至今, 明主忠臣孝子以爲法.」

【荊文王】 즉 楚文王. 춘추시대 楚나라 군주. 재위 13년(B.C.689~677).

【如黃】 楚나라의 유명한 사냥개.《呂氏春秋》에는 茹黃.

【菌簵】 美竹으로 만든 좋은 화살. 실을 매어 새를 사로잡음.

【雲夢】 地名. 호수 이름.

【舟之姬】 이름이라기보다는 舟 땅의 여자.《呂氏春秋》에는 '丹之姬'로 되어 있다.

【保申】 文王의 아버지 武王(재위 B.C.740~690) 때부터의 신하였던 老臣.《呂氏春秋》에는 申으로 되어 있다.

【不穀】 왕이 스스로를 낮추어 부르는 말.《老子》39章에 "故貴以賤爲本, 高以下爲基, 是以侯王自謂孤, 寡, 不穀"이라 하였다.

【蕭何】沛 땅 사람으로 漢 高祖 劉邦을 도와 천하를 평정한 인물. 뒤에 丞相이
되었으며, 侯의 봉을 받았다.《史記》蕭相國世家 참조.
【王陵】漢나라 沛 땅 사람으로 安國侯에 봉해졌으며 丞相을 지냈다.

참고 및 관련 자료

1.《呂氏春秋》直諫篇

荊文王得茹黃之狗・宛路之矰, 以畋於雲夢, 三月不反, 得丹之姬, 淫, 期年不聽朝.
葆申曰:「先王卜以臣爲葆, 吉. 今王得茹黃之狗・宛路之矰, 畋三月不反; 得丹之姬,
淫, 期年不聽朝. 王之罪當笞.」王曰:「不穀免衣繈褓而齒於諸侯, 願請變更而無笞.」
葆申曰:「臣承先王之令, 不敢廢也, 王不受笞, 是廢先王之令也. 臣寧抵罪於王, 毋抵
罪於先王.」王曰:「敬諾.」引席, 王伏. 葆申束細荊五十, 跪而加之於背, 如此者再,
謂王起矣, 王曰:「有笞之名, 一也.」遂致之. 申曰:「臣聞君子恥之, 小人痛之, 恥之
不變, 痛之何益?」葆申趣出, 自流於淵, 請死罪. 文王曰:「此不穀之過也, 葆申何罪.」
王代變更, 召葆申, 殺茹黃之狗, 析宛路之矰, 放丹之姬. 後荊國兼三十九, 令荊國廣
大至此者, 葆申之力也. 極言之功也.

284(9-13) 晉平公使叔嚮聘於吳
누대가 중요한가 백성이 중요한가

진晉 평공平公이 숙향叔嚮을 오吳나라에 외교 답례 사절로 보냈다. 오나라에서는 배를 수리하여 깨끗이 닦은 다음 숙향을 맞이하면서, 그 오른쪽 왼쪽에 각각 5백 명이나 되는 사람들을 도열시켜 환영하였다. 그들의 옷차림은 어떤 이는 비단옷에 표범 외투, 또 어떤 이는 비단옷에 여우털로 짠 외투를 입는 등 화려하고 사치스럽기가 지극하였다.

숙향이 돌아와 평공에게 이런 사실을 보고하자 평공은 이렇게 말하였다.

"오나라는 곧 망하리라! 배가 중요한 것인가, 백성이 중요한 것인가?"

그러자 숙향이 평공에게 이렇게 말하였다.

"임금께서는 지금 치저馳底의 누대樓臺를 짓느라 정신이 없으시지요? 그렇게 하시면 위로는 어찌 천병千兵을 징발할 수 있고, 아래로는 종고鐘鼓를 진설陳設할 수가 있겠습니까? 제후들이 임금께서 이렇게 하고 계시는 것을 보면 똑같이 '누대가 중요한가, 백성이 중요한가?'라 묻겠지요. 이는 모두가 각각 무엇을 중히 여기느냐의 차이일 뿐입니다."

평공이 누대짓는 일을 그치게 하였다.

晉平公使叔嚮聘於吳, 吳人拭舟以逆之, 左五百人, 右五百人; 有繡衣而豹裘者, 有錦衣而狐裘者, 叔向歸以告平公.

平公曰:「吳其亡乎! 奚以敬舟? 奚以敬民?」

叔向對曰:「君爲馳底之臺, 上可以發千兵? 下可以陳鐘鼓?

諸侯聞君者, 亦曰『奚以敬臺, 奚以敬民?』所敬各異也.」

於是平公乃罷臺.

【晉平公】춘추시대 晉나라 군주. 재위 26년(B.C.557~532).

【叔嚮】羊舌肸, 晉나라 대부. 羊舌職의 아들이며, 羊舌赤의 아우. 叔肸·叔譽
등으로도 불린다.《左傳》襄公 14年 참조. 기록마다 '叔嚮', '叔向' 등의 표기를
섞어 쓰고 있다.

【逆】迎의 뜻. 맞이하다.

【馳底之臺】晉平公이 화려하게 짓고 있던 누대·누각.

285(9-14) 趙簡子擧兵而攻齊
뽕밭의 여자

조간자趙簡子가 군대를 일으켜 제齊나라를 공격하면서 군중에 누구든지 감히 간언하는 자가 있으면 그 죄는 사형에 해당하리라고 명령을 내렸다. 그런데 갑옷을 입은 병사 중에 공로公盧라는 자가 있었는데 멀리 간자를 보고 크게 웃었다. 간자가 이상히 여겨 물었다.

"그대는 왜 웃는가?"

그는 이렇게 변명을 늘어놓았다.

"저는 원래 잘 웃는 버릇이 있습니다."

그러나 간자가 윽박질렀다.

"그 이유를 밝히면 용서하려니와 밝히지 않으면 죽이리라."

이에 그는 이렇게 대답하였다.

"뽕을 따던 때였습니다. 저의 이웃 집 어떤 사나이가 그 아내와 함께 밭에 나갔다가, 뽕밭에 여자가 있는 것을 보고 아내 몰래 그 여자를 쫓아갔지요. 그런데 결국 그 여자를 놓치고 돌아왔습니다. 그 아내가 이를 알고 크게 노하여 그만 떠나가 버렸습니다. 저는 그 사나이가 너무나 멍청한 자라고 여겨 웃은 것입니다."

이 말에 간자는 수긍하였다.

"지금 내가 남을 치다가 나라를 잃는다면, 그것이 곧 그 멍청한 사나이와 같겠구나!"

그리고는 군대를 돌려 귀환해 버렸다.

趙簡子擧兵而攻齊, 令軍中有敢諫者罪至死, 被甲之士, 名曰公盧, 望見簡子大笑.

簡子曰:「子何笑?」

對曰:「臣有夙笑.」

簡子曰:「有以解之則可, 無以解之則死.」

對曰:「當桑之時, 臣隣家夫與妻俱之田, 見桑中女, 因往追之, 不能得, 還反, 其妻怒而去之, 臣笑其曠也.」

簡子曰:「今吾伐國失國, 是吾曠也.」

於是罷師而歸.

【趙簡子】춘추시대 趙武의 손자이며, 趙成子의 아들인 趙鞅. 晉六卿의 하나.

【公盧】趙簡子가 거느린 사병 중의 한 인물 이름.

【曠】어리석고 멍청함을 말한다. 흔히 그러한 남자를 '曠夫'라 한다.

참고 및 관련 자료

1. 본 《說苑》 權謀篇 429(13-48)에도 같은 내용이 실려 있다.

晉文公伐衛, 入郭, 坐士令食, 曰:「今日, 必得大垣.」 公子慮俛而笑之. 文公曰:「奚笑?」 對曰:「臣之妻歸, 臣送之, 反見桑者而助之. 顧臣之妻, 則亦有送之者矣.」 文公懼, 還師而歸, 至國, 而貉人攻其地.

2. 《列子》 說符篇

晉文公出會, 欲罰衛, 公子鋤仰天而笑. 公問:「何笑?」 曰:「臣笑鄰之人有送其妻適私家者, 道見桑婦, 悅而與言. 然顧視其妻, 亦有招之者矣. 臣竊笑此也.」 公寤其言, 乃止. 引師而還, 未至, 而有伐其北鄙者矣.

3. 《藝文類聚》(24)

晉文公出會, 欲伐衛, 公子鉏仰而笑之. 公問何故笑, 對曰:「笑臣之鄰人也. 臣之鄰人,

有送其妻適私家者, 道見桑婦, 悅而與之言, 顧視其妻, 亦有招之者. 臣竊歎之也.」
公乃止.

4.《藝文類聚》(88)

晉文公會欲伐衛, 公子鉏仰而笑, 公問何笑. 曰:「臣之鄰人, 有送其妻適私家者,
道見桑婦, 悅而與言. 然顧視其妻, 亦有招之者矣. 臣竊笑此.」公悟其言, 乃止.
引師還, 未至而有伐其北鄙者.

5.《太平御覽》(305), (955)에도 실려 있다.

286(9-15) 景公爲臺
욕심이 끝이 없는 임금

경공景公이 누대樓臺를 지어 완성하고 나자 이번에는 종鐘을 주조하겠다고 하였다. 안자晏子가 나서서 말렸다.

"임금께서는 누대를 만들 욕심을 이겨내지 못하더니 이번에는 종까지 만드시겠다구요? 이렇게 되면 백성으로부터 무거운 세금을 거두어야 하고, 백성은 이 때문에 고통을 당해야 합니다. 무릇 세금으로 백성을 괴롭히면서 이를 윗사람의 즐거움을 채우는 데 쓴다는 것은 상서롭지 못한 일입니다."

경공은 이 말에 계획을 중단하고 말았다.

景公爲臺, 臺成, 又欲爲鐘.
晏子諫曰:「君不勝欲爲臺, 今復欲爲鐘, 是重斂於民, 民之哀矣;
夫斂民之哀, 而以爲樂, 不祥.」
景公乃止.

【景公】춘추시대 齊나라 군주. 재위 58년(B.C.547~490).
【晏子】晏嬰, 晏平仲.

1.《晏子春秋》 内篇 諫下

景公爲臺, 臺成, 又欲爲鐘. 晏子諫曰:「君國者, 不樂民之哀. 君不勝欲, 旣築臺矣,
今復爲鐘, 是重斂於民, 民必哀矣. 夫斂民之哀, 而以爲樂, 不祥, 非所以君國者.」
公乃止.

287(9-16) 景公有馬
임금의 말을 죽게 한 신하

경공景公에게 아끼던 말이 있었다. 그런데 이를 관리하던 직책을 맡은 자가 잘못하여 그 말이 죽고 말았다. 경공이 화가 나서 창을 들고 직접 나서서 그를 찌르려 하였다. 이에 안자晏子가 나서서 이렇게 말하였다.

"이렇게 되면 그자는 무슨 죄를 지었는지도 모른 채 죽음을 당하게 됩니다. 제가 청컨대 임금님을 위해 그에게 책임을 물어 그로 하여금 그 죄를 알게 한 연후에 죽이도록 하십시오."

경공이 허락하였다.

"좋소."

안자는 창을 들고 그에게 다가가 이렇게 말하였다.

"너는 우리 임금을 위해 말을 기르면서 그 말을 죽게 하였으니, 그 죄는 죽음에 해당한다. 그리고 나아가 우리 임금으로 하여금 말 때문에 사람을 죽이게 하였으니, 그 죄 또한 죽음에 해당한다. 또 게다가 너는 우리 임금으로 하여금 말 때문에 사람을 죽인 일로 사방의 제후들에게 알려지게 하였으니, 너의 죄 또한 죽음에 해당한다."

이 말이 떨어지자 경공이 황급히 나섰다.

"선생! 풀어 주시오! 선생! 어서 풀어 주시오. 나의 인仁에 손상이 가지 않도록 해 주시오!"

景公有馬, 其圉人殺之, 公怒, 援戈將自擊之.

晏子曰:「此不知其罪而死, 臣請爲君數之, 令知其罪而殺之.」

公曰:「諾.」

晏子擧戈而臨之曰:「汝爲吾君養馬而殺之, 而罪當死; 汝使吾君以馬之故殺圉人, 而罪又當死; 汝使吾君以馬故殺人, 聞於四鄰諸侯, 汝罪又當死.」

公曰:「夫子釋之! 夫子釋之! 勿傷吾仁也.」

【景公】 齊나라 군주.

【圉人】 말을 관리하는 사람을 말한다.

【晏子】 景公의 신하. 재상.

【數】 '책임을 묻다, 조목조목 따지다'의 뜻.

【聞於四鄰諸侯】 사람보다 말을 더 중히 여긴다는 것을 다른 제후들에게 알림.

참고 및 관련 자료

1. 《晏子春秋》 內篇 諫上

景公使圉人養所愛馬, 暴死, 公怒, 令人操刀解養馬者. 是時晏子侍前, 左右執刀而進, 晏子止而問於公曰:「堯·舜支解人, 從何軀始?」公矍然曰:「從寡人始.」遂不支解. 公曰:「以屬獄.」晏子曰:「此不知其罪而死, 臣爲君數之, 使知其罪, 然後致之獄.」公曰:「可.」晏子數之曰:「爾罪有三, 公使汝養馬而殺之, 當死罪一也; 又殺公之所最善馬, 當死罪二也; 使公以一馬之故而殺人, 百姓聞之必怨吾君, 諸侯聞之必輕吾國, 汝殺公馬, 使怨積於百姓, 兵弱於鄰國, 汝當死罪三也. 今以屬獄.」公喟然嘆曰:「夫子釋之! 夫子釋之! 勿傷吾仁也.」

2. 《韓詩外傳》 卷8

齊有得罪於景公者, 景公大怒, 縛置之殿下, 召左右肢解之, 敢諫者誅. 晏子左手持頭, 右手磨刀, 仰而問曰:「古者, 明王聖主, 其肢解人, 不審從何肢解始也?」景公離席曰:「縱之. 罪在寡人.」詩曰:『好是正直.』

3. 《藝文類聚》(24)

齊景公之時, 民有得罪者. 公怒縛置殿下, 召左右, 支解之. 晏子左手持頭, 右手磨刀而問曰:「古明王聖主, 支解人從何支始?」景公離席曰:「縱之! 罪在寡人.」

4. 기타 참고자료

《類說》(38)·《太平御覽》(641)·《通鑑外紀》(8)

288(9-17) 景公好弋
사람보다 새를 더 중히 여긴다고

경공景公은 새 잡는 것을 좋아하였다. 잡은 새를 촉추燭雛로 하여금 맡아 기르게 하였는데 그만 잘못하여 죽이고 말았다. 경공이 노하여 촉추를 죽이려 하자 안자晏子가 이렇게 말하였다.

"촉추는 죄를 지었습니다. 청컨대 우선 그의 죄를 책망한 다음에 죽이지요."

이 제의에 경공은 허락하였다.

"좋소."

이에 안자는 촉추를 경공 앞에 불러다 놓고 이렇게 책망하였다.

"너는 우리 임금을 위해 새를 기르는 일을 맡아하면서 그 새를 죽게 하였으니 이것이 첫 번째 죄이다. 또 우리 임금으로 하여금 새를 이유로 해서 사람을 죽이게 하였으니 이것이 두 번째의 죄이다. 다음, 제후들로 하여금 우리 임금이 새는 중히 여기고 선비는 가벼이 여긴다는 것을 알도록 하였으니 이것이 세 번째의 죄이다. 자, 촉추의 죄를 책망하는 일이 끝났으니 사형을 집행하시지요!"

이에 경공이 황급히 나섰다.

"그치시오! 죽이지 말고 풀어 주시오!"

景公好弋, 使燭雛主鳥而亡之, 景公怒而欲殺之.
晏子曰:「燭雛有罪, 請數之以其罪, 乃殺之.」

景公曰:「可.」

於是乃召燭雛數之景公前曰:「汝爲吾君主鳥而亡之, 是一罪也; 使吾君以鳥之故殺人, 是二罪也; 使諸侯聞之以吾君重鳥而輕士, 是三罪也. 數燭雛罪已畢, 請殺之.」

景公曰:「止, 勿殺而謝之.」

【弋】 실을 맨 화살로 새를 사로잡는 사냥법이다.
【燭雛】 人名. 본편 273(9-2)의 顔燭趨와 同一人이 아닌가 한다.
【亡之】 '죽이다'로 해석하였으나, '놓치다'의 뜻으로 볼 수 있다.
【謝之】 '풀어 주다' 혹은 '사죄하다·고맙게 여기다'의 뜻.

참고 및 관련 자료

1. 내용과 주제는 앞장(287)과 아주 같다.

2. 《晏子春秋》外篇 第七

景公好弋, 使燭鄒主鳥而亡之, 公怒, 詔吏殺之, 晏子曰:「燭鄒有罪三, 請數之以其罪而殺之.」公曰:「可.」於是召而數之公前, 曰:「燭鄒! 汝爲吾君主鳥而亡之, 是罪一也; 使吾君以鳥之故殺人, 是罪二也; 使諸侯聞之, 以吾君重鳥以輕士, 是罪三也.」數燭鄒罪已畢, 請殺之. 公曰:「勿殺! 寡人聞命矣.」

3. 《韓詩外傳》 卷9

齊景公出弋昭華之池, 使顔斶聚主鳥而亡之, 景公怒而欲殺之. 晏子曰:「夫斶聚有死罪四, 請數而誅之.」景公曰:「諾.」晏子曰:「斶聚! 汝爲吾君主鳥而亡之, 是罪一也; 使吾君以鳥之故而殺人, 是罪二也; 使四國諸侯聞之, 以吾君重鳥而輕士, 是罪三也; 天下聞之, 必將貶絀吾君, 危其社稷, 絶其宗廟, 是罪四也. 此四罪者, 故當殺無赦, 臣請加誅焉.」景公曰:「止, 此亦吾過矣, 願夫子爲寡人敬謝焉.」詩曰:『邦之司直.』

4. 《藝文類聚》(9)

齊景公出弋昭華之池也.

5. 기타 참고자료

《白帖》(2)·《太平御覽》(832)·《通鑑外紀》(8)

289(9-18) 景公正晝被髮乘六馬
너는 나의 임금이 아니다

경공景公이 대낮에 머리를 풀어 늘어뜨리고 육마六馬를 탄 채 부인을 거느리고 정규正閨를 나서고 있었다. 이때 다리가 잘린 형벌을 받은 죄인이 꿇어앉아 있다가 그의 말을 치면서 분을 표시하였다.

"너는 나의 임금이 아니다!"

이 말에 경공은 부끄러워 조회도 열지 못하였다.

안자晏子가 예오裔敖라는 사람을 만나자 물어 보았다.

"임금은 무슨 일로 조회를 열지 않는답니까?"

이에 예오가 이렇게 일러 주었다.

"지난번 대낮에 머리를 풀어 늘어뜨리고 여섯 마리 말이 끄는 수레를 타고 부인을 거느린 채 정규에서 나오고 있는 것을, 어떤 다리 잘린 형벌을 받아 풀려난 죄수가 말을 치면서 이렇게 비난하였다 하오. '너는 나의 임금이 아니다'라고요. 임금이 이를 부끄럽게 여기고 돌아와서 감히 외출도 못한다 합니다. 그래서 조회를 열지 못하는 것이라오!"

이 말에 안자가 입조하였다. 경공이 안자를 보자 먼저 털어 놓았다.

"지난 번 내가 죄를 지었소. 피발被髮하고 육마를 몰고 정규에서 나오고 있을 때, 어떤 다리 잘린 자가 그 말을 치면서 반의를 품고 내게 '너는 나의 임금이 아니다'라 하더군요. 나는 천자天子의 대부로서 사명賜命을 받아 백성을 거느리고 종묘를 지키는 자요. 그런데 지금 다리 잘린 자로부터 사직에 욕을 당하였으니, 내가 이 제나라를 다른 제후들에게 어떻게 보이게 하였겠소?"

이에 안자가 이렇게 안심시켰다

"임금께서는 잘못이 없습니다. 제가 듣건대 아래로 직언을 해 주는 자가 없고 위로 임금을 감싸 주는 자가 없으면, 백성들은 말하기를 꺼리고 임금은 교만해진다고 하였습니다. 옛날에 어진 임금이 윗자리에 있으면 그 아래에는 직언을 하는 사람들이 있었고, 임금이 위에 있으면서 선善을 좋아하면 백성들은 거리낌 없이 말을 하였습니다. 지금 임금께서 잘못된 행동을 하였을 때 다리 잘린 자가 직언을 하였다면, 이는 곧 임금의 복입니다. 그래서 제가 와서 축하드리는 것이니, 청컨대 그에게 상을 내려 임금께서 선을 좋아하고 있다는 것을 널리 밝히시기 바랍니다. 또 그를 예우해 줌으로써 임금께서 능히 간언을 받아들이고 있다는 것을 밝혀 보이는 것입니다"

그제야 경공이 웃으면서 안심하였다.

"그래도 되겠습니까?"

안자가 말하였다.

"되고말고요!"

이에 그 다리 잘려 꿇어앉은 채 다니는 자에게 두 배의 재물을 주고 세금을 받지 않도록 명을 내리자 즉시 조정이 무사해졌다.

景公正晝, 被髮, 乘六馬, 御婦人出正閨, 刖跪擊其馬而反之, 曰:「爾非吾君也.」

公慙而不朝, 晏子睹裔敖而問之曰:「君何故不朝?」

對曰:「昔者, 君正晝, 被髮, 乘六馬, 御婦人出正閨, 刖跪擊其馬而反之曰:『爾非吾君也.』公慙而反, 不果出, 是以不朝.」

晏子入見, 公曰:「昔者, 寡人有罪, 被髮, 乘六馬, 以出正閨, 刖跪擊其馬而反之, 曰『爾非吾君也.』寡人以天子大夫之賜, 得率百姓, 以守宗廟, 今見戮於刖跪, 以辱社稷, 吾猶可以齊於

諸侯乎?」

　晏子對曰:「君無惡焉. 臣聞之: 下無直辭, 上無隱君; 民多諱言, 君有驕行. 古者, 明君在上, 下有直辭; 君上好善, 民無諱言. 今君有失行, 而刖跪有直辭, 是君之福也, 故臣來慶, 請賞之, 以明君之好善; 禮之, 以明君之受諫!」

　公笑曰:「可乎?」

　晏子曰:「可.」

　於是令刖跪倍資無正, 時朝無事.

【景公】齊景公. 안자가 모시고 있던 임금.

【正閨】왕의 正寢所.

【刖跪】다리, 혹은 뒤 발꿈치를 잘려 꿇어앉은 채 움직이는 사람을 말한다.

【裔敖】人名.《晏子春秋》에는 '裔款'으로 되어 있다.

【寡人以天子大夫之賜】《說苑疏證》에는 "寡人以子大夫之賜"로 되어 있으며, "子上原衍天字, 從尾張氏纂注, 文廷式枝語刪"이라 하였다.

【上有隱君】《說苑疏證》에는 "上有隱惡"으로 되어 있으며, "惡原作君, 從朱駿聲校記改"라 하였다.

【倍資無正, 時朝無事】'바르지 못하면 두 배로 고쳐 주고, 일이 없어도 때때로 찾아오도록 하라'는 뜻으로도 풀이한다.

　참고 및 관련 자료

1.《晏子春秋》內篇 雜上

景公正晝, 被髮, 乘六馬, 御婦人以出正閨, 刖跪擊其馬而反之, 曰:「爾非吾君也.」公慚而不朝. 晏子睹裔款而問曰:「君何故不朝?」對曰:「昔者君正晝, 被髮, 乘六馬, 御婦人以出正閨, 刖跪擊其馬而反之, 曰:『爾非吾君也.』公慚而反, 不果出, 是以不朝.」晏子入見. 景公曰:「昔者寡人有罪, 被髮, 乘六馬, 以出正閨, 刖跪擊馬而反之,

曰:『爾非吾君也.』寡人以子大夫之賜, 特率百姓以守宗廟, 今見戮於刖跪, 以辱社稷,
吾猶可以齊於諸侯乎?」晏子對曰:「君勿惡焉! 臣聞下無直辭, 上有隱惡; 民多諱言,
君有驕行. 古者明君在上, 下多直辭; 君上好善, 民無諱言. 今君有失行, 刖跪直辭禁之,
是君之福也. 故臣來慶. 請賞之, 以明君之好善; 禮之, 以明君之受諫.」公笑曰:
「可乎?」晏子曰:「可.」於是令刖跪倍資無征, 時朝無事也.

290(9-19) 景公飲酒
밤 술 자리에 흥이 난 경공

경공景公이 술을 마시다가 안자晏子의 집으로 옮겨 계속해서 술을 더 마시고자 그리고 갔다. 심부름꾼이 먼저 안자의 집에 이르러 알렸다.

"임금께서 오십니다."

안자가 현단玄端을 걸친 채 문 앞에서 임금에게 이렇게 말하였다.

"다른 제후들 나라에 아무 일 없습니까? 이 나라에도 아무 일 없습니까? 임금께서는 무슨 일로 때도 아닌 때에 이렇게 밤에 욕된 일을 하십니까?"

경공이 말하였다.

"술맛과 음악 소리에 그대 생각이 나서 왔소. 선생과 함께 즐기고 싶어서 찾아왔소!"

그러자 안자가 거부하였다.

"무릇 좋은 자리를 깔아 놓고 훌륭한 그릇에 시중드는 사람이 옆에 있다 해도 저는 감히 참여하고 싶지 않습니다."

이에 경공은 말머리를 돌렸다.

사마양저司馬穰苴의 집으로 가자."

역시 앞서 간 심부름꾼이 알렸다.

"임금께서 납십니다."

사마양저는 갑옷과 투구를 쓴 채 창을 들고 문 앞에 서서 이렇게 물었다.

"제후들 사이에 아무런 전쟁 소식이 없겠지요? 대신들 중에 무슨 반란을 일으킨 자가 없겠지요? 임금께서는 무슨 일로 때도 아닌데 밤에 이렇듯 욕된 일을 하십니까?"

경공은 역시 똑같은 말을 하였다.

"술과 음악이 너무 좋아 그대와 함께 즐기러 왔소!"

사마양저 역시 똑같이 거부하였다.

"좋은 자리에 좋은 그릇에 사람까지 있다 해도 신은 감히 동참하지 못하겠습니다."

경공은 할 수 없이 다시 말머리를 돌려야 하였다.

"양구거梁丘據의 집으로 옮기자!"

역시 심부름꾼이 먼저 달려가 알렸다.

"임금께서 납십니다."

이에 양구거는 왼손으로는 거문고를 잡고 오른손으로는 우竽라는 악기를 켜면서 노래를 부르며 나오는 것이었다. 이를 본 경공이 신이 나서 이렇게 말하였다.

"즐겁도다! 오늘 저녁 나의 술맛이여! 앞서의 두 사람이 없었다면 나라는 어떻게 다스릴 수 있었으며, 또한 이런 신하가 없었다면 내 몸이 무엇을 낙으로 삼을 수 있으리오?"

어질고 훌륭한 임금에게는 모두가 도움이 되는 친구만 있을 뿐, 즐거움에만 빠지게 하는 신하는 없었다. 경공은 그런 어진 임금에 미치지 못하였다. 그래서 그나마 두 가지는 다 겸용할 수 있는 정도는 되었기에 겨우 망하지는 않았던 것이다.

景公飮酒, 移於晏子家, 前驅報閭曰:「君至」.

晏子被玄端, 立於門曰:「諸侯得微有故乎? 國家得微有故乎? 君何爲非時而夜辱?」

公曰:「酒醴之味, 金石之聲, 願與夫子樂之.」

晏子對曰:「夫布薦席, 陳簠簋者有人, 臣不敢與焉.」

公曰:「移於司馬穰苴之家.」

前驅報閭曰:「君至」.

司馬穰苴介胄操戟, 立於門曰:「諸侯得微有兵乎? 大臣得有叛者乎? 君何爲非時而夜尋?」

公曰:「酒醴之味, 金石之聲, 願與夫子樂之.」

對曰:「夫布薦席, 陳簠簋者有人, 臣不敢與焉.」

公曰:「移於梁丘據之家.」

前驅報閭曰:「君至」.

梁丘據左操瑟, 右挈竽; 行歌而至, 公曰:「樂哉! 今夕吾飮酒也, 微彼二子者, 何以治吾國! 微此一臣者, 何以樂吾身!」

賢聖之君, 皆有益友, 無偸樂之臣.

景公弗能及, 故兩用之, 僅得不亡.

【玄端】齋戒할 때 입는 옷. 스스로 근신하고 단정히 하고 있었음을 암시한다.

【司馬穰苴】춘추시대 齊나라 장군. 본성은 田氏. 大司馬를 지냈으므로 司馬穰苴라 칭한 것.

【梁丘據】子猶. 齊나라 총신.《左傳》昭公 12年 참조.

참고 및 관련 자료

1.《晏子春秋》內篇 雜上

景公飮酒, 夜移于晏子, 前驅款門曰:「君至!」晏子被玄端, 立於門曰:「諸侯得微有故乎? 國家得微有事乎? 君何爲非時而夜辱?」公曰:「酒醴之味, 金石之聲, 願與夫子樂之.」晏子對曰:「夫布薦席, 陳簠簋者, 有人, 臣不敢與焉.」公曰:「移於司馬穰苴之家.」前驅款門曰:「君至!」穰苴介胄操戟立於門曰:「諸侯得微有兵乎? 大臣得

微有叛者乎? 君何爲非時而夜尋?」公曰:「酒醴之味, 金石之聲, 願與將軍樂之.」
穰苴對曰:「夫布薦席, 陳簠簋者, 有人, 臣不敢與焉.」公曰:「移於梁丘據之家.」
前驅款門曰:「君至!」梁丘據左操瑟, 右挈竽, 行歌而出. 公曰:「樂哉! 今夕吾飮也.
微此二子者, 何以治吾國; 微此一臣者, 何以樂吾身.」君子曰:「聖賢之君, 皆有益友,
無偸樂之臣, 景公弗能及, 故兩用之, 僅得不亡.」

291(9-20) 吳以伍子胥孫武之謀
너의 아버지를 죽인 원한을 잊었느냐

오吳나라는 오자서伍子胥와 손무孫武의 계책을 써서 서로는 강한 초楚나라를 쳐부수었고, 북으로는 제齊나라·진晉나라를 위협하였으며, 남으로는 월越나라를 굴복시켰다. 그러나 월왕越王 구천勾踐이 나타나 오나라를 고소姑蘇에서 패배시켰다. 그리고 그 때에 오나라 합려闔廬의 엄지발가락을 다치게 하고서야 군대를 철수시켰다. 패배한 합려는 아들 태자 부차夫差에게 이렇게 말하였다.

"너는 구천이 너의 아버지 죽인 것을 잊겠느냐?"

부차가 말하였다.

"감히 잊지 못할 것입니다."

이날 밤에 합려는 죽었다. 부차는 왕위에 오르자 백비伯嚭를 태재太宰로 삼고, 훈련을 거듭하여 3년 만에 월을 쳐 부추夫湫에서 크게 승리를 거두었다. 이에 월왕 구천은 겨우 잔병 5천 명만을 이끌고 회계산會稽山으로 쫓겨갈 수밖에 없었다. 쫓겨간 월왕은 대부 문종文種을 시켜 많은 재물을 오나라 태재인 백비에게 주고 화해를 청하면서, 온 나라를 다 맡겨 자신은 신하가 되고 왕비는 첩이 되겠노라고 굴복해 왔다. 오왕이 이를 허락하려 하자 오자서가 나서서 간언을 하였다.

"월왕은 그 사람됨이 어떤 굴욕도 이겨낼 자입니다. 지금 아주 그를 없애지 않으면 뒷날 틀림없이 후회하게 될 것입니다."

그러나 오왕은 이를 듣지 않았다. 도리어 태재 백비의 계책을 따라 월나라와 화평을 이루고 말았다.

그로부터 5년 뒤, 부차는 제나라의 경공景公이 죽고 대신들이 권력 다툼을 벌이고 있으며, 새로 들어선 임금이 나약하다는 말을 듣고 군대를 일으켜 제나라를 치겠다고 나섰다. 오자서가 또다시 나서서 말렸다.

"안 됩니다. 월왕 구천은 음식도 간소하게 먹으며 조문과 병문안에 열심입니다. 이는 장차 그 백성을 잘 사용하겠다는 의도입니다. 이 자가 죽지 않는 한 오나라의 근심도 사라지지 않습니다. 지금 월나라는 바로 뱃속의 병과 같고, 제나라는 겨우 피부병 정도에 불과합니다. 그런데도 왕께서는 뱃속의 병인 월을 먼저 치지 않고, 피부병에 불과한 제나라 치기에 열심이시니 이 어찌 오류가 아니겠습니까?"

이번에도 오왕 부차는 오자서의 말을 듣지 않았다. 그리고 제나라를 쳐서 과연 애릉艾陵에서 제나라 군대를 크게 쳐부수고, 드디어 추鄒·노魯의 임금을 불러 회맹을 한 후 개선하였다. 당연히 오자서의 말은 갈수록 오왕의 귀로부터 멀어져만 갔다.

그로부터 다시 4년이 흐른 후, 오나라는 다시금 북쪽으로 제나라를 치게 되었다. 이때에 월왕 구천은 자공子貢의 계책에 따라 월나라 군대를 이끌고 오나라를 도우면서 많은 보물을 다시 태재 백비에게 바쳤다. 태재 백비는 이미 자주 월나라의 뇌물을 받은 터라 월나라를 아끼고 신용함이 매우 두터웠다. 그래서 낮이나 밤이나 월나라를 위해 오왕 부차를 달랬고, 오왕 역시 백비를 믿어 주었다. 참다못한 오자서는 다시 나설 수밖에 없었다.

吳王夫差

"무릇 월나라는 뱃속의 병입니다. 지금 떠도는 말, 거짓과 사기의 달콤한 말에 속아 제나라를 탐내고 있으니, 이는 비유컨대 돌밭을 갖겠다는 것과 같습니다. 아무런 쓸모가 없습니다. 반경盤庚에 '옛사람 중에 아주 못된 자가 있었다'라 하였는데, 이는 바로 상商나라가 흥하게 된 원인입니다. 원컨대 왕께서는 제나라 공격을 그치고, 대신 월나라 없애는 것을 먼저 서두르십시오. 그렇지 않으면 장차 후회해도 소용이 없습니다."

오왕 부차는 이 말도 듣지 않고, 오히려 오자서에게 제나라에 사신으로 갈 것을 명하였다. 이에 오자서는 자신의 아들을 불러 놓고 이렇게 말하였다.

"내가 임금에게 간하였건만, 임금은 전혀 나의 의견을 들으려 하지 않는다. 나는 지금 이 오나라가 곧 망할 것임을 알고 있다. 너와 오나라가 함께 망하는 것은 아무 의미가 없다."

이에 그 아들을 함께 제나라로 데려가서 포씨鮑氏에게 맡기고는 돌아와 오왕에게 사신으로 다녀온 일을 보고하였다. 한편 태재 백비는 이미 여러 가지 일로 오자서와 틈이 벌어져 있었다. 그래서 백비는 이 기회를 틈타 오왕에게 이런 참언을 하였다.

"오자서의 사람됨은 강포하고 은혜를 베풀 줄 모르는 자입니다. 그가 원망이나 적의를 품는 것은 바로 화가 될 수 있습니다. 지난날 왕께서 제나라를 치고자 하였을 때 오자서는 실패하기를 은근히 바랐으나, 왕께서 마침내 쳐서 큰 성공을 거두자 오자서는 자신의 계책이 쓰이지 않은 것에 대해 심히 한을 품고 도리어 임금을 원망하고 있습니다. 그러던 차에 왕께서 지금 다시 제나라를 치려 하자, 오자서는 강팍強愎하게 이를 간하여 이 일을 그르치려 하고 있습니다. 그래서 오히려 우리 오나라가 패하여 자신의 계책이 옳았으면 하는 요행을 바라고 있습니다. 특히 왕께서 스스로 나서서 나라 안의 모든 무력을 모아 제나라를 치려 하는 이때에, 오자서는 자신의 간언이 받아들여지지 않자 거짓으로 병을 핑계대고 나오지도 않고 있습니다. 왕께서는 방비하지 않으시면 안 됩니다. 이런 화禍는 일어나기가 아주 쉽습니다.

또 제가 사람을 시켜 살펴보게 하였더니, 그는 제나라에 사신으로 갔을 때 자신의 아들을 포씨에게 맡겼다 합니다. 무릇 남의 신하된 자가 안에서 그 뜻을 얻지 못하였다고 해서 밖으로 다른 제후와 교왕하고, 또 선왕 때부터의 모신謀臣인데도 지금 자신의 의견이 받아들여지지 않는다고 해서 늘 앙심을 품고 있는 신하라면 왕께서 가능한 빨리 처치할수록 좋을 줄 압니다.”

이 말에 오왕 부차도 동의를 표하였다.

“그대의 말이 아니었더라도 나 역시 의심해 온 터요!”

이에 사람을 시켜 오자서에게 촉루屬鏤의 검을 내리면서 이렇게 전하게 하였다.

“그대는 이 칼로 자결하시오!”

칼을 받은 오자서는 이렇게 한탄하였다.

“아! 참신讒臣인 태재 백비가 난을 일으킨 셈인데 왕은 도리어 나를 죽이려 드는구나. 나는 너 부차의 아버지를 패자로 만들어 주었고, 네가 태자에 오를 때에도 여러 공자들이 서로 태자 자리를 다투는 것을 내가 죽음으로 선왕인 합려에게 너를 추천해 주었다. 너는 그때 하마터면 태자의 자리에 오르지 못할 뻔 하지 않았던가? 그리고 너는 드디어 태자에 오르자, 오나라를 나누어 내게 주겠다고까지 하였었지. 나는 물론 감히 받을 수 없다고 거절하였지만. 그러던 네가 어찌 간신배의 말만 듣고 오나라를 이토록 키워 준 나를 죽인단 말인가?”

그리고는 다시 자기 집 하인을 불러 이렇게 당부하였다.

“내 묘 곁에 자梓나무를 심어 다오. 그 나무가 자라면 오왕의 관을 만들리라. 그리고 내 눈동자를 도려내어 오나라의 동쪽 문에 달아다오. 월나라 군사가 밀려들어 이 오나라를 멸망시키는 것을 보겠노라!”

그리고는 스스로를 찔러 죽었다. 오왕 부차는 이 말을 듣고 크게 노하여, 오자서의 시체를 거두어 치이鴟夷의 가죽 자루에 넣어 강물에 띄워 버렸다. 오나라 사람들이 이를 불쌍히 여겨 강가에 사당을 짓고서 그 이름을 서산胥山이라 하였다.

越王句踐臥薪嘗膽圖

　그로부터 다시 10년, 월나라가 오나라를 습격하였다. 오왕 부차는 여전히 맞아 싸웠으나 이기지 못하자, 대부를 시켜 월나라에게 강화講和를 하자고 제의토록 하였지만 이번에는 월나라가 허락하지 않았다. 오왕은 죽음에 이르자 이렇게 후회하였다.

　"내가 오자서의 말을 듣지 않아 이 지경에 이르렀구나! 죽은 자가 아무것도 모른다면 그뿐이려니와 죽은 자도 아는 것이 있다면 내 무슨 면목으로 오자서를 볼 수 있겠는가?"

　그리고는 드디어 얼굴에 솜을 뒤집어쓴 채 목을 찔러 죽고 말았다.

吳以伍子胥孫武之謀, 西破彊楚, 北威齊晉, 南伐越, 越王勾踐迎擊之, 敗吳於姑蘇, 傷闔廬指, 軍却.

闔廬謂太子夫差曰:「爾忘勾踐殺而父乎?」

夫差對曰:「不敢.」

是夕闔廬死, 夫差旣立爲王, 以伯嚭爲太宰, 習戰射, 三年伐越, 敗於夫湫, 越王勾踐乃以兵五千人棲於會稽山上, 使大夫種, 厚幣遺吳太宰嚭, 以請和, 委國爲臣妾, 吳王將許之.

伍子胥諫曰:「越王爲人能辛苦, 今王不滅, 後必悔之.」

吳王不聽, 用太宰嚭計, 與越平.

其後五年, 吳王聞齊景公死, 而大臣爭寵, 新君弱, 乃興師北伐齊.

子胥諫曰:「不可. 勾踐食不重味, 弔死問疾, 且能用人, 此人不死, 必爲吳患; 今越, 腹心之疾, 齊猶疥癬耳, 而王不先越, 乃務伐齊, 不亦謬乎?」

吳王不聽, 伐齊, 大敗齊師於艾陵, 遂與鄒魯之君會以歸, 益疎子胥之言.

其後四年, 吳將復北伐齊, 越王勾踐, 用子貢之謀, 乃率其衆以助吳, 而重寶以獻遺太宰嚭, 太宰嚭旣數受越賂, 其愛信越殊甚, 日夜爲言於吳王, 王信用嚭之計.

伍子胥諫曰:「夫越, 腹心之疾, 今信其游辭僞詐而貪齊, 譬猶石田, 無所用之, 盤庚曰:『古人有顚越不恭.』是商所以興也, 願王釋齊而先越, 不然, 將悔之無及也已.」

吳王不聽, 使子胥於齊, 子胥謂其子曰:「吾諫王, 王不我用, 吾今見吳之滅矣, 女與吳俱亡無爲也.」

乃屬其子於齊鮑氏, 而歸報吳王. 太宰嚭既與子胥有隙, 因讒曰:「子胥爲人, 剛暴少恩, 其怨望猜賊爲禍也, 深恨前日王欲伐齊, 子胥以爲不可, 王卒伐之, 而有大功, 子胥計謀不用, 乃反怨望; 今王又復伐齊, 子胥專愎强諫, 沮毀用事, 徼幸吳之敗, 以自勝其計謀耳. 今王自行, 悉國中武力以伐齊, 而子胥諫不用, 因輒佯病不行, 王不可不備, 此起禍不難, 且臣使人微伺之, 其使齊也, 乃屬其子於鮑氏. 夫人臣內不得意, 外交諸侯, 自以先王謀臣, 今不用, 常怏怏, 願王早圖之.」

吳王曰:「微子之言, 吾亦疑之.」

乃使使賜子胥屬鏤之劍, 曰:「子以此死.」

子胥曰:「嗟乎! 讒臣宰嚭爲亂, 王顧反誅我, 我令若父霸, 又若立時, 諸子弟爭立, 我以死爭之於先王, 幾不得立, 若既立, 欲分吳國與我, 我顧不敢當, 然若之何聽讒臣殺長者!」

乃告舍人曰:「必樹吾墓上以梓, 令可以爲器; 而抉吾眼著之吳東門, 以觀越寇之滅吳也.」

乃自刺殺.

吳王聞之, 大怒, 乃取子胥尸, 盛以鴟夷革, 浮之江中, 吳人憐之, 乃爲立祠於江上, 因名曰胥山. 後十餘年, 越襲吳, 吳王還與戰不勝, 使大夫行成於越, 不許.

吳王將死曰:「吾以不用子胥之言, 至於此; 令死者, 無知則已, 死者有知, 吾何面目以見子胥也?」

遂蒙絮覆面而自剄.

【伍子胥】 원래 楚나라 출신으로 吳에 망명하여 활동하였던 人物.《史記》伍子胥
列傳, 吳泰伯世家, 越王勾踐世家 등 참조.

【孫武】 뛰어난 兵法家. 원래 齊나라 출신으로 闔廬를 섬겨 吳나라 장수가 되었다.
《史記》孫子吳起列傳 참조.《孫子》13편을 남겼다.

【越王 勾踐】 夫譚의 손자이며 允常의 아들로 文種과 范蠡를 등용하여 패자가
되었다. '句踐'으로도 표기한다.《史記》越王勾踐世家 참조.

【姑蘇】 산 이름. 지금의 江蘇省 吳縣, 蘇州의 서남쪽. 唐나라 張繼의 詩에 "月落烏
啼霜滿天, 江楓漁火對愁眠, 姑蘇城外寒山寺, 夜半鍾聲到客船"이라 하였다. 吳
나라가 越나라에게 패하여 쫓겼던 곳.

【闔廬】 闔閭로도 쓰며 公子 光, 즉 諸樊의 아들로 伍子胥의 계책으로 僚를 죽이고
왕이 되었다. 재위 19년(B.C.514~496).

【夫差】 闔廬의 아들. 재위 23년(B.C.495~473). 越에게 망하였다.

【伯嚭】 자는 子餘. 晉나라 大夫인 伯宗의 증손으로 楚나라 太宰였던 伯州犁의
손자. 楚나라를 떠나 吳나라에 망명하여 夫差의 신임을 얻었으며, 伍子胥의
반대에도 아랑곳하지 않고 越나라 文種과 范蠡의 뇌물을 받았다.

【太宰】 관직 이름.

【夫湫】 夫椒山·包山이라고도 하며, 지금의 江蘇省 吳縣.

【會稽山】 지금의 浙江省 紹興에 있는 산. 古防山. 四鎭山의 하나. 南鎭이라고
불리기도 하였다.

【文種】 越나라의 大夫. 楚나라 鄒 땅 사람. 范蠡와 함께 勾踐을 잘 받들어 吳나라를
멸하였다.

【景公】 齊나라 임금. 재위 58년(B.C.547~490).

【景公死】 경공이 죽자 그 아들 晏孺子가 들어섰으나(B.C.489) 1년 만에 죽고,
다시 悼公(재위 4년. B.C.488~485), 그리고 簡公(재위 4년. B.C.484~481)으로
이어졌다.

【艾陵】 춘추시대 齊나라 땅. 지금의 山東省 泰安縣.

【鄒】 山東지역에 있던 나라. 孟子가 태어난 곳. 邾로도 쓴다.

【魯】 國名. 孔子가 태어난 곳. 당시 魯나라는 哀公.

【盤庚曰】《書經》盤庚(中)의 "顚越不恭, 亂次不恭, 冒犯不恭"의 말. 악한 사람에
대하여는 화의 근원을 없애야 한다는 뜻.

【鮑氏】 桓公 때의 鮑叔牙의 후손.

【屬其子於鮑氏】《左傳》哀公 22年의 杜預 注에 "私使人之齊, 屬其子, 改姓爲王孫, 欲以避吳禍"라 하였다.

【屬鏤】屬鏤之劍. 자살용의 칼 이름.

【梓】관을 만드는 나무. 吳王 夫差의 관으로 쓰겠다는 뜻.

【鴟夷革】말가죽으로 만든 자루를 말한다. 오자서의 시신을 이 주머니에 넣어 강에 던져버렸음.

【胥山】伍子胥의 '胥'자를 딴 산 이름.

참고 및 관련 자료

1. 흔히 臥薪嘗膽으로 알려진 고사이다.

2.《左傳》哀公 11年

吳將伐齊, 越子率其衆而朝焉, 王及列士, 皆有饋賂. 吳人皆喜, 唯子胥懼, 曰:「是豢吳也夫!」諫曰:「越在, 我心腹之疾也. 壤地同而有欲於我. 夫其柔服, 求濟其欲也, 不如早從事焉. 得志於齊, 猶獲石田也, 無所用之. 越不爲沼, 吳其泯矣. 使醫除疾, 而曰『必遺類焉』者, 未之有也. 盤庚之誥曰:『其有顚越不共, 則劓殄無遺育, 無俾易種於玆邑.』是商所以興也. 今君易之, 將以求大, 不亦難乎?」弗聽. 使於齊, 屬其子於鮑氏, 爲王孫氏. 反役, 王聞之, 使賜之屬鏤以死. 將死, 曰:「樹吾墓檟, 檟可材也, 吳其亡乎! 三年, 其始弱矣. 盈必毀, 天之道也.」

3.《吳越春秋》卷五

十二年, 夫差復北伐齊. 越王聞之, 率衆以朝於吳, 而以重寶, 厚獻太宰嚭, 嚭喜, 受越之賂, 愛信越殊甚, 日夜爲言於吳王. 王信用嚭之計. 伍胥大懼, 曰:「是棄吾也.」乃往諫曰:「越在心腹之病, 不前除其疾, 今信浮辭僞詐而貪齊, 破齊譬由磐石之田, 無立其苗也, 願王釋齊而前越. 不然, 悔之無及.」吳王不聽, 使子胥使於齊, 通期戰之會. 子胥謂其子曰:「我數諫王, 王不我用, 今見吳之亡矣, 汝與吾俱亡, 亡無爲也.」乃屬其子於齊鮑氏而還. 太宰嚭旣與子胥有隙, 因讒之曰:「子胥爲强暴力諫, 願王少厚焉.」王曰:「寡人知之.」

4.《呂氏春秋》知化篇

吳王夫差將伐齊, 子胥曰:「不可. 夫齊之與吳也, 習俗不同, 言語不通, 我得其地不能處, 得其民不得使. 夫吳之與越也, 接土鄰境, 壤交通屬, 習俗同, 言語通, 我得其

地能處之, 得其民能使之. 越於我亦然. 夫吳·越之勢不兩立. 越之於吳也, 譬若心腹
之疾也, 雖無作, 其傷深而在內也. 夫齊之於吳也, 疥癬之病也, 不苦其已也, 且其無
傷也. 今釋越而伐齊, 譬之猶懼虎而刺猏, 雖勝之, 其後患無央.」太宰嚭曰:「不可,
君王之令所以不行於上國者, 齊·晉也. 君王若伐齊而勝之, 徒以其兵以臨晉, 晉必聽
命矣, 是君王一舉而服兩國也. 君王之令必行於上國.」夫差以爲然, 不聽子胥之言,
而用太宰嚭之謀. 子胥曰:「天將亡吳矣, 則使君王戰而勝; 天將不亡吳矣, 則使君王
戰而不勝.」夫差不聽. 子胥兩袪高蹶而出於廷, 曰:「嗟乎! 吳朝必生荊棘矣.」夫差
興師伐齊, 戰於艾陵, 大敗齊師, 反而誅子胥. 子胥將死, 曰:「與! 吾安得一目以越人
之入吳也.」乃自殺. 夫差乃取其身而流之江, 抉其目, 著之東門, 曰:「女胡視越人之
入我也.」居數年, 越報吳, 殘其國, 絕其世, 滅其社稷, 夷其宗廟, 夫差身爲擒. 夫差
將死, 曰:「死者如有知也, 吾何面以見子胥於地下.」乃爲幎以冒而死.

5.《史記》伍子胥列傳

後五年, 伐越. 越王句踐迎擊, 敗吳於姑蘇, 傷闔廬指, 軍却. 闔廬病創將死, 謂太子
夫差曰:「爾忘句踐殺爾父乎?」夫差對曰:「不敢忘.」是夕, 闔廬死. 夫差既立爲王,
以伯嚭爲太宰, 習戰射. 二年後伐越, 敗越於夫湫. 越王句踐乃以餘兵五千人棲於會
稽之上, 使大夫種厚幣遺吳太宰嚭以請和, 求委國爲臣妾. 吳王將許之. 伍子胥諫
曰:「越王爲人能辛苦. 今王不滅, 後必悔之.」吳王不聽, 用太宰嚭計, 與越平. 其後
五年, 而吳王聞齊景公死而大臣爭寵, 新君弱, 乃興師北伐齊. 伍子胥諫曰:「句踐食
不重味, 弔死問疾, 且欲有所用之也. 此人不死, 必爲吳患. 今吳之有越, 猶人之有腹
心疾也. 而王不先越而乃務齊, 不亦謬乎!」吳王不聽, 伐齊, 大敗齊師於艾陵, 遂威
鄒魯之君以歸. 益疏子胥之謀. 其後四年, 吳王將北伐齊, 越王句踐用子貢之謀, 乃率
其衆以助吳, 而重寶以獻遺太宰嚭. 太宰嚭既數受越賂, 其愛信越殊甚, 日夜爲言於
吳王. 吳王信用嚭之計. 伍子胥諫曰:「夫越, 腹心之病, 今信其浮辭詐僞而貪齊.
破齊, 譬猶石田, 無所用之. 且盤庚之誥曰:『有顚越不恭, 劓殄滅之, 俾無遺育,
無使易種於玆邑.』此商之所以興. 願王釋齊而先越; 若不然, 後將悔之無及.」而吳
王不聽, 使子胥於齊. 子胥臨行, 謂其子曰:「吾數諫王, 王不用, 吾今見吳之亡矣.
汝與吳俱亡, 無益也.」乃屬其子於齊鮑牧, 而還報吳. 吳太宰嚭既與子胥有隙, 因讒曰
「子胥爲人剛暴, 少恩, 猜賊, 其怨望恐爲深禍也. 前日王欲伐齊. 子胥以爲不可,
王卒伐之而有大功. 子胥恥其計謀不用, 乃反怨望. 而今王又復伐齊, 子胥專愎彊諫,
沮毀用事, 徒幸吳之敗以自勝其計謀耳. 今王自行, 悉國中武力以伐齊, 而子胥諫不用,
因輟謝, 詳病不行. 王不可不備, 此起禍不難. 且嚭使人微伺之, 其使於齊也, 乃屬其子

於齊之鮑氏. 夫爲人臣, 內不得意, 外倚諸侯, 自以爲先王之謀臣, 今不見用, 常鞅鞅怨望. 願王早圖之.」吳王曰:「微子之言, 吾亦疑之.」乃使使賜伍子胥屬鏤之劍, 曰:「子以此死.」伍子胥仰天嘆曰:「嗟乎! 讒臣嚭爲亂矣, 王乃反誅我. 我令若父霸. 自若未立時, 諸公子爭立, 我以死爭之於先王, 幾不得立. 若旣得立, 欲分吳國予我, 我顧不敢望也. 然今若聽諛臣言以殺長者.」乃告其舍人曰:「必樹吾墓上以梓, 令可以爲器; 而抉吾眼縣吳東門之上, 以觀越寇之入滅吳也.」乃自剄死. 吳王聞之大怒, 乃取子胥尸盛以鴟夷革, 浮之江中. 吳人憐之, 爲立祠於江上, 因命曰胥山. 吳王旣誅伍子胥, 遂伐齊. 齊鮑氏殺其君悼公而立陽生. 吳王欲討其賊, 不勝而去. 其後二年, 吳王召魯衛之君會之橐皋. 其明年, 因北大會諸侯於黃池, 以令周室. 越王句踐襲殺吳太子, 破吳兵. 吳王聞之, 乃歸, 使使厚幣與越平. 後九年, 越王句踐遂滅吳, 殺王夫差; 而誅太宰嚭, 以不忠於其君, 而外受重賂, 與己比周也.

6.《十八史略》卷1

壽夢後四君, 而至闔廬. 舉伍員謀國事. 員字子胥, 楚人伍奢之子, 奢誅而奔吳, 以吳兵入郢. 吳伐越, 闔廬傷而死. 子夫差立, 子胥復事之. 夫差志復讎, 朝夕臥薪中, 出入使人呼曰:「夫差, 而忘越人之殺而父邪?」周敬王二十六年, 夫差敗越于夫椒. 越王句踐, 以餘兵棲會稽山, 請爲臣, 妻爲妾. 子胥言:「不可.」太宰伯嚭受越賂, 說夫差赦越. 句踐反國, 懸膽於坐臥, 卽仰膽嘗之曰:「女忘會稽之恥邪?」舉國政屬大夫種, 而與范蠡治兵, 事謀吳. 大宰嚭譖:「子胥, 恥謀不用怨望.」夫差乃賜子胥屬鏤之劍, 子胥告其家人曰:「必樹吾墓檟, 檟可材也. 抉吾目懸東門, 以觀越兵之滅吳.」乃自剄. 夫差取其尸, 盛以鴟夷, 投之江. 吳人憐之, 立祠江上, 命曰胥山.

292(9-21) 齊簡公有臣曰諸御鞅
충신의 말을 듣지 않다가

제齊 **간공**簡公의 신하에 제어앙諸御鞅이 있었다.

그는 간공에게 이렇게 말하였다.

"전상田常과 재여宰予, 이 두 사람은 사이가 지극히 나쁩니다. 저는 그들이 서로 싸울까 봐 겁이 납니다. 서로 싸우면 비록 이반되어 약해지기야 하겠지만 나라에 위험하기는 마찬가지입니다. 그렇게 되면 안 되지요. 원컨대 임금께서 한 사람을 제거해 주십시오!"

간공이 말하였다.

"하찮은 자가 감히 이러쿵저러쿵 할 일이 아니다."

그런데 얼마 지나지 않아 전상은 과연 조정에서 재여를 공격하여, 그 화를 간공에게 퍼부어 죽이게 되었다. 간공이 한숨을 쉬며 이렇게 말하였다.

"내가 제어앙의 의견을 듣지 않았다가 이 지경에 이르렀구나!"

그러므로 충신의 말은 잘 살피지 않으면 안 되는 것이다.

齊簡公有臣曰諸御鞅, 諫簡公曰:「田常與宰予, 此二人者, 甚相憎也, 臣恐其相攻; 相攻雖叛而危之, 不可. 願君去一人.」

簡公曰:「非細人之所敢議也.」

居無幾何, 田常果攻宰予於庭, 賊簡公於朝.

簡公喟焉太息曰:「余不用鞅之言, 以至此患也.」

故忠臣之言, 不可不察也.

참고 및 관련 자료

1.《左傳》哀公 14年

齊簡公之在魯也, 闞止有寵焉. 乃卽位, 使爲政. 陳成子憚之, 驟顧諸朝. 諸御鞅言於
公曰:「陳·闞不可並也, 君其擇焉.」弗聽. 子我夕, 陳逆殺人, 逢之, 遂執以入.
陳氏方睦, 使疾, 而遺之潘沐, 備酒肉焉, 饗守囚者, 醉而殺之, 而逃. 子我盟諸陳於
陳宗. 初, 陳豹欲爲子我臣, 使公孫言己, 已有喪而止, 旣, 而言之, 曰:「有陳豹者,
長而上僂, 望視, 事君子必得志, 欲爲子臣. 吾憚其爲人, 故緩以告.」子我曰:「何害,
是其在我也.」使爲臣. 他日, 與之言政, 說, 遂有寵, 謂之曰:「我盡逐陳氏而立女,
若何?」對曰:「我遠於陳氏矣, 且其違者不過數人, 何盡逐焉?」遂告陳氏. 子行曰:
「彼得君, 弗先, 必禍子.」子行舍於公宮. 夏五月壬申, 成子兄弟四乘如公. 子我在幄,
出, 逆之, 遂入, 閉門. 侍人禦之, 子行殺侍人. 公與婦人飮酒于檀臺, 成子遷諸寢.
公執戈, 將擊之. 大史子餘曰:「非不利也, 將除害也.」成子出舍于庫, 聞公猶怒,
將出, 曰:「何所無君?」子行抽劍, 曰:「需, 事之賊也. 誰非陳宗?所不殺子者, 有如
陳宗!」乃止. 子我歸, 屬徒, 攻闈與大門, 皆不勝, 乃出. 陳氏追之, 失道於弇中,
適豐丘. 豐丘人執之, 以告, 殺諸郭關. 成子將殺大陸子方, 陳逆請而免之. 以公命取
車於道, 及耏, 衆知而東之, 出雍門, 陳豹與之車, 弗受, 曰:「逆爲余請, 豹與余車,
余有私焉. 事子我而有私於其讎, 何以見魯·衛之士?」東郭賈奔衛. 庚辰, 陳恒執公

于舒州. 公曰:「吾早從軼之言, 不及此.」

2. 《韓非子》難言篇

宰予不免於田常; 范雎折脅於魏. 此十數人者, 皆世之仁賢忠良有道術之士也, 不幸而遇悖亂闇惑之主而死. 然則雖賢聖不能逃死亡避戮辱者何也? 則愚者難說也, 故君子難言也. 且至言忤於耳而倒於心, 非賢聖莫能聽, 願大王熟察之也.

3. 《呂氏春秋》慎勢篇

齊簡公有臣曰諸御鞅, 諫於簡公曰:「陳成常與宰予, 之二臣者甚相憎也, 臣恐其相攻也. 相攻唯固則危上矣. 願君之去一人也.」簡公曰:「非而細人所能識也.」居無幾何, 陳成常果攻宰予於庭, 卽簡公於廟. 簡公喟焉太息曰:「余不能用鞅之言, 以至此患也!」失其數, 無其勢, 雖悔無聽鞅也與無悔同, 是不知恃可恃而恃不恃也. 周鼎著象, 爲其理之通也. 理通, 君道也.

4. 《史記》田敬仲完世家

齊大夫朝, 御鞅諫簡公:「田・監不可並也. 君其擇焉.」君弗聽. 子我者監止之宗人也, 常與田氏有郤. 田氏疏族田豹事子我有寵. 子我曰:「我欲盡滅田氏適, 以豹代田氏宗.」豹曰:「臣於田氏疏矣.」不聽, 已而豹謂田氏曰:「子我將誅田氏, 田氏弗先. 禍及矣.」子我舍公宮, 田常兄弟四人乘如公宮, 欲殺子我, 子我閉門. 簡公與婦人飲檀臺, 將欲擊田常. 太史子餘曰:「田常非敢爲亂, 將除害.」簡公乃止. 田常出, 聞簡公怒, 恐誅, 將出亡. 田子行曰:「需, 事之賊也.」田常於是擊子我, 子我率其徒攻田氏, 不勝, 出亡. 田氏之徒追殺子我及監止. 簡子出奔, 田氏之徒追執簡公於徐州. 簡公曰:「蚤從御鞅之言, 不及此難.」田氏之徒, 恐簡公復立而誅己, 遂殺簡公.

5. 《淮南子》人間訓

諸御鞅復於簡公曰:「陳成常宰予, 二子者, 甚相憎也. 臣恐其構難而危國也. 君不如去一人.」簡公不聽, 居無幾何, 陳成常果攻宰予於庭中, 而弑簡公於朝. 此不知敬小之所生也.

293(9-22) 魯襄公朝荊
사신으로 가는 길에 임금의 부고를 듣고

노魯 **양공**襄公이 형荊나라로 조견朝見을 가던 중에 회淮 땅에 이르렀을 때 형의 강왕康王이 죽었다는 소식을 듣게 되었다. 양공이 잘됐다 하고는 되돌아가려 하자 숙중소백叔仲昭伯이 나섰다.

"임금께서 형나라로 가시려 한 것은 그 나라의 위세 때문이었습니다. 그런데 지금 그 나라의 왕이 죽었다고 해서 그 위세까지 사라진 것은 아닙니다. 그런데 어찌 되돌아가려 하십니까?"

그러나 많은 대부들은 되돌아가자고 요구하였다. 이에 다시 자복경백子服景伯이 나섰다.

"그대들이 여기까지 온 것은 나라의 이익을 위해서입니다. 그 때문에 피곤함을 두려워 않고, 그 먼길을 멀다 아니하고 형나라의 의견을 들으려 하는 것입니다. 이는 또 형나라의 위세를 두려워해서이기도 합니다. 무릇 의로운 자는 남의 경사가 있으면 기뻐해 주고, 남의 근심이 있으면 이를 위로해 주는 법입니다. 그것이 하물며 두려워하면서 초빙까지 해준 상대임에야 더욱 그렇겠지요.

그런데 두려움 때문에 찾아가는 길에 상대 나라에 상이 났다는 소식을 듣고 발길을 되돌린다면, 그 누가 모욕을 느끼지 않는다고 하겠습니까? 미성芈姓은 아직도 왕위가 이어지고 있고 태자 또한 이미 자랐으며, 그 나라 집정자들도 바뀌지 않은 채 왕을 모시고 정치를 하고 있습니다. 그들이 이 모욕스러운 말을 듣고 나서 다음 임금이 결정되면 그 사실이

뒷사람들에게 알려지겠지요. 그러면 우리에 대한 원한이 점점 커질 것입니다. 이에 우리 같은 작은 나라가 그 나라와 전쟁이 나면 누가 능히 이를 막아낼 수 있겠습니까?

지금 임금의 말을 들어 주고 나중에 환난을 만나는 것보다는, 차라리 임금의 뜻을 위반하더라도 뒤에 올 재난을 피하는 것이 낫습니다. 또 군자는 계획을 세운 후에 행동에 옮긴다고 하였습니다. 그렇다면 여러분들은 어떤 계획이나 대비책이 있습니까? 초나라를 방어할 책략과 나라를 지켜낼 대비가 있다면 돌아가도 좋소. 그러나 만약 아직 그런 대책이 없다면 계속 가는 것이 낫습니다!"

이에 드디어 계속 나아갔다.

魯襄公朝荊, 至淮, 聞荊康王卒, 公欲還.

叔仲昭伯曰:「君之來也, 爲其威也; 今其王死, 其威未去, 何爲還?」

大夫皆欲還, 子服景伯曰:「子之來也, 爲國家之利也, 故不憚勤勞, 不遠道塗? 而聽於荊也, 畏其威也! 夫義人者, 固將慶其喜, 而弔其憂, 況畏而聘焉者乎! 聞畏而往, 聞喪而還, 其誰曰非侮也. 羋姓是嗣王, 太子又長矣, 執政未易, 事君任政, 求說其侮, 以定嗣君, 而示後人, 其讐滋大, 以戰 小國, 其誰能止之? 若從君而致患, 不若違君以避難, 且君子計而後行, 二三子其計乎? 有御楚之術, 有守國之備, 則可; 若未有也, 不如行.」

乃遂行.

【魯襄公】춘추시대 魯나라 군주. 이름은 午. 成公(黑肱)의 아들. 재위 31년 (B.C.572~542). 이 사건은 襄公 28年(B.C.545)의 일.

【荊】 楚나라의 별칭. 楚나라가 强하여 이를 찾아감.

【淮】 물 이름. 지역 이름. 河南·安徽·江蘇를 흐름.

【康王】 楚나라 군주. 재위 15년(B.C.559~545).

【叔仲昭伯】 叔仲昭子. 이름은 帶. 僖叔 孫彭生의 손자. 叔仲씨가 됨.《左傳》 昭公 5년 참조.

【子服景伯】 魯나라 大夫. 子服氏. 이름은 何, 자는 伯, 시호는 景.

【芈】 楚나라의 姓氏. '미'로 읽는다.《四庫全書本》에 '芉'으로 되어 있으나, 이는 '芈'의 판각 오류이다.

참고 및 관련 자료

1.《左傳》 襄公 28년

爲宋之盟故, 公及宋公·陳侯·鄭伯, 許男如楚. 公過鄭, 鄭伯不在. 伯有迓勞於黃崖, 不敬. 穆叔曰:「伯有無庶於鄭, 鄭必有大咎. 敬, 民之主也, 而棄之, 何以承守. 鄭人 不討, 必受其辜. 濟澤之阿, 行潦之蘋藻, 寘諸宗室, 季蘭尸之, 敬也. 敬可棄乎?」 及漢, 楚康王卒. 公欲反, 叔仲昭伯曰:「我楚國之爲, 豈爲一人行也.」子服惠伯曰: 「君子有遠慮, 小人從邇. 饑寒之不恤, 誰遑其後? 不如姑歸也.」叔孫穆子曰:「叔仲 子專之矣, 子服子始學者也.」榮成伯:「遠圖者, 忠也.」公遂行.

2.《國語》 魯語(下)

襄公如楚, 及漢, 聞康王卒, 欲還. 叔仲昭伯曰:「君之來也, 非爲一人也, 爲其名與其 衆也. 今王死, 其名未改, 其衆未敗, 何爲還?」諸大夫皆欲還. 子服惠伯曰:「不知所爲, 姑從君乎!」叔仲曰:「子之來也, 非欲安身也, 爲國家之利也, 故不憚勤遠而聽於楚; 非義楚也, 畏其名與衆也. 夫義人者, 因慶其喜而弔其憂, 況畏而服焉? 聞畏而往, 聞喪而還, 苟芈姓實嗣, 其誰代之任喪? 王太子又長矣, 執政未改, 予爲先君來, 死而去之, 其誰曰不如先君? 將爲喪擧, 聞喪而還, 其誰曰非侮也? 事其君而任其政, 其誰由己貳? 求說其侮, 而亟於前之人, 其讎不滋大乎? 說侮不懦, 執政不貳, 帥大讎 以憚小國, 其誰云待之? 若從君而走患, 則不如違君以避難. 且夫君子計成而後行, 二三子計乎? 有禦楚之術而有守國之備, 則可也; 若未有, 不如往也.」乃遂行.

294(9-23) 孝景皇帝時吳王濞反
그림자가 자신을 따라다니는 것이 두려워

효경황제孝景皇帝 **때**에 오왕吳王 비劉濞가 반란을 일으켰다. 양梁 효왕孝王의 중랑中郎 매승枚乘은 자字가 숙叔이었는데, 이 소식을 듣고 글을 지어 오왕에게 이렇게 간언을 하였다.

그 내용은 이러하다.

"군왕의 외신外臣인 이 매승은 이렇게 들었습니다. 전부를 얻는 자는 모든 것을 창성昌盛하게 하고, 전부를 잃는 자는 모든 것을 멸망시킨다 하더이다.

옛날 순舜임금은 송곳 세울 만한 땅도 없으면서 천하를 갖게 되었고, 우禹임금은 10여 호戶 도 안 되는 무리로써 모든 제후 의 왕이 되었으며, 탕湯과 무왕 武王은 사방이 1백 리도 안 되는 땅이었으나 위로는 삼광三光 의 빛을 끊지 아니하고 아래로 는 백성의 마음을 상하게 하지 아니하였습니다. 이는 바로 왕 술王術을 가지고 있었기 때문입 니다. 따라서 부자父子 사이의

漢 景帝

도는 천성天性이지만, 충신은 감히 죽음을 피하지 아니하고 직간直諫을 해야 그 사업이 폐기되지 아니하고, 그 공이 만세에 유전되는 것입니다.

이에 저는 진실로 뱃속의 마음을 다 끄집어내어 우충愚忠을 바치고 싶지만 대왕께서 들어 주지 아니할까 걱정이 됩니다. 그래도 신은 왕께서 저의 말에 불쌍히 여기는 작은 관심이나마 보태어 주실 것을 기대합니다.

무릇 가느다란 실 한 올에 천 균鈞이나 되는 큰 무게를 매어 위로는 저 끝없이 높은 곳에 매고, 그 아래로는 깊이를 알 수 없는 깊은 연못에 늘어뜨려 놓는다면, 아무리 어리석은 사람이라도 그것이 끊어질까 봐 안타까워하는 마음이 생길 것입니다.

이는 말이 이미 놀라 있는데 이를 거듭 겁을 주어 놀라게 하는 것과 같고, 실이 곧 끊어지려 하는데 여기에 더 무거운 것을 매다는 것과 같습니다. 그 꼭대기가 끊어지면 다시 잇기가 어렵고, 끊어져 연못에 빠지면 건져내기가 어렵습니다. 그것을 건져내고 건져내지 못하는 것은 머리카락 하나가 용납되지 못하는 아주 미세한 차이입니다.

그러니 진실로 저의 말씀을 들으시면 단번에 어려움에서 벗어날 수 있지만, 기어이 하고 싶은 대로만 하신다면 그 위험은 계란을 거듭 쌓아 놓은 것과 같고, 하늘에 오르는 것보다 더 어려울 것입니다. 그러나 하고 싶은 바를 고치시기만 하면 손바닥 뒤집듯 쉬울 것이요, 태산보다 안전할 것입니다.

지금 천명天命의 수壽를 누리시고 무궁한 즐거움을 닳도록 맛보시며, 만승萬乘의 위세를 보전하려 하신다면서 여반장如反掌의 쉬운 일, 태산 같이 편안한 일을 택하지 않으시고 도리어 달걀을 거듭 쌓아놓은 것과 같은 위험을 타고 하늘을 오르려는 일을 하시니, 이것이 바로 어리석은 제가 크게 당혹스럽게 여기는 바입니다. 어떤 사람이, 그 성품이 그림자가 자신을 그대로 따라다니는 것을 두려워하고 싫어하였습니다. 그래서 뒤로 걸어 보았지만 그 그림자는 없어지지 않았습니다. 그는 그늘 속에 들어가 서 있으면 그림자가 없어진다는 것을 몰랐던 것입니다.

이처럼 사람들이 듣지 못하게 하려면 애초에 말을 아니하는 것이 최상이요, 사람들이 모르게 하고 싶으면 그런 행동을 하지 않는 것이 제일입니다.

뜨거운 물을 차게 하려 하면서 한 사람에게는 그 솥 밑에 불을 때게 하고, 1백 사람에게 물을 젓게 한들 이는 소용없는 짓일 것입니다. 우선 섶을 치우고 불을 꺼야 되겠지요. 그 불을 끄지 않고 그 물이 차가워지기를 바라는 것은, 바짝 마른 섶을 짊어지고 불을 끄러 달려드는 것과 같습니다. 옛날 양유기養由基는 초楚나라의 활의 명수였습니다. 버드나무 잎에서 1백 보를 떨어진 자리에서 쏘아도 백발백중이었습니다. 그 작은 버들잎에 백발백중이라면 가히 명수라 할 수 있습니다. 그러나 이것은 1백 보 내에서의 일일 따름입니다. 특히 저처럼 궁시弓矢를 다룰 줄을 모르는 사람에 비하면 더욱 불가능한 일이지요.

복은 그 생기는 기본이 있고, 화도 그 근원이 있습니다. 그 복의 근본을 받아들이고 그 화의 근원은 끊어 버리면 화가 더 이상 올 수 있겠습니까? 태산泰山 위의 물방울은 돌을 뚫고, 가느다란 실은 오랫동안 끌고 당기면 나무가 끊어집니다. 이는 물이 금강석이 아니고, 그 실이 톱날이 아닌데도 말입니다. 적게 닳는 것이 모여서 그렇게 되는 것입니다.

또 무릇 아주 작은 양을 저울로 달아 이를 한 섬 정도 모아 보면, 바로 한 섬을 달아 본 것과 차이가 날 것입니다. 마찬가지로 한 촌 한 촌씩 재어 한 길을 이루어 놓고 보면, 반드시 본래의 한 길과 차이가 날 것입니다. 한 섬의 저울질과 한 길의 측량씩으로 하여야 그 차이가 적을 것입니다.

둘레가 열 길이나 되는 큰 나무라도 처음에는 아주 약한 싹에 불과하였습니다. 이때에는 당겨도 끊을 수 있고 뽑으면 뽑힐 수 있습니다. 아직 제대로 자라지 않았고, 그 형태 또한 아직 갖추어지지 않았을 때이므로 그것이 가능하지요. 그러나 그 큰 나무라도 돌로 조금씩 문지르면, 그 닳는 것이 보이지 않는다 해도 언젠가는 다 닳아 없어질 것입니다. 마찬가지로 나무를 심어 길러 보면, 그 자라는 것을 볼 수는 없으나 언젠가는 큰 나무로 변하고 맙니다.

적덕수행積德修行도 마찬가지입니다. 그 효과가 금방 나타나지 않는 듯 보이나 어느 때인가는 쓰임이 있게 마련입니다. 악행과 잘못을 저지르는 일, 의를 버리고 이치를 배반하는 일, 이것도 그 악함을 모르고 있으나 어느 때인가는 망하게 마련입니다. 원컨대 대왕께서는 깊이 생각해 보시고 행동으로 옮기십시오. 이는 1백 명의 왕이 나타난다 해도 바꿀 수 없는 도道입니다."

그러나 오왕은 이 말을 듣지 않았다. 그래서 결국 단도丹徒에서 죽음을 당하고 만 것이다.

孝景皇帝時吳王濞反, 梁孝王中郞枚乘字叔聞之, 爲書諫王. 其辭曰:「君王之外臣乘, 竊聞得全者全昌, 失全者全亡. 舜無立錐之地, 以有天下; 禹無十戶之聚, 以王諸侯. 湯武之地, 方不過百里; 上不絶三光之明, 下不傷百姓之心者, 有王術也! 故父子之道, 天性也, 忠臣不敢避誅以直諫, 故事無廢業, 而功流於萬世也, 臣誠願披腹心而效愚忠, 恐大王不能用之; 臣誠願大王少加意念惻怛之心於臣乘之言. 夫以一縷之任, 係千鈞之重, 上懸之無極之高, 下垂不測之淵, 雖甚愚之人, 且猶知哀其將絶也. 馬方駭而重驚之, 係方絶而重鎭之; 係絶於天, 不可復結; 墜入深淵, 難以復出; 其出不出, 間不容髮! 誠能用臣乘言, 一擧必脫; 必若所欲爲, 危如重卵, 難於上天; 變所欲爲, 易於反掌, 安於太山. 今欲極天命之壽, 弊無窮之樂, 保萬乘之勢, 不出反掌之易, 以居太山之安; 乃欲乘重卵之危, 走上天之難, 此愚臣之所大惑也. 人性有畏其影而惡其迹者, 卻背而走無益也, 不知就陰而止, 影滅迹絶. 欲人勿聞, 莫若勿言; 欲人勿知, 莫若勿爲. 欲湯之冷, 令一人炊之, 百人揚之無益也; 不如絶薪止火而已.

不絶之於彼, 而救之於此, 譬猶抱薪救火也. 養由基, 楚之善射者也, 去楊葉百步, 百發百中, 楊葉之小, 而加百中焉, 可謂善射矣, 所止乃百步之中耳, 比於臣未知操弓持矢也. 福生有基, 禍生有胎; 納其基, 絶其胎; 禍何從來哉? 泰山之溜穿石, 引繩久之, 乃以挈木; 水非石之鑽, 繩非木之鋸也, 而漸靡使之然. 夫銖銖而稱之, 至石必差; 寸寸而度之, 至丈必過; 石稱丈量, 徑而寡失. 夫十圍之木, 始生於蘖, 可引而絶, 可擢而拔, 據其未生, 先其未形; 磨礱砥礪, 不見其損, 有時而盡; 種樹畜長, 不見其益, 有時而大; 積德修行, 不知其善, 有時而用; 行惡爲非, 棄義背理, 不知其惡, 有時而亡. 臣誠願大王孰計而身行之, 此百王不易之道也.」

　　吳王不聽, 卒死丹徒.

【孝景皇帝】漢나라 文帝의 아들. 劉啓 景帝. 재위 16년(B.C.156~141).

【吳王濞】吳에 봉해졌던 劉濞. 景帝가 黃老術을 믿고 鼂錯을 시켜 제후의 땅을 거두어들이려고 하자 吳王濞 등 7국이 난을 일으켰다. 뒤에 太尉인 周亞夫에 의해 모두 평정되었다.

【梁孝王】劉武. 문장을 좋아하여 그 아래에 枚乘이 있었다.

【枚乘】(?~B.C.140), 자는 叔. 文章家. 辭賦로 널리 알려진 인물. 특히 〈七發〉은 賦의 발전에 큰 공을 세웠으며, 본문은 〈上書諫吳王〉으로 불린다. 《漢書》 卷 51에 그의 傳이 실려 있다.

【立錐之地】송곳 세울 만한 땅. 아주 좁거나 비좁은 상태를 비유한 것.

【三光】日·月·星의 빛. 천지자연의 正常.

【王術】임금 노릇을 할 수 있는 능력과 기술.

【重卵之危】累卵之危와 같다.

【上天之難】하늘에 오르려는 것과 같은 어려움.

【養由基】楚나라의 활 잘 쏘던 사람. 《蒙求》의 표제는 "養由號猨"으로 되어 있다. 《淮南子》 說山訓에 "楚王有白蝯, 王自射之, 則搏矢而熙, 使養由基射之,

始調弓矯矢, 未發而蝮擁柱號矣"라는 고사가 실려 있다.

【丹徒】지금의 江蘇省 丹徒縣. 吳王 濞가 周亞夫에게 패하여 죽은 곳.

참고 및 관련 자료

1. 본 문장은 枚乘의 "上書諫吳王"으로 널리 알려진 작품이다.

2. 《漢書》枚乘傳

枚乘字叔, 淮陰人也, 爲吳王濞郎中. 吳王之初怨望謀爲逆也. 乘奏書諫曰:
「臣聞得全者全昌, 失全者全亡. 舜無立錐之地, 以有天下; 禹無十戶之聚, 以王諸侯.
湯·武之土不過百里, 上不絶三光之明, 下不傷百姓之心者, 有王術也. 故父子之道,
天性也; 忠臣不避重誅以直諫, 則事無遺策, 功流萬世. 臣乘願披腹心而效愚忠, 唯大
王少加意念惻怛之心於臣乘言. 夫以一縷之任係千鈞之重, 上縣無極之高, 下垂不
測之淵, 雖甚愚之人猶知哀其將絶也. 馬方駭鼓而驚之, 係方絶又重鎭之; 係絶於天
不可復結, 隊入深淵難以復出. 其出不出, 間不容髮. 能聽忠臣之言, 百舉必脫. 必若
所欲爲, 危於累卵, 難於上天; 變所欲爲, 易於反掌, 安於太山. 今欲極天命之壽,
敝無窮之樂, 究萬乘之勢, 不出反掌之易, 以居泰山之安, 而欲乘累卵之危, 走上天
之難, 此愚臣之所以爲大王惑也. 人性有畏其景而惡其跡者, 卻背而走, 跡愈多, 景
愈疾, 不知就陰而止, 景滅跡絶. 欲人勿聞, 莫若勿言; 欲人勿知, 莫若勿爲. 欲湯之滄,
一人炊之, 百人揚之, 無益也, 不如絶薪止火而已. 不絶之於彼, 而救之於此, 譬猶抱
薪而救火也. 養由基, 楚之善射者也, 去楊葉百步, 百發百中. 楊葉之大, 加百中焉,
可謂善射矣. 然其所止, 乃百步之內耳, 比於臣乘, 未知操弓持矢也. 福生有基, 禍生
有胎; 納其基, 絶其胎, 禍何自來? 泰山之雷穿石, 單極之綆斷幹. 水非石之鑽, 索非木
之鋸, 漸靡使之然也. 夫銖銖而稱之, 至石必差; 寸寸而度之, 至丈必過. 石稱丈量,
徑而寡失. 夫十圍之木, 始生如蘗, 足可搔而絶, 手可擢而拔, 據其未生, 先其未形也.
磨礱底厲, 不見其損, 有時而盡; 種樹畜養, 不見其益, 有時而大;積德絫行, 不知其善,
有時而用; 棄義背理, 不知其惡, 有時而亡. 臣願大王孰計而身行之, 此百世不易之
道也.」吳王不納. 乘等去而之梁, 從孝王游.

景帝卽位, 御史大夫鼂錯爲漢定制度, 損削諸侯, 吳王遂與六國謀反, 擧兵西鄕, 以誅
錯爲名. 漢聞之, 斬錯以謝諸侯. 枚乘復說吳王曰:
「昔者, 秦西擧胡戎之難, 北備楡中之關, 南距羌笮之塞, 東當六國之從. 六國乘信陵

之籍, 明蘇秦之約, 厲荊軻之威, 并力一心以備秦. 然秦卒禽六國, 滅其社稷, 而并天下,
是何也? 則地利不同, 而民輕重不等也. 今漢據全秦之地, 兼六國之衆, 修戎狄之義,
而南朝羌筰, 此其與秦, 地相什而民相百, 大王之所明知也. 今夫讒諛之臣爲大王計者,
不論骨肉之義, 民之輕重, 國之大小, 以爲吳禍, 此臣所以爲大王患也. 夫擧吳兵以
訾於漢, 譬猶蠅蚋之附羣牛, 腐肉之齒利劍, 鋒接必無事矣. 天子聞吳率失職諸侯,
願責先帝之遺約, 今漢親誅其三公, 以謝前過, 是大王之威加於天下, 而功越於湯武也.
夫吳有諸侯之位, 而實富於天子; 有隱匿之名, 而居過於中國. 夫漢并二十四郡, 十七
諸侯, 方輸錯出, 運行數千里不絶於道, 其珍怪不如東山之府. 轉粟西鄉, 陸行不絶,
水行滿河, 不如海陵之倉. 修治上林, 雜以離宮, 積聚玩好, 圈守禽獸, 不如長洲之苑.
游曲臺, 臨上路, 不如朝夕之池. 深壁高壘, 副以關城, 不如江淮之險. 此臣之所(以)
爲大王樂也. 今大王還兵疾歸, 尙得十半. 不然, 漢知吳之有呑天下之心也, 赫然加怒,
遣羽林黃頭循江而下, 襲大王之都; 魯東海絶吳之饟道; 梁王飭車騎, 習戰射, 積粟
固守, 以備滎陽, 待吳之飢. 大王雖欲反都, 亦不得已. 夫三淮南之計不負其約, 齊王
殺身以滅其跡, 四國不得出兵其郡, 趙囚邯鄲, 此不可掩, 亦已明矣. 大王已去千里
之國, 而制於十里之內矣. 張·韓將北地, 弓高宿左右, 兵不得下壁, 軍不得大息,
臣竊哀之. 願大王孰察焉.」

吳王不用乘策, 卒見禽滅. 漢旣平七國, 乘由是知名. 景帝召拜乘爲弘農都尉. 乘久爲
大國上賓, 與英俊並游, 得其所好, 不樂郡吏, 以病去官. 復游梁, 梁客皆善屬辭賦,
乘尤高. 孝王薨, 乘歸淮陰. 武帝自爲太子聞乘名, 及卽位, 乘年老, 乃以安車蒲輪徵乘,
道死. 詔問乘子, 無能爲文者, 後乃得其孽子皐.

3. 《文選》 권 39에도 이 문장이 전재되어 있다.

물고기로 변한 용

오왕吳王이 백성들과 함께 술을 마시고자 하였다.

이에 오자서伍子胥가 만류하였다.

"안됩니다. 옛날 백룡白龍이 맑고 차가운 연못으로 내려와 물고기로 화하였습니다. 그런데 예차豫且라는 어부가 그 눈을 쏘아 맞혔습니다. 백룡이 하느님에게 이를 호소하자 하느님이 이렇게 책망하였습니다. '그 당시에 너의 형상은 무엇이 되어 있었느냐?' 백룡은 '저는 맑고 찬 연못으로 내려가 물고기가 되어 있었지요'라 하였습니다. 그러자 하느님은 다시 '물고기는 바로 사람들이 쏘아 잡고 싶어 하는 대상이다. 그런데 예차에게 무슨 죄가 있겠느냐?'라 하였답니다.

무릇 백룡은 하느님이 기르는 귀한 축물畜物입니다. 예차는 송宋나라의 일개 천한 백성에 불과합니다. 그 백룡이 물고기로 화하지 않았다면 예차 또한 그를 쏘지 않았을 것입니다. 지금 만승의 높은 지위를 버리고 포의布衣의 선비들과 어울려 술을 마시고자 하신다니 저는 예차 같은 놈이 있을까 두렵습니다."

이 말에 왕은 그만두고 말았다.

吳王欲從民飮酒, 伍子胥諫曰:「不可. 昔白龍下淸冷之淵, 化爲魚, 漁者豫且射中其目, 白龍上訴天帝, 天帝曰:『當是之時,

若安置而形?』白龍對曰:『我下淸冷之淵化爲魚.』天帝曰:『魚固
人之所射也; 若是, 豫且何罪?』夫白龍, 天帝貴畜也; 豫且,
宋國賤臣也. 白龍不化, 豫且不射; 今棄萬乘之位而從布衣之
士飮酒, 臣恐其有豫且之患矣.」

　　王乃止.

참고 및 관련 자료

1. 본 장은 드물게 보이는 신화, 전설의 유형이다.

2. 《群書治要》에 《吳越春秋》에도 같은 주제의 기록이 있다 하였으나 지금의 《吳越
春秋》에는 이 문장이 실려 있지 않다.

296(9-25) 孔子曰良藥苦於口
좋은 약은 입에 쓰나

공자孔子가 말하였다.

"좋은 약은 입에 쓰나 병 치료에는 이롭고, 좋은 말은 귀에 거슬리나 덕행에는 이롭다. 그러한 까닭으로 무왕武王에게는 직언하는 이들이 있었기에 나라가 창성하였고, 주紂에게는 말 못하는 자들만 있었기에 나라를 잃었다.

임금에게 직언하는 선비가 없거나, 아버지에게 직언하는 아들이 없으며, 형에게 직언하는 아우가 없으며, 남편에게 직언하는 아내가 없으며 선비에게 직언하는 친구가 없으면, 그 망함을 선 채로 기다리는 것과 같다.

그리하여 임금이 잘못하면 신하가 바로잡아 주고, 아버지가 잘못하면 아들이 바로잡아 주며, 형이 잘못하면 아우가 바로잡아 주고, 남편이 잘못하면 아내가 바로잡아 주며, 선비가 잘못하면 친구가 바로잡아 주어야 한다. 그래야만 나라를 망치고 집을 망치는 일, 패덕한 아버지에 잘못된 아들, 방탕한 형에 어리석은 아우, 미친 남편에 못된 아내, 사귐을 끊는 선비에 잘못된 친구가 생기지 않는다."

孔子曰: 「良藥苦於口, 利於病; 忠言逆於耳, 利於行. 故武王諤諤而昌, 紂嘿嘿而亡, 君無諤諤之臣, 父無諤諤之子, 兄無諤諤之弟, 夫無諤諤之婦, 士無諤諤之友; 其亡可立而待. 故曰君

失之, 臣得之; 父失之, 子得之; 兄失之, 弟得之; 夫失之, 婦得之; 士失之, 友得之. 故無亡國破家, 悖父亂子, 放兄棄弟, 狂夫淫婦, 絶交敗友.」

【孔子】 孔丘·仲尼.
【武王】 周 文王의 아들. 殷을 멸하였다.
【諤諤】 남의 잘못하는 것을 꼬집어 내어 밝혀 줌을 말한다. 즉 직언의 다른 표현이다.
【紂】 殷의 末王.

참고 및 관련 자료

1. 《孔子家語》 六本篇

孔子曰:「良藥苦於口而利於病, 忠言逆於耳而利於行.」 湯·武以諤諤而昌, 桀·紂以唯唯而亡. 君無爭臣, 父無爭子, 兄無爭弟, 士無爭友, 無其過者未之有也. 故曰, 君失之, 臣得之; 父失之, 子得之; 兄失之, 弟得之; 己失之, 友得之. 是以國無危亡之兆, 家無悖亂之惡, 父子兄弟無失, 而交友無絶也.

2. 《漢書》 劉安傳

毒藥苦口利病, 忠言逆耳利行.

3. 《昔時賢文》

良藥苦口利於病, 忠言逆耳利於行.

4. 《明心寶鑑》 正己篇

子曰:「良藥苦於口而利於病, 忠言逆於耳而利於行.」

조정의 분위기가 너무 엄숙하면

안자晏子가 또다시 경공景公에게 말하였다.

"조정에 계실 때 엄숙하게 하십니까?"

경공이 대답하였다.

"조정에서 엄숙하게 하면 나라를 다스리는 데 어떤 해가 미칩니까?"

이 말에 안자는 이렇게 설명해 주었다.

"조정에서 지나치게 엄숙하면 아랫사람이 말을 못하지요. 아랫사람이 말을 아니 하면 위에서는 백성의 사정을 들을 수가 없지요. 아랫사람이 말을 못하는 것을 암瘖이라 하고, 윗사람이 듣지 못하는 것을 농聾이라 합니다. 이렇게 벙어리·귀머거리가 되고 나면, 나라를 다스리는 데 해가 되지 않고 어쩌겠습니까? 콩이나 좁쌀의 그 작은 알맹이가 모여서 창고를 가득 채우는 것이요, 가늘고 성긴 실이 합해져서 장막의 큰 천이 되는 것입니다. 태산이 그렇듯 높은 것은 돌 하나로 되는 것이 아닙니다. 낮은 것은 많이 쌓여야 높은 것을 떠받들 수 있는 것입니다.

무릇 천하를 다스리는 자는 한 선비의 말만 들어서는 아니 됩니다. 진실로 들어보고 맞지 않으면 안 쓰면 되지, 어찌 미리 막아서 아예 들어오지도 못하게 할 필요가 있겠습니까?"

晏子復於景公曰:「朝居嚴乎?」

公曰:「朝居嚴, 則曷害於國家哉?」

晏子對曰:「朝居嚴, 則下無言, 下無言, 則上無聞矣. 下無言則謂之喑, 上無聞則謂之聾; 聾喑則非害治國家如何也? 具合菽粟之微以滿倉廩, 合疏縷之緯以成幃幕, 太山之高, 非一石也, 累卑然後高也. 夫治天下者, 非用一士之言也, 固有受而不用, 惡有距而不入者哉?」

【晏子】晏嬰. 平仲.
【景公】齊景公.

참고 및 관련 자료

1.《晏子春秋》內篇 諫下

晏子朝, 復於景公曰:「朝居嚴乎?」公曰:「嚴居朝, 則曷害於治國家哉?」晏子對曰:「朝居嚴則下無言, 下無言則上無聞矣. 下無言則吾謂之瘖, 上無聞則吾謂之聾. 聾瘖, 非害國家而如何也! 且合升鼓之微以滿倉廩, 合疏縷之綈以成幃幕, 大山之高, 非一石也, 累卑然後高. 天下者, 非用一士之言也, 固有受而不用, 惡有拒而不受者哉!」

十二支鐵燈

임동석(茁浦 林東錫)

慶北 榮州 上茁에서 출생. 忠北 丹陽 德尙골에서 성장. 丹陽初中 졸업. 京東高 서울
敎大 國際大 建國大 대학원 졸업. 雨田 辛鎬烈 선생에게 漢學 배움. 臺灣 國立臺灣師
範大學 國文硏究所(大學院) 博士班 졸업. 中華民國 國家文學博士(1983). 建國大學校
敎授. 文科大學長 역임. 成均館大 延世大 高麗大 外國語大 서울대 등 大學院 강의.
韓國中國言語學會 中國語文學硏究會 韓國中語中文學會 會長 역임. 저서에《朝鮮譯
學考》(中文)《中國學術槪論》《中韓對比語文論》. 편역서에《수레를 밀기 위해 내린
사람들》《栗谷先生詩文選》. 역서에《漢語音韻學講義》《廣開土王碑硏究》《東北民族
源流》《龍鳳文化源流》《論語心得》〈漢語雙聲疊韻硏究〉 등 학술 논문 50여 편.

임동석중국사상100

설원說苑

劉向 撰 / 林東錫 譯註
1판 1쇄 발행/2009년 12월 12일
2쇄 발행/2013년 10월 1일
발행인 고정일
발행처 동서문화사
창업 1956. 12. 12. 등록 16-3799
서울강남구신사동563-10 ☎546-0331~6 (FAX)545-0331
www.dongsuhbook.com
잘못 만들어진 책은 바꾸어 드립니다.

*

*

사업자등록번호 211-87-75330
ISBN 978-89-497-0577-4 04080
ISBN 978-89-497-0542-2 (세트)